imaginist

想象另一种可能

理
想
国
imaginist

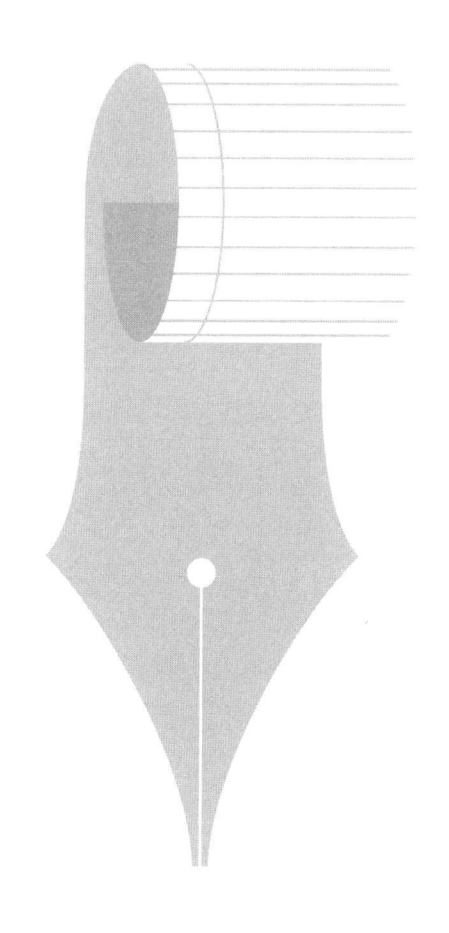

西方哲学史讲演录

赵林 著

上海三联书店

图书在版编目（CIP）数据

西方哲学史讲演录/赵林著.-- 上海：上海三联书店，2021.12（2025.2 重印）

ISBN 978-7-5426-7588-0

Ⅰ.①西… Ⅱ.①赵… Ⅲ.①西方哲学－哲学史－文集 Ⅳ.① B5-53

中国版本图书馆 CIP 数据核字 (2021) 第 224483 号

西方哲学史讲演录

赵林 著

责任编辑 / 殷亚平
特约编辑 / 孔胜楠
装帧设计 / 赤 徉
内文制作 / 李丹华
责任校对 / 张大伟
责任印制 / 姚 军

出版发行 / 上海三联书店

（200041）中国上海市静安区威海路755号30楼

邮　　箱 / sdxsanlian@sina.com

联系电话 / 编辑部：021-22895517
　　　　　 发行部：021-22895559

印　　刷 / 山东临沂新华印刷物流集团有限责任公司

版　次 / 2021 年 12 月第 1 版
印　次 / 2025 年 2 月第 5 次印刷
开　本 / 1270mm × 960mm　1/16
字　数 / 410千字
图　片 / 51幅
印　张 / 34.25
书　号 / ISBN 978-7-5426-7588-0/ B・755
定　价 / 88.00元

如发现印装质量问题，影响阅读，请与印刷厂联系：0539-2925659

谨以此书纪念恩师杨祖陶教授,
他的智慧品行始终是烛照我心灵的煜煜之光。

自 序

一

这部《西方哲学史讲演录》是我近年在武汉大学和东南大学两所高校对学生所讲的通识课录音整理稿。从 20 世纪 90 年代初期开始，我就在武汉大学对全校学生开设"西方哲学史"通识课程。哲学类的课程本来是非常枯燥乏味的，但是也许是由于我在讲课时融入了自己的心灵体验和生命激情，只按照自己的所思所想而不是规范的教条圭臬来讲课，所以每次听我讲授西方哲学史的学生都把武汉大学最大的教室挤得满满的，有时候我甚至要挤进教室、挤上讲台才能够讲课。毫不夸张地说，近十多年来，听过我讲西方哲学史课程的武汉大学学生已经超过了 5000 人，几乎相当于苏格拉底那个时代雅典公民人数的十分之一了。近十多年来，我不仅面对全校学生讲授西方哲学史通识课，而且给哲学系的学生讲授西方哲学史专业课。2006 年，由我主讲的西方哲学史专业课被评为国家精品课程。在此之前的 2004 年，我和邓晓芒教授合著的《西方哲学史》专业教材由高等教育出版社出版，不久以后我们也建立了相应的课程网站。

但是，这些专业教材和课程网站对于非哲学专业的学生来说，未必适用。因此，我一直都想把自己讲授西方哲学史通识课的心得编成一部更加通俗简明的著作。这个夙愿终于在东南大学国家大学生文化素质教育基地的帮助下成为了现实。

从 2008 年 3 月份开始，我应东南大学国家大学生文化素质教育基地的邀请，到该校给全校本科生讲授文化素质教育精品课程"西方哲学史"。设置这样的精品课程并邀请外校学者来讲授，这是东南大学文化素质教育的一个创举。东南大学是一所以理工科为特色的著名大学，但是该校学生对西方哲学的兴趣和热情远远超出了我的预期。每当我站在东南大学九龙湖校区那个可以容纳 400 人（加上一些占不上座位而自带小凳坐在走道上的学生，一共有 500 多人）的教室的讲台上时，我都能深切地感受到东南大学的莘莘学子对于智慧的热爱和那种心有灵犀的聪颖。毕竟，一个讲课者是需要与听课者心心相印、情感相融的，而在东南大学的每次授课都能让我感受到一种淋漓酣畅、怡然忘我的快感。尤其是在第一堂课开讲之前，全体学生起立高唱东南大学校歌，那高洁典雅的词曲和激情澎湃的歌声具有抚古慰今、净化性灵的巨大力量。可以说，这是我所听过的最优美高雅、最振奋人心的校歌。一阕"东揽钟山紫气，北拥扬子银涛。六朝松下听箫韶，齐梁遗韵在，太学令名标"，常令我热泪盈眶、心潮激荡。东南大学所在之地乃是六朝故都、南雍旧址。时至今日，六朝古松仍然屹立，齐梁风流虽已依稀，但东南大学的学子们却呈现一种薪火相传、继往开来的昂扬风貌。每当我站在东南大学的讲台上时，就如同站在武汉大学的讲台上一样，都能够感受到一种深厚的文化底蕴。在这种良好感觉的影响下，每次讲起课来自然就如同行云流水，挥洒自如。尽管所讲内容都是纯粹的思想和概念，却仍然禁不住时常手舞足蹈、慷慨激昂，得意之时，竟有一种万马奔腾、江河狂泻的畅快之感。而听课学生也如我一般，时而如痴如醉，时而又幡然猛省。一门西方哲学史课程，每晚三节课的时间竟然如白驹过隙，转瞬即逝！

正是在武汉大学和东南大学讲课录音的基础上，花费半年多的时间，终于整理出了这部《西方哲学史讲演录》。

二

本书从古希腊哲学开始讲起，沿着思想史的线索一直讲下来，到黑格尔哲学为止。至于现代西方哲学，则不在本书的范围之内。这样做，一方面是由于时间和篇幅所限，一本通识课的讲义不可能做到面面俱到；而且按照国内大多数哲学系课程设置的惯例，西方哲学史与现代西方哲学素来就是相互独立的两门课程。当然坦率地说，还有一个原因，那就是本人对现代哲学缺乏兴趣，因为现代哲学越来越变成了一种刻板规范的技能，而不再是博大精深的智慧。自从密涅瓦的猫头鹰在黑格尔那里被放飞之后，继哲学的"黄昏"而来的就是精神的漫漫长夜了。

在古希腊，哲学体现了一种生机盎然的智慧，虽然这种智慧带有一些童稚的旨趣，但是它却几乎涉及了人类思维所能关注到的一切深刻问题，而且是在一种没有前人的参照系统、从而也没有圭臬约束的情况下来思考这些问题的。因此，希腊哲学家们的哲学观点往往都带有清新通达的特点，表现了自由心灵对于宇宙、人生的思考和关怀。正因为如此，我在本书中用了很大的篇幅来讲解古希腊哲学。在中世纪，古希腊哲学开始以一种扭曲的形式融入基督教神学中。哲学的这种异化和扭曲的情况虽然在近代得到了纠正，但是由于近代实验科学的影响，哲学日益由自由心灵的智慧之学演变成一种规范化的知识体系，哲学家们在古希腊和中世纪的思想前辈所确立的规范中来思考各种哲学问题，并且把哲学问题系统化和条理化。在这种情况下，独创性的思想已经无法与希腊人相比了，但是气势磅礴的哲学体系却一个接一个地建立起来。到了现代，哲学就完全堕落为一种技艺性的职业，人们只会照着古人模式鹦鹉学舌或者进行文本转译，再也没有任何创造性的思维了。一个生活在两百多年以前的康德，在今天就可以养活成千上万个把康德哲学研究得比康德本人还要清楚的康德哲学家；而那些关于《精神现象学》的解读文本，已经多得足以把任何一个敢于研究黑格尔哲学的人弄得晕头转向！在古希腊，哲学原本是每一个具有自我意识的人面对宇宙万象和人类命运的一种独立思考和生命体悟，是一种自由性灵的智慧。但是在今天，这种智慧已经蜕化为一门刻板的知识技能，哲学成为一种炫耀精湛技艺的思想考据学，它面对的不再是鲜活的宇宙和人生，而是以往哲学家对宇宙和人生的解释。在这种情况下，一个哲学家就再也不是那个对客观世界具有独立见解的人，不是那个具有赤子之心的爱智者，不是像苏格拉底那样"自知其无知"的人，而是那个躺在已逝哲学家的著作中引经据典、把古人的智慧当作自己的财产来加以批发和零售的精神掮客。

当然，哲学在今天虽然衰落了，生活却变得丰富多彩。现代人心安理得地陶醉在快餐式的消费文化中，哲学这种深刻的东西已经成为一种不合时宜的怪物。现代人不需要思考本质，他们只相信现象，因为他们看穿了本质只不过是人自己虚构的一个幻象。现代人太清醒了，哲学的斯芬克斯之谜已经不可能再让他们感到困惑，因为他们根本就不需要去思考那些稀奇古怪的东西。活着，并且快乐着，这就是现代人的生活秘诀。在这种情况下，哲学这个沉重的怪物当然就被弃之如敝屣了。

然而，在这个哲学没落的时代，仍然有一些顽强的追求者怀着一颗爱智之心在追问着那些根本性的哲学问题，尽管这些问题千百年来都没有终极答案。我虽然长期在大学里讲授西方哲学史，却不敢自诩为哲学家，充其量不过是一个传扬以往哲学家思想的教书匠而已。正如荷马并不会因为吟颂了英雄史诗就成为英雄一样，我也不会因为讲述了一些哲学家的思想就成为哲学家。虽然黑格尔坚持认为哲学史就是哲学，但是这并不等于每一个讲哲学史的人都是哲学家。每当我站在讲台上时，我只是以一个先学者的身份带领学生一起去仰视那些伟大的思想圣贤，体验他们的哲思，分享他们的感受。正所谓"'高山仰止，景行行止。'虽不能至，然心向往之"。

一个哲学的热爱者应该学会从简单的生活中去发掘复杂的道理，同时也应该学会把复杂的道理用简单的方式表述出来。完全用讲故事的方式来讲哲学（这正是我们这个用"戏说"方式来表达一切深刻道理的时代所热衷的做法），固然不是一种值得提倡的做法；但是把哲学讲得像天书一样难懂，也未免有点故弄玄虚的嫌疑，这如果不是表明了讲述者的诡谲，就是表明了他的笨拙。因此，我在这本书中尽可能把西方哲学史中的那些深奥晦涩的哲学思想讲得通俗易懂一些，然而又要力图做到不失哲学的本性和旨趣。我的一个基本信念是，每一个人都具备哲学的慧根，这慧根能否长成参天大树，主要靠每个人自己的机缘和悟性。而通过讲述古人的哲学智慧，或许将能够启发年轻的朋友们去发扬自己的哲学慧根。

是为序。

赵林

2009 年 2 月 18 日于武汉大学

目 录

自 序 i

第一讲 哲学是什么与哲学有什么用？

哲学是什么？ 3
哲学史方法论 20
哲学有什么用？ 26

第二讲 希腊自然哲学

米利都学派与爱非斯学派 43
从"四根说"到原子论 68

第三讲 希腊形而上学的源端

毕达哥拉斯学派 85
爱利亚学派 93

第四讲　希腊怀疑论与道德哲学

智者派 111

苏格拉底的道德哲学 123

第五讲　希腊实在论哲学

柏拉图哲学 144

亚里士多德哲学 163

第六讲　希腊哲学的衰颓

希腊化时代的三大学派 194

罗马帝国时期的哲学过渡形态 217

第七讲　中世纪基督教哲学

教父哲学 230

经院哲学 260

第八讲　近代哲学的转向与英国经验论哲学

近代哲学的认识论转向与两大流派的思想分歧..................287
早期经验论哲学..302
洛克哲学与经验论的内在矛盾................................317
贝克莱的主观唯心主义与自然实在论..........................327
休谟的怀疑论..336

第九讲　欧洲大陆唯理论哲学

笛卡尔哲学与唯理论的开端..................................352
斯宾诺莎的泛神论..366
莱布尼茨的单子论..374

第十讲　18世纪法国启蒙哲学

18世纪法国启蒙运动的时代背景与精神特征.....................395
法国启蒙运动的精神领袖伏尔泰..............................402
"百科全书派"思想家......................................410
法国启蒙运动的"黑马"——让-雅克·卢梭.....................418

第十一讲　康德的批判哲学

康德的知识论 433
康德的道德哲学 460
康德哲学小结 469

第十二讲　从费希特到黑格尔

费希特的"绝对自我" 476
谢林的"绝对同一" 488
黑格尔的"绝对精神" 503

修订版后记 529

第一讲

哲学是什么与哲学有什么用？

这学期我给大家讲"西方哲学史"通识课，在第一讲，我先对"哲学"这个概念本身进行一些说明，就算是一个导论吧！

哲学课涉及一些非常抽象、同时也非常高深的问题，如何能够把这些抽象而高深的问题讲得让大家愿意听、听得懂，这是对我这门课程的一个严峻挑战。大家都知道，在我们这个特定的环境里，同学们从中学时代就开始接受哲学教育，进入大学后又要学一门马克思主义哲学必修课。由于我们的教学体制和教学方法方面存在一些问题，使得哲学这门充满了智慧的学问在很多人心中留下了一种不好的印象，大家的胃口被那种刻板化、教条化的哲学教育给败坏了。再加上我们有些讲哲学的老师本身就对哲学的理解存在偏见，过分强调哲学的政治意识形态化特征，不是把哲学当作一种开放性的智慧之学，而是把哲学当作一些僵化的教条灌输给你们。这种中世纪经院哲学式的教学方式尤其招致你们的反感，其结果就导致了大家对哲学本身的一种误解和厌恶。

实际上，那种把教科书上的哲学说成句句都是真理，丝毫也不能加以怀疑的做法，本身就是违背哲学精神的。用这种非哲学甚至反哲学的方式来进行哲学教育，其结果当然就可想而知了。所以，从这种意义上说，你们对哲学有一种逆反心理，其根本原因还是在于我们这些讲哲学的老师，而不在于你们。

哲学是什么？

现象与本质

平时我们一说起"哲学"这个概念，你们的头脑里马上就会想到马克思主义哲学，甚至把哲学与政治等同起来。大家往往很自然地就把哲学与政治意识形态联系在一块，好像讲哲学就是讲政治。其实，这完全是一种误解。我们这些讲哲学史的人，通常有一种观点，那就是认为学习哲学必须要从学习哲学史开始，只有通过学习哲学史才能真正地理解哲学。因为哲学就像一个人的生命一样，也有它的儿童时期和少年时期，有它的青年、成年和老年时期。哲学生长的这个历史过程，是在思想的环境中展开的，我们只有把握了思想的历史、哲学的历史，才能真正知道什么是哲学。因此，这一讲我们讨论的第一个问题就是："哲学是什么？"

这个问题本身就是一个非常难以回答的问题，如果要我简单地回答哲学是什么，我只能说，哲学就是一种在永无止境的自否定过程中不断生长和发展的怀疑精神与批判意识。在这种意义上，我认为我们很难用一种肯定的方式来表述哲学是什么。这是哲学不同于其他学科的一个重要特点。比如说，当我们学习其他学问时，老师一上来往往就会讲，物理学是什么，数学是什么，计算机原理是什么，等等。但是对于哲学，我们很难进行这样的表述。

在座的同学大多是大二以上的学生，你们都曾经学习过马克思主义哲学。教马克思主义哲学的老师一上来往往就会按照书本上的说法对哲学下一个定义：哲学是一套理论化、系统化的世界观和方法论，是对自然界、人类社会和人类思维的最一般规律的认识。这种关于哲学的定义对不对呢？从表面上来看，它当然是对的。但是，这种说法太笼统、大而化之，一个大而化之的界定，就等于什么都没有说。因为按照这个定义，哲学就是一门无所不包的学问，这样的学问是缺乏确定性的内容的，就如同"无限""绝对"这些概念一样，看起来很不得了、很唬人，实际上却是空洞无物的。因此，即使我们把这样的哲学定义背得滚瓜烂熟，我们在心中仍然对哲学一无所知。

对于我们这些研究哲学史的人来说，关于哲学是什么的答案只能在思维的历史、哲学的历史中去寻找。但是，如果我们循着西方哲学发展的历史轨迹从古希腊哲学一直进展到现代哲学，那么我们就会发现，关于哲学是什么的问题实际是一个没有确定性答案的问题。从古到今，曾经出现过一些大智慧者，当他们面对这个问题时，他们也会和我们一样感到困惑。哲学史上有许多成就卓著的哲学家，都曾一度认为自己已经一劳永逸地回答了哲学是什么的问题。但是，甚至还没有等到他们去世，一批新兴的哲学家又开始批判和否定他们的观点了。通过对哲学史的学习，我们就会发现，哲学的一些基本问题，比如，唯物主义与唯心主义一直争论不休的问题——世界从根本上来说究竟是物质的还是精神的？心与物之间的关系到底是怎样的？以及诸如此类的其他问题，这些问题似乎都是一些难以有确定性答案的问题。从古希腊时代开始，一直到今天，这些问题在不同的哲学家那里，有着见仁见智的不同结论，始终难以达成一致的见解。

在这一点上，我们发现，哲学与自然科学是很不一样的。在自然科学中，一个问题一旦解决了，它的答案就具有了某种确定性，后世人们就不会再去怀疑它的真理性。比如牛顿经典力学的三大定律，自从牛顿提出来以后，一直到今天，学习物理学的人都不会从根本上对它们提出质疑。在一个确定的时空范围内，它们就是绝对真理。当然，超出了这个时空范围，它们的效用可能会受到限制，会被相对论和量子力学这些更加精确的理论所取代。但是在宏观世界里，牛顿的经典力学就是绝对真理，这是毫无疑问的，后世的人们也不会再去怀疑它们的可靠性。在其他的科学领域中，情况也是如此。但是唯独哲学，大家可以看到，从古希腊一直到今天，哲学家们争论的问题始终没有确定性的答案。大家争论的总是那些老问题，例如，世界的本原到底是物质性的微粒，还是精神性的概念？世界的规律到底是客观固有的，还是人类思维的结果？真理性的知识到底是来自经验归纳，还是来自理性演绎？以及诸如此类的问题。这些问题似乎是永远没有确定性答案的，因此真正的哲学问题就是一些永恒性问题。

我刚才说了，历史上一个一个踌躇满志的哲学家们，当他们认为自己已经一劳永逸地解决了这些永恒性问题时，他们的答案很快就会被一批后起的哲学家们所否定。这就注定了我们只能在一代又一代人的不断否定的过程中来把握哲学。因此从这个意义上说，要想直截了当地对哲学下一个定义，要想用一句话来说明哲学是什么，这是一件非常困难的事情，至少我觉得自己是无法言说的。如果必须回答这个问题，那么我也只能说，哲学就是一种不断地进行自我否定和自我超越的怀疑精神和批判意识，就是对那些永无确定性答案的形而上学问题的一种执着追问。

关于哲学是什么的问题，只能从哲学所探讨的对象上来加以考察。哲学的性质取决于它的对象。那么,哲学到底是探讨什么的一门学问呢?要回答这个问题,我们必须先思考一下现象与本质的关系问题。

人作为一种特定的动物,与其他动物有一些相同的地方,也有一些不同的地方。当然,我们可以列举出人的许多特点,比如,人是有理性的,人是社会动物,人会使用工具进行劳动等,但是如果要从认识论的角度来说,我们发现,人和动物有一个很大的区别,那就是人总是喜欢追问事物的本质。人和动物一样,都关注现象,但是人与动物的不同之处在于,除了关注现象之外,人还老是喜欢追问现象背后的本质。相对于现象而言,人甚至更加注重本质。动物从来不追问本质,本质对于动物来说是没有意义的。一只老鼠在一只猫眼里,就是一个活蹦乱跳的小东西,猫扑上去把它抓住、吃掉,事情就完了,问题就解决了。猫在面对一只老鼠的时候,从来不会去思考"老鼠的本质是什么"这样的问题。对于猫来说,老鼠就是一个纯粹的现象,根本就无所谓本质可言。

但是我们人类在这个问题上,可以说是与动物很不相同的。人在面对着各种事物的时候,总是要寻找这些事物背后所潜藏着的本质性的东西,即所谓的内在规律。乃至于当我们面对大千世界的各种现象时,我们总是禁不住要问,这些现象的本质是什么?其实当我们这样提问的时候,我们首先必须解决一个更加根本的问题,那就是:到底是万事万物真的具有某种本质,还是我们在认识事物的时候赋予了它们某种本质?换句话说,所谓本质究竟是事物本身所固有的一种客观属性,还是我们人类思维的一种主观习惯?这是一个根本性的问题,这个问题本身对于我们的思维习惯来说,就具有一种挑战性。如果事物本身就具有客观本质,那么透过现象寻找本质的能力恰恰说明我们人类比一般动物更加高明;但是,如果所谓本质只是我们在认识事物时的一种思维习惯，那么我们人类很可能就把本来简单的问题复杂化了。

当然，我们对这个问题的回答是比较确定的，我们往往会毫不犹豫地选择第一种答案。但是，从第二种答案的角度来思考一下问题，也未尝不是一件有意义的事。大家可以试着想想，或许世界上的事物本来就无所谓本质，但是我们人却是这样的一种动物，我们的大脑被构造成这样一种状况，以至我们老是喜欢把一个简单的问题弄得复杂化。于是，当我们面对着一个活生生的感性现象时，我们就总是禁不住要追问：它的本质是什么？潜藏在那感性现象背后的抽象规律是什么？我们喜欢追问这样的问题，正是这种追问习惯使我们有了哲学。

对于我刚才所提出的两种观点，究竟谁对谁错，我看很难简单断定，你们可以自己选择答案。事实上，西方哲学史中早就有过这样的分歧。好像越到现代，人们就越倾向于现象学，越对所谓客观本质持一种怀疑态度。现代的哲学家们似乎更愿意相信，真实的世界说到底就是那个呈现出来的现象世界，至于所谓的本质，在很大程度上不过是人们主观虚构的一个结果。所以我们说，20世纪的西方哲学纷纷走向了现象学和存在主义，把本质给抛弃了。而传统的哲学，从古希腊哲学一直到黑格尔哲学，都可以恰如其分地称之为本质主义哲学。

那么，什么叫作本质主义呢？就是从古希腊哲学一直到19世纪的黑格尔哲学，它们都有一个固定的情结，那就是它们都喜欢追问事物背后的本质性的东西是什么。和现象相比较，本质最大的一个特点就是：本质是唯一无二的、不变不动的、不生不灭的，而现象总是处在运动、变化之中，转瞬即逝。一代一代的人活着，一代一代的人死了，但是当哲学家们探讨人的本质的时候，那个本质绝不因为亚里士多德死了或者活着，而有所改变。因为本质是一个一般性的东西，这个一般性的东西并不因为每一个具体的人的生死而有所改变。事实上，这个所谓的本质通常是哲学家们抽象思维的结果，它被哲学家们从生动具体的现象中剥离出来，并且被当作转瞬即逝的现象背后的不变不动、不生不灭的唯一真理。

于是这样就产生了一种二元分裂，也就是本质与现象的分裂。现象被看作浅薄的甚至虚假的东西，而本质则被当作真正实在性的和决定性的东西。本体论上的现象与本质的对立也导致了认识论上的意见与真理的对立，关于现象的知识被看作肤浅的意见，而关于本质的知识才是真理。在这种现象与本质相对立的二元分裂中，哲学家们纷纷把眼光投向现象背后的那个本质，那个实在性的东西，这就是古往今来本质主义共同的做法。

传统意义上的哲学，无论是唯物主义，还是唯心主义，都是本质主义的。比如说，在我们通常的哲学理解中，唯心主义认为世界的本质就是精神，而唯物主义认为世界的本质就是物质。无论是精神还是物质，都是一个看不见摸不着的、只能通过抽象的思想才能把握到的东西，它们都是一些抽象的哲学概念，而这种概念性的东西被说成是决定着那些活跃的、感性的、丰富的现象的终极性东西。这种抽象的本质概念是哲学家们所真正关注的，它们被看作真正意义上的实在。这种强调事物现象背后的本质，坚持本质决定现象或存在的哲学观点，就叫作本质主义或实在论。

但是，20世纪的哲学却是反本质主义的，20世纪的哲学标榜自己已经达到了一种自觉，它们认为所谓的本质或者实在很可能只是我们人类思维杜撰出来的一种假象，真正可验证的、明证性的东西只有那些现象。翻开历史上的任何一本哲学著作，我们都会看到，几千年来哲学家们争论的绝对不是现象，而是现象背后的本质。你说这个本质是物质，他说这个本质是精神，争论了2000多年，至今还是没有结果。在这种情况下，20世纪的哲学家们就发现，这些关于本质的争论都是一些无聊的争论，本质本身可能就是人类思维杜撰出来的东西。从这种意义上来看，我们说20世纪的哲学确实达到了一种大彻大悟的水平，它们公然主张人类没有必要再追问本质了，大家只需关注现象或者存在就够了。这种见解确实表现了现代哲学的明智之处，但是从另一个方面来说，这恰恰也是哲学的一种悲哀。

我认为，无论本质是客观事物本身所固有的，还是人类主观思维的一种杜撰，它永远都是哲学所关注的对象。哲学注定了是一种关于本质的思维，注定了具有一种形而上学的超越性，舍此就不能再被称为哲学。也就是说，即使所谓的本质可能是我们人类思维杜撰的结果，哲学也只能锲而不舍地不断追问本质性的东西。因为我们人类被注定了是一种具有超越倾向的动物，形而上学性恰恰就是人类之神性的体现。这正是人类不同于一般动物的根本所在。世界本身是否具有本质，这并不重要；重要的是我们人类是一种喜欢追问本质的生灵，所以在我们的眼里，现象背后总是有某种本质性的东西在期待着我们去解蔽、去言说。也许这本身就是一场悲剧，但这却是一场崇高的悲剧，它昭示着一种深邃玄奥的命运。

我们人类就是这样一种动物，我们总是要在简单的生活中去发掘深刻的寓意，总是不安于动物式的轻松而要去追求神性的沉重。其实大家想想，人如果不去追问现象世界背后的那些虚无缥缈的本质，他会活得很轻松、很轻松，轻松得就像一个动物一样。一只猫或者一只狗活得非常轻松，因为它们从来不去思考形而上学的问题，从来不去追问事物的本质。对它们来说，这个世界就是一大堆偶然堆砌的现象，世界的全部意义就体现在那些生动具体的现象中。动物不是本质主义者，而是现象学家，它们不关注抽象的哲学问题，所以动物比我们人类活得轻松多了！

　　从这种意义上说，哲学本身也许就是一个误会，是我们人类给自己挖下的一个陷阱。我们不满足于现象世界的浮土，固执地要去探寻本质的无底深渊。但是我却坚持认为，这个陷阱是人类必须挖的，而且，这个陷阱恰恰体现了人的神性之所在。所以，在我引导大家进入西方哲学圣殿的入口处，在这个哲学导论中，我就要给大家灌输一种悲剧意识，要明确地告诉大家，哲学本身就是一场悲剧。只是在这里我想强调一点，那就是，这场悲剧固然是悲惨的，但是它却是我们人类必然要面对的一个命运。如果哲学是人类无法逃遁的一场必然性的悲剧，那么它就具有了几分崇高的色彩。如果我们把哲学当作一场严肃的悲剧来对待，我们实际上就已经超越了悲剧。所以这样看来，问题并不在于悲剧本身，而在于我们对待悲剧的态度，在于我们如何去看待悲剧。既然哲学注定了是人类的一场自我否定和自我升华的悲剧，那么它同时也昭示着人类的神性和希望之光。

　　关于现象与本质的关系问题，我已经把传统的本质主义和现代的反本质主义的基本观点简单地给大家讲了。就个人气质而言，我是不太喜欢现代哲学的。我这个人在骨子里是一个古典主义者，我认为哲学到了黑格尔以后，就开始没落了。在西方文化发展的过程中，曾经也出现过几个哲学没落的时代。比如说，希腊化时代的哲学就代表着一种没落。那时候的人们不再关注本质，不再追问终极性的东西，而是把整个眼光都投注到感性的事物之上。他们关注怎样的生活更加舒适，如何去追求世俗的幸福和感官的快乐。我认为，在这个时候，尽管人活得非常舒服、非常轻松，但是这时的哲学却是浅薄的。事实上，这是一个哲学没落的时代。同样，在文艺复兴时期，情况也是如此，人们都去追求感官的享乐，而对深奥的哲学不屑一顾。我个人认为，如果从整个西方哲学发展的角度来看，20世纪的哲学也是一个低谷。但是，哲学终究会走出这个低谷而重新发展的。

今天的人类或许认为自己已经达到了大彻大悟的高度，他们主张抛弃一切本质或深刻的东西，跟着感觉走，尽情地去享受当下的生活。事实上，当我们放弃本质的时候，当我们以为自己变得聪明的时候，我们已经走上了一条从人到动物的道路。虽然这句话有点夸张，但是我认为现代人正在进行一场危险的游戏。他们抛弃了一切神性的东西、本质性的东西，他们总觉得没有什么东西是崇高的，他们解构着神圣，嘲笑着深刻，把自我意识和当下感受提高到了无以复加的地步。这种"觉悟"培养了人们一种随波逐流的人生态度，一套享乐人生的价值取向，怎么快活就怎么活，怎么舒服就怎么干。推至极端，就是王朔"痞子文学"中的那句话："我是流氓我怕谁？"这种浮萍式的人生态度是与我们时代的浅薄的哲学观念密切相关的。

按照学术界的传统规范，我们所讲的西方哲学史，通常只讲到19世纪就结束，不涉及20世纪的现代哲学。因此，我们这些研究哲学史的人对本质主义和实在论仍然是难以舍弃的。尽管我说了，这种本质主义哲学可能是一种自我欺骗、一场悲剧，但是我觉得，我们还是应该以一种快乐的态度、一种智慧的姿态来面对和演出这场悲剧。从这种意义上说，既然哲学的真正对象就是那种形而上学意义上的本质，而这种本质又是一个谁也说不清、道不明的东西——哲学家们争论了2000多年，唯物主义者说是物质，唯心主义者说是精神，基督徒说是上帝，等等。那么在这种情况下，对于本质的不同理解，也就包含了对"哲学是什么"这个问题的不同回答。当一个人开始意识到自己有必要关注事物的本质时，当他有了这种自觉的反思意识时，他就进入了一种哲学的状态。他回答了本质是什么，也就回答了哲学是什么,因为哲学就是探讨本质的学问。反之,如果你只关注现象,那么哲学对于你就是没有必要的。

"说不可说"

对哲学的这种领悟,是伴随着一个人对世界本质的认识而发生的。一个未经过哲学训练的年轻人,当他面对着世界万象的时候,往往喜欢用非常自信的口吻说:"事情就是这样的!"当他非常肯定地说"事情就是这样的"时,恰恰说明了他对世界的本质一无所知。反之,当他开始用一种怀疑或者否定的态度来思考世界,开始意识到"事情未必是这样的"时,他才开始用哲学的眼光来认识世界。

我国有一些研究西方哲学的老前辈,当他们度过了知天命之年和耳顺之年,到了"从心所欲不逾矩"的年岁,往往就会对哲学产生一种真正大彻大悟的理解。例如北京大学的著名哲学家张世英先生,他认为哲学的根本特点就是"说不可说"。哲学就是这样一种学问,它总是执着地要去言说那些不可言说的东西或问题。这些东西或问题就其本身而言是永远说不清、道不明的,但是我们人类却总是有一种浮士德精神,它驱使着我们不断地去追求、去询问、去探寻,力图要说出那些不可言说的东西。这种"说不可说"的冲动使得历史上的那些哲学家们像勇士一样前赴后继地追求绝对真理,每一位哲学家都认为自己已经登上了真理的巅峰,但是很快又眼睁睁地看着后来者爬过自己的头顶继续攀登。一部哲学史就是一部不断地"接着说"的历史,虽然大家说的永远都是那些同样古老的话题。

哲学就是一种"说不可说"的永恒冲动,因为哲学所研究的那个本质,说穿了就是中国先贤老子所说的"道"。那么,什么是"道"呢?《周易》曰:"形而上者谓之道,形而下者谓之器。"形而下者,就是有形的东西,看得见、摸得着的东西,叫作器物;形而上者,就是超越形体的东西或者无形的东西,感官无法把握的东西,因此是虚无缥缈、恍兮惚兮的东西,这就是"道"。所以老子说:"道可道,非常道。""道"要是能够说得清、道得明,那就不是真正的"道"了。而哲学就是研究这么一个恍兮惚兮的东西的学问。所以在西方,从古希腊时代开始,真正的哲学也被称为"形而上学"。"形而上学"(metaphysic)这个词和我们在哲学教科书里所了解的形而上学完全不是一回事。当然,它们也有逻辑上的联系。在你们的头脑中,"形而上学"可能是一个贬义词,因为我们的教科书把形而上学说成是一种与辩证法相对立的孤立、静止和片面地看问题的思想方法。这种解释并不错,因为这是从黑格尔到马克思对这个词的新解释。在黑格尔以前的西方哲学中,"形而上学"表示一种极其高深玄奥的学问,事实上它构成了哲学的根基。黑格尔由于强调从抽象到具体的概念运动,要把抽象的绝对精神落实到具体的现实世界中,因此就把那种固执于本质本身的传统哲学称为"形而上学",从而使这个词变成了一个贬义词。马克思自称是黑格尔的学生,他继承了黑格尔辩证法对传统形而上学的批判,所以,在我们今天所学的马克思主义哲学里,"形而上学"就成为一个坏东西。

但是在古希腊,一直到黑格尔以前的整个西方哲学史里,"形而上学"都是指一门崇高的学问,它关注的不是那些呈现出来的现象,而是那个潜藏在现象背后并且决定着现象的本质。质言之,"形而上学"就是一门关于本质的学问,因此它是一门很崇高的学问。在19世纪以前的西方社会,一个人如果研究"形而上学",那是非常受人尊敬的,因为"形而上学"是一门玄之又玄的高深学问。与"形而上学"相对立的,就是广义的物理学,也就是自然科学的总称,或者在近代哲学中叫作"经验科学"。经验的对象是那些看得见、摸得着的现象,或者是实验室里那些可操作的东西,而"形而上学"却总是要研究那些无法验证、无法操作的抽象对象。

"形而上学"曾经是一门很崇高的学问。从西方哲学史的角度来看,"形而上学"构成了传统哲学的根基。正是因为有了"形而上学"追问那个背后的东西,哲学才与科学分道扬镳,才从科学中剥离出来,获得了独立性。"形而上学"这个词最初就是指被亚里士多德称为"第一哲学"的那个部分,从这种意义上说,哲学首先就是"形而上学"。

当然,除了形而上学,哲学也包括认识论、逻辑学、伦理学等,甚至还包括美学和宗教学等,但是它的根基却是形而上学。没有形而上学的哲学,就是一种被阉割了的哲学,已经丧失了哲学的阳刚之气。因此,我坚持认为形而上学就是哲学的根。当黑格尔已经被追逐时髦的现代人像死狗一样抛弃了的时候,我却毫不隐晦地声称,自己是一个黑格尔主义者,像黑格尔一样固执地相信某种背后的东西。那种"背后的东西"也许很滑稽,我们或许像堂吉诃德一样可笑,但是在这种滑稽可笑中却掩映着某种崇高。现代人太清醒了,对于不可言说的东西就不再去言说了,然而,总会有一些人宁愿执着于虚幻的梦境,固执地要去"说不可说"。

与张世英先生的"说不可说"的观点相契合,另外一位已经故去的哲学泰斗、武汉大学哲学系的陈修斋先生在晚年也提出了"哲学无定论"的观点。他认为,哲学与其他学科的最大不同就在于,其他任何学科在它们的探索过程中都能够获得一些具有定论的、真理性的答案,唯独哲学在2000多年的历史过程中,在最基本的一些哲学问题上始终没有形成一种确定性的答案。我们永远都不可能让所有的人都接受某一种哲学观点,但是所有的人一定都会接受牛顿的经典力学,因为那是科学。不论他是无产阶级还是资产阶级,是白皮肤的人还是黑皮肤的人，是有神论者还是无神论者，只要他受过一定的教育，通常都会接受牛顿经典力学的一些基本定律，如惯性定律、万有引力定律等。但是哲学一直到今天仍然众说纷纭，有唯物主义和唯心主义、怀疑论和独断论、一元论和二元论等。没有一种哲学观点可以说服所有的人，这个事实恰恰说明了哲学无定论。

那么哲学"无定论"是什么原因造成的，陈先生的解释是：这是由哲学所探讨的对象决定的，因为它探讨的对象就是这样一个形而上学的东西，就是这样一个看不见、摸不着的本质性的东西，这个东西又不像现象一样，可以放到实验室里来加以验证。正因为如此，它永远说不清、道不明，不可能有定论。陈先生深刻地指出，不是由于人类认识能力的时代局限性而使我们无法对哲学问题形成确定性的答案，而是由于哲学所关注的对象本身的特点决定了它永远不会有定论。即使再过几千年，我们人类的智慧更充分地发展了，哲学仍然是无定论的，那些哲学的基本问题仍然是说不清、道不明的。但是我觉得，正是因为"无定论"，所以哲学才充满了魅力。它教给我们的不是有形的知识，而是无形的智慧。

智慧是什么？智慧与知识有何不同呢？知识是现成的、可以用规范化的方式来定型的，比如说，我把一本书翻开，谁说了一些什么样的观点，这个概念有什么具体内涵，或者一个科学原理可以用什么样的数学公式来加以表达，给足一些相关条件就会产生什么结果，等等，这些东西都是清清楚楚、不容置疑的，这些就是知识。但是，智慧却不同于这些知识，智慧是一种活跃的东西，是从书本上的现成文字中找不到的，它不可能被固定在文字里，而是寓于文字之中而出于文字之上，是对文字、概念、命题、公式这些有形之物的超越。智慧不是一种记忆，而是一种思考；不是一种固执，而是一种变换。

第一讲　哲学是什么与哲学有什么用？　15

从这个意义上说，我觉得，对于智慧，决不是找出一些哲学家的观点，然后把它背得滚瓜烂熟就可以获得的。按照我和邓晓芒教授所写的《西方哲学史》前言中的话来说，一个人哪怕把马克思主义的哲学原理背得滚瓜烂熟，他也仍然谈不上懂得了哲学。有些同学很会背哲学概念和哲学原理，考试往往得90分甚至100分，但是这并不意味着他就懂哲学了。因为哲学主要不是知识，而是智慧，智慧并不表现在你的考试中，而是表现在你以后的整个人生历程中，表现在你观察世界和思考世界的方式中。当然，我并不否认哲学知识的重要性，学习哲学当然也必须掌握一些基本的哲学知识，例如一些重要的概念、原理、一些哲学家的基本思想等；但是，更重要的是培养一种哲学的素养，是让你学会用一种哲学的眼光来看待问题，而这就是智慧。

就像康德在哥尼斯堡大学讲哲学课时对学生所说的："我并不是教你们哲学，而是教你们如何哲学地进行思维。"哲学不是一套现成的知识，可以和盘托出来交给你们。如果听完了西方哲学史这门课，你们发现自己所学的东西除了通过考试最后还给老师的那些知识，还有一些是在你们的脑子里永远扎下根来并且已经潜移默化地改变了你们的思维方式的东西，那么这些东西才是你们所学到的真正的哲学，才是属于智慧的东西。所以我说，哲学教给你们的不只是知识，更重要的是一种素养，一种哲学的思维方式。

哲学的主要功能不在于改造世界，而在于改变自身。改造世界，那是科学的功能，哲学却让你们学会了一种调整自身状态、改变自己思维模式和观察眼光的方法。一个有着哲学智慧的人在面对世界时，首先考虑的不是世界本身是什么样的，而是我用什么样的眼光来看世界。我观察世界的眼光不同，世界对于我的意义也就不同了。因此，对于有哲学素养的人来说，最重要的问题不是改变世界本身

（因为那不是一朝一夕可以做到的事），而是改变自己的思维方式、价值系统和审美态度。因为世界就是你眼中的世界，你的眼光改变了，世界的意义当然也就随之而变。这是一个简单得不能再简单的道理，但是正因为它太简单了，所以我们往往看不见。这就像离我们眼睛最近的东西（眼睫毛），恰恰是我们看不见的东西一样。

哲学就是哲学史

所以，从这个意义上，我认为哲学是涉及智慧的学问，而这样的学问是需要长期的磨炼才能掌握的，学哲学是一个漫长的精神历练过程。黑格尔在他的《哲学史讲演录》中，认为绝对精神的发展历程最初是从东方哲学开始，经过印度哲学、西亚哲学和埃及哲学，走到了古希腊哲学。然后再从古希腊哲学、古罗马哲学、中世纪哲学、近代哲学、康德哲学、费希特哲学、谢林哲学，最后到黑格尔自己的哲学。绝对精神终于走到头了，该像浮士德那样说"请停留一下吧！"。用黑格尔自己的话说，整个人类精神2500年来的艰苦劳作，就是朝那个方向发展的。当然，黑格尔很狂妄，他说的那个方向就是他的哲学。但是这句话说得也有道理，尽管很狂妄，却蕴含着一个真理。这个真理就在于，如果你不了解几千年来整个哲学史的发展，你也不可能成为一个真正的哲学家。

因此，从这个角度来思考哲学与哲学史的关系，我们可以毫不夸张地说，哲学就是哲学史。也就是说，要想真正学习哲学，只有从学习哲学史开始。如果一上来，我们就学习某种哲学原理，这种做法不仅不合乎历史，而且不合乎逻辑，这样的学习方式是根本不可能真正进入哲学的。因为你把哲学变为了一种僵化的、凝固了的东西，也就是通常所理解的贬义的"形而上学"的东西。

而哲学恰恰是一种活的生命，活的生命只有在历史的长河中、在哲学思想的历史长河中才能呈现出来。而且这里还有一个应该强调的问题，那就是从生物学进化的角度来说，我们人类的大脑结构在2000多年的历史过程中并没有发生什么根本性的变化，2000多年在生物进化过程中是很短很短的时间，不过是"弹指一挥间"罢了。正是因为这样，我们要相信，2000多年以来西方的那些哲学家，尽管比我们更古老，但是他们的大脑智商水平，丝毫也不比我们差。他们都是历史上有大智慧的人，否则他们的思想也不会在历史中流传下来。事实上，他们往往比我们更聪明、更有智慧。

但是我们有我们的优势，我们的优势就在于，我们不仅知道他们思考了一些什么问题，我们也知道他们以后的思想家是如何批判他们的。他们尽管是有大智慧的人，但是至少他们不知道后来的哲学家是如何批判他们、超越他们的，所以我们的优势就在这里。从这个意义上说，也许我们并不比他们更聪明，但是我们却具有一个更加宏观和全面的眼光，我们具有一种更加广阔的历史视野，这样就使得我们更容易进入他们的思想。当然，这里的前提是，你必须要进入这种历史视野中。如果不进入，只是单纯地去背一些哲学原理或者哲学概念，那么你永远都是哲学的门外汉！

因此这样一来，哲学就必须要转到哲学史。哲学既然是关于那个永远也说不清、道不明的"道"的学问，那么如果我们要追问这个"道"到底是什么，如果我们要追问这个实在、这个本质，如果我们要探讨一种高深的形而上学，我们就只有在西方哲学的历史长河中，才能真正地进入哲学的语境，才能接近这个终极性的"道"的深刻意蕴。西方哲学史上的那些人物都是大思想家，充满了智慧。我们通过学习哲学史与他们进行交流，思考他们所思考的那些问题，体验他们所体验过的那些苦恼，与他们进行深入的思想交谈，这样我们就能够使自己置身于智慧的源流之中。同时我们还会站在后来者的立场上，对他们的思想进行质疑，进行批判和超越。当我们这样学习哲学时，我们已经把自己融入一个思想的长河中，用我们自己的生命体验去面对古人的智慧。我认为，这样一种态度，才是真正学习哲学的态度。

我们这些研究西方哲学史的人素来认为，一个人如果不好好学习西方哲学史，就不可能真正弄清楚马克思主义哲学。马克思本人就是西方人，他的哲学思想代表着西方哲学发展史上的一个重要阶段，它也是从西方哲学的深厚传统中生长出来的。如果你不了解从泰勒斯一直到黑格尔的整个西方哲学史，你怎么可能了解马克思主义哲学呢？如果把马克思的思想剥离出来，与西方哲学处于一种相互分离的状态，让马克思主义哲学成为一门与西方哲学（当然更与东方哲学）相独立、甚至相对立的哲学，这并不是对马克思主义哲学的一种推崇和提升，恰恰相反，这是对马克思主义哲学的一种玷污和贬抑。因为马克思的哲学思想是有着深厚的哲学土壤的，2000多年来的西方哲学传统构成了马克思主义哲学的思想背景和理论支撑，如果你把这个传统斩断了，完全把马克思主义哲学当作西方哲学以外的一个独立的哲学体系，那么马克思主义哲学就成为一个无源之水、无本之木了，一种活生生的、充满了生命力的哲学就被凝固为一套枯燥乏味的哲学教条。这就是很多人为什么对哲学课程感到厌恶和产生抵触情绪的原因，因为他们把哲学变成了一个死的东西，当然就枯燥了！如果我们面对的不是活生生的思想，不是滋润着心灵的智慧，而是死板的教条、枯燥乏味的知识体系，当然就会感到厌恶和抵触了。以上就是我想谈的第三点，也就是学习哲学必须要经历的精神磨炼，这种精神历练只能在学习哲学史的过程中才能完成。

拉斐尔，《雅典学院》（1509—1511）

哲学史方法论

学习知识与培育素养相结合

任何一门学科都有它的方法论问题，哲学史也不例外，它也有一个方法论的问题。下面我为大家总结几条最基本的方法论原则，但愿它们能够对大家有所启迪。

哲学史方法论的第一条原则就是要把哲学知识与哲学素养有机地结合起来。这一条原则与我刚才讲到的知识与智慧的关系问题密切相关。知识是我们积淀下来的成果、思考的结果，哲学史也有很多知识，比如柏拉图怎么说的、亚里士多德有什么样的观点等，我们后人可以把它们汇集起来，按照形而上学、伦理学、逻辑学、物理学等学科分类，编纂成为一门一门的知识体系。这些知识体系，只要我们去读书，就可以掌握。但是这只是知识，对于我们来说，更重要的是要透过这些知识获得一些智慧，也就是我们要把自己身临其境地放在柏拉图、亚里士多德等人的思想背景中，放在他们所面对的那些问题面前，想象如果我是他，我会怎么想，我会怎么解决这些问题。

作为后来者，我们具有一种更加开阔的思想背景和历史眼光，所以我们还要善于去发现他们观点中的偏颇之处，或者有待商榷的地方。每一个哲学家都有自己的"阿喀琉斯之踵"，也就是自己的致命弱点，我们要学会如何去发现每一位哲学家的"阿喀琉斯之踵"，这才是一种智慧。如果你仅仅是将老师所讲的谨记在心，把柏拉图的观点、亚里士多德说过的话背得烂熟，但是不会运用自己的头脑来思考哲学问题，那么这就说明你根本没有学到哲学。哲学知识是一套客观化的规范体系，哲学素养则是一种主观性的智慧。通过学习这种客观的知识体系，更多的是为了培养这种主观的精神素养、哲学素养。这就是哲学这门学问不同于其他学问的地方，它侧重的不是传输知识，而是培育智慧或素养。比如说，这门课上完以后，你们到底能够记下多少哲学概念和哲学命题，这并不是最重要的，最重要的是大家学会了一种哲学地看待世界的方法，养成了一种哲学的态度或境界。这种态度或境界很难具体描述，它能够使你在对待具体问题时比别人思考得更深和更广，这一点只能靠大家自己去体悟了。哲学更多的是靠你用心智去悟，而不是用记忆力去背。这就是哲学知识和哲学智慧的关系，智慧往往出现在知识的穷尽处，当你在具体的问题面前感到现有的知识不够用时，某种属于智慧的东西就呼之欲出了。

"有教养的"怀疑精神

哲学史方法论的第二条原则就是要培养一种"有教养的"怀疑精神。年轻人在学习西方哲学史时，一般可能有两种倾向。一种倾向就是认为什么都对，比如说有人读哲学史，发现哲学家们的观点都是相互矛盾的。读张三的，觉得张三是对的；读李四的，觉得李四也有道理。这应该是一种良好的开端，它使年轻人很容易相信和崇拜那些历史上的哲学家。还有另外一种倾向，那就是说"不"。现在的年轻人比较有勇气，敢于说"不"，对什么都喜欢说"不"。比如说，当我们介绍某一个哲学家的观点时，有些人就会认为这个哲学家的观点不对。说"不"当然是一种怀疑精神的体现，怀疑精神是哲学家的一种非常可贵的素质，是哲学的基本素质。我老喜欢说，我在讲哲学时，给大家传授的主要不是知识，而是一种哲学素养。这种哲学素养，如果用概括的语言来表述，那就是"怀疑精神"和"批判意识"。

但是，这种怀疑精神应该是一种"有教养的"怀疑，而不是简单地对什么东西都说"不"，那恰恰是一种缺乏教养的怀疑。所以我要在"怀疑精神"这几个字的前面，加上"有教养的"这个限定语。也就是说，你的这种怀疑精神必须建立在你对所怀疑对象的深入了解的基础上，你必须真正懂得了你所怀疑的对象，这样你才有资格去进行怀疑。如果你根本不了解一位哲学家为什么会这么说，不知道他的这种观点背后隐藏着什么样的深刻内涵，一上来就对他说"不"，这恰恰说明你在对自己说"不"，恰恰说明你自己是肤浅的、缺乏教养的。所以从这个意义上说，无论是对一种观点盲目加以崇拜，还是对一种观点简单地加以怀疑，这两种态度都表现了一种思维的片面性。而问题的关键恰恰在于，我们如何能够把这两种对立的态度有机地、辩证地结合起来。

我们学习西方哲学史,对待历史上曾经出现过的每一位哲学家,都要做到既能够走进去,也能够走出来。我们必须真正地进入每一位哲学家的思想,在这个过程中,我们首先会发现他确实了不起。如果我们自己处在他那个时代,我们未必会像他那样,有那么精辟的创见;面对同样的问题,我们未必会有他那样敏锐的眼光、深邃的思想。所以我们首先应该崇拜他。但另一方面,由于我们有着更加开阔的视野和思想背景,我们知道后人是怎么说的,我们也知道这位哲学家的观点后来又是如何被后人所超越和否定的,在这种情况下,我们就应该在了解他的思想观点的前提下,通过一种内在的怀疑和批判来超越他。我们就要善于发现,他的思想之要害和弱点究竟在哪里?他的"阿喀琉斯之踵"在哪里?这样做才是一种"有教养的"怀疑。所以我认为,当我们面对一位历史上的哲学家或者某种哲学观点时,我们都既不要简单地说"是",也不要简单地说"不",而是应该辩证地把握。而辩证地把握的前提是什么呢?就是你必须真正地走进每一位哲学家的思想深处,只有这样,你才能最后对他说"是",或者对他说"不"。如果不这样做,你对于哲学的认识永远都只是隔靴搔痒,限于皮毛。所以,这就是我们所说的哲学史方法论的第二条重要原则。

历史与逻辑相统一

哲学史方法论的第三条原则就是要做到历史与逻辑相统一。这条原则非常重要,它最初是在黑格尔的《哲学史讲演录》里明确地表述出来的。那么这个原则的基础是什么呢?就是我们刚才所说的黑格尔的那个重要思想:哲学史就是哲学。正是由于哲学史就是哲学，所以哲学概念自身的逻辑演进与哲学家的历史传承具有一种内在的统一性。哲学研究的是一个个抽象概念以及它们之间的逻辑联系，哲学史研究的是在历史舞台上出现的一个个哲学家的思想。如果你把哲学史理解为哲学，那么你就可以在一个个哲学概念的逻辑联系与一个个哲学家的历史顺序之间，发现一种内在的一致性。

举个例子来说，古希腊自然哲学从泰勒斯开始，然后顺着米利都学派、爱非斯学派这条线往下发展，后来又出现了恩培多克勒、阿那克萨戈拉，一直到德谟克利特的原子论。尽管古希腊自然哲学这条路线经历了不同的时代，产生了不同观点的哲学家，但是我们发现，实际上这个历史脉络表现的是同一个概念的不断深化过程，这就是从质料意义上所理解的"本原"概念的深化过程。因此，我们完全可以把这些外在的东西，将这些哲学家的名字剥离掉，剩下的恰恰就是概念自身不断的深化和扩展。反过来也一样，如果我们按照概念自身的逻辑进展而考察哲学发展的历史顺序，我们恰好可以在历史舞台上找到与每一个概念进展环节相对应的哲学家。也就是说，在不同哲学家出现的历史顺序与哲学概念逻辑发展的各个环节之间，保持着内在的一致性。按照这条原则来理解哲学史，才能真正地把握住哲学史的内在精神。

正如黑格尔所说的，哲学史不是一个堆满了古人尸骸的战场，不是一堆思想、概念的凌乱堆积，而是有着内在的逻辑一贯性的思想宝库。我们学习哲学史也不是到一个古战场上去凭吊先贤，去捡几块死人的"骨头"来做一个考古学的研究。哲学史中的智慧就表现为，善于在这些零散的"骨头"之间去发现某种内在的精神联系或逻辑联系。我们不应该把哲学史看作一个堆满古人尸骸的战场，而应该把它看作自由精神穿越历史的一个舞台，它是概念或精神自身有机发展的过程，是哲学概念在历史过程中的逻辑演进，这就是历史与逻辑相一致的原则。

遵循这个原则，我们就会发现，一个哲学概念或问题是如何被最早的一位哲学家提出，然后又怎么一点一点地发展到最后一位哲学家的。在这个理解的过程中，一方面，我们是在了解一个一个哲学家的思想观点；另一方面，也是更重要的方面，则是要揭示出潜藏在这些哲学家们的思想观点背后的东西，那就是哲学概念自身的合逻辑发展过程。就像莎士比亚剧本中所说的那样：不是哈姆雷特在说话，而是有一个东西借助于哈姆雷特在说话。同样，哲学史从根本上看，也不是哲学家们自己在说话，而是哲学概念发展到某一个时候，就必须要选择这么一位哲学家来说话。

在历史学上有一种决定论的观点，这种观点认为，18世纪的法国如果没有拿破仑，历史也一定会创造出另一个人来完成拿破仑的宏伟事业。同样，在哲学史上，我们可以说，如果没有柏拉图，也一定会有另外一个人来把柏拉图的那套思想表达出来，因为思想、概念发展到柏拉图的时代，必然会这样表述。所以从这个意义上说，哲学概念的发展是必然的，不是偶然的，它有着内在的逻辑联系，非要这样发展不可！所以，我们所讲的哲学史也不是一大堆零散知识的简单拼凑，而是哲学概念和思想自由地、合逻辑地穿越历史舞台的一场正剧。这就是黑格尔多次表述的思想，他把哲学史看作哲学概念自身生长和发展演化的一个历史过程，这个过程到了他的哲学那里最终实现了绝对精神的自我认识。黑格尔甚至认为，整个大千世界无非就是同一个概念自身发展的结果，只有一个概念，整个世界就是这个概念如何从抽象到具体、从简单到复杂、从客观性经过主观性再到主客观相统一的这么一个过程。简单地说，就是这个概念不断地通过自否定而实现自身和认识自身的过程。因此，偌大一个气象万千的世界，说到底，无非就是同一个概念自身演化的不同阶段和现实结果而已。

如果你能够这样看待哲学史，那么你就是真正地理解了哲学。当然，黑格尔的这种表述方式可能有他霸道的地方，他说得太绝对了。但是我认为，一个优秀的哲学家，就应该有这样一种意识，那就是他所面对的决不是一堆杂乱无章的东西，而是有着内在逻辑联系的一个有机生命体。也就是说，我希望你们不要用机械论的观点来看待哲学史，而要用一种生存论或者有机论的观点来看待哲学史。哲学概念和思想就如同一个生物一样，是一个有生命的东西。概念是有生命的，哲学思想也是有生命的，它们在历史的长河中自己生长着，而不是一大堆彼此毫不相干的、随便拼凑起来的大杂烩。这就是我们反复强调的历史与逻辑的统一，它是哲学史的基本方法。

上面所讲的这些方法，当然只能靠你们在学习哲学史的过程中逐渐加以体验，逐渐加以把握。它们需要灵活地把握，而不是机械地背诵。当然，也不是仅凭着我这么一讲，你们就全明白了，而是要学会自己来领悟和贯彻这些方法。把握了这些方法，你们就把握了智慧本身，因为智慧就蕴含在方法之中。

哲学有什么用？

哲学产生的原因

哲学有什么用？这是一个非常实际的问题，也是我在上课时学生最爱问的一个问题。

我们这个时代是一个哲学没落的时代，我常说，我们这个时代缺乏真正的哲学，我们很不幸，生活在这么一个没有哲学的时代。

但是从另一个角度来说，我们也很幸运，因为一个没有哲学的时代是一个轻松的时代，一个使人可以像动物一样跟着感觉走的时代，这个时代的特点不是崇高而是快乐。无论大家对这个时代的价值判断是褒还是贬，但是有一点是大家都必须承认的，那就是我们的时代是一个市场化的时代，一个浮躁的时代，一个急功近利的时代。在这个时代里，人们学习任何东西，首先都要问："它有什么用？"比如你们上大学，父母为你们选择专业，都会考虑学习这个专业将来毕业以后有什么用。正因为如此，所以没有人愿意学哲学。大家都明白，在我们这个时代，哲学是没有任何用处的。

如果有同学要问我，哲学有什么用？我就要反问你，你所说的这个"用"到底是指什么？如果是指实际的用途、功利意义上的用处，也就是说，哲学能够给你带来什么实际的好处，那么我就会斩钉截铁地回答你：哲学没有任何实际的用处！假如有一位教哲学的老师对你们说，你们学好了哲学，将来就一定会经好商、当好官，会在实际工作方面高人一等。我认为，这位老师如果不是在骗你们，就一定是在骗自己。我从来就不觉得，学好哲学与经好商、当好官有什么直接的因果关系，哲学没有这么大的能耐，可以让你在商场上财运亨通，在官场上飞黄腾达。美国有一个哲学家詹姆士曾经说过："哲学不能烤面包！"他的意思是说，哲学并不能给你带来什么实际利益。这一点，其实早在哲学产生之初就已经注定了。

那么哲学是怎么产生的呢？这个问题实际上在古希腊就有人考虑了。古希腊哲学的集大成者亚里士多德就曾经分析过哲学产生的原因。在《形而上学》这本书中，亚里士多德探讨了哲学产生的前提问题，说明了为什么我们会有哲学。在亚里士多德看来，别的学科都是与某种实际用途联系在一起的，比如说，我们研究物理学，是因为我们要了解自然的规律；我们研究逻辑学，是因为我们要合

亚里士多德，《形而上学》，1483年古版书开篇页

理地进行思考；我们研究语言学和修辞学，是因为我们要把语言变得非常有力、优美，这些当然都是非常实际的用处。但是哲学产生的原因却不同，它是完全超越了实际用途的。那么哲学是怎么产生的呢？亚里士多德认为，哲学的产生必须要有两个条件，一个是惊异，另一个则是闲暇。

惊异，就是当我们面对大自然、面对人类社会的种种现象时，我们往往会对世间的万千气象产生一种惊奇。惊异感是我们人类的一种非常好的素质，动物很少会有惊异感，动物只有恐惧、警觉之类的感受，它不会在没事或者没有受到威胁的时候，产生出惊异感。只有人才会在面对不解现象时产生惊异，才会在面对大自然和人类社会时提出各种问题。这种由于惊异而产生的问题意识构成了我们哲学思想的开端，由惊异中才逐渐产生了哲学。

但是亚里士多德又认为，光有惊异还是不行的，人还必须有闲暇。我们老是只记得前面一句话，忘了后面一句话。闲暇是什么意思呢，简单地说就是，吃饱了饭没有事情干。大家都知道，古希腊社会是奴隶社会，有一批吃饱了饭没事干、衣食无忧的人，这种闲暇使他们可以去胡思乱想，去考虑那些虚无缥缈的问题。因此，在亚里士多德看来，你要是没有闲暇，每天为五斗米而忙碌，你肯定不可能有心思去思考哲学。换句话说，这个闲暇就是指，当你在生活上没有后顾之忧的时候，你才会去思考哲学问题。

在西方，自从亚里士多德提出这种观点以来，在相当长的时间里，学习哲学是精神贵族们的事情，这些精神贵族们没有什么事可干，他们也不需要为稻粱谋，不需要为了维持生活去赚钱，在这种没有后顾之忧的情况下，他们就会选择哲学。因为他们觉得哲学很崇高，是一门纯粹思辨的学问、一门形而上的学问，不沾染丝毫的尘埃。以往的哲学家对待哲学确实是抱着这样一种态度，所以我们一直同意亚里士多德的观点，认为哲学产生的原因是惊异和闲暇。在古希腊，最早出现的一批哲学家，几乎全部都是自由民，这些自由民在某种意义上也可以叫作奴隶主，因为古希腊的自由民都有奴隶。而在奴隶中却没有哲学家，因为奴隶们顾不上思考哲学问题，他们要为生计而操劳。

从今天的情况来看，当我们要求哲学必须与谋生、求职、经商、升官等活动联系起来时，当我们以为学习哲学可以在这些实际的方面有所用处时，我们就已经不配谈论哲学了。如果亚里士多德复活了，他一定会认为，我们对待哲学的这种态度恰恰表明我们已经把自己放在了一个奴隶的位置上，而奴隶是不可能进行真正的哲学思考的，他首先考虑的是现实的生计问题。亚里士多德在探讨哲学产生的原因时，曾经明确地表示，别的学问都是为了要掌握一门一技之长，用于生活中的某个实用目的；只有哲学本身没有实用目的，哲学是超越实用目的的，是一门"没有用"的学问。你要问学哲学的目的是什么，那么亚里士多德会告诉你，学哲学没有实用意义上的目的，它超越了实用目的，因为学习哲学、掌握智慧，这本身就是人生最高的目的。

在亚里士多德以前，曾经有一批哲学家，叫作智者，这些智者教人们一套辩论的技巧，以及思考的智慧。大家知道，"哲学"一词的英文是 philosophy，这个词在希腊语里的原意就是"爱智慧"，"philo"一词的含义是爱，"sophia"就是智慧。而智者们认为自己就是掌握和传授智慧的人，因此他们自称为"sophist"，就是"有智慧的人"或者"智者"。从这个称呼可以看出来智者们很狂妄。智者认为，智慧是一种可以用来赚钱的东西，我教你们智慧，你们掌握了智慧以后，可以用它来打官司、搞政治辩论等，从而给你们带来实际的好处。因此智者们教人辩论术是要收钱的。

后来，比智者们稍晚一点的另一位伟大哲学家苏格拉底，他就非常轻视智者，把他们称为"批发和零售灵魂食粮的人"。苏格拉底的学生柏拉图，以及柏拉图的学生亚里士多德，在对待智者的态度上都是一脉相承的，他们都看不起智者。在亚里士多德看来，智者就是靠一种似是而非的智慧赚钱的人，而这种教人一套诡辩的技巧并以此来谋生和赚钱的做法，恰恰违背了哲学的本意。所以，在古希腊曾经就有过这种观点，如果你把哲学当作可以使人谋生的一技之长，以此教授给别人，并以此来赚钱谋生，这本身就是一种很卑劣的行为。按照亚里士多德的观点，哲学既然产生于闲暇，当然也有惊异，所以哲学从来就没有实用性的目的，它关注的对象都是超越于实用目的之上的最高的东西，实际上就是我刚才说的形而上学，或者"道"，这才是哲学关注的东西。哲学应该关注这个东西，而这个东西确实没有什么实际的用处，没有什么实用目的。

所以，在古希腊哲学中，至少是在主流哲学家中，就流行着这样一种观点，那就是为知识而知识，为学术而学术。也就是说，我学习哲学这门学问，只是为了陶冶我的性情，使我从中体验一种快乐，把握一种智慧，从而提升自身的精神境界。你问我哲学有什么用，这个问题本身就是一个假问题，是一句废话，因为哲学、智慧这些东西本身就是目的，目的本身还会有什么用？从另一个意义上说，哲学又是无用之大用。当你真正进入哲学思维的境界时，你会感受到一种彻心透骨的豁达和愉悦，当你面对哲学家们所谈论的智慧的时候，你会产生一种赏心悦目、心旷神怡的感觉。这就是哲学之大用了，它让你体验到一种精神上的快乐。

如果你要再追问：这种精神上的快乐又有什么用？那么我只能反问你：听一场贝多芬的音乐有什么用？它能让你填饱肚子吗？能给你带来荣华富贵吗？如果你所理解的用处仅仅是指物质方面或者肉体方面的用处，那么我可以斩钉截铁地回答你，哲学没有任何用处！但是，如果你意识到自己是一个有灵魂、有精神追求的生灵，那么哲学所带来的智慧和知识本身就足以使精神怡然自得，再要追问它有什么用岂不是贬低它了吗？所以，在西方，从很早的时候开始，哲学家们就已经表达了一种对待哲学的基本态度，那就是学以致知的态度——学习哲学的目的只是为了求知，而不是为了致用。

"学以致知"与"学以致用"

中国人民大学一位已经故世的老先生，苗力田先生，是我国西方哲学界的一位泰斗级人物，一辈子研究西方哲学，晚年又参悟中国哲学和中国文化。在他80多岁高龄的时候，在西南师范大学的一次学术会议上，他曾做过一个总结性的发言。苗先生说："我一辈子学习西方哲学，晚年又参悟中国哲学，最后得出了一个比较性的结论，可以用两句话来概括这两种哲学。我认为中国哲学和中国文化的特点是'重现世、尚事功，学以致用'，而西方哲学和西方文化的特点恰恰相反，是'重超越、尚思辨，学以致知'。西方哲学的显著特点就是沉溺于纯粹思辨，喜欢追问事物背后的本质，学习的目的就是为了获得知识，而不在乎功用。"苗先生特别强调说，这是他研究了一辈子中西哲学后得出的结论。

我非常赞同和推崇这个观点，我认为，苗先生真可谓是一言以蔽之，精辟地说明了中西哲学乃至文化的根本差别。中国哲学也讲大道，也讲一种内在超越，但是实际上更多的是注重人生的关怀和现世的伦常，所以我们中国哲学所强调的很多东西都与经世致用联系在一起，一门学问如果无利于道德教化，无利于建功立业，那么这门学问是没有用处的，就是所谓的屠龙之术。我们中国古代有一个寓言，说一个人花了千金，学了三年，学会了屠龙，结果却一无所用，为什么呢？因为没有龙给你屠。因此，在中国学了没有用的东西，通常就被叫作"屠龙之术"。

根据这种观点，哲学在今天这个急功近利的时代，对于你们以及你们的家长来说，就是"屠龙之术"。正因为如此，现在高考很少有人第一志愿会报哲学系。我们哲学系的大多数学生都是由于没有办法、考分不够，不得已从别的专业调剂到哲学系来的。有些学生后来可能慢慢会对哲学感兴趣，有些学生可能一辈子也对哲学产生不了兴趣。这件事也怪不得学生，因为我们生活的这个时代就是一个讲究实利、讲究功用的时代，所以哲学这种"无用之学"就像一个怪物一样令人厌烦，没有几个人会对哲学感兴趣，以至我们这些教哲学的人在外面与别人聊天，别人问起我们是学什么的，我们只能说自己是学哲学的，但是总是要加上一句，不是搞政治的，是学西方哲学的。为什么要这样说呢？因为在一般人眼里，一个学哲学的人就好像是一个很稀奇的怪物一样。

所以从这个意义上说，哲学就是"屠龙之术"，没有什么实际的用处。由于我们是在中国文化的环境和氛围中长大的，在我们的文化传统中本来就有经世致用的巨大惯性，再加上我们这个时代的急功近利特点，所以哲学成了一门冷僻之学，这是完全可以理解的。在我看来，最可怕的事情还不在于没有人喜欢学哲学，而在于硬要把哲学这种"无用之学"派出各种实际的用处来，这样就更糟糕了。

以现代中国人的价值观来处理哲学，可能会导致两种正好相反的倾向：一种倾向就是大家今天所看到的，认为哲学没有用，大家都不去学它；还有另一种倾向，在座的同学们没有体验过，那就是"文化大革命"时的情况，那时候全国上下掀起了一股学哲学的热潮，人人都争先恐后地学哲学，种田里有哲学，炼钢里也有哲学，什么都与哲学挂上了钩，哪怕是大字不识几个的农民，也能夸夸其谈地大讲哲学。大家见面谈哲学就像拉家常，报纸上连篇累牍的都是工农兵谈哲学的体会。今天反思起来，这种哲学的热潮恰恰是哲学的耻辱，如果把哲学变成一种"学了就要用""立竿见影"式的东西，学了哲学就可以多产出粮食，多炼出钢铁，这难道不是对哲学的一种亵渎吗？这种态度从表面上看起来，好像是在热捧哲学，实际上却是在戕害哲学，把哲学变成了一种功利之学和势利之学，抽掉了哲学的高贵的精神特质，把它变成了一副包治百病的狗皮膏药。因此，哲学的狂热甚至比哲学的冷漠更加表现了哲学的悲哀，如果一个社会中人人都大谈哲学，那么这一定是一个疯狂的社会。

哲学从本质上来说是一种阳春白雪的学问，不可能让所有的人都对哲学感兴趣。哲学所关注的基本问题，永远都是超越于实用层面的，它不可能"学了就要用"。所以我刚才说过，一位教哲学的老师如果对你们说，学了哲学就能更好地当官、更多地发财，他一定是在骗你们或者跟你们开玩笑，大家千万不要当真，笑一笑就可以了。

改变环境与改变自身

所以我提醒大家，不要指望哲学有什么实际的用处，哲学确实是没有用的。但是我同时也要说明一点，所谓"用"，它有两种含义，一种是实用或者功利意义上的"用"，就是直接给你带来物质利益的用处；一种是精神上或心理上的"用"。比如说，你学习法律、学习经济管理，它们能给你带来实际的好处，使你成为一个律师、一个总裁，从而干大事、赚大钱。学习计算机、学习生物工程等专业，情况也是如此，它们可以给你带来实际的好处。你学会了那套知识以后，在日后的工作中再把它转卖给你的老板、你的上司，从而可以换得钱财、地位、名誉等，你就可以利用这些东西来改善你的生活状况，从而改变你的生活环境。因此，这种意义上的"用"，说到底就是改变环境之用。人是生活在一定的环境之中的，环境对于我们来说非常重要，一切实用性的学问或知识，如法学、经济学、计算机等，它们的主要用处就是改善我们的物质条件，改变我们的生活环境。比如说，你是学会计学的，面对着一套一套会计学理论，实际上你并不爱好它们，你只是把它们当作一种谋生手段。大学毕业以后你去当一个会计师，把所学的这些理论运用在你的工作岗位上。你运用得好，就可以获得一定的地位，成为高级会计师，赚到很多的金钱。然后你用金钱来改善你的生活环境，住好房子，买名牌衣服，大家都很羡慕你。于是，你在精神上、心理上就会感到非常快乐、非常幸福，你就会说，学会计学确实是有用的。

但是，当你这样感受的时候，你是否意识到这种快乐感和幸福感是绕了一大圈才实现的？你首先要把学到的知识转变成金钱和地位，然后再用它们来改善你的生活状况，最后才能从自己的享受和别人的羡慕中感受到快乐和幸福。但是我们不要忘记了，我们除了要面对环境之外,同样也必须面对自身。我们的快乐感和幸福感,既可以通过改变环境来实现,也可以通过改变自己来实现。从某种意义上说,改变自身可能比改变环境更加重要,因为一个人永远只能活在自己的感觉和思想之中,只能活在自身之中,环境必须通过自身才能被感受到。世界就是你眼中的世界,你有什么样的眼光,你就能看到什么样的世界。因此改变你的眼光,实际上你就改变了世界。在大家看来,这个观点可能有唯心主义之嫌。但是我却要强调,哲学的最大用处就在于改变你自己的精神状态和心理素质,如果你的精神状态和心理素质改变了、提高了,那么你对世界的看法肯定就和别人不一样,你就会看到更广阔的领域、更深刻的奥秘。这就是"用"的第二种意义,即精神上或心理上的用处。

这种用处可以使你在精神上保持一种高屋建瓴的姿态,使你不用绕一个大圈子就能够直接体验到精神上的愉悦和心理上的快乐。事实上,当我们赚了钱去买好吃的食物、好看的衣服等,然后再用这些东西来满足自己的欲望,最终在心理上产生一种快乐感和幸福感;这与我们去欣赏一场美妙动听的音乐会、阅读一段优美感人的散文诗和进行一次启迪智慧的哲学思辨,从而直接从中体验到心理上的快乐和精神上的愉悦,二者不过是殊途同归罢了。

这样看来,哲学的用处恰恰就在于使我们在精神上和心理上直接感受到一种心旷神怡的快乐与幸福。当别人由于环境的限制而苦恼时,你却会因为自身素质的提高而在精神上感到豁达和愉悦。虽然你并没有改变环境本身,但是你却把自身改变了,从而也就改变了你眼中的环境和世界。世界是什么?一个真实、客观的世界无非就是你眼中所看到的世界,你思想中所思考的世界。离开了你的感觉、你的思维,世界本身的所谓客观性又有什么意义呢?我们固然不能像18世纪英国哲学家贝克莱那样认为"存在就是被感知",但是我们至少可以说，存在的意义是离不开我们的感受和思维的。世界的存在是客观的，但是它的意义却是主观的、因人而异的。世界的存在只有在你的感受中、在你的思维中，才是有意义的。

一块石头，对我们来说有什么意义呢？但是，对于一个地质学家来说，就有意义了。这不是因为石头本身有什么变化，而是因为人不一样了，主体不一样了。不同的人，在面对同一个东西的时候，往往会有不同的感受，而这种不同的主观感受可能比那个所谓的客观存在本身对我们生活的影响更大。因为我们是活在我们的感受之中，而不是活在纯粹客观的世界之中。这是一个很简单的道理，正因为它太简单了，乃至于我们都注意不到。我们的眼睛往往看不到离自己最近的东西，同样，一些最深奥的道理也往往不为人的理性所注意，因为它们其实就是最简单、最朴素的道理。

我常常对一些问我哲学有什么用的学生说："其实你想一想，这个世界说到底不过就是你眼中的世界，如果你的眼光改变了，你眼中的世界当然也就改变了。"哲学就是帮助你调理、改善、提高自己的眼光的学问，就是改变你自身而不是改变你的环境的学问。这样一来，哲学的用处就充分显现出来了。如果你有了这样一种深刻的反思，你就不会去随波逐流，不会在乎别人怎么看你，你就会像但丁所说的那样："走自己的路，让人们说去吧！"这时你就能体会到心灵的自由，以及与这种自由相伴随的快乐与幸福感。只有当你达到了这种精神境界，你才知道哲学到底有什么用。哲学使人学会换位思维，使人学会像柏拉图所说的那样不断地在认识过程中"转向"，从而摆脱偏执而走向超脱，摆脱流俗而走向明智。此外，哲学还有一种用处，那就是这种心旷神怡的精神境界往往有利于延年益寿。大家看一看希腊哲学史，那些睿智的哲学家们大多是长寿的，这或许也是哲学的重要用途之一吧！

由此可见，哲学与其他实用性学科的最大不同之处在于，其他学科的知识都被用来改变环境，哲学的智慧却被用来改变自身。就我个人而言，我认为改变自身比改变环境更加重要。这种观点或许会使你们把我看作一个唯心主义者。其实我既不是一个唯心主义者，也不是一个唯物主义者，而是一个怀疑主义者。当然这是一种"有教养的"怀疑，我老是处在一种怀疑和批判的意识中，唯心主义也好，唯物主义也好，对我来说，都需要进行怀疑和批判。但是我觉得，一个人注重自己的内在修养，注重提高自己的主观素质，比起改变自己的客观环境来，可能更为重要。

我平时喜欢讲悲剧，哲学就是一场崇高的悲剧。在我们的生活中到处都有悲剧，悲剧的存在是一个客观事实。一个人要想一辈子不经历悲剧，那是不可能的，除非这个人根本就没有生活过。只要你生活了，你就会遇到悲剧，一种没有经历过悲剧的人生才是真正悲惨的人生。但是问题的关键不在于有没有悲剧，而在于你如何对待悲剧。如果你仅仅把悲剧当作一件悲惨的事情，你本身也就成为一个很悲惨的人了。但是如果你有一种哲学的素养，有一种超脱的姿态和深邃的睿智，你把悲剧看作人生中的一些必然的插曲，这些插曲有时候还具有几分崇高的色彩，它们会带给我们一些深刻的启示，那么你就会对人生的悲剧采取一种浪漫超越的态度。这种态度，从贬义上来说，可以叫作"阿Q精神"；但是从褒义上来说，就是一种极高的哲学素养。这就是所谓的"大智若愚"。这样一种在怀疑和批判的氛围中生长起来的哲学素养，正是我要通过讲授西方哲学史课程来为你们培育的。

我们这门西方哲学史课程，从古希腊哲学开始，讲到黑格尔哲学为止。在听课过程中，你们会发现，在西方2000多年的历史中，唯心主义的观点是绝对的主流。在西方哲学史上，当一个人被说成是唯心主义者，或者他本人以唯心主义者自居的时候，人们通常都会对他肃然起敬。反之，如果被说成是一个唯物主义者，他就很悲惨了。在西方文化的特定语境中，"唯物主义"一词是什么意思呢？它是指一个人只追求肉体的快乐，只追求物质的利益，而完全忽略了精神的追求，这就叫唯物主义。当然，这和我们所理解的马克思主义的唯物主义是不一样的。今天我们说我们是唯物主义者，是从马克思主义的意义上说的。但是一直到黑格尔为止，西方哲学史上很多人都自称为唯心主义者。

虽然"唯心主义"和"唯物主义"作为哲学概念是从17世纪以后才开始流行的，但是在此之前，西方大多数哲学家的观点都更接近唯心主义；而17世纪以后的绝大多数哲学家，也都喜欢把自己的哲学叫作唯心主义。只有法国18世纪的一批哲学家，他们公开地宣称自己是唯物主义者，就此而论，他们是非常有勇气的，在唯心主义占主流的文化环境中公然宣称自己是唯物主义者，这确实是需要勇气的。

在思想文化方面，法国人素来是比较有勇气的，他们在许多事情上都敢为天下先，但是他们的观点往往比较肤浅。在18世纪法国唯物主义轰轰烈烈地闹腾了一段时间之后，接踵而来的德国古典哲学又回到了唯心主义传统。比如康德的哲学，就是一种批判的唯心主义。费希特哲学也是唯心主义，主观唯心主义。费希特甚至认为，唯心主义和唯物主义，这是一个人认识世界的两个不同层次。当你对世界缺乏深入认识的时候，你就会认为这个世界是物质的，你就是一个唯物主义者；而当你的精神发展到一个高度，哲学认识能力发展到一定水平，就会发现这个世界的物质现象说到底只不过是精神或自我意识本身的一种外化结果，这时你就会成为一个唯心主义者。谢林也是一个自觉的唯心主义者，他的代表作的名字就叫作

"先验唯心论体系"。而到了黑格尔，就更加狂妄了，黑格尔把自己的哲学称为绝对唯心主义。他认为自己的哲学既不是主观唯心主义，也不是客观唯心主义，而是绝对唯心主义。绝对唯心主义是什么意思呢？就是主观加客观、精神加物质、天上加地下，所有相互对立的东西全都一网打尽，辩证地同一起来，这就是绝对唯心主义！这种唯心主义可以说是达到了登峰造极、无以复加的高度。

所以，马克思的伟大功劳就是把黑格尔哲学整个颠倒过来，马克思公开承认，自己是唯物主义者。马克思跟黑格尔的整个方法是基本一致的，即辩证法；但是马克思跟黑格尔不同的地方在于，马克思认为黑格尔是头足倒置的。正因为黑格尔是头足倒置的，是头朝下的，所以黑格尔看到的整个世界都是反过来的，而马克思则要把它重新颠倒过来，把颠倒的世界再颠倒过来，这样就导致了马克思的唯物主义哲学的产生。所以我们说，马克思的唯物主义有一种很深刻的思想根源，它是西方哲学发展到一定时代的必然产物，是西方哲学发展的一个历史结果。由此看来，不了解西方哲学的整个发展过程，就不可能真正理解马克思主义哲学。当然，我们这门课只讲到黑格尔为止，至于马克思的哲学，那是另一门课程的内容。

这就是本门课程的第一讲或者导论。下面我们将正式进入西方哲学史，从古希腊哲学开始讲起。

第二讲

希腊自然哲学

众所周知，古希腊哲学是西方哲学的摇篮，它构成了西方哲学智慧的不竭源泉。我讲古希腊哲学，准备分成如下五个问题。第一个问题是，希腊自然哲学，从米利都学派到原子论，这一部分在以往的教材中通常被称为古希腊唯物主义哲学。第二个问题是，希腊形而上学的源端，包括毕达哥拉斯学派和爱利亚学派，希腊形而上学在以往的教材中通常被称为古希腊唯心主义哲学。第三个问题是希腊怀疑论与道德哲学，即智者派和苏格拉底哲学，这些哲学都对早期自然哲学和形而上学采取了一种怀疑的态度，并且表现了对世界和人生的一种深刻体悟。第四个问题是，实在论或形而上学的发展，主要是柏拉图和亚里士多德的实在论哲学，实在论或形而上学构成了直到黑格尔为止的西方哲学主流，而它最初就是在希腊形成和发展起来的。第五个问题是，希腊哲学的衰颓，即希腊化时代的哲学和罗马帝国时期的哲学转化，这个时期的几大学派都摒弃了形而上学，对本原问题不再关心，而把眼光投注到人生意义——快乐与美德——的思考，最后从人生哲学转向了神学。

我们首先来讲第一个问题，即希腊自然哲学。

米利都学派与爱非斯学派

哲学的史前史与"哲学之父"泰勒斯

现在,在我们进入哲学思维之前,我们首先假定自己是没有任何哲学知识的,我们就像公元前 7 世纪时的希腊人一样,只是通过神话传说获得了一些关于天地万物的知识。

不论是西方人还是中国人所写的西方哲学史,大凡都是从泰勒斯开始,泰勒斯通常被称为"哲学之父"。对于最初的那一批希腊哲学家,我们不知道他们生于哪一年、死于哪一年,当时的人们只是按照奥林匹亚竞技会的纪年来记载一个人的生活时代。奥林匹亚竞技会是从公元前 776 年开始的,每四年一届,它在希腊人的生活中占有极其重要的地位,早期希腊人对于一些重要的事情都是根据奥林匹亚竞技会的届数来记载的。记载一个人的生平情况,通常都是用第几届奥林匹亚竞技会来表示他的鼎盛年,而不是记载他生于哪一年、死于哪一年。鼎盛年是什么意思呢?就是指一个人 40 岁左右的时候。今天我们只能根据一个人的鼎盛年来推算出他大概生于哪一年。

据历史资料记载,泰勒斯(Thales)的鼎盛年大约是在公元前 585 年,由此可以推断出他生于公元前 7 世纪上半叶。我们刚才讲到,不论是西方人还是中国

泰勒斯(约前 626—约前 548)

人，所写的西方哲学史一般都是从泰勒斯开始。但是，20世纪有一位西方哲学史家康福德（F.M. Cornford），他在他的哲学史里就提出了一个疑问。他抱怨道，我们的哲学史总是从泰勒斯开始，好像泰勒斯突然从天上蹦下来，然后说，万物的本原是水，于是哲学就开始了。康福德对这种做法非常不满，他强调我们必须追溯哲学的史前史。那么这个哲学的史前史从哪里开始呢？事实上，关于泰勒斯，我们几乎就没有任何直接的文字资料，只能通过他以后的哲学家们的间接记载，得知他大概表述过一些什么观点。例如，知道他曾经表述过万物都是从水中产生的，以及万物都有灵魂等观点。关于泰勒斯的思想尚且如此，如果再往前追溯，那就更加无根无据了。我们实在无法寻找到一位在泰勒斯之前的哲学家，只能追溯出一个大体的思想背景，这个思想背景就是希腊的神话传说。

康福德认为，哲学的史前史应该从神话开始，这个观点我们大家都很同意。任何一个民族的最原始的文化形态，就是神话。当人们还没有科学、没有哲学，甚至也没有一种系统化的宗教神学时，他们只有一种自然崇拜或自然宗教，那就是神话。就此而言，神话是一个民族最初的教养。所以，哲学的史前史必须追溯到神话中，必须以神话关于开天辟地、万物萌生的故事作为自己思考的开端。在泰勒斯之前，荷马的史诗、赫西俄德的《神谱》以及一些佚名诗人的系统叙事诗，就已经表达了希腊人关于宇宙起源和自然演化的朴素思想。当泰勒斯说万物产生于水中时，他显然是受了希腊神话传说的影响。

泰勒斯是一个希腊人，这里所说的希腊是指一个广义的希腊概念，即泛希腊，它除了今天的希腊本土之外，还包括爱琴海周边地区，以及意大利的南端（通常被称为大希腊）和伊比利亚半岛（即西班牙半岛）的沿海地区。泰勒斯本人生活在小亚细亚爱奥尼亚地区一个叫作米利都的城邦，在当时，爱奥尼亚地区的一些城邦都属于希腊文化圈，它们与希腊本土的城邦有一种文化上的关联性。所以泰勒斯虽然生活在小亚细亚，但是他对希腊神话传说也是非常熟悉的。

关于这种非常美丽的希腊神话传说，我在讲"西方文化概论"那门课程时会进行详细介绍，在讲"西方哲学史"时就只能忍痛割爱了。但是当我们追溯泰勒斯的哲学思想根源时，仍然要谈一谈希腊神话传说的影响。在泰勒斯之前，曾经有一位游吟诗人以神话的方式表达了一种关于宇宙起源和自然演化的思想，这个人就是生活在公元前8—前7世纪的赫西俄德。他像荷马一样，通过吟唱的方式，总结出一套关于希腊诸神来龙去脉的血缘谱系，后人将其编纂成一本名叫"神谱"的小册子。在《神谱》里，赫西俄德按照一种生殖原则，把杂乱无章的希腊神祇联系成为一个彼此相关的系统。赫西俄德从最原始的神卡俄斯（Chaos，即混沌）开始，通过生殖繁衍，使诸神一代又一代地产生出来，从而形成了明晰的神谱。由于希腊神话是一种朴素的自然宗教，每个神祇都象征着某种自然现象（如风雨雷电、日月星辰、山川河流等），而一些新生代的神祇则象征着某种社会现象（如农业、商业、锻造、文艺、美、正义、战争等），所以希腊神谱实际上反映了一种关于自然万物以及社会万象是如何发生和演化的朴素世界观。赫西俄德本人当然不是一个哲学家，他只是一个把民间流传的神话传说汇聚起来的游吟诗人。但是在他所总结的这个神谱里面，我们已经可以看到在希腊哲学产生以前，人们是如何看待宇宙发生和世界演化的。在《神谱》中，赫西俄德首先从卡俄斯开始，"卡俄斯"就是混沌一体，什么都没有，天地尚未开辟，就如同我们中国神话中盘古开天辟地之前的世界一样。从卡俄斯即混沌中产生出最早的一批神祇，例如大地母神盖亚，还有爱神、地狱之神、黑暗与黑夜等，这些都是最原始的自然现象。然后按照赫西俄德的说法，大地母神盖亚"未经交配"，也就是以一种无性繁殖、自我分裂的方式，生下了天神乌拉诺斯和最古老的海洋之神蓬托斯。这种关于神祇原始繁衍方式的神话，天才地反映了一个真实存在的生物进化过程——现在的生物科学已经充分证实，生物的有性繁殖方式最初就是从无性繁殖方式中发展出来的，最原始的生物都是无性繁殖的。可见，在希腊神谱中，蕴含着一些非常高明的智慧因素。

　　赫西俄德接着讲道，大地母神盖亚又与自己的儿子乌拉诺斯相结合——这种乱婚状况也是生物进化过程中曾经经历过的一个发展阶段——生下了一批巨人神族，这个神族被称为泰坦神族。你们可能看过一个好莱坞大片，名叫"泰坦尼克号"，那艘沉没的游轮因为巨大无比，所以就取名叫"泰坦尼克"，意思是像希腊神话中的泰坦神一样巨大。再往后，泰坦神族中年龄最小但是却最强有力的神克洛诺斯又与他的姐姐瑞亚相结合——这种婚姻方式与母子乱婚相比是一种进化了——生了下一代神族，即奥林匹斯神族，也就是以宙斯为首的那个神族。奥林匹斯神族由宙斯等六位兄弟姊妹以及宙斯与其他女神所生的下一代神祇共同构成，在奥林匹斯神族中，包括我们大家熟悉的海神波塞冬、太阳神阿波罗、商业之神赫尔墨斯、智慧之神雅典娜、美神阿佛洛狄忒等。到了奥林匹斯神族，整个自然世界和社会万象都产生出来了，这样，一个以生殖原则作为纽带的神话世界观就呈现在我们面前。

　　这种神话世界观虽然还不属于科学和哲学的体系，但是它毕竟表达了一种关于宇宙起源和自然演化的观点。我们可以想象，这种神话世界观对于泰勒斯这位"哲学之父"的哲学思维，必定会产生非常重要的影响。当泰勒斯说世界产生于水的时候，他的哲学观点肯定与神话有一定的联系。

在赫西俄德的《神谱》里，以及在荷马的史诗《伊利亚特》和《奥德修纪》中，都特别强调海洋之神、河流之神的原始性。古希腊人是一个海洋民族，水在他们的生活中占有非常重要的地位。在荷马史诗中，宙斯的妻子赫拉就把河神俄刻阿诺斯称为自己的始祖。在《伊利亚特》中还有这样的语言："请你一手抓住金光闪闪的斯提克斯河，一手抓住丰产的大地，向我发一个誓。"丰产的大地就是大地母神盖亚，那当然是最古老的神了；而金光闪闪的斯提克斯河与大地并列，可见同样也是很受尊崇的。后来亚里士多德在解释泰勒斯的观点时指出，古希腊人藉以发誓的东西通常就是他们最尊崇的东西，而他们最尊崇的东西也就是最古老的东西。所以，当泰勒斯说万物产生于水的时候，他可能是从神话中得到了某些启发。当然，亚里士多德也指出，可能是泰勒斯通过观察，发现万物都有其种子，种子都是在湿润的情况下滋生的，而水则是湿润的本源，因此万物是从水中产生的。这个观点当然也有道理，我们经常就喜欢说，水是生命之源。实际上，上述这些观点都是融合在一块的，它们共同导致了泰勒斯关于水是万物本原的观点。

但是无论如何，泰勒斯并不是突兀地就表述出"水是万物本原"的思想，在他之前，确实有一个哲学史前史的思想根源，这就是希腊人的神话世界观。由于在希腊诸神中，海神、河神的地位很高，他们的辈分也比较古老，而"本原"（或"始基"）这个概念，即"άρχή"，在希腊语中就是表示"开端"或者"最初的东西"。这个概念并不是泰勒斯提出来的，泰勒斯只是认为万物从水中产生，他的学生阿那克西曼德才第一次使用"本原"概念。但是泰勒斯已经表达了关于本原的思想，所以我们通常说，泰勒斯把水作为万物的本原。从这种意义上说，泰勒斯无疑是希腊的第一个自然哲学家。

现在我必须简单地说明一下，为什么我们首先要讲希腊的自然哲学。当我们面对着一个复杂的大千世界的时候，作为人，我们总是喜欢追问这个世界的根据或者原因，而所谓"本原"就是世界的最根本的原因。那么让我们设想一下，在我们还没有哲学知识，也没有科学知识的情况下，当我们在追问世界的根本原因的时候，我们能够有什么样的路径呢？我们发现，有两种不同的路径：第一种路径是自然哲学的路径，第二种路径则是形而上学的路径。

首先我们来看自然哲学的路径，这种路径又可以分为两种追问方式——或者追问世界到底是从什么东西里产生出来的？或者追问它是由什么东西构成的？这两种追问方式虽然在表面上不同，但是基本上属于同一个路径，即追问世界的质料意义上的开端。追问一个事物是从什么东西里产生出来的，这是一种时间上的回溯；追问一个事物是由什么东西构成的，这是一种空间上的分割，二者都是在追问世界的质料根源。比如说，从时间关系上来看，我们要追问人的本原是什么，就可以从人追溯到猴子，再从猴子进一步追溯到更低级的动物，最后追溯到三叶虫和蓝藻，还可以追溯到无生命物甚至无机物，人就是这样进化而来的。从空间关系上来看，我们要追问人的本原是什么，就可以把人还原为一大堆细胞、碳水化合物、脱氧核糖核酸等，人就是由这样一些基本物质构成的。由此可见，这两种追问方式，一种从时间上来寻找开端，寻找 beginning；另一种从空间上来寻找基本要素，寻找 element，说到底都是一种还原论，不是时间上的还原，就是空间上的还原。这种还原论的路径，基本上是一种科学主义的路径，它与自然科学的方法非常接近，所以我们把它称为自然哲学。

在古希腊的自然哲学中，也有一个从时间上的追溯向空间上的追溯的转化过程，最早的一批自然哲学家如泰勒斯等人都是从时间上来追问万物的本原,到了比较晚一点的自然哲学家那里,就开始转向从空间上来追溯万物的本原,即把关注的焦点从万物的源始开端转向了万物的构成要素,从生成论转向了构造论。在古希腊自然哲学中,这种构造论的最高水平就是德谟克利特的原子论。因为还原的过程不可能是无限的(否则还原就是没有意义的),万物必须还原到一个最后的单元或者最小的微粒,而这个最后的单位或最小的微粒在古希腊自然哲学中就被叫作"原子"。"原子"(atom)这个词在古希腊语里是指"不可分"的意思,它并不是一个物理学概念,不是我们今天在实验室里通过科学仪器可以观察到的物理实体;而是一个纯粹的哲学概念,即构成宇宙万物的最后单元。就原子是指事物最后的、不可分的单元这个意义来说,原子论确实是古希腊自然哲学的还原论路径所能达到的最高水平,当然它也成为古希腊自然哲学的最后环节。

但是,当我们追问世界的本原时,除了自然哲学的还原论路径之外,还有另一条路径,这就是形而上学的路径,它与自然哲学的还原论路径迥然而异。与自然哲学一样,形而上学也是追问世界本原的一种方式,但是这种追问方式不是通过对世界进行时间上或者空间上的质料还原,而是采取一种抽象的路径来直接追问事物的本质。这种形而上学的追问方式,一上来就显示出较高的起点和超越性的特点。如果说自然哲学的追问方式与自然科学有几分相似(事实上,近代的自然科学正是在古希腊自然哲学的基础上发展起来的),那么形而上学一开始就表现出与自然科学完全不同的思辨色彩,这种思辨色彩或许可以确切地称之为纯粹的哲学品味。形而上学的追问方式,既不是从时间上进行回溯,也不是从空间上进行分割,而是一上来就追问,事物背后的根据是什么?它不是追问事物的开端或元素,而是追问事物的本质或形式;不是追问事物的

beginning 或 element，而是追问事物的 principle 或 form（在古希腊，"形式"即是指构成事物的本质）。说到底，追问一个事物之所以成为该事物的根据。

对于希腊形而上学来说，事物的本原就是它的形式规定性，就是它的本质。比如我们追问人的本原，形而上学既不把人还原为猴子或者三叶虫，也不把人还原为一大堆细胞或者蛋白质，而是追问人之所以为人的本质规定性。由于事物的本质是无法直观的，只能通过抽象的思维才能把握，所以形而上学就采取了一种完全不同于还原论的抽象路径。通过抽象的路径，形而上学得出了关于人的本原的另一个答案，即关于人的本质定义。例如我们通常说，人是具有一定社会关系、可以使用工具进行劳动的理性动物，这就是关于人的一种本质定义*。这个答案实际上抓住了人之为人的本质规定性，但这种本质规定性决不是通过时间上的回溯或者空间上的分割可以得到的，你就是把人分割到再小的单位，也找不到理性这个元素。只有通过抽象思维的方式，对古往今来、五湖四海的各种人进行综合概括，消除他们的感性差异性，寻找出他们共同的本质（即他们同样作为人的根本规定性），才能得出这一结论。正是从这种意义上说，如果我们把人仅仅说成是一堆蛋白质，显然是对人的一种贬低甚至侮辱，因为这个定义并没有表达出人的本质。而当我们说人是一个理性动物时，那些虽然也是由同样的蛋白质构成、但是却丧失了理性（包括作为实践理性的道德）的人，我们通常就称他们为丧尽天良的人面禽兽。也说是说，他们虽然长着人的面孔，但是却丧

---

* 当然，古希腊人不可能这样精确地来定义人，他们的定义要简单得多，比如，认为人是两足而无羽毛的动物，或者像亚里士多德那样把人定义为社会动物等。但是，这些定义都是一种抽象，而不是一种还原。

失了人之为人的本质或者人性，因此事实上他已经不再是真正意义上的人了。当然，我们对于人之为人的具体规定性可以有不同的理解，但是承认这种规定性本身对于事物的决定性意义，这就是形而上学的基本特点。

这样一来，形而上学的追问方式就深入到现象背后的那个本质了。虽然现代西方哲学对于这种寻找现象背后的本质的传统形而上学路径颇有微词，但是毕竟希腊人是从这种形而上学出发，才真正地开创出一条西方哲学之路的。如果像海德格尔所认为的那样，西方哲学自从巴门尼德以来就走上了一条放弃生生不息的现象、执着于抽象刻板的本质的歧途，那么我的回答则是，人类追问事物本质的天性（这正是人不同于动物的一个根本特点）以及2000多年来的西方哲学传统恰恰说明，这条所谓的歧途或许正是哲学的必由之路和康庄大道。一旦哲学放弃了形而上学的本质追问，哲学也就丧失了其崇高的品质而堕落为流连于现象世界的贩夫走卒，人也就再无资格自诩为"宇宙的精华、万物的灵长"了。

现在我们还是回到希腊自然哲学之父泰勒斯，他的一个著名观点就是，万物都是从水中产生的。如果在今天，有人这样来解释世界，我们会觉得他非常幼稚，但是在2000多年前的古希腊，这种观点却标志着一个根本性的思想革命。正如著名科学史家丹皮尔（W. C. Dampier）在《科学史》里面所评价的，泰勒斯第一次从自然事物之中来寻找自然的本原，而不再是借助于神话的原则来解释世界，他第一次把神抛开了。当然我们可以嘲笑他，我们会觉得，把水当作万物的本原，这种观点漏洞百出，因为有很多东西的确不是从水中产生的。但是我们不要忘记了，泰勒斯摆脱神话的影响，直接面对自然界本身、从自然事物来说明万物的本原，这在人类思想史上是一个伟大的飞跃。而且他之所以把水当作万物的本原，也是因为他通过经验的观察——当然也有神话的影响——发现水比别的东西更有资格成为万物之本。所以泰勒斯是很伟大的，他所迈出的这一步，看起来是一小步，其实是人类思维进化的一大步，他第一次实现了从神话到哲学的革命。

泰勒斯除了提出万物从水中来这个观点之外，还主张万物都有灵魂。当然他所说的灵魂不是一种纯粹精神性的东西，而是一种类似于嘘气的非常稀薄的物质。那个时代的希腊人很难理解完全脱离物质形态的纯粹精神，在他们眼里，灵魂与肉体是紧密联系在一起的，灵魂独立于肉体而存在的观念是后来才有的。因此，泰勒斯所说的灵魂只是指一种与物质相联系的功能罢了。

阿那克西曼德与"阿派朗"

泰勒斯有一位学生，名叫阿那克西曼德（Anaximander），他的鼎盛年在约公元前570年。

泰勒斯和阿那克西曼德都属于米利都学派，这是古希腊自然哲学最早的一个学派。我们在讲古希腊哲学的时候，最初的流派有四派，其中有两派都在小亚细亚。最早的一派叫作米利都学派，出了三位著名的哲学家：泰勒斯，他的学生阿那克西曼德，以及阿那克西曼德的学生阿那克西美尼。然后在不远的另一个城邦，叫爱非斯，也出了一个著名的哲学家赫拉克利特，以及一些思想追随者。赫拉克利特是古代辩证法的创始人，他基本上也属于自然哲学这条线。米利都学派和爱非斯学派是希腊自然哲学的两大重镇，它们为后来较高水平的自然哲学，如四根说、原子论等奠定了思想基础。另外还有两派，都在南意大利地区，即大希腊，那就是毕达哥拉斯学派和爱利亚学派。这两派都是希腊最早的形而上学流派，不属于自然哲学，我们下一次课再讲。

现在我们还是转向米利都学派的哲学家们。阿那克西曼德在他老师思想的基础上，发现了一些问题。我们刚才说到，虽然泰勒斯说万物从水中来是一个伟大的飞跃，但是这种说法毕竟经不起仔细推敲，会出现很多漏洞，因为确实有许多东西很难用水来解释。那么我们是否可以找出一种比水更加具有解释力度的万物本原呢？这种寻找当然也是从时间上来进行的，即寻找一种比水更加源始的开端，寻找真正的beginning。阿那克西曼德显然对于泰勒斯把水当作万物的开端

阿那克西曼德（约前610—约前546）
（图片来源：拉斐尔，《雅典学院》）

很不满意，他认为水还不是最初的东西，因为水是有形之物，而有形之物就不可能作为最初的和最原始的东西。如果有什么东西比水更有资格成为本原，那么这个东西一定是一个无形的东西。只有这样它才有资格成为万物的本原，因为有形之物都是从无形之物中产生出来的。于是，阿那克西曼德就提出了一个"无限"或"无定形"（"ἄπειρον"，音译为"阿派朗"）作为万物的本原。

在这里，我们已经接触到一个非常深奥的哲学问题，那就是关于无限和有限的问题。它不仅是一个哲学问题，而且是自然科学问题。所谓有形之物，就是有着某种规定性或者限定的东西，也叫作"有限的"或者"有定形的"东西。有形之物必定具有某种规定性，

第二讲　希腊自然哲学

这是毋庸置疑的，无论这种规定性是从外延而言还是从内涵而言。而一旦具有了某种规定性，一个事物就成为它自身，就不可能再是其他的事物了。因此从一个有形之物（或有规定性的事物）如何转变成为另一个有形之物，这是一个非常困难的问题。虽然有很多东西可以从水里面产生，但是水毕竟也是有定形的，那么一个有定形的东西怎么能够成为万物的本原呢？这就是阿那克西曼德的思考。这种思考是非常深刻的，它涉及事物的规定性问题。

关于无限和有限的问题，在这里要稍稍发挥一下。黑格尔在讲哲学史的开端时，认为我们应该从开始的地方开始。那么开始的地方是什么地方呢？那就是"有"或"存在"本身，即纯粹的 to be——我们只能从"有"本身开始。但是"有"什么呢？由于这个纯粹的"有"本身缺乏任何具体的规定性，因此它就等于什么都没有，也就是"无"，这样就从"有"过渡到了它的对立面"无"。当我们说有某物的时候，一定得说出这是什么东西，"什么"是和"有"密切地联系在一块的，而"什么"就是一个事物的规定性。如果你对别人说：有。别人就会问你：有什么？当你回答说"有人""有杯子""有灯"等时，别人才知道你在说什么。反之，如果你仅仅只是说"有"，而不告诉别人"有什么"，那么你实际上等于什么也没有说。因此，这个"有"必须要和"什么"即具体的规定性联系在一起，这种表述才有意义，而一个没有任何规定性的"有"就是"无"。这是一个很简单的道理。但是反过来说，一旦一个东西是什么了，一旦它具有了某种规定性，它就不再是其他的东西了。所以在这种意义上，任何具体事物，用阿那克西曼德的观点来看，都是有限的或者有定形的，而任何一个有定形的东西，就不可能再是别的东西了。所以不能用有限之物来解释有限之物，只能用无限之物来解释有限之物。任何有限之物固然因为有了某种规定性而成为它自身，但是这种规定性或限定性同时也就成为一种否定，即对他物的否定。这个观点后来被 17 世纪的荷兰哲学家斯宾诺莎明确地加以表述，即任何限定都是否定。

所以，只要当你说出一个事物是什么，它就已经不再是它之外的任何东西了，任何限定同时就是一个否定。这样一来，你就不可能从一个有限定的事物中产生出另一个有限定的东西来。因此，只有一个没有任何限定性的东西，才有资格成为各种有限定之物的本原。正是在这种意义上，阿那克西曼德认为，万物的本原是"阿派朗"。

这个思想很高明呀！你们想一想，如果你们是泰勒斯的学生，你们能够想到这一点吗？后来有些哲学家在评价阿那克西曼德的思想时，认为他比他的老师泰勒斯以及他的学生阿那克西美尼高出了很多，他似乎一下子从自然哲学跳到了形而上学的高度。但是阿那克西曼德的阿派朗仍然还是某种自然之物，只不过是一个说不出任何规定性的东西罢了。阿那克西曼德之所以要把这个没有任何规定性的阿派朗作为万物的本原，只是为了从中引出整个有形之物的世界。就此而言，可以说阿派朗只是一个哲学概念，就相当于万物的源始开端，或者相当于希腊神话中的混沌（卡俄斯）。那种混沌状态的世界究竟是什么？谁也说不清楚。当然，阿那克西曼德仅仅是从否定的方面来理解万物本原的，在他看来，任何具有规定性的东西都不足以成为万物本原，因此只能设立一个无限制、无规定的东西——阿派朗——作为万物本原。至于这个阿派朗到底是什么，阿那克西曼德自己也说不清楚，而且正因为它说不清、道不明，所以才能够成为万物的本原。这就是所谓"道可道，非常道"的奥妙所在。在这里，阿那克西曼德需要做的事情只是用阿派朗来说明有限定的万物，而不是探究阿派朗本身到底是什么。如果他能够找到一个比水更加原始，并且能够从中引出水来的东西，他的目的就达到了。这个东西之所以比水以及万物都更加原始，就是因为它具有与万物全然不同的特点，即万物都是有限定的，而唯独它是无限定的。至于这个无限定的东西到底是什么，那是另一个问题。

在这里，阿那克西曼德开创了一种新的生灭观，所谓"产生"就是万物从阿派朗中分离出来，获得某种规定性，成为某物；所谓"消灭"就是重新去掉规定性，回到阿派朗即无限定的状态。这样一种生灭观，不是简单地说水变成了别的东西，别的东西又变成了别的东西，而是表达了一种本质性的生灭观念——生就是从无限到有限，灭就是从有限重新回归无限。这是一个根本性的哲学观念的突破，它确实是一个非常高明的思想。

你们可能会追问，这个阿派朗到底是什么东西？如果我们仅仅只是知道它不是一个有限的、有定形的东西，我们仍然对它一无所知。对于阿派朗，我们不能老是持一种否定的姿势，即老是强调阿派朗不是什么，重要的是知道它到底是什么。如果阿那克西曼德说阿派朗是万物的本原，然而他却对阿派朗本身一无所知，这显然是一个矛盾。但是事实上，这样一个阿派朗，这样一个终极性的无限者，其本身或许是永远说不清、道不明的，它恰恰构成了哲学或者神学的永远无法言说的终极奥秘。

自从阿那克西曼德以来，阿派朗就成为西方哲学史上一代又一代的思想家们永远追问的东西。比如说，在中世纪，这阿派朗就成为基督教的上帝，上帝究竟是什么？我们能说得清楚吗？在基督教神学传统中，有一派叫作否定神学，这一派认为，对于上帝，我们只能说他不是什么，而不能说他是什么。因为一旦说上帝是什么，我们就把上帝限制了。而基督教神学通常说上帝是全知全能全善的，是无限的和绝对的，这些终极性的概念实际上是缺乏具体内涵的。

从哲学的角度来推敲，这些概念都是一些没有确定内容的空概念。什么叫"全能"？"全能"这个概念单纯从词义上解释就是无所不能，但是一个无所不能的东西本身就是一个自我矛盾体。中世纪神学中就有关于上帝能不能创造一块连他自己也举不起来的大石头的悖论，这个悖论发生的前提就是上帝是全能的。什么叫"无限"？无限就是没有任何限定，但是我们已经说过，一个没有任何限定的东西就什么也不是。但是在神学中，同样也在哲学中，人们总是要设定一个终极性的东西，设定一个最高的概念，以此作为其他事物的最后根据。这个终极性的东西往往就被表述为无限的、绝对的、至高无上的，等等。当我们把上帝说成是无限的、绝对的、全知全能全善的，我们就把上帝当作了最后的东西，当作了一切有限之物的最后根据。

这就是哲学思维的特点，它总是要设定一些不可言说的东西，同时又总是忘了这些东西是不可言说的，禁不住想要把它说清楚、道明白。当神秘主义者和否定神学家强调我们对于终极实在或者上帝只能说不、不能说是的时候，他们实际上已经意识到某些终极性的东西是远远超出了我们语言所能表述的范围之外的。或许可以这样说，正是因为它说不清、道不明，才被当作了终极性的本原，否则它的本原性意义就会被别的更加玄奥的东西所取代。从这一点来看，神秘主义和否定神学往往是最明智的。但是神秘主义和否定神学在哲学史和神学史上永远都处于弱势地位，更多的哲学家和神学家们总是踌躇满志地相信自己可以认识终极实在或上帝的本质，于是他们就一代接一代地述说着那些不可言说的东西。而这种"说不可说"的哲学传统，就开始于阿那克西曼德的阿派朗。就此而言，"阿派朗"是西方哲学史上第一个真正的哲学概念。

阿那克西曼德的另一个伟大贡献，就是把泰勒斯的意蕴含混的

第二讲　希腊自然哲学

灵魂，发展成为决定阿派朗与万物之间相互转化的重要契机——冷热干湿。他认为，阿派朗自身包含着两对相互对立的力量，即冷与热、干与湿，由于它们的不同结合方式，万物从阿派朗中分离出来。例如，冷与干相结合就产生了土，冷与湿相结合就产生了水，热与干相结合就产生了火，热与湿相结合就产生了气。他强调，万物从阿派朗中产生以及复归于阿派朗，这乃是命运规定的。这种神秘的命运观与希腊悲剧中的命运主题无疑具有某种内在的联系，而且对后来毕达哥拉斯的"数"、赫拉克利特的"逻各斯"等形而上学的实体产生了重要的影响。

阿那克西美尼与自然哲学的合题

如果说泰勒斯以肯定的方式表述了万物的本原是水，阿那克西曼德以否定的方式表述了万物的本原是阿派朗，那么米利都学派的第三位哲学家阿那克西美尼就以一种否定之否定的方式表述了万物的本原是一种虽然无定形、但是却有内涵的东西——气。刚才我们已经表示过对阿那克西曼德的不满，因为我们不满足于仅仅停留在对阿派朗的否定性理解之中，我们希望知道这个作为万物本原的阿派朗到底是什么。阿那克西曼德的学生阿那克西美尼告诉我们，这个神秘的阿派朗其实就是气。

阿那克西美尼（Anaximenes）的鼎盛年大约在公元前546年。从表面上看，当阿那克西美尼说万物的本原是气时，他好像比他的老师退步了，他似乎又退回到有限的物质形态中。但是，如果我们仔细思考，就会发现阿那克西美尼实际上是向前迈进了一步。因为他的老师阿那克西曼德固然有一个伟大的发现，即任何有定形之物都没有资格作为万物的本原，只有无定形的东西才能成为万物的本原。但是，阿那克西曼德并没有告诉我们这个阿派朗究竟是什么东西，他只是以一种否定的方式表述了这个概念。而阿那克西美尼却明确地表示，万物的本原是气，这实际上是对阿那克西曼德的阿派朗的一种肯定性说明——阿派朗就是那看不见、摸不着，飘忽不定、恍兮惚兮，比水更加无定形同时却有着内在规定性的自然物质——气。因此，从这种意义上说，阿那克西美尼关于气

阿那克西美尼（约前586—约前526）

是万物本原的思想，正是对前面两位思想家观点的一种综合。气既是一个表面上无定形的东西，同时又有着内在的规定性；它既可以否定地加以表述，又可以肯定地加以表述。因此，我认为阿那克西美尼的气构成了希腊早期自然哲学发展的否定之否定环节，或者一个合题。

所谓合题，这是黑格尔哲学的一个概念，即以一种辩证的方式把正、反两个方面的观点都包含于自身之中。在阿那克西美尼之前，泰勒斯认为万物的本原是（肯定性的）水，阿那克西曼德认为万物的本原是（否定性的）阿派朗，二者分别构成了早期希腊自然哲学关于本原问题的正题和反题，而阿那克西美尼的气则把它们辩证地结合在一起了。气固然是一种自然之物，但是比起水来，气显然也是无定形的。所以，气本原说是对水本原说和阿派朗理论的一个发展。从常识的角度来看，自然界中充满了气，但是我们谁也看不见、摸不着它。一方面，我们承认气的确是一种东西，但是另一方面，

第二讲 希腊自然哲学 59

我们却无法说清楚它到底是什么东西。在古希腊，人们不可能在科学实验室里来研究气，因此气对于希腊人就只能是一种既存在又无形的东西，而这个特点恰恰就是阿派朗的特点。

在谈到作为万物本原的气与万物之间相互转化的动力时，阿那克西美尼在他的老师阿那克西曼德冷热干湿的基础上，提出了稀散与凝聚这两种运动。阿那克西美尼把干湿去掉了，只谈冷热。他认为，气是万物的本原，而气本身就具有冷和热这两种性质，冷和热的不同作用，就使得气转变为万事万物，又使万事万物复归于气。具体地说，当冷发生作用时，气就开始凝聚，形成了风和云；再进一步凝聚，就变成了水；水再凝聚，就变成了土和石。反过来，当热发生作用时，土就稀散为水，水稀散为气，气则稀散为火。这样，他就把水、火、土、气这几个最基本的元素通过冷热聚散的方式而联系起来。这一套描述是比较高明的，在它里面蕴含着两个非常重要的意义。从这两个意义中，可以顺理成章地推演出后来的哲学思想。我们可以看到，希腊哲学的发展在逻辑上是一环扣一环的。我们这门课的基本宗旨，就是要讲出西方哲学发展的内在逻辑。

这两个重要意义，一个从刚才的变化图谱上就可以看出来。如果说气受热和稀散之后就变成了火，那么这是否就意味着火乃是一种比气更加稀薄的东西呢？而越稀薄的东西，就应该越具有无定形的特点。因此，从这种意义上说，我们觉得，希腊自然哲学发展的下一个逻辑环节，必定会把火作为万物的本原。果然，稍晚出现的爱非斯学派的哲学家赫拉克利特就明确地提出，火是万物的本原。既然希腊自然哲学要寻找一个最无定形的东西作为万物的本原，而越稀散的东西就越无定形，那么当然就只能由最稀薄的那个东西即火来作为万物的本原了。这种思路的发展是完全符合逻辑的。

凝聚与稀散理论所包含的另一个重要意义具有更加发人深省的

启示作用，那就是在气与万物的转化过程中，凝聚（浓厚）和稀散（稀薄）的程度决定了事物的性质。用我们今天比较熟悉的话来说，即量的规定性决定了事物的性质。从火到气，再到水和土（以及相反路线）的转化，是由冷热或者聚散的程度所决定的。这里面蕴含着一个非常深刻的思想，那就是在表面上相互转化的事物背后，有一个不出场的东西在起作用，这个不出场的东西决定着那些出场的东西。在这里，水、火、土、气实际上都成了演员，真正决定它们命运的是那个没有出场的导演，即冷热聚散的程度或数量。那个导演才真正决定了整个剧情的发展。

所以，从某种意义上说，那个背后的东西，那种数量关系，才是真正的万物本原，它决定了万物之间的聚散离合和相互转化。这样就蕴含了另外一种关于本原的思维路径，即寻找现象背后的形式或本质的路径，也就是形而上学的路径。而希腊形而上学的创始者毕达哥拉斯，正是在这样的思想背景下出现的。毕达哥拉斯与阿那克西美尼是同时代人，据说他也曾经求学于阿那克西曼德，但是他却走了一条与阿那克西美尼完全不同的哲学道路。不过，在毕达哥拉斯关于数是万物本原的思想与阿那克西美尼的冷热聚散理论之间，我们还是可以发现某些暗合之处的。关于毕达哥拉斯的哲学和形而上学问题，我们下次课再讲，今天还是接着往下讲希腊的自然哲学。

赫拉克利特与哲学的复线

爱奥尼亚的米利都学派是希腊的第一个自然哲学流派，在爱奥尼亚，还有另外一个哲学学派，即爱非斯学派。爱非斯学派基本上也可以归于自然哲学之列，虽然它第一次引出了哲学的复线，即现象与本质、自然哲学与形而上学并存的两条线索。关于爱非斯学派，

赫拉克利特（约前535—约前475）
（图片来源：拉斐尔，《雅典学院》）

我们只介绍一位主要的哲学家，他就是赫拉克利特。

赫拉克利特（Heraclitus）的鼎盛年大约在公元前495年，他是一个传奇性的人物，而且他的思想非常神秘和晦涩。晦涩到什么程度呢？就连西方哲学史上最晦涩的哲学家黑格尔，都把赫拉克利特称为"晦涩的哲学家"，由此可见他的思想有多晦涩！赫拉克利特这个人的生平也很有意思，他出身于爱非斯城邦的王族，本来是可以继承王位的，但是他却对此一点也不感兴趣，他毕生感兴趣的事情就是进行哲学思考。所以他把王位让给了弟弟，自己远离凡尘，来到乡村隐居，过着一种贫困的生活，直到患水肿病死去。而且他平时也不喜欢和人打交道，因为他觉得爱非斯城邦是一个堕落的城邦。尤其是当这个城邦的人们吊死了他的一位好朋友以后，他就认为这个城邦所有的成年人都应该被绞死，只有儿童除外。他平时喜欢和儿童一起掷骰子，玩各种游戏。当别人嘲笑他的时候，他则反唇相讥，说道："你们还不如这些儿童，儿童是真正了解世界的，而你们却自以为很聪明。"他的言行表现出一种大智若愚的特点。他经常就像德尔菲阿波罗神庙里的女祭司一样，用一种极其晦涩的语言来表达自己的哲学思想。这些具有双关含义的语言一般人都听不懂，所以大家就觉得他很晦涩。而且赫拉克利特具有非常强烈的精英主义意识，他的愤世嫉俗和离群索居使他的思想很难为一般民众所理解。

赫拉克利特的基本观点，构成了两条相互交织的复线，其一为火本原说，其二为逻各斯理论。

首先来看火本原说。按照阿那克西美尼的事物转化图谱，我们可以顺理成章地得出结论：火乃是比气更加稀薄、更加无定形，因此也就更加具有本原性的东西。爱非斯与米利都都是小亚细亚爱奥尼亚地区的城邦，赫拉克利特必定是了解米利都派思想家的观点的。而且他对以前的思想家都抱着一种轻蔑之情，认为连荷马、毕达哥拉斯这些人都不能算是有智慧的，因为他们都没有认识到真正的世界本原。赫拉克利特明确地提出，火是万物的本原，整个世界就是一团不断燃烧、不断熄灭的永恒的活火。由于火的熄灭和燃烧，就产生了两条路线——火熄灭了，就变成了万事万物，这是一条下降的路线；而万事万物燃烧了，就复归为火，这是一条上升的路线。通过火的不断熄灭和燃烧，一个又一个的世界就不断地被创造出来和毁灭掉。在他看来，火转化为一切，一切又转化为火，就犹如黄金换成货物，货物又换成黄金一样。这就是赫拉克利特的火本原说。

但是赫拉克利特在这种属于自然哲学范畴内的火本原说之外，又从毕达哥拉斯的数本原说——关于数本原说我们下次课再讲——中发展出一套关于逻各斯的精深理论。作为一个与众不同的精英主义者，赫拉克利特已经明显地意识到感觉本身的不可靠，并且运用思想的抽象能力极力去捕捉现象背后的东西。火与万物之间的转化是属于现象世界的事情，但是赫拉克利特却敏锐地意识到，这种转化之所以发生，一定是有着某种背后的根据，他把这种背后隐而不露的根据叫作逻各斯。在赫拉克利特那里，火作为万物本原是一种不定形的东西，它与万物之间的转化更是变幻不定的，但是在这不定形的本原和现象背后还有一种定性的东西，正是它决定了火与万物之间的转化。这就像希腊悲剧中所渲染的"命运"一样，正是它决定了悲剧主人公的悲欢离合和生死泰否。这种背后的定形之物不同于感觉世界中的定形之物，它只能通过抽象的思想才能被把握，或者说，它只是在思想中才是定形的，而在感觉中你根本就无法找到它。这样一来，赫拉克利特就在生灭变化的或无定形的万物本原——火——背后，又找到了一个不变不动、不生不灭的定形的思想范畴——逻各斯（λόγος）。

关于逻各斯的思想是西方哲学史上的一个重大突破。赫拉克利特一方面说，万物的本原是火，整个世界是一团不断燃烧、不断熄灭的永恒的活火；但是他同时又加上了另一句话，那就是"在一定的分寸上燃烧，在一定的分寸上熄灭"。也就是说，火的燃烧和熄灭要按照一定的分寸或尺度，用我们今天的话来说，就是遵循一定的规律来进行。因此，火虽然是万物的本原，但是火之所以产生出万物，万物之所以复归于火，这一切都是由背后的分寸和尺度，也就是逻各斯所决定的。这样一来，在赫拉克利特这里就出现了一种哲学的复线，即两条平行的线索。表面上的一条线是火与气、水、土等万事万物之间的转化过程，这个过程充满了生灭变化，是我们的感觉可以把握到的。背后的一条线则是逻各斯的神秘规定，这些规定是看不见、摸不着的，只有通过思维的抽象作用才能认识。而且这两条线之间具有一种平行的关系，也就是说，背后的那条线决定着表面的那条线。水、火、土、气之间的相互转化，就是因为这个逻各斯在起作用。水、火、土、气处于生灭变化之中，具有纷纭杂多的特点，而逻各斯却是不变不动、不生不灭、独一无二的，所以这两条线形成了鲜明的对照。但是那个不变不动、不生不灭、唯一无二的逻各斯却制约着生灭变化、纷纭杂多的水、火、土、气和万事万物，因此二者之间又具有一种平行关系。

这种以不变不动的思想抽象物或定形物来说明运动变化的感性

世界的做法，就是西方形而上学的基本特点。所以赫拉克利特的火本原说虽然属于自然哲学的范畴，他的逻各斯理论却明显地具有形而上学的色彩。就此而言，赫拉克利特的哲学可以看作对米利都学派的自然哲学和毕达哥拉斯学派的形而上学源端进行综合的一种最初尝试。正因为如此，赫拉克利特还没有像后来的巴门尼德那样完全否定感觉对象的意义，也就是说，他并没有因为逻各斯理论而放弃火本原说。在赫拉克利特那里，逻各斯与火构成了一种复线关系，二者都是真实的，都具有真理性，只是相比而言，逻各斯更加实在和更具有决定性意义而已。

而且赫拉克利特还进一步认为，这个逻各斯不仅仅是火与万物相互转化所要遵循的基本规律，而且是我们思维和言说的法则。他明确说道，我们每个人都有自己的逻各斯，但是我们却往往对它充耳不闻、视而不见。由此可见，逻各斯不仅是万物遵循的客观规律，而且是思维应该遵循的主观法则，这样一来，主观的逻各斯与客观的逻各斯就统一起来了。也就是说，客观事物的规律或本质与我们思维和言说的逻辑之间具有同一性。"逻各斯"这个词，在古希腊语中的原义就是"话语"，也就是，逻各斯是离不开言说的。然而，这个逻各斯又不是一般的话语，而是概念性的话语、抽象的话语，是只有通过思想才能理解的东西。这就如同德尔菲阿波罗神庙中的女祭司的谶言一样，只有具有神灵一般智慧的人才能弄懂其中的真正含义。在这里，赫拉克利特实际上已经涉及思维与存在的同一性问题了，因此不久以后，巴门尼德才会明确地把这一思想表述出来。

赫拉克利特的另一个重要之处在于，他是古代辩证法的创始人。当然，在赫拉克利特那里，还没有"辩证法"这个词。"辩证法"这个词是稍晚一些时候被智者和苏格拉底表述出来的，主要是指一种通过对话来揭露对方的逻辑矛盾的方法。赫拉克利特所表达的朴素的辩证法思想,不同于智者和苏格拉底的那种对话的辩证法,而是一种独白形式的辩证法。它倒是有些像黑格尔和马克思主义的那种辩证法,即强调事物的运动变化和相互转化、对立面的统一等,所以列宁才把赫拉克利特说成是古代辩证法的创始人。

赫拉克利特的朴素的辩证法思想可以概括为如下几点:第一,万物皆变,无物常驻,当然逻各斯除外。赫拉克利特有一句名言:"人不能两次踏入同一条河流。"也就是说,河水是不断变化的,转瞬之间就是另外一种情景了。第二,万物变化的根据是由于内在固有的矛盾,尽管他没有使用矛盾、对立统一这一类的概念,但他表述的思想内容却是这样的。比如他说:"互相排斥的东西结合在一块,不同的音调造成最美的和谐,一切都是斗争所产生的。""在我们身上,生与死、醒与梦、少与老都是同一个东西。后者变化了,就成为前者;前者再变化,又成为后者。"这些说法实际上表述了关于矛盾和对立统一的思想。第三,强调事物的相对性。例如,他说,最美的猴子与人相比也是丑陋的。这里虽然包含着辩证法,但是稍稍不慎就会流入诡辩论。万事万物处于不同的状态,因此它们的评价标准也是不一样的。但是如果过分强调事物的相对性,就会走向相对主义和诡辩论。赫拉克利特的这个观点,使我想起了庄子《齐物论》里面的一个典故,叫作"沉鱼落雁"。这个词在今天是一个褒义词,我们形容一个女子长得漂亮,常常说她有沉鱼落雁之美、闭月羞花之貌。但是在庄子那里,最初不是这样理解的。庄子的原意是说,世人都觉得西施很美,但是鱼看见她却赶快躲到水底下去了,大雁看见她吓得都快掉下来了,这就叫"沉鱼落雁"。也就是说,在人看来是很美的东西,飞禽走兽未必会喜欢,这是强调事物的相对性。但是,如果我们把它推向极端,由此认为没有任何真理是可靠的和确定的,一切都是相对的,这样就会走向相对主义和诡辩论了。

关于这个问题，我以后讲智者时还要进一步涉及。

辩证法在赫拉克利特这里只是以一种朴素的方式表达出来的，而且在赫拉克利特的学派中，辩证法与诡辩论也经常纠缠在一起。从思想根源上来说，辩证法与神秘主义是有着极其复杂的内在联系的，无论是在古希腊还是在中世纪基督教背景下，辩证法都与神秘主义有着不解之缘。这个问题很深邃，可以作为博士论文的题目，我当年的博士论文就是研究黑格尔宗教哲学中的辩证法与神秘主义的关系。实际上，像赫拉克利特这样离群索居和孤芳自赏的人，他成为古代辩证法的创始人，这本身就很能说明问题，即辩证法往往是在一种神秘诡异的状态下才能领悟到的。

辩证法的确是很高明的东西，但是它同时也很神秘（对于常识而言）。而且辩证法特别强调一个度，一旦超出了这个度，它就可能走向反面，走向诡辩论。这种情况在古希腊非常普遍，举个例子，赫拉克利特有一个学生叫克拉底鲁，他把他的老师关于"人不能两次踏入同一条河流"的观点推向极端，从而得出了"人一次也不能踏入同一条河流"的结论。为什么呢？克拉底鲁诡辩道，当你走进这条河流的那一瞬间，河水本身也在流动，因此它已不是同一条河流了，所以，人一次也不能踏入同一条河流。这种诡辩论的要害就在于，它把运动推向了极端，只强调运动的绝对性，而否认了静止的相对性。所以，我们在学辩证法的时候要注意把运动的绝对性与静止的相对性统一起来，只承认一方，而不承认另一方，就会导致克拉底鲁这样的诡辩。当然，我们以后还会看到另外一种相反的诡辩，即芝诺的诡辩。芝诺就只承认静止的相对性，而否认了运动的绝对性，从而得出了"飞箭不动"的荒谬结论。

从"四根说"到原子论

恩培多克勒的"四根说"

　　古希腊的自然哲学，发展到赫拉克利特开始面临着一个转折。我们看到，米利都学派和爱非斯学派的那些哲学家们已经把自然界的基本元素基本都触及了，水、气、火分别被人当作万物的本原。当然，还有人提出过土，只是影响不大罢了（例如，希腊的一些游吟诗人，就表述过土是万物本原的思想）。因此，水、火、土、气，这些东西都已经被提出来了，再循着这条路线就很难有什么进展了。在科学不发达的古希腊，如果要想找一个具体的自然物作为万物的本原，那么可能没有什么东西比水、火、土、气更基本的了。从泰勒斯开始，到赫拉克利特，已经把这几种基本的自然物找了个遍。但是人们却发现，用哪一种来说明其他事物的产生和消灭都存在着困难，都带有牵强的色彩。所以再往下发展，从思路上可能需要进行一种调整。也就是说，我们不要再停留在仅仅用一种自然物来解释万物的旧思维模式中，不要纠缠于最初的东西到底是什么，而是把这种生成论的视角转换为一种构造论的视角，把时间上的追问转换为一种空间上的追问，即追问万物到底是由什么构成的。这样一种新的追问方式就导致了从"四根说"到原子论的产生，从而把希腊自然哲学推向了高峰。

　　我在前面曾经讲到，古代的希腊是一个很广泛的地理概念，其地域范围包括爱琴海周边地区和南意大利（大希腊）。希腊早期的四大学派——米利都学派、爱非斯学派、毕达哥拉斯学派和爱利亚学派——都分布在爱奥尼亚和南意大利地区，没有一个在今天的希腊本土。在公元前6世纪以前，希腊文化的中心也不在希腊本土，而在东方（小亚细亚）。但是到了公元前 5 世纪，雅典城邦在文化上迅速崛起，成为希腊世界中最耀眼的一颗明星，希腊城邦文化也因此而进入鼎盛时期。从公元前 5 世纪开始，几乎所有的希腊哲学家都与雅典有关系，一些哲学家来到雅典之后名声大噪（如阿那克萨戈拉、普罗泰戈拉），另一些哲学家（如苏格拉底、柏拉图）本身就是雅典公民。雅典无可争议地成为了哲学的家园。

但是我们现在要讲的希腊文化鼎盛时期的第一位自然哲学家却似乎与雅典没有什么联系，这个人就是生活在西西里岛南部阿克拉伽城邦的恩培多克勒。由于地理方面的联系（西西里岛与南意大利地区相毗邻），恩培多克勒非常了解毕达哥拉斯学派和巴门尼德的观点。毕达哥拉斯学派关于不同数量比例造成不同事物的观点以及巴门尼德的宇宙论，对于恩培多克勒创立"四根说"都有所裨益，但是恩培多克勒显然是更多地继承了米利都学派和爱非斯学派的自然哲学思想。

恩培多克勒（Empedocles）大约生活在公元前 494—前 434 年。他是一个很有造诣的科学家，医术非常高明，据说可以使人起死回生，因此当地的人们把他当作神一样崇拜。他的哲学可以说是对早期自然哲学的一种综合，而且第一次把探究本原的眼光从时间维度转向了空间维度，从生成论转向了构造论。

恩培多克勒在综合前人思想的基础上，提出了所谓的"四根

恩培多克勒（约前 494—约前 434）
（图片来源：Domenico Cunego, 1785）

说"。他认为，世间万物都是由四个最基本的元素即水、火、土、气构成的，这四种元素不存在谁产生谁的问题，它们都是最基本的东西，是本原，它们按照不同的比例构成了万事万物。比如说，我们的肌肉是由等量的四种元素混合而成，我们的神经是由1分土、1分火和2分水构成的，我们的骨骼是由2分水、2分土和4分火构成的。这种说法当然很可笑，但是它却表现了一种试图用数量关系来说明事物的差别的观点。这个观点实际上在阿那克西美尼那里就有了，也就是说，数量关系决定了事物的性质。但是，与阿那克西美尼不同的是，恩培多克勒提出了四种本原，而不是单一的气。在恩培多克勒看来，事物的产生就是水、火、土、气按照不同比例相结合，而事物的消灭就是这种结合体的分解，又重新复归于水、火、土、气。因此，生灭变化并非从无到有和从有到无，而是四根构成万物，万物又复归于四根。可以说，恩培多克勒的这一套思想没有什么太高明的地方，无非是对以往自然哲学的一种顺理成章的综合而已。

但是，对于恩培多克勒的观点，有一点是应该加以强调的，那就是，从他的"四根说"开始，希腊的自然哲学家们不再从时间上来追溯万事万物的源始开端，而是转向从空间上来探寻构成万事万物的基本元素。在这一点上，"四根说"与希腊自然哲学的最高成就原子论是一脉相承的，或者说，它开创了希腊自然哲学的元素论或构造论的源端。追问万物最初是从水里还是从火里产生出来的，这是一个发生学或生成论问题；而追问万物是由哪些基本元素组成的，这是一个构造论问题。前者是时间上的还原，后者则是空间上的还原。尽管都是还原论，但是后者的水平明显要高于前者。因为时间上的追溯是很难得出令人满意的答案的，在缺乏高科技手段的古代希腊，人们在推论世界产生之初的情景时只能根据神话和幻想，因此臆断的成分非常明显。但是，空间上的还原在当时却是可以做到的，虽然它的精确性可以不断地随着人类认识的深入而提高。从常识上来说，把万物说成是由一些最小的微粒——无论这些微粒被叫作水、火、土、气，还是被叫作种子、原子——构成，要比说万物最初是从某种单一的物质中产生，更令人信服。

这样，希腊自然哲学就从最初追溯万物的 beginning，转向了寻找万物的 element。这是一个重要的转折，它不仅对于自然哲学、而且对于后来的自然科学发展都具有极其重要的意义。大家知道，以牛顿力学为代表的近代自然科学，基本上都不关心世界的时间开端（这开端通常被简单地归结为上帝的创造），而是致力于探究世界的空间结构。在西方思想史上，关于世界的时间开端长期以来被看作一个神学问题，而世界的空间结构才是科学研究的对象。直到康德和拉普拉斯的星云假说把发生学问题引入宇宙论之后，现代的科学家们才开始考虑宇宙的起源问题。

恩培多克勒在哲学上的另一个重要贡献在于，他在水、火、土、气等"四根"之外，又提出了两种特殊的元素，即爱和恨。爱和恨是什么意思呢？在古希腊就是指友好和争吵的意思。这两个概念当然具有朴素性，恩培多克勒用它们无非是要表述一种使"四根"彼此结合或相互分离的力量。他说，爱神用"爱的钉子"把万物钉在了一起，然后仇恨则使得事物灭亡。也就是说，爱的力量使水、火、土、气按照不同的比例结合成为万物，恨的力量则使万物分解而复归于水、火、土、气。如果借助于后来亚里士多德的术语，那么水、火、土、气构成了事物的质料因，而爱和恨则成为事物的动力因。从动力因的角度来说，恩培多克勒的爱和恨可以看作与泰勒斯的灵魂、阿那克西曼德的冷热干湿、阿那克西美尼的冷热聚散以及赫拉克利特的逻各斯一脉相承的。

爱和恨在恩培多克勒那里并不是指两种精神性的东西，而是指两种很稀薄的物质，比水、火、土、气更加稀薄。它们与其说是像后世唯心主义者们所说的精神实体，不如说是更像米利都学派所说的冷热聚散之类的性质。明确地提出一种精神性力量作为万物生灭变化动力的，是与恩培多克勒同时代的另一位自然哲学家阿那克萨戈拉。但是恩培多克勒的功劳却在于，他已经明确地把事物的质料因与动力因区分开来，虽然二者之间只具有量（稀薄程度）的区别，而不是质（物质与精神）的差异。

但是，恩培多克勒的爱和恨与米利都学派的冷热聚散不同的地方在于，它们是外在于质料因的。在阿那克西曼德等人那里，冷热等性质是阿派朗和气本身固有的性质，也就是说，动力因是内在于质料因的。但是恩培多克勒却把爱和恨置于水、火、土、气之外，作为从外部推动"四根"与万物相互转化的两种独立因素。这样一来就培养了一种思想倾向，这种思想倾向可以说一直影响到近代，这就是机械论的倾向，即一种用外在动力来解释事物运动的理论。按照机械论的观点，物质本身是惰性的，是无法自己运动的，必须借助于一个外来的推动力才能运动。如果一个物质的运动是由另一个物质推动的，而另一个物质本身又需要第三个物质来推动，以此类推，最后必然会推出一个精神性的实体，如上帝，这个精神性的实体成为整个物质世界的终极动力因。这种观点长期以来在西方哲学史上一直是一种主流观点。正因为如此，一直到18世纪，西方的唯物主义者往往都是机械唯物主义者，他们通常都无法避开上帝来说明世界最初的动力问题。

大家从小受到辩证唯物主义的熏陶，所以习惯于认为物质是自己运动的。例如，马克思主义哲学教科书上一上来就写道："世界是物质的，物质是运动的。"所以在我们看来，物质自己运动，这乃是天经地义的事情，没有什么值得怀疑的。但是大家仔细想一想，我们为什么会认为物质是运动的呢？我们的这种观点是从哪里来的？如果仅仅依靠经验观察，我们会发现有些物质是自己运动的，但是有些物质必须通过外物的推动才能运动。所以我们无法得出统一的结论，说物质都是自己运动的，或者都是被推动的。可见，当我们斩钉截铁地宣称"物质是运动的"时，这种观点无非是一种教养的结果。同样，西方人在机械论和宗教信仰的双重影响下，在相当长的一段时间里与我们一样坚定不移地相信，物质是不可能自己运动的，它的终极动因只能来自某种超越的和能动性的精神实体。这同样也是一种教养的结果。

你们想一想，牛顿在他的宇宙观中为什么要搬出一个上帝来？除了宗教信仰方面的原因之外，还有机械论方面的原因。大家知道，牛顿发现了万有引力，万事万物受引力作用而处于运动之中，但是万物最初是怎么动起来的呢？一个运动着的世界固然受万有引力的支配，但是这个世界最初是怎么动起来的，这却是另一个问题。在今天的我们眼里，这个问题完全是一个假问题，因为我们从小就被教育，世界一开始就是运动的，因此根本就不存在世界是怎么动起来的这种问题。但是，在牛顿的时代，人们却不是这样看问题的。自恩培多克勒以来，动力就是与质料相分离的，因此一个物质世界的运动只能从它之外去寻找原因。如果没有这个外在的动力，物质世界是不可能运动起来的。所以牛顿就不得不让上帝在最初推了世界一把，然后世界才能在万有引力的作用下运动起来。上帝作为世界的第一推动者，保证了世界运动的恒常性和有序性。

恩培多克勒在对前人思想进行综合的基础上，用"四根"取代了单一的本原来说明万物的原因。这种从一到四的发展固然是一个进步，但是从另一种意义上说，这似乎又意味着某种倒退。因为希腊自然哲学的基本宗旨就是要为世界万物寻找某种终极性的本原，就是要把杂多还原为单一。从泰勒斯一直到赫拉克利特，都试图用某种单一的本原来说明世界，但是恩培多克勒却从一个本原走向了四个本原。四是有限多，用有限多来解释无限多，这种做法与用一来解释无限多的做法在性质上已经不同了。从逻辑上来说，如果恩培多克勒可以用四个本原来解释万物，那么下一个哲学家就可以用更多的本原来解释万物，即有多少东西就寻找多少个本原，这样岂不是更全面吗？而这样一种思路，就导致了下一个哲学家即阿那克萨戈拉的种子说。

阿那克萨戈拉的种子说

阿那克萨戈拉（Anaxagoras）生活的时期是在约公元前500—约前428年，他出生于小亚细亚的一个希腊殖民城邦，但是从20岁左右起就一直居住在雅典。在他生命的后半段，雅典民主制达到了极盛状态，而雅典民主政治的杰出领袖伯里克利就是阿那克萨戈拉的学生。但是在伯里克利执政的晚年，阿那克萨戈拉关于太阳是一团燃烧的物质、月亮上有山谷也有人居住等观点，被当时保守的雅典人指责为无神论，因为当时的希腊人相信太阳和月亮都是神。雅典人本来要以无神论者的罪名处死他，多亏伯里克利从中斡旋，他总算保住了一条命，但是却被驱逐出雅典城邦，最后客死他乡。

阿那克萨戈拉在哲学上的建树是提出了种子说。根据我们刚才的思路，种子说应该是对恩培多克勒"四根说"的一个发展。虽然阿那克萨戈拉比恩培多克勒还要年长几岁，而且我们也不知道他是否听说过后者的"四根说"，但是从哲学发展的内在逻辑来说，与其用四个本原来解释万物，还不如用更多的本原来解释万物。早期的自然哲学家用一来解释万物，阿那克萨戈拉对此表示不满，在他看来，一怎么能解释多呢？非肉怎么能解释肉呢？非骨头怎么能解释骨头呢？同样，四又怎么能解释多呢？因此只有多才能解释多。世间有多少种事物，就应该有多少种本原。他通过对万物进行一种空间上的还原来寻找这无限多的本原，即把万物还原为最小的同类部分。比如说，骨头是由很多骨头的微粒组成的，头发则是由很多头发的微粒组成的，万事万物就是由它们最微小的同

阿那克萨戈拉（约前500—约前428）
（图片来源：Eduard Lebiedzki，约1888）

类部分组成的。阿那克萨戈拉把这些最小的微粒叫作"种子"或者"同类的部分"，这无数多的种子就是万物的本原。

种子具有如下特点：首先，从量上来看，世界上的事物是无限的，所以种子的种类也是无限的，有多少种事物，就有多少种种子。其次，从质上来看，世界上的每一种事物都有差别，所以种子与种子之间也是有差别的，种子是异质的。讲到这里，我们就会发现问题了。如果我们用不同质的种子解释不同的事物，用多来解释多，这似乎又退到哲学产生以前的水平了，因为希腊自然哲学的基本目标就是要在异中求同，在多中找一。就这一点而言，如果我们说每一种东西都是由它的最小微粒构成的，那么这种解释等于什么也没有说。但是，在这种貌似退步的种子说里，其实蕴含着一种隐性的进步。因为每一种种子固然彼此不同，但是它们却都是种子，在这

种现象的差异性中已经暗含着某种抽象的同一性。在稍后的原子论中，我们就可以看到，作为万物最后单元的原子已经扬弃了种子的异质性，这样就在更高的水平上回到了一。从这种意义上说，阿那克萨戈拉的种子说与恩培多克勒的"四根说"一样，都成为从早期自然哲学的具象形态的一（水、气、火等）向原子论的抽象形态的一（原子）过渡的中介。

我们再来看阿那克萨戈拉的世界模型。他认为，世界最初是一团混沌，所有的种子都混杂在一块，后来发生了一次类似宇宙大爆炸的运动，于是混沌状态就分开了，同类的种子与同类的种子结合在一起，这样就形成了世间万物。由于最初的种子都是混杂在一块的，所以分裂之后，同类的东西里或多或少都包含了一点异类的东西，它们不可能是完全纯粹的。这就是为什么我们吃了面包之后，在我们身上长出来的却是肉和头发，而没有长出面包来。因为面包里也包含着肉的种子、头发的种子、骨头的种子，以及一切的种子。所以，阿那克萨戈拉就提出了"一切包含着一切"的观点。这种观点无疑是为了说明不同种类的事物为什么会彼此转化，我们吃了面包为什么会长出肉和骨头来。但是阿那克萨戈拉的解释显然是非常可笑的。我们完全可以反驳他，即使面包里包含着肉和骨头的种子，但是毕竟是以面包的种子为主呀！否则它就不是面包而是肉或骨头了。那么，为什么为主的种子没有在我们身上发挥作用，而杂带的那些微量元素却在我们身上长出来了呢？所以这种"一切包含着一切"的观点是很难蒙混过关的。在这里，我们又回到了一与多的问题。如果像阿那克萨戈拉所说的那样，每一种种子都是异质的，那么不同事物之间的相互转化就是无法解释的。这个困难只有当原子论把异质的种子转变为同质的原子时，才能得到解决。

阿那克萨戈拉在哲学上的另一个重要贡献，就是他第一次明确地提出了一个精神性的实体，即努斯（Nous），我们通常把它译为"心灵"或者"灵魂"。阿那克萨戈拉认为，万事万物都由种子组成，种子是数量无限、性质相异的。但是不同的种子之所以能从最初的混沌状态中分离出来，聚合成万物，以及万物最后又分裂和消散，复归于种子，都是由于在它们之外还有另一种精神性的本原，这就是努斯。正是由于努斯的作用，造成了万事万物的聚散离合。用他自己的话来说："万物都在混沌中，然后由心灵出，对万物加以安排。"如此看来，努斯与恩培多克勒的爱和恨一样，都是质料因（四根或种子）之外的一种独立的动力因。而且努斯与种子是完全对立的，种子是多，努斯是一；种子是异质的，努斯始终同一；最重要的是，种子是物质性的，努斯却是一种精神性的东西。这样，阿那克萨戈拉就在西方哲学史上第一次把精神性的东西当作了物质运动的原因。

努斯不仅仅是世界的动力因，而且暗含着目的因的意蕴。努斯既然是一个精神性的东西，精神性的东西都是有理智的，因此当它对万事万物进行安排时，显然是有所意图或者目的的。这样一来，目的因就呼之欲出了。当然，阿那克萨戈拉并没有直接涉及目的因问题，但是稍晚于他的苏格拉底却在他的影响之下，明确地提出了目的论，并且通过目的论，把哲学的兴趣从自然哲学转向了道德哲学和神学。这个问题，等我们讲到苏格拉底哲学时再说。

总之，努斯这个概念是一个非常重要的哲学概念。如果我们说，赫拉克利特提出的逻各斯概念后来成为西方哲学的一个基本概念，那么阿那克萨戈拉的努斯概念至少具有与逻各斯同样重要的地位。逻各斯所指的是事物固有的命运、规律或者逻辑，是一种客观规定性；而努斯所指的则是一种能动性的东西，一种内在的生命冲动。如果我们说逻各斯是一套客观规范的话，那么努斯恰恰就是不断突破旧规范和要求重建新规范的一种动力。逻各斯代表着一种理性精神，而努斯则代表着一种非理性的或神秘的力量。二者之间的张力成为推动西方哲学发展的一个重要原因。

德谟克利特的原子论

我们要讲的最后一位自然哲学家，也就是希腊自然哲学的集大成者德谟克利特。他和苏格拉底、柏拉图师徒是同时代的人，而且在思想上与柏拉图是死敌，两人分别代表着希腊自然哲学和形而上学的两座最高峰。再往后，就是整个古希腊哲学的集大成者亚里士多德了，亚里士多德哲学可以看作德谟克利特哲学与柏拉图哲学的一个合题。至于亚里士多德以后，希腊哲学就开始日益衰颓。因此，德谟克利特哲学与柏拉图哲学、亚里士多德哲学一样，反映了希腊哲学全盛时期的精神内涵。

德谟克利特（Democritus）生活在约公元前460—约前370年，活了90岁。他出生在色雷斯地区的阿布德拉城邦，与著名的智者普罗泰戈拉是同乡。他早年曾经广泛地游历了埃及、波斯、巴比伦、印度等地，也曾到过雅典，并且听说过苏格拉底的大名，但是后者却不认识他。据说原子论最初并不是德谟克利特提出来的，而是由他的老师留基波创立的；但是德谟克利特却把它发展成为一套系统化的自然哲学世界观，这套世界观对于后世产生了极其重要的影响。

原子论的思想并不复杂，德谟克利特认为，万事万物的本原是原子和虚空，这个观点显然是循着恩培多克勒和阿那克萨戈拉的基本思想向前发展的。原子是什么东西呢？"Atom"这个词在今天的物理学中是指物质结构的某个层次，在原子上面有分子，在原子下面有电子和原子核，以及更小的质子、中子等。但是在古希腊，原子并不是一个物理学概念，而是一个哲学概念，它是构成万物的最后的单元。

这个单元不是在物理实验室里发现的，而是通过抽象的思想得出的。按照古代自然哲学的还原论思路，我们可以在空间上把事物一步一步地分割，还原到最后的某个东西，即一个不能再分割的东西。我们一般习惯于认为，世界是无限可分的，根本不存在什么最后的东西，任何东西都还可以进一步分割。这种想法其实也是一种教养的结果，在思想中，任何东西都是可以分割的。但是对于古希腊人来说，世界是不可能无限地分割下去的，它一定要有一个终点。虽然

德谟克利特（约前 460—约前 370）
（图片来源：Thomas Stanley, *The History of Philosophy*, 1655）

这个终点或最后的单元在现实世界中找不到，但是通过思想的抽象能力，人们却可以得出一个不可分之物的概念。在古希腊语中，"原子"（ἄτομον）这个词的原意就是指"不可分割"的东西。

如果就"原子"这个词的原意来说，今天物理学中的原子已经不是"原子"了，因为它可以进一步分解为原子核和电子。在德谟克利特那里，原子就是指世界的最后单元，它更多地具有抽象性而不是具象性。原子在虚空中构成世界万物，是以一种哲学的方式而不是以一种物理学的方式进行的。但是，在后来的发展过程中，尤其是在近代唯物主义者那里，原子越来越被当作了一种具体的物质形态，作为哲学范畴的原子日益与作为物理学层次的原子相混淆。因此到了 19 世纪末和 20 世纪初，当物理学领域发生了一场重要革命，原子在物理实验室里被分裂为原子核和电子时，唯物主义就面临着

第二讲　希腊自然哲学　79

一场严重的危机，因为它的最后堡垒——原子——被分裂了。在这样的情况下，列宁写了一本书，名叫"唯物主义和经验批判主义"，他在书中提出了一个新的物质定义，就是你们在马克思主义哲学原理里学过的那个物质定义。这个定义不再把物质等同于原子或者任何一种具体的物质形态（因为任何一种具体的物质形态都可能被分裂），而是把它说成一个"标志着客观实在的哲学范畴"。物质只是一个哲学范畴，而不是一个具体的东西，这个哲学范畴只有抽象的思想才能真正把握。凡是客观实在的东西，都可以叫作物质，正如在德谟克利特那里，只有不可分割的东西才能叫作原子一样。这样一来，物质又重新由一个物理学概念变回到一个哲学概念了。事实上，当德谟克利特把某种不可分的东西（即原子）作为整个世界的最后单元时，他同样也是把一个思想的抽象物（哲学范畴）而非某种具象的东西（如水、火、土、气或种子等）当作最后的东西。

与阿那克萨戈拉的种子相比，原子虽然在数量上也是无限的，但是它们却是同质的。原子作为世界的最后单元，没有性质上的差异，只有形态、次序和位置方面的差别。那么，同质的原子是如何构成千差百异的万事万物的呢？你们在中学时都学过物理学，大家都知道物理世界越往微观方向分解，事物的性质就越简单。在宏观世界里，不同事物之间的差异太大了，正如德国近代哲学家莱布尼茨所说的，我们甚至找不到两片完全相同的树叶。但是如果深入到微观世界，我们就会发现，千差百异的物质世界说到底不过是由一百多种基本元素组成的。这还只是原子水平，如果继续深入到原子以下的水平，世界就更简单了，事物的差异无非归结为几个电子分成几层围绕着原子核转动的问题。可见，大千世界，如果还原到微观层面，实际上就是由很少几个基本物质（中子、质子、电子等）按照不同的排列组合方式构成的。今天物理学的研究成果，已经充分证实了德谟克利特原子论的一个基本思想，那就是宏观世界中万事万物的质的差异，是由那些基本元素的不同排列组合方式决定的。这种由数量关系决定事物性质的思想，实际上早在阿那克西美尼和毕达哥拉斯等人那里就已经萌芽了。

在原子论中，同质的原子按照不同的排列组合方式构成了不同的事物。德谟克利特比喻说，性质相同、形状有异的原子构成事物就如同字母构成单词一样。例如 n 和 o 这两个形状不同的字母，排列方式不同就构成了两个不同的单词 no 和 on。这样一来，原子论就最终解决了一和多的问题，从而把希腊自然哲学推向了顶峰。

原子的一个基本特点就是它的充实性或不可入性，也就是说它内部是没有空间的，所以它是不可分割的。但是这些充实的原子必须要以空虚的空间作为运动的场所，没有虚空，原子就无法运动，从而也就不能存在。因此，德谟克利特认为虚空和原子一样构成了万物的本原。德谟克利特援用巴门尼德的概念，把原子叫作"存在"，把虚空叫作"非存在"，因为虚空空无一物。但是他却认为，"存在"存在，"非存在"也存在。这个观点显然是与巴门尼德针锋相对的。德谟克利特还为我们描绘了一幅原子在虚空中运动的具体图景——无数多的原子在虚空中做直线运动，发生碰撞后产生旋涡，最终构成了万事万物。这幅图景颇有点类似于我们今天的宇宙学所描述的宇宙大爆炸景象。

德谟克利特不同于恩培多克勒和阿那克萨戈拉的另一个地方在于，他取消了原子之外的任何动力因，而把运动说成是原子自身固有的功能。这样他就把质料因与动力因统一起来了。而且德谟克利特还认为，连灵魂也是由一种更稀薄的原子构成的。这样，他就说明了精神和物质之间的同一性，精神最后被归结为物质，精神也是一种物质，这种思想影响了近代的许多唯物主义者。

德谟克利特也反对目的论，因为原子既然可以自己运动，那么就不需要原子之外的超越的心灵来安排这个世界了；而如果没有一个超越的心灵来安排这个世界，也就不存在任何目的了。与苏格拉底的目的论观点相反，德谟克利特明确地表示，这个世界不存在任何外在的目的，它只遵循严格的必然性，必然性是由原子或物质的本性决定的，因此是一种内在的必然性。与这种内在必然性的思想相对，苏格拉底开创的目的论则强调事物之外的智慧设计，每一事物都是由它所趋向的某种特殊目的所决定的。

德谟克利特由于过分强调必然性，从而在认识论上导致了一种唯理论。在他看来，事物都是受内在必然性制约的，这必然性就是原子与虚空的关系。如果一个人仅仅凭着感觉经验来认识事物，他就会看到世界上的事物充满了偶然性，这只能说明他的认识尚未深入到世界的本质，即原子与虚空的关系中。反之，如果他运用自己的理性，深入到原子和虚空这两种本原的关系中，他就会发现万事万物都是受着严格的必然性支配的。因此，德谟克利特在认识论上重视理性而轻视感觉，认为感觉执着于现象，只会产生一种"暗昧的认识"；只有理性才能把握原子与虚空的关系，产生一种"真理性的认识"。

强调理性而贬抑感觉，这一点似乎是大多数希腊哲学家共同的特点。不仅作为德谟克利特的思想先驱的赫拉克利特是如此，而且作为德谟克利特的理论死敌的柏拉图也是如此。这一共性恰恰说明了希腊哲学家们对于抽象思想的重视，说明了他们或多或少都具有一种"眼见为虚，思想为实"的形而上学倾向。据一种传闻所言，德谟克利特在晚年为了使自己免受感觉的愚弄，刺瞎了自己的双眼，以便专心致志地沉潜于思想之中。当然，这只是一种传闻罢了。

关于希腊的自然哲学，我就讲到这里。下次课我们讲希腊形而上学的源端。

第三讲

希腊形而上学的源端

在上一次课，我们讲了希腊自然哲学的发展梗概，到了德谟克利特以后，希腊文化的鼎盛时期也就差不多过去了。再往后，进入亚历山大开创的希腊化时代，也出现过一些原子论者，如伊壁鸠鲁等，但那都是希腊哲学的末流，哲学的重心已经不在探讨世界的本原问题了。关于希腊化时代的哲学，我会在后面讲到。这堂课我要给大家讲的，是古希腊形而上学的开端。这里主要涉及两位思想家，一位是毕达哥拉斯，另一位是巴门尼德，他们分属于南意大利地区的两个哲学学派。讲了这个开端，以后我们就可以顺理成章地讲希腊的形而上学和实在论，也就是柏拉图和亚里士多德的哲学。我们这堂课只是就形而上学问题开个头，所以这一讲的题目叫"希腊形而上学的源端"。

毕达哥拉斯学派

数本原说

我在前一讲中说过，自然哲学这条线更多地带有科学主义的味道，他们的哲学观点后来与近代自然科学相融合了。著名科学史家丹皮尔曾经抱怨说，德谟克利特的原子论比它以前或以后的任何学说都更接近于现代科学的观点，然而非常不幸的是，它在古希腊和中世纪却被柏拉图主义给压抑了。在古希腊时代，哲学与科学往往是不分家的，所以很多哲学家同时也是科学家，这种情况在小亚细亚的哲学流派中尤其普遍。但是在相对落后和闭塞的南意大利地区，我们却看到了另外一些哲学家，他们思考问题的角度一上来就与米利都学派的哲学家们不同。他们不是从时间上来追溯万物的源始，而是致力于探寻事物的内在规定性。借助亚里士多德的术语来说，他们注重的不是事物的质料因，而是形式因，即事物的本质。这是一种与自然哲学迥然而异的形而上学倾向，与自然哲学最初从具体的自然物出发的做法不同，这种倾向更加侧重于思想的抽象物。

这种形而上学倾向的第一个奠基者，就是与阿那克西美尼差不多同时代的毕达哥拉斯。

毕达哥拉斯（Pythagoras）的鼎盛年大约在公元前530年，他是一个具有传奇色彩的人物，既是一个天才的数学家，也是一个神秘主义宗教团体的创始人，他的追随者们甚至认为他是介乎于神与人之间的一种生物。毕达哥拉斯早年也生活在小亚细亚的一个城邦，据说他在年轻时曾经求学于泰勒斯和阿那克西曼德。后来由于政治方面的原因而逃亡到南意大利地区的克罗顿城邦居住，并在那里创立了一个学派，即毕达哥拉斯学派。

毕达哥拉斯（约前 570—约前 495）
（图片来源：拉斐尔，《雅典学院》）

我们刚才说到希腊自然哲学表现了哲学与科学之间的密切关联，那么希腊形而上学这条线则使我们意识到哲学与宗教之间的内在联系。实际上，在古希腊，哲学、科学、宗教这三者是很难严格区分开来的。哲学与宗教甚至科学与宗教之间的内在联系，在毕达哥拉斯这一派中就可以明显地看到。毕达哥拉斯学派是具有神秘色彩的哲学派别，他们既研究数学和自然科学，也具有极高的造诣；同时奉行许多奇怪的宗教禁忌，坚信灵魂不死和轮回转世。比如说，这个派别严禁吃豆子、不许迈过门闩、不许把面包掰着吃、不许吃动物的心、不许杀生等。尤其是豆子，被他们视为圣物。据说有一次，毕达哥拉斯阻止人们打一条狗，因为他从这条狗的叫声中听到了他故去的一位朋友的声音，他相信这位朋友的灵魂就附着于这条狗身上。还有一次，毕达哥拉斯在与学生聚会时被他的仇敌所包围，在学生的帮助下他本来已经逃出了包围圈，但是在他的前方出现了一片豆子地。由于豆子是神圣不能亵渎的，所以他宁愿被人抓住也不愿践踏豆子地，他就是这样被仇人抓住并处死的。

毕达哥拉斯精通音律，在谐音学方面颇有造诣。据说他发明了单弦琴，这种用一根弦和可以移动的琴马来演奏的乐器，使毕达哥拉斯发现了音程。他注意到，琴马之间的比率关系决定了谐音的差异，他把这种比率关系运用到天文学中，从而发现不同天体之间的位置关系与作为谐音之根据的比率是相同的。这种运用最后使他体悟到数（比例）与万事万物甚至道德之间的关系，从而提出了那个著名的哲学命题，即"数是万物的本原"。

"数是万物的本原"这个命题，与希腊自然哲学关于本原的所有命题都相去甚远。无论是水、气或火，都是某种自然的物质形态，虽然（被认为）具有无定形的特点，但是毕竟是具体的感性事物。但是"数"是什么呢？你无论把万物从空间上还原，还是从时间上还原，都无法找到一个叫作"数"的东西。然而你又不能否认，世上任何事物都具有数的规定性，都受到数量关系的制约。因此，就这一点而言，数与万事万物之间的联系，要远远超过水、火、土、气这类源始物质与万事万物之间的联系。万事万物都与数相关，数就如同希腊悲剧中的命运一样，制约着每一个事物的性质（事实上，命运就是一种数，即通常所说的"定数"）。然而，数又不是可以通过还原的方式寻找到的一个有形之物，而是只能通过思想的抽象能力，才能把握到的事物现象背后的一种规定性，即量的规定性。从这个意义上说，当毕达哥拉斯提出"数是万物的本原"时，他一下子就把哲学提高了很多，把眼光投向了现象背后的本质或形式。尽管这种本质还不是一种质的规定性，而是一种量的规定性，但是它毕竟已经深入到本质，而不是仅仅停留在现象的层面。从哲学发展的角度来看，把数作为万物的本原，已经从根本上超越了米利都学派从直观意义上来寻找万物本原的做法，而是付诸于抽象的思想，通过抽象而把握事物的本质。这是一个非常了不起的思想飞跃。

你们可能要问：什么叫作抽象？抽象就是把事物千差百异的感性现象抽掉，而去把握事物背后的规定性和共同本质。事物的现象是我们感觉的对象，但是事物背后潜藏的本质却只有通过抽象的思想才能把握，而这本质通常被认为是决定事物存在与否的根本所在。

比如，我们说人是理性动物，理性构成了人之为人的本质规定性。但是理性本身却是任何感官都无法直观到的，只能通过对人的言行进行综合、归纳而抽象出来。同样，当毕达哥拉斯认为数是万物的本原时，他实际上已经用抽象的方法来取代自然哲学的还原方法了，他已经开创了一条运用抽象思维来把握事物本质的哲学道路。

当然，这种抽象思维在毕达哥拉斯那里还远远没有达到纯粹的程度，数也并没有完全摆脱形，还与几何学联系在一起，因此毕达哥拉斯只是开出了希腊形而上学的一个源端。在他的数本原说中，数与形处于一种若即若离的关系中。一方面，毕达哥拉斯在解释数是如何构成万物时，仍然受自然哲学的影响，把数具象化，与形相联系。他认为数是万物本原，1则是数的本原（在毕达哥拉斯那里，1被神秘化了，它既不是奇数也不是偶数；但是它加一个奇数就构成了偶数，加一个偶数就构成了奇数，所以1是数的本原），而1以及由1构成的2、3、4等数都具有空间意义：1是一个点，2是一条线，3是一个面，4是一个体。从1产生出其他数，以及从数产生出万物的过程被他描述为从点到线、从线到面、从面到体，然后由体按照不同排列方式构成水、火、土、气这四种最基本的自然物质，最后再由水、火、土、气构成万事万物。由此可见，在这里，毕达哥拉斯实际上是把作为万物本原的数理解为具有几何形状的东西，或者物理学意义上的数，即具有广延性（占有空间位置）的物质微粒。就此而言，毕达哥拉斯的数本原说与后来德谟克利特的原子论也相差无几了。

但是另一方面，毕达哥拉斯又把数神秘化了，把数说成是在事物背后起作用、决定着事物性质的某种抽象物。在这种意义上，数就成为万事万物背后的比例关系和抽象原则，就像希腊悲剧中在英雄背后起作用的命运一样。按照希腊悲剧的思想，英雄（甚至神）

一生的凶吉泰否最终都是由潜藏在他背后的那个神秘命运决定的，同样在毕达哥拉斯这里，任何事物的性质都是由它背后的数量关系决定的。比如，1象征着理智（因为它是最基本的数），2象征着意见（因为它摇摆不定），4和9象征着正义（因为它们分别是第一个偶数2和第一个奇数3的平方），5象征着婚姻（因为它是第一个偶数与第一个奇数之和），8象征着爱情与友谊（因为八度音是谐音），10则象征着完满（因为它是1、2、3、4之和）。这样的一些说法，固然有抽象的意味，表明了数量关系与事物性质之间的联系，但是同时也明显地具有一种巫术式的神秘色彩。可见，在最初的抽象思维过程中，哲学与宗教是水乳交融地搅和在一起的。

循着这条带有神秘色彩的抽象路径，毕达哥拉斯进一步把事物的属性归纳为10对相互对立的范畴。在这10对范畴中，最基本的一对范畴就是奇数和偶数。然后，根据这一对基本范畴引申出另外9对范畴，即有定形与无定形（有限与无限）、一与多、右与左、阳与阴、静与动、直与曲、明与暗、善与恶、正方与长方。在这10对范畴中，前者都要优于后者，例如奇数优于偶数、有定形优于无定形，等等。至于毕达哥拉斯为什么会偏爱奇数（而且这与他把10看作完满的观点相矛盾），我们也只能诉诸某种神秘的原因了。

在有定形和无定形的问题上，毕达哥拉斯虽然曾经求学于阿那克西曼德，但是他的观点却与其师相反。阿那克西曼德把无定形（阿派朗）当作万物的本原，毕达哥拉斯对此深表不满。在他看来，无定形的东西怎么能够成为万物的本原呢？因为一个无定形的东西什么也不是，而一个什么也不是的东西怎么可能成其所是呢？换一句通俗的话来说，无定形的东西就是无，无中怎么能生有呢？所以万物的本原一定必须是有定形的东西。但是毕达哥拉斯所说的定形之物，与自然哲学的那些定形之物完全不同，它不是一个具体的有形之物，而是一个抽象的定形之物，那就是数。数是有定形的，但它只是在抽象的思想中才有定形，在感性世界中你却看不见、摸不着，所以这种抽象的有定形从现象的意义上说，即是无定形。这样一来，毕达哥拉斯就把有定形和无定形统一起来了。当阿那克西美尼用气来取代阿那克西曼德的阿派朗时，他显然认为气既具有无定形的特点，同时又是一个可以肯定表述的自然之物（不像阿派朗那样只能否定地加以表述）。但是气毕竟只是某种具象性的自然物，它不可能圆满地解释有定形与无定形之间的辩证关系。与气相比，数就完全不同了。数并非一个具象的自然物，但它却是决定着一切自然物生灭变化的恒常"命运"或"定数"，因此是一种无定形（现象意义上）的有定形之物（本质意义上）。有定形与无定形之间的这种辩证统一，不是通过阿那克西美尼那样寻找某种虚无缥缈的自然物（气）的方式完成的，而是通过一种形而上学的路径实现的，即从变动不居的现象背后抽象出某种常驻不变的本质。

数学与形而上学

20世纪西方著名的数学家和哲学家罗素在谈到毕达哥拉斯哲学时，特别提到了数学与形而上学的关系。他认为，数学与形而上学乃至于神学之间都有着极其密切的内在联系。罗素为什么要这样讲呢？下面我们结合毕达哥拉斯的观点做一点分析。

大家知道，数学与实验性的自然科学相比，具有抽象的特点，它往往被人们称为自然科学中的哲学。数学并非自然科学，就像哲学并非社会科学一样，但是它们都分别为自然科学和社会科学提供了无可或缺的方法和方法论原则。但是另一方面，正是由于数学所具有的抽象性特点，它难免会与形而上学和神学发生千丝万缕的联系，甚至非常容易助长某种形而上学或者神秘主义的倾向。在西方哲学史上，我们可以看到，一些神秘主义者往往也是伟大的数学家，比如古代的毕达哥拉斯和近代的帕斯卡。

毕达哥拉斯在数学上有一个伟大的成就，那就是发现了毕达哥拉斯定理，即勾股定理。根据这个定理，一个直角三角形的斜边之平方等于两个直角边的平方和。实际上，埃及人在很早以前，出于丈量土地的需要，就已经创立了较高水平的几何学。希腊人在数学上最初是受了埃及人的启发。毕达哥拉斯早年曾经到过埃及游学，他一定非常熟悉埃及人的几何学。埃及人早就知道，如果一个直角三角形的一条直角边是3（或者3的倍数），另一条直角边是4（或者4的倍数），那么这个三角形的斜边就一定是5（或者5的倍数）。但是埃及人却缺乏希腊人那样的抽象思维能力，他们没有把这种几何关系表述为一种具有普遍意义的代数方程式。也就是说，埃及人已经知道一个直角三角形的三条边之间存在着3、4、5这样的比例关系，但是他们却不能把它进一步表述为"直角三角形的斜边之平方等于两直角边的平方和"（即 $a^2+b^2=c^2$）这样一个具有普遍性的代数方程式。毕达哥拉斯学派做到了这一点，并且他们从中得出了一种神学结论，认为这种严密的逻辑完美性恰恰体现了神的智慧。但是我们从这个进步中所看到的，却是抽象思维的重要作用，它使得数第一次脱离了形而得到独立的表述，从而使代数作为一门科学成为可能。

但是，毕达哥拉斯定理的发现很快就引起了数学史上的一场大危机，即不可通约数的危机。这场危机的数学意义我们姑且不论，但是它在哲学上的重要后果就是进一步加深了数与形的分离，导致了数的神秘化，使数学与形而上学更加密切地联系起来。下面我们就来简单地讲一讲这场危机。

假设我们面前有一个直角等腰三角形，它的两条直角边分别为1，那么它的斜边是多少呢？大家会回答说是"$\sqrt{2}$"。但是古希腊人不知道"$\sqrt{2}$"是什么，他们对无理数还一无所知。在希腊人看来，如果我们不能用一个整数来表示这条斜边，至少可以用一个分数来表示它吧。根据毕达哥拉斯定理，这个分数的平方等于2，因此这个分数的值应该大于1且小于2。于是，人们就在1和2之间通过归纳来寻找这个分数。它到底是多少呢？3/2不行，因为它的平方大于2；5/4也不行，因为它的平方小于2；11/8的平方还是小于2，23/16的平方又大于2了……如此不断地推下去，人们越来越逼近目标，但是却无论如何也找不到这样一个分数，它的平方不多不少正好等于2。这样一来，希腊人就傻眼了，他们明明可以画出这样一个直角三角形，明明可以看到这样一条斜边，但是却找不到表示这条边的那个数。也就是说，这条斜边与另外两个直角边不可通约。这种尴尬的状况使得希腊人对形与数之间的对应性产生了怀疑，从而将数神秘化了。

上面这个不可通约数的危机是由毕达哥拉斯学派一个名叫希帕索（Hiappasus）的人发现的，他的结论极大地动摇了毕达哥拉斯学派追求的逻辑完美性。据说他被驱逐出学派并被投入大海，但是不可通约数的危机却撕裂了毕达哥拉斯学派在数与形之间所建立的同一性，导致了二者的分离，从而造成了一种把数神秘化的倾向。形是感觉的对象，数则只有通过抽象的思想才能把握；芸芸众生都具有感觉能力，但是只有哲学家才能进行抽象思维。由于这种精英主义意识的影响，在许多西方哲学家看来，如果形与数发生了矛盾，那么应该受到怀疑的一定是形，而不是数。这种思想倾向导致了西方形而上学和唯心主义的产生，也为逻辑和神学的至上性奠定了基础。所以罗素总结说："我相信，数学是我们信仰永恒的与严格的真理的主要根源,也是信仰有一个超感的可知的世界的主要根源。""人们根据数学便设想思想是高于感官的,直觉是高于观察的。如果感官世界与数学不符,那么感官世界就更糟糕了……结果所得的种种启示就成了形而上学与知识论中许多错误的根源。"

罗素的总结非常深刻,思想对象与感性事物之间的这种对立,使得西方哲学总是喜欢追问背后的东西,追问感官无法把握的抽象实体和真理。这种思想路线通常被我们的教科书称为唯心主义,但是我更愿意把它叫作形而上学。正是这样一条形而上学的思想路线,构成了西方哲学最重要的根基和主脉。这条形而上学路线的源端,最初就是由毕达哥拉斯学派的数本原说开启的。

爱利亚学派

形而上学的最初发展

毕达哥拉斯学派开创了一条注重事物背后抽象实体的形而上学路径,这是与希腊自然哲学的还原论路径完全不同的,它更加具有哲学味道。古希腊哲学的基本目标就是要寻求万物的本原,在这个基本目标的指引下,自然哲学侧重于说明一与多的关系,形而上学则更加注重探讨本质与现象的关系。自然哲学在德谟克利特的原子论中最终实现了一与多的统一,而希腊形而上学在其开端处(毕达哥拉斯学派)就明确地把"一"本身作为万物的本原。不过这个"一"已经不是某种具体的物质形态,而是抽象的数,不如说是一种不生不灭、不变不动、始终如一的本质。在这种意义上,它实际上就是万事万物都必须遵循的命运或逻各斯。这样,从毕达哥拉斯的比例和数，就自然而然地进展到了赫拉克利特的分寸、尺度或逻各斯。赫拉克利特显然是了解毕达哥拉斯学派的思想的，他曾经明确表示，毕达哥拉斯与荷马一样，都称不上是有智慧的人。

上堂课我跟大家讲到了在赫拉克利特那里出现的哲学复线，赫拉克利特一方面说世界在过去、现在和未来都是一团不断燃烧、不断熄灭的活火，另一方面又强调火与万物之间的转化是受逻各斯制约的。这样就展现了变动不居的、杂多的自然之物与不变不动的、单一的逻各斯之间的平行线索。显然，赫拉克利特把逻各斯作为万物背后的不出场的导演，这是深受毕达哥拉斯的数本原说影响的。火与逻各斯之间的关系，和具体事物与数之间的关系具有同构性。但是另一方面，赫拉克利特又深受米利都学派的影响，自然哲学的那一套东西他也不能舍弃。所以在他那里，火本原说和逻各斯主义这两条线是并行不悖的，呈现为一种复线关系。虽然他骨子里根深蒂固的精英主义意识使他更加强调逻各斯的作用，但是他仍然承认火与万物之间的转化是真实的而非虚幻的。

但是，同样受毕达哥拉斯影响的另一位哲学家巴门尼德对于这两条线的态度就完全不同了。在他看来，只有背后的东西——逻各斯——才是真实的存在，而处于生灭变化中的万事万物则是一种虚幻的非存在。这样一来，巴门尼德就作为一个重要的思想中介，把毕达哥拉斯所开创的形而上学源端与柏拉图的理念实在论联系起来。

巴门尼德是早期希腊四大哲学学派之一爱利亚学派的重要代表。爱利亚学派与毕达哥拉斯学派一样，也处于南意大利地区。我们发现，在小亚细亚爱奥尼亚地区的两个哲学派别——米利都学派和爱非斯学派——都注重自然哲学，而南意大利地区的毕达哥拉斯学派和爱利亚学派却与形而上学结下了不解之缘。有人认为，这是因为爱奥尼亚地区航海业和商业都比较发达，人们的眼界开阔，科学技术水平也比较高，所以更多地关注自然现象。而南意大利地区较为落后、闭塞，并且流行一些神秘主义的宗教（如厄琉西斯崇拜、奥尔弗斯神秘祭等），所以人们更加关注精神方面的问题，从而培养了一种形而上学的倾向。

爱利亚学派的第一位哲学家名叫克塞诺芬尼（Xenophanes），他是巴门尼德的老师，其鼎盛年大约在公元前530年。关于这位克塞诺芬尼的哲学思想，我不准备多讲。因为第一，我们对他的思想知之甚少，而且由于他活了很大的岁数（有人说有百岁之长），所以他与更加年轻的毕达哥拉斯甚至晚他一辈的赫拉克利特之间，很难说清谁对谁的影响更大；第二，他的思想还处于从神话向哲学的转化过程中，还不是一种严格意义上的哲学。克塞诺芬尼在西方哲学史上最重要的贡献，就是他对当时希腊城邦中流行的多神论进行了怀疑和批判。在他看来，希腊人崇拜的那些与人同形同性的神不过是人们按照自己的形象杜撰出来的。所以希腊人的神就长得像希腊人，而埃塞俄比亚的神就是黑皮肤的。他嘲讽道，如果狮子和马也能进行创作的话，它们也会创造出狮子形和马形的神来。这个思想在当时可以说是非常大胆的，它颠覆了神创造人的传统观点，而主张神反而是被人创造出来的，这已经接近无神论的观点了。但是他并没有因此而得出无神论的结论，而是认为在这些人形的诸神背后，有一个不生不灭、唯一无二、

克塞诺芬尼（约前570—约前478）
（图片来源：Thomas Stanley, *The History of Philosophy*, 1655）

不变不动的神，我们只能通过思想才能认识到这个神。他把这个神叫作"一"（这种观点与毕达哥拉斯学派的思想如出一辙），这个作为"一"的神没有形体，不是我们感官的对象，它是通过思想的力量来推动一切事物的。显然，这个作为"一"的神不过是一个尚未分化的抽象概念而已，它的逻辑结果就是毕达哥拉斯学派的数学或形而上学意义上的"一"（毕达哥拉斯略晚于克塞诺芬尼）。

克塞诺芬尼的另一个功绩是他第一次运用归谬的方法来进行论证，这种归谬法后来被爱利亚学派以及智者派运用得炉火纯青，它对赫拉克利特、克拉底鲁、苏格拉底等人的辩证法也多有影响。克塞诺芬尼为了论证那个作为"一"的神是永恒的，他首先假定它是被生成的。那么它是从哪里生成的呢？他也把这个神称为"存在"，认为它或者是从同类的东西中生成的，或者是从不同类的东西中生成。但是它显然不能是从同类的东西中产生出来的，因为这样就等于说"存在"是从"存在"中产生的；它也不能从不同类的东西中产生出来，因为那样就等于说"存在"从"不存在"中产生出来，也就是无中生有。因此，"存在"或神既然既不能从同类的东西中产生，也不能从不同类的东西中产生，那么它就只能是永恒的了。显然，在这套归谬论证中充满了粗糙和诡辩的色彩，但是它毕竟具有开创性的意义，因此也就无可厚非了。

巴门尼德的存在论

现在，我们转向爱利亚学派的主要代表巴门尼德（Parmenides），他的鼎盛年是在约公元前475年。巴门尼德出身于爱利亚的一个富有家庭，年轻的时候曾经师从克塞诺芬尼，但是真正引导他走向沉思生活的却是一位毕达哥拉斯学派的哲学家阿美尼亚。巴门尼德曾经用六步韵的诗体写过一部哲学著作，他在这部著作中描述了自己如何遇到了一位驾着驷马高车的女神，她把他领进一座智慧之堂，使他认识了真理性的东西，同时也使他意识到其他哲学家对于本原的看法都不过是一些意见罢了。这种真理性的认识在巴门尼德那里是通过这样一对基本概念来表述的："存在者存在，非存在者不存在。"（或"是者是，不是者不是。"）

巴门尼德在克塞诺芬尼的影响下提出了两个重要的哲学概念，即存在和非存在。"存在"这个词在西方语言里与"是""有"是相通的，即 being，或者用动词不定式来表示即 to be。这个概念在巴门尼德哲学中到底应该译为"存在"，还是译为"是"或"有"，学术界众说纷

巴门尼德（约前515—约5世纪中叶后）
（图片来源：拉斐尔，《雅典学院》）

纭。这个问题涉及对古希腊语言学的理解，我们在这里不予讨论。我们仍然沿用传统的译法，即"存在"。那么，巴门尼德的"存在"到底是指什么呢？他本人并没有明确说出。但是我们循着早期希腊哲学的发展历程，可以发现有一条明显的思想脉络，那就是从克塞诺芬尼的唯一无二的神和毕达哥拉斯的数，到赫拉克利特的逻各斯，再到巴门尼德的存在之间的逻辑联系。由此可以推论，巴门尼德所谓的"存在"实际上就是指有形诸神背后的"一"（克塞诺芬尼的思想之神）、现象世界背后的数或者杂多事物背后的逻各斯，一句话，即指事物的本质；而所谓"非存在"就是指那个纷纭杂多、生灭变化的现象世界。

第三讲　希腊形而上学的源端　97

"存在者存在，非存在者不存在。"对于这句话，大家可能听得有点糊涂，它听起来不是一种同语反复吗？那么，让我们来看看巴门尼德是如何说明存在的特点的，这样我们就会明白这句话的意思到底是什么了。巴门尼德认为，存在具有下面这些特性：第一，存在既不产生，也不消灭（他援用克塞诺芬尼的那个归谬论证来说明这一点）；第二，存在是唯一无二的，它没有部分，不可分割；第三，存在是不变不动的，永远在同一个地方，即在自身之内；第四，存在在时间上是无始无终的，在空间上却不是无边无际的或无定形的，它被强大的必然性包围着，看起来有点像一个"滚圆的球形"。在存在的这几个特点中，前面三个我们已经在克塞诺芬尼的"思想之神"那里看到了，因此巴门尼德的"存在"不过就是对克塞诺芬尼的"神"的一种哲学表述而已。在克塞诺芬尼那里，不生不灭、唯一无二、不变不动的"思想之神"是与纷纭杂多、变化不已的希腊诸神相对立的，同样在巴门尼德这里，不生不灭、唯一无二、不变不动的"存在"则是与处于生灭变化之中的现象世界（即"非存在"）相对立的。而且，存在的这些特点也完全适合于毕达哥拉斯的数和赫拉克利特的逻各斯。

但是，为什么巴门尼德会认为存在是有定形的，像一个球形呢？我认为这显然也是受了毕达哥拉斯思想的影响。在毕达哥拉斯的 10 对范畴中，有定形是优于无定形的，而且我在前面也谈到过毕达哥拉斯对阿那克西曼德把无定形（阿派朗）作为万物本原的不满。毕达哥拉斯用思想中的定形之物（数）来取代阿那克西曼德的无定形，而我们马上就要看到，巴门尼德的存在恰恰也是一种思想中的定形之物。至于说存在像一个球形，那是由于在毕达哥拉斯学派看来，球形是最完满的形状，因为在一个球形中，从球心到球面的任何一点都距离相等。但是，如果我们仔细思考，就会在存在的这些特点之间发现一个明显的矛盾，那就是时间上的无限（不生不灭）与空间上的有限（有定形或有边际）之间的矛盾。后来巴门尼德的一个弟子麦里梭就发现了这个矛盾，他认为一个在时间上永恒的东西（存在），在空间上也应该是无限的，因此他就把存在修改成无定形或无限的了。

通过对存在的上述特点的分析，我们可以看到，虽然巴门尼德并没有明确说出"存在"究竟是什么，但是这个概念在内涵上显然与克塞诺芬尼的神、毕达哥拉斯的数、赫拉克利特的逻各斯是基本相同的，都是指称事物背后的本质或者形而上学的实体。这个概念到了柏拉图那里，就被明确表述为"理念"，即 idea。巴门尼德虽然还没有达到柏拉图那样的理论高度，但是他的"存在"显然已经不是指任何一个具体的东西了，而是指思想中的概念（所以他才强调只有思想才能把握存在）。这就是他为什么没有直接说出"存在"到底是什么的原因，因为存在实际上只是一个抽象的概念而已，而所有具体的东西在他那里都被纳入了"非存在"之列。

由此可见，巴门尼德的存在构成了从毕达哥拉斯的数到柏拉图的理念之间的一个必要中介，巴门尼德也因此成为希腊形而上学思想发展的重要接力手。

真理与意见

巴门尼德与赫拉克利特是同时代人，他们两人在思想上具有一种复杂的关系。以往国内学者所写的西方哲学史，往往都过分强调二者之间的对立，而忽略了他们之间的同一。实际上，巴门尼德的主要对立面是米利都学派，而赫拉克利特由于采取了一种复线的立场，所以他恰恰构成了米利都学派与巴门尼德之间的一个居间人。

在某些方面（如火本原说），他是与米利都学派一脉相承的；在另一些方面（如逻各斯主义），他却与巴门尼德更加接近。如果我们采用巴门尼德的术语把逻各斯叫作存在，把水、火、土、气等具体事物叫作非存在，那么巴门尼德的立场可以表述为："存在者存在，非存在者不存在"，米利都学派的立场可以表述为："存在者不存在，非存在者存在"，而赫拉克利特的立场则可以表述为："存在者存在，非存在者也存在"（这也是德谟克利特后来明确表示的立场）。可见，与巴门尼德针锋相对的是米利都学派，而赫拉克利特的观点是介乎于二者之间的。

巴门尼德明确地宣称，有两条截然对立的道路，一条是真理之路，另一条是意见之路。前者主张"存在者存在，非存在者不存在"，后者则主张"存在者不存在，非存在者存在"。在这里我们可以看到，巴门尼德是旗帜鲜明地反对米利都学派的观点的。在他看来，那种执着于生灭变化的自然物质（水、火、土、气）并且将其作为万物本原的做法，乃是一种粗鄙的意见。此外，像赫拉克利特那样主张存在（逻各斯）与非存在（火）可以并存并且相互转换的观点，同样也是一种意见。只有一种观点才是真理，那就是坚持"存在者存在，非存在者不存在"。

巴门尼德关于真理与意见的观点，表明本体论与认识论之间有一种对应关系，本体论上的分歧就导致了认识论上的分歧。巴门尼德与赫拉克利特一样，有一种强烈的精英意识。赫拉克利特认为，一般老百姓和他这样的哲学家之间的差别何在呢？就在于芸芸众生通常都对逻各斯充耳不闻、视而不见。同样，在巴门尼德看来，一般人甚至某些哲学家也仅仅流连于转瞬即逝的非存在，看不到真正的存在。可见在认识论上，巴门尼德与赫拉克利特也具有一致性，他们都强调背后的东西，虽然他们对于呈现在感官之中的东西的评价是完全不同的。

从巴门尼德那里，还可以引出一个非常重要的思想，那就是思维与存在的同一性。我们在学习马克思主义哲学原理的时候，教马哲的老师一上来就会强调，哲学的基本问题就是思维与存在的关系问题。这个问题包含着两个方面的内容，其一是思维与存在何者为第一性的问题，由此决定了唯心主义与唯物主义之间的分歧；其二是思维与存在有无同一性的问题，也就是说思维能否正确地反映存在，由此导致了可知论与不可知论之间的分歧。而这个思维与存在的同一性问题，最初就是由巴门尼德明确地提出的。

巴门尼德在区分真理之路与意见之路时明确表示，非存在是我们无法认识和言说的，而存在者只能存在于思想和语言中，"能够被表述、被思想的必定是存在"。巴门尼德已经认识到，事物的本质是不可能通过感觉来捕捉的，它只能通过抽象的思想才能把握。因此，能被思维者与能存在者乃是同一的。当然，我们在第一讲中曾经以一种怀疑论的眼光考察过所谓的"本质"问题，"本质"到底是事物本身所固有的，还是我们人类思维投射到事物之上的一种结果，这本身就是一个难以解答的形而上学问题。但是，如果我们承认事物确实是有其本质的，那么这些本质——无论它被叫作数、逻各斯、存在还是理念——就只能以一种抽象的方式存在，就只能是思维的对象而不能是感觉的对象。所以只有具备抽象思维能力的人才追问本质问题，才通过概念思维来对本质进行规范；而动物从来都只执着于现象，动物不关注形而上学。

存在不仅是可以被思维的，而且是可以被语言所表述的，因此在存在、思维与言说之间具有一种内在的必然联系。在巴门尼德看来，一个东西如果既不能被思维又不能被言说，那么它就什么也不是。这个思想其实与赫拉克利特的学生克拉底鲁的观点具有相反相成的关系。克拉底鲁认为，万物无时无刻不处于流变之中，所以我们根本无法对它们进行言说，因为当我们说一个事物是什么时，它已经发生变化而不再是什么了（"人一次也不能踏入同一条河流"）。如果处于生灭变化之中的现象（非存在）无法用语词来言说，那么反过来不是正好说明能够被概念所言说（和思维）的东西就一定不是现象，而是本质（存在）吗？这样，克拉底鲁的观点就反证了存在与语言之间的同一性。当然，巴门尼德是否了解克拉底鲁的观点，我们无法确定，因为克拉底鲁可能更年轻一些；但是在他们的思想之间却有着一种异曲同工之妙。

"语言是存在的家"，这是海德格尔的著名观点。哲学问题追溯到最后，就回到语言那里去了，因为哲学是用概念来进行思维的，而所有的概念都离不开语言。所以存在、思维与语言这三者是具有内在同一性的。就拿我在这里讲课为例，我讲了一个多小时，讲的都是抽象的概念，没有拿出任何具体的实物来给大家看，但是你们却听懂了我讲的是什么意思。大家听懂的不仅仅是一些单词，而是这些单词所表达的思想内容。这不正是说明概念语言和它所要表达的内容之间具有同一性吗？同学们能够进行抽象思维，所以能听懂我讲的东西。如果我对一只狗说，我要给你一根骨头，它能听懂吗？但是如果我拿出一根骨头给它看，它就明白我的意思了。所以狗只能进行形象思维，人却可以进行抽象思维，可以用语言来交流和传递信息。语言在表达存在时虽然丧失了许多感性的成分，但是它却更加精练地表达了世界的本质。

巴门尼德在存在、思维和语言之间建立了同一性，这种思想是非常高明的。但是，这种同一性很快就遭到了智者派的解构，这个问题我们下次课再讲。

在结束巴门尼德哲学之前，我要提醒大家注意，巴门尼德所说的存在与我们通常所理解的存在是很不相同的,甚至是截然相反的。他的存在不是指具体的存在物,而是指思想的抽象物,因此他所说的思维与存在的同一性看起来不过是思维与思维自身的同一性罢了。到了柏拉图那里,存在就被叫作理念了(人们通常认为柏拉图的理念是摔成碎片的存在),而理念当然不能脱离思维。虽然柏拉图强调理念是一种客观精神,即一种可以独立于我们头脑而存在的概念,但是毕竟它只能在思维中才能被把握,才具有现实性。这样,思维与存在的同一性就变成思维与理念的同一性了。而理念虽然不是感性的存在事物,但却是对感性事物的一种本质抽象,因此巴门尼德-柏拉图意义上的思维与存在的同一性其实就是指思维与本质之间的同一性,即唯有思维才能正确地把握事物的本质,才能对纷纭杂多的大千世界产生真理性的认识。这种观点固然与我们对思维与存在的同一性的通常理解不同,但是它却非常深刻,它告诉我们,只有当思维把握住事物的本质时,思维才能真正地反映存在。反之,如果我们仅仅把思维与存在的同一性理解为头脑对感性现象的一种反映,那么我们就把哲学庸俗化了。这样一来,连狗也会成为哲学家了。

芝诺的诡辩论

爱利亚学派的第三位哲学家,名叫芝诺,他的贡献主要是为巴门尼德的形而上学存在论提供了大量的逻辑论证。但是另一方面,他的那些论证也极大地助长了一种诡辩论的思想风气,这种思想风气最后竟然在智者派那里演化出一种吊诡的结果,发展成为一种解构形而上学的怀疑论。

芝诺(Zenon)的鼎盛年大约是在公元前468年,他是巴门尼德的学生,也是西方哲学史上著名的诡辩思想家,而且被亚里士多德称为辩证法的奠基者。据说芝诺身材伟岸,相貌堂堂,他不仅是一个哲学家,而且积极地参与城邦政治,由于密谋反对爱利亚城邦的僭主而身陷牢狱,最后因拒绝招供同谋者而被僭主用酷刑折磨至死。

芝诺(约前495—约前430)
(图片来源:Bernard Picart,1699)

芝诺本人在哲学上并没有什么新的建树,他所做的工作就是通过一套"辩证法"或者诡辩论来论证他老师巴门尼德的思想,尤其是巴门尼德关于"存在"的基本特点的思想,即存在是不生不灭的、唯一无二的和不变不动的(不生不灭与不变不动可以合并为一点,即不动)。芝诺的论证方法与克塞诺芬尼大致相同,即通过归谬和反证的方法来达到目的。巴门尼德的存在既然是不动的和单一的,而不动的对立面是运动,一的对立面是多,所以芝诺就反过来证明运动和多都是虚假的,从而得出不动和一是真实的结论。我们已经讲过,自然哲学家们所说的本原大凡都是生灭变化和数量杂多的,而形而上学这条线的哲学家们提出的本原却往往具有不变不动和唯一无二的特点。到了巴门尼德那里,更是明确地把运动和杂多的事物称为非存在,而认为存在是不动的和单一的。芝诺的论证就是要从逻辑上来支持和巩固巴门尼德的这个观点。

芝诺的论证可以分为两个方面,一是对运动的否定,二是对多的否定。我们先来看看对运动的否定,这一类的论证包括"二分法""阿喀琉斯追乌龟""飞箭不动""运动场"等。由于时间关系，我们只能讲其中的三个。

第一个论证叫"二分法"。芝诺论证说，当一个运动的事物要从A点到达B点，它首先要走完整个路程的1/2，而它要到达这个1/2的地方，又得先走完这1/2路程的1/2，如此推下去，它永远也不可能到达B点。第二个论证叫"阿喀琉斯追乌龟"。阿喀琉斯是希腊传说中的大英雄、奥林匹亚竞技会的赛跑冠军，跑得很快，但是芝诺却证明，阿喀琉斯追不上乌龟。他是这样证明的：阿喀琉斯在乌龟身后一段距离，然后开始追赶乌龟。他要想追上乌龟，首先必须到达乌龟刚才出发的地方；而当他到达那个地方时，乌龟已经向前爬了一小段。于是，阿喀琉斯又必须首先到达乌龟现在所在的那个地方，而在这一段时间里，乌龟又往前爬了一点。以此类推，阿喀琉斯只能无限地接近乌龟，却永远也追不上乌龟。第三个论证叫作"飞箭不动"。一支箭从A点飞到B点，要经过A点与B点之间的所在点。在每一瞬间，它都处在某一点上，在这一瞬间，它在这个点上是不动的（否则我们就不能说它在这一点上）。从A到B的距离是由其间的每一点集合而成的，飞箭在每一瞬间在每一点上都是不动的，不动加不动仍然等于不动，所以飞箭不动。

乍一听到这些论证，你们一定会觉得完全是胡说八道！大家可以明显地感觉到这些论证是有问题的，是一种诡辩。但是问题出在哪里呢？你们能说清楚吗？其实，这些论证的共同特点就在于，把空间距离（以及所用时间）无限地往小分割。这在理论上是可能的，但是在现实中却是不可能的。这个问题在数学上涉及极限理论，在哲学上则涉及运动的连续性与间断性的关系。芝诺论证的要害就在于，只强调运动的间断性而否认了运动的连续性。虽然我们可以在理论上把运动分割为无数个间断的片段，但是在现实中运动却是连续的、不间断的。因此，芝诺的论证确实是一种诡辩。

但是问题在于，对于当时希腊人的理论水平来说，芝诺的论证是非常具有迷惑性的。大家生活在21世纪，受过大学教育，猛一听到这些论证都还有些糊涂，至少一时说不清问题到底出在哪里，就更不用说2000多年前的希腊人了！那个时候，人们根本就不知道极限理论，也不了解连续性与间断性的关系，芝诺的这些论证一下子就让他们晕头转向、不知所措了。你们可能会说，这些论证的结论是与常识相违背的。对，确实如此！芝诺恰恰就是要通过这些论证来说明，常识是不可靠的，感觉总是在欺骗我们。你们不是分明看见阿喀琉斯一下子就追上乌龟了吗？但是芝诺却告诉你们，阿喀琉斯永远也追不上乌龟，这是证明的结果，逻辑是比感官有力得多的证据。你们看到的只是一种假象，运动本身就是一种假象，因为证明告诉我们，运动只能导致荒谬的结果（阿喀琉斯追不上乌龟、飞箭不动等）。这就是芝诺论证的意义，他就是要颠覆感觉，颠覆常识，颠覆"眼见为实"的传统，培养一种运用纯粹的逻辑推理来认识世界的思维习惯，用思想中的真实来否定和取代感觉中的真实。他的这些论证的结论就是：运动是虚假的、荒谬的，真实的世界（存在）是不动的。

芝诺的论证无疑带有诡辩的色彩，但是它同样也蕴含着辩证法的萌芽。我们在前面讲到，赫拉克利特的学生克拉底鲁由于把运动绝对化，片面地强调运动的连续性而得出了"人一次也不能踏入同一条河流"的结论；而芝诺却与他正好相反，他把静止绝对化，片面强调运动的间断性而得出了"飞箭不动"等结论。而辩证法恰恰是要在这两个极端之间寻求统一，例如对于飞箭的问题，辩证法的回答是，它在每一瞬间既在某一点上，也不在某一点上。这种既在又不在的辩证关系恰恰说明了运动是连续性与间断性的统一。当然，运用辩证法是很难把握度的,一旦超出了度,辩证法就会流于诡辩论。但是,正是由于克拉底鲁和芝诺等人分别发展了诡辩论的两个相反的方面,后来的思想家们才可能使辩证法逐渐完善。

芝诺的第二类论证是对多的否定,这方面的论证也有许多,例如"大小的论证""谷粒的论证""地点的论证"等。这些论证比较枯燥,而且带有强词夺理的色彩,我简单地给大家介绍一下。

"大小的论证"旨在反对存在是多的观点,因为只要事物有大小,它就不可能是单一的。芝诺论证道,如果一个事物有大小,那么它就会有各个部分;而如果它有各个部分,它就不再是一个单一的东西而是一个聚合体了。而且它只要有部分,那么部分还可以有部分,如此推下去,事物将由无限多的部分组成。如果每个部分都有体积,那么无限多的部分加起来就会是无限大的;如果每个部分都没有体积,那么无限多的部分加起来还是等于零。所以,无论这些部分是有体积的还是无体积的,其结果都是荒谬的。因此芝诺得出结论:存在不可能有部分和有大小,它只能是单一的。"谷粒的论证"就比较简单了,芝诺询问智者普罗泰戈拉,一粒谷子落到地上会不会发出声音?后者回答说不会。芝诺接着说,一斗谷子落到地上却会发出声音,一斗谷子是由一粒一粒的谷子集合而成的。一粒谷子落地无声,一斗谷子落地为什么会有声音呢?芝诺由此得出结论,多会导致矛盾,因此是虚假的。这个论证看起来是很荒谬的,但是它却涉及一个模糊学问题,而且后来演变出谷堆论辩(多少粒谷子才能组成谷堆?)、秃头论辩(拔多少根头发才能成为秃子?)等一系列问题。

芝诺的这些带有诡辩色彩的论证无非是要说明,存在是不变不动和唯一无二的,他是通过归谬法和反证法而得出这个结论的。虽然芝诺不是第一个进行逻辑论证的人,但是他的论证却非常有系统性，而且确实把当时的希腊人弄糊涂了，使得人们对感觉的可靠性产生了怀疑。芝诺的这些论证是不能用感觉的证据来加以反驳的，因为它们被提出来本来就是为了反对感觉的证据。这些论证虽然充满了诡辩的色彩，但是它们毕竟培养了一种重视逻辑推理而轻视感觉经验的倾向，这种倾向对于推动西方哲学尤其是形而上学的发展是至关重要的。虽然我们站在唯物主义的立场上可以反对这种倾向，但是我们却不能不承认它在西方哲学史上的重要意义。

巴门尼德还有一个弟子叫麦里梭（Melissus），鼎盛年约在公元前441年，关于他，我们刚才已经提到过。麦里梭的主要贡献就是把巴门尼德的存在从一个有限或有边际的球体，变成了一个无边无际的东西。在麦里梭看来，一个有限的东西就不可能是唯一无二的，因为说它有限就是指它被另一个东西所限制。而且存在作为一个在时间上永恒的东西，在空间上也必须是无限的，否则二者之间就会出现矛盾。麦里梭的功劳就是从时间上的永恒推出了空间上的无限。但是我们很快就会看到，正是这种做法为反对爱利亚学派的智者（高尔吉亚）提供了一个有力的论据。

第四讲

希腊怀疑论与道德哲学

在这一讲，我要讲的问题是希腊的怀疑论与道德哲学，也就是智者派与苏格拉底哲学。在这里要说明一下，这一讲所讲的怀疑论主要是指智者派的相对主义和怀疑主义，严格地说应该叫作早期怀疑论。因为到了希腊化时代，又出现了一个更加出名的怀疑论，那就是以皮浪为代表的怀疑论。这两个怀疑论之间有着密切的思想联系，希腊化时代的怀疑论可以看作对智者派思想的一种逻辑发展。我们这一讲涉及的只是早期怀疑论，即智者派的观点。

无论是智者派还是苏格拉底的道德哲学，都表现出了一种对早期希腊自然哲学和形而上学的怀疑态度，他们把探究的眼光从天上转向了地上，从自然转向了人生，从而把早期四大学派关心的本原问题暂时搁置在一边。但是，虽然智者派和苏格拉底都具有强烈的怀疑意识，他们的终极目标却是迥然而异的。智者派通过对自然哲学和形而上学的解构，走向了一种相对主义和怀疑主义，在某种意义上可以说是彻底地摒弃了本原问题；而在苏格拉底那里，怀疑却仅仅只是一种方法论原则，他要通过对早期希腊哲学的怀疑，在道德哲学的基础上重新建构一种形而上学。这个任务后来在他的弟子柏拉图以及柏拉图的弟子亚里士多德那里圆满地完成了。

智者派

独断论与怀疑论

上一讲讲到爱利亚学派的芝诺时，我们就已经涉及诡辩论和辩证法了。在芝诺那里，辩证法还是以一种独白的方式来表述的，到了稍后的智者派和苏格拉底那里，就出现了一种对话的辩证法，辩证法主要就表现在彼此的对话之中。事实上，辩证法（dialectic）这个词的最初意思就是指对话，辩证法就是在对话双方相互诘难对方的观点、揭露对方的逻辑矛盾的过程中发展起来的。所以辩证法的真正发展是在辩论术成为一门显学的情况下才成为可能的。在公元前5世纪，随着城邦文化的兴盛和民主政治的崛起，辩论术在日常生活中发挥了越来越大的作用。对城邦公民来说，无论是参与政治还是进行法律诉讼，都需要具备良好的口才。在这种情况下，就出现了一门教人辩论技巧的学问，即辩证法；而那些以此为生的专业人士，就自称为"智者"（sophist，据说普罗泰戈拉是第一个自称为"智者"的人），即有智慧的人。

我们在上一讲把芝诺的诡辩论放在希腊形而上学这部分来讲，原因是什么呢？因为芝诺的这一套诡辩就是为了支持巴门尼德关于存在的形而上学思想的，他运用一种诡辩的方法来论证形而上学。但是诡辩论本身是一把双刃剑，我们很快就会发现，运用诡辩论来论证形而上学，其结果是搬起石头砸自己的脚。反对爱利亚学派的智者们马上就学会了以其人之道还治其人之身，他们运用诡辩论来解构形而上学，从而走向了一种相对主义和怀疑主义。

从古希腊时代开始，怀疑主义就与形而上学形成了尖锐的对立。从此以后，怀疑主义一直就是形形色色的形而上学理论——无论是唯心主义还是唯物主义——的死对头和最棘手的敌人。你们平时所了解的一些哲学对立，其实只是一种表面上的对立，对立双方的根基都是扎在同一块土壤里的。比如，我们一些教科书里大力渲染的唯物主义与唯心主义之间的对立，其实二者都具有形而上学的特点（这里的"形而上学"一词是在传统意义上使用的，即指一种超经验的实体主义或实在论观点，而不是指那种与辩证法相对立的僵化方法），都是把自己的观点建立在一种独断论的基础之上。而怀疑主义则是从根本上反对独断论的，它的基本宗旨就是对一切独断论的形而上学根据进行解构。就这一点来说，怀疑主义与形而上学之间的对立才是一种根本的对立。所以，无论是唯心主义还是唯物主义，都对怀疑主义深恶痛绝。这一点，我们从智者派对希腊自然哲学（它通常被我们叫作唯物主义）和形而上学（它通常被我们叫作唯心主义）一视同仁的解构中就可见一斑。

形而上学独断论表现了一种宏大的叙事主题，充满了悲情主义的崇高意识，它使人的灵性深受感染，从而充分显示出哲学的超越维度。但是，人不能老是面对这种崇高的独断论。独断论就像贝多芬的《命运交响曲》，充满了神圣而崇高的旋律，但是如果让你天天都听它，你就会感到一种精神上的疲惫。这是一种审美疲劳，即使是再美的东西，看久了也会使人生倦。在这个时候，我们的精神就需要小憩片刻，调剂一下，听一点轻松的流行音乐，而怀疑论就是这样的流行音乐。它不像独断论那样充满了气势磅礴的情怀，具有复杂而系统的理论构架，但是却体现了一种阴柔纤巧的智慧。它的目的不在于建构，而在于解构，在于有力而准确地攻击形而上学独断论的"阿喀琉斯之踵"。所以，我们可以把智者派的出现，看作对早期希腊哲学崇高庄严的独断论观点的一种轻松而睿智的调剂。事实上，智者派正好构成了从早期希腊形而上学源端向柏拉图和亚里士多德的实在论过渡的一个否定性的中介（而苏格拉底则构成了这种过渡的一个肯定性的中介）。

　　智者们生活的时代稍晚于芝诺的时代，据柏拉图记载，芝诺与普罗泰戈拉和苏格拉底都有过对话（普罗泰戈拉比芝诺年轻近十岁，苏格拉底则是在芝诺的鼎盛年前后出生的），他们都生活在公元前5世纪。那个时候的希腊城邦社会就像我们中国的春秋战国时期一样，邦国林立，思想自由。尤其是雅典，由于其民主政治兴盛和文化繁荣而成为思想家的热土。在当时的城邦生活中，辩论风气极盛，一个城邦公民智慧的标志就表现在他的口才上。智者们由于以教人辩论术为职业，浪迹四方，游说天下，所以产生了很大的影响。但是苏格拉底、柏拉图、亚里士多德师徒三人却对智者颇为不屑。苏格拉底挖苦智者只是教人如何说话，但是重要的不是"如何说"，而是"说什么"（由此可见苏格拉底与智者的差异，智者注重的只是形式或者辩论技巧，而苏格拉底却对形式背后的内容更加关注，他要通过辩论揭示出背后的实质内容）；亚里士多德则把智者们贬抑为"靠一种似是而非的智慧赚钱的人"。苏格拉底尤其对"智者"这个称谓深为反感，他认为"智慧"（sophia）这种东西决不是我们人类可以妄称拥有的。所以针对"智者"（sophist）这个狂妄的称谓，苏格拉底就谦虚地自称为哲学家（philosopher），即"爱智者"。而"sophist"这个词后来就逐渐演变为一个贬义词，即"诡辩家"。

　　尽管遭到希腊主流哲学家们的贬抑，但是智者们确实都是一批绝顶聪明的人，在他们的诡辩中闪烁着许多智慧之光，而且他们对古代辩证法的发展做出了重大的贡献。下面我给大家介绍两位最著名的智者，一位是普罗泰戈拉，另一位是高尔吉亚。

普罗泰戈拉与"一切皆真"的相对主义

普罗泰戈拉（Protagoras，约前490—约前420）出生在色雷斯地区的阿布德拉城邦，曾经两次来到雅典，而且与年轻的苏格拉底有过一次辩论。公元前1世纪的罗马思想家西塞罗在评价苏格拉底时，曾说苏格拉底第一次把哲学从天上拉到了人间。这句话的意思是说，苏格拉底开始把哲学研究的重心从自然界转向了人的世界。但是实际上，在苏格拉底之前，普罗泰戈拉就已经在做这个工作了。普罗泰戈拉是古希腊第一个把眼光从客体自然界转向主体人生的哲学家。

普罗泰戈拉的思想锋芒是直接针对爱利亚学派的。爱利亚学派把唯一无二和不变不动的存在当作世界的本原，而普罗泰戈拉（以及高尔吉亚）恰恰要说明，这个所谓的唯一无二和不变不动的本原本身就是假的。他们使用的方法非常类似于芝诺的诡辩术，但是却得出了完全不同的结论。与爱利亚学派所强调的那个客观的单一的存在相对立，普罗泰戈拉提出了他的著名命题："人是万物的尺度，是存在的事物存在的尺度，也是不存在的事物不存在的尺度。"

尺度是什么意思？我们曾经在赫拉克利特那里接触过"尺度"

普罗泰戈拉（约前490—约前420）
（图片来源：Jusepe de Ribera，1637）

或"分寸"这个概念，它就是指事物的规定性、准则或逻各斯。过去，这个"尺度"或逻各斯总是被当作唯一的和客观的，这种观点典型地表现在巴门尼德的"存在"上。但是普罗泰戈拉却认为，人是万物的尺度，存在与非存在是因人而异的，这样就第一次把尺度由客观的准则变成了主观的准则。而且由于人是个体性的，有多少个人就有多少个尺度，因此尺度又由一变成了多。从这个意义上说，普罗泰戈拉的"人是万物的尺度"这个命题就是对单一的和客观的存在或逻各斯的解构。普罗泰戈拉明确地说道："事物对于你就是它向你呈现的样子，对于我就是它向我呈现的样子。"他举例说，刮风时有人会感觉冷，有人却并不觉得冷，因此我们不能说风本身是冷的或不冷的，我们只能说风对于那个觉得它冷的人是冷的，对于那个觉得它不冷的人就是不冷的。这样一来，普罗泰戈拉就把爱利亚学派的形而上学独断论推向了一种相对主义。

相对主义就是以每一个个体作为世界的参照系和准则，世界是什么样的？那就要看它在你眼里如何呈现。因此，我们就不能再说"这个事情本来是什么样的"，而只能说"它对我是什么样的"，因为一切都是因人而异的。普罗泰戈拉感叹道："问题是晦涩的，人生是短暂的。"甚至连神，我们也不清楚他们到底像什么东西。奥林匹斯山上的诸神固然只是道听途说，即使是克塞诺芬尼的那个唯一无二的神，也不过是无稽之谈。事实上，我们只知道我们对神一无所知。神是如此，存在和逻各斯也是如此。单一的存在和逻各斯已经分裂成无数的碎片，变成了我们每个人的知识和感觉，我们只能凭着自己的知识和感觉来认识世界，人是万物的尺度。

普罗泰戈拉表达了一种非常高明的思想，具有大彻大悟的特点。当哲学家们都在各执己见地争论着到底什么是万物的本原时，普罗泰戈拉却告诉人们，万物的本原就是你眼中所看到的那个东西，就是你思想中所推论的那个东西，简言之，万物的本原无非就是你自己的感觉、你自己的认识罢了。这就好像我们中国古代的那个寓言故事，一副盾，一面是金色的，另一面是银色的，站在两面的人激烈地争论着，有人说盾是金色的，有人说盾是银色的。只有那个卖盾的人心里明白，你站在什么立场上来看这面盾，它就是什么颜色的。而普罗泰戈拉就是这个卖盾的人，他堪称古希腊哲学中的后现代主义者。当大家都在就某个问题（本原问题）激烈地争论时，他却冷言冷语地告诉大家，这个问题本身就是有问题的。他把问题本身解构了，你们说他高明不高明？

普罗泰戈拉说的其实一点也不错，他只是客观地揭示了一个真实的情况，即每个哲学家都只能用自己的眼睛来看世界，只能用自己的头脑来思考世界。大家仔细想一想，在普罗泰戈拉以前的哲学家，有的说万物的本原是水，有的说万物的本原是火，有的说万物的本原是数，有的说万物的本原是存在，众说纷纭。这恰恰不是说明万物的本原因人而异，人是万物的尺度吗？被米利都学派当作存在的东西，在巴门尼德看来就是非存在，反之也是如此，这不正是说明存在与否的尺度在于各人吗？由此可见，"人是万物的尺度"这个观点把古希腊哲学孜孜以求的一元和客观本质彻底打碎了，使之变成了主观的多。每个人都有一个尺度，每个人用这个尺度所衡量的世界都是正确的。有多少个人，就有多少个逻各斯。于是，这种相对主义就导致了一种"一切皆真"的结论，即每个人从自己角度出发所认识的世界都是真实的。

普罗泰戈拉的第二个著名命题是："一切理论都有其相反的说法。"这个观点也非常有意思，它是对相对主义立场的一种表述，但却可能导致颠覆相对主义的结果。从相对主义的角度来看，一切理论当然都有其相反或对立的说法，而且这些说法都是有道理的（"一切皆真")。从实践上看,古希腊哲学的一些理论确实是互相对立的,而且每一方都坚持认为自己的理论是正确的。所以普罗泰戈拉的这个命题倒是客观地反映了一个事实。但是另一方面,这个命题却使自身陷入了悖论,因为"一切理论都有其相反的说法"这个命题本身有没有相反的说法呢?这个命题也是一个理论,属于"一切理论"之列,因此它也应该有相反的说法。于是,我们就引出了一个与这个命题正好相反的命题,即"并非一切理论都有其相反的说法",这样就颠覆了这个相对主义的命题。换言之,由于普罗泰戈拉把相对主义绝对化,从而就走向了相对主义的反面,即否定了相对主义。当然这个问题涉及悖论,那是一个深不可测的理论深渊,我们只能就此打住。

有一个关于普罗泰戈拉的著名故事与这个问题相关。普罗泰戈拉教人辩论术时有一条规矩:学生先交一半的学费,等学成以后、打赢第一场官司再交齐剩下的一半。有一个学生学成之后迟迟不交剩下的一半学费,理由是他还没有打赢第一场官司。为了催还所欠学费,普罗泰戈拉不得不把学生告上了法庭。在法庭上,普罗泰戈拉对这位学生说:"这场官司无论我打赢了还是打输了,你都得把这笔钱交给我。为什么呢?因为如果我胜诉,法庭就会判决你还钱给我;如果你胜诉,那么按照我们当初所订的协议,你打赢第一场官司后就要交齐剩下的学费,所以你仍然应该把钱交给我。"没想到这个学生青出于蓝而胜于蓝,他用同样的理由论证,无论他胜诉还是败诉,他都不应该把这笔钱交给普罗泰戈拉。因为如果他胜诉了,按照法庭判决,他当然就不应该把钱交给普罗泰戈拉;如果他败诉了,那么按照当初的协议,他只有打赢了第一场官司才交钱,所以他仍然也不应该把钱交给普罗泰戈拉。这个故事恰恰揭示了相对主义的一种吊诡的尴尬,正如柏拉图所指出的,普罗泰戈拉的这个相对主义的命题既摧毁了其他理论，又摧毁了它自身。

普罗泰戈拉解构了爱利亚学派的形而上学独断论，走向了"一切皆真"的相对主义。但是从逻辑上来说，如果一切彼此差异甚至相互对立的观点都是真的，那么也就没有任何观点是真的了。因此，从普罗泰戈拉的"一切皆真"的相对主义，必然就会转向高尔吉亚的"一切皆假"的怀疑主义。

高尔吉亚与"一切皆假"的怀疑主义

高尔吉亚（Gorgias，前483—前375）是一位长寿的哲学家，活了一百多岁。他出生于西西里岛的一个城邦，曾经师从芝诺和恩培多克勒，擅长诡辩论。如果说芝诺曾经用诡辩论来论证其师巴门尼德的观点，那么高尔吉亚则用诡辩论颠覆了其师芝诺的论证。

高尔吉亚实际上是把普罗泰戈拉的理论进一步往前推进了，他把普罗泰戈拉的"一切皆真"的相对主义推到了极端，从而得出了"一切皆假"的怀疑主义结论。高尔吉亚的思想主要表现为三个命题，即"无物存在""即使有物存在也无法认识""即使认识了也无

高尔吉亚（前483—前375）

法告诉别人",这三个命题分别是针对巴门尼德的"存在者存在"、"思维与存在是同一的"以及"存在与思维的同一能够被表述"等三个基本观点的。

高尔吉亚是芝诺的学生,他像其师一样运用反证法来证明自己的观点。芝诺已经证明了作为多和运动的非存在是虚假的,因此高尔吉亚只要证明作为一和不动的存在也是虚假的,那么就可以得出一切皆假、无物存在的结论了。大家必须注意,在这里,高尔吉亚与芝诺一样,只考虑逻辑的推理,不考虑经验的事实,这是一种纯粹的思想游戏。所以哪怕这种推理得出的结论是与事实完全背逆的,大家也不必见怪。

第一个证明是这样的:为了证明"无物存在",高尔吉亚首先假定"有物存在"。有什么物呢?有三种情况:第一种情况是,"非存在者存在";第二种情况是,"存在者存在";第三种情况是,"非存在者和存在者都存在"。如果有物存在,那么就只有这三种情况,不可能有第四种情况。下面,高尔吉亚就对这三种情况逐一进行了反驳。

首先来看第一种情况,即"非存在者存在"。高尔吉亚认为,这个命题根本就不用反驳,因为非存在者就是不存在的东西,不存在的东西当然不存在了!而且,如果非存在者存在,那么存在者就不存在了,所以这种说法本身就是自相矛盾的。

第二种情况即"存在者存在",对这个命题的反驳比较麻烦。高尔吉亚首先进一步把存在者分为三种可能的情况:A.它是永恒的;B.它是派生的;C.它既是永恒的又是派生的。如果有存在者的话,它当然只能是这三种情况之一。现在我们先来看A,即存在者是永恒的。永恒是指时间上的无限,根据爱利亚学派麦里梭的观点,时间上永恒的东西,在空间上也应该是无限的。如果是这样的话,那么我们就要问,这个空间上无限的存在者在哪里存在呢?或者说它与它所存在的场所是什么关系呢？这样又可以分为三种情况：a. 它小于存在的场所；b. 它等于存在的场所；c. 它大于存在的场所。首先，如果它小于存在的场所，那么它就不可能是无限的，因为不可能有什么东西比无限的东西更大，所以这个无限的存在者不可能小于它所在的场所。这样就把 a 否定了。其次，如果它等于所在的场所，那么这就意味着它既是一个东西又是这个东西所在的场所，这乃是一种自相矛盾。所以 b 也被否定了。最后，如果它大于所在的场所，那就表示它无处存在，一个无处存在的东西当然就是不存在了。因此 c 也被否定了。这三者都被否定了，所以存在者就不可能是无限的；而它如果不是无限的，当然也就不可能是永恒的（麦里梭已经证明了这一点）。这样，A 就被证伪了。下面我们再来看 B，即存在者是派生的。这种情况不用反驳，为什么呢？因为克塞诺芬尼已经驳倒了唯一无二的神是派生的这种观点，巴门尼德也进一步论证了存在者不可能是派生的，所以高尔吉亚只需把他们的论证拿过来就行了。因此现在就只剩下 C，即存在者既是永恒的又是派生的。这个观点一看就是自相矛盾的，一个东西怎么可能既是永恒的又是派生的呢？派生与永恒是直接对立的，二者不可能同时为真，必有一假。所以 C 也是不可能的。A、B、C 都被证伪了，因此"存在者存在"这个命题就被证伪了。

这样一来，就只剩下第三种情况，即"非存在者和存在者都存在"。高尔吉亚认为，这种说法也是自相矛盾的，如果存在者存在，非存在者就不能存在；如果非存在者存在，存在者就不能存在，不可能出现二者都存在的情况。

当把上面三种情况都证伪后，高尔吉亚就理所当然地得出了结论："无物存在。"实际上，在上述三种情况中，第一种"非存在者存在"和第三种"存在者与非存在者都存在"在爱利亚学派的几位思想家那里就已经被证伪了，高尔吉亚完全借用了他们的结论；他自己所要做的只是证伪第二种情况，即"存在者存在"，从而就可以顺理成章地得出"无物存在"的结论了。

高尔吉亚的这个论证或者诡辩比芝诺的那些诡辩还要厉害得多！任何一个稍有常识的人，哪怕是一个三岁的孩子，都不会否认世界上有东西存在。但是高尔吉亚却偏偏要从理论上证明，无物存在。正如芝诺告诉你，你看到有东西在运动，那只是一种假象；高尔吉亚遵循其师的论证方法，最后竟然得出世界上没有东西存在的结论。如果说芝诺否定了多和运动，目的是为了论证只有一和不动才是真实的存在；那么高尔吉亚则把芝诺的论证继续往前推进，最后告诉人们，甚至连一和不动也是假的，一切皆假，无物存在。当然，高尔吉亚在这里只是把他老师芝诺的诡辩论推向了极端，从而向世人显示，诡辩论是一把双刃剑，它既可以刺向论敌，也可以伤害自己。至于高尔吉亚本人，他是决不会否认世界上有东西存在这个基本事实的，否则他不可能活到一百多岁。作为一位智者、一位哲学家，他可以关起门来通过诡辩的方式得出怀疑主义的结论；但是作为一个人，他每天都要吃饭、穿衣，与世界上的事物发生互动，他必须遵循习惯而生活。所以，后来18世纪的怀疑论者休谟就明确地表示，习惯是人生的伟大指南。也就是说，无论你在理论上得出什么骇人听闻的结论，你在实践中仍然只能遵循习惯而行。

高尔吉亚的第二个命题和第三个命题就比较简单了。他接着论证说，现在假定有物存在，但是我们仍然无法认识它。为什么呢？高尔吉亚指出，刚才我们已经穷尽了思维，仍然不能发现有物存在，所以如果有物存在的话，它也一定不能被我们所思维。巴门尼德曾经认为，凡是能被思维的东西就必定存在，思维与存在是同一的。但是高尔吉亚却反驳道，我们可以想象一个人在天上飞或者一辆马车在海上行驶，但是事实上这些情况并不存在，所以能被思维者不一定就是存在者。反过来，那些并不存在的东西反倒可以被我们所思维，比如三头六臂的妖怪等。由此可见，可以被思维的东西不一定存在，不存在的东西却可以被思维，因此思维与存在之间并非同一的。

最后，即使我们认识了存在，也无法告诉别人。这个命题实际上涉及语言本身的效用问题。高尔吉亚精辟地指出，我们在实践中所经验到的一个事物，与我们用语词所表述出来的那个事物是不一样的。比如说，我在美术馆里看到了毕加索的一幅油画，从美术馆出来以后，无论我用什么样的语词向你描述这幅画，你能够像我亲眼看到它时那样真切地感受到这幅画的艺术魅力吗？因此，在思想与语言之间是有着很大差异的，思维不仅与存在不同一，而且与语言也不是同一的。

高尔吉亚的这三个命题一个比一个消极，它们都是针对巴门尼德的观点提出的。你巴门尼德说存在者存在，我偏偏要向你证明，无物存在；你说思维与存在是同一的，我偏偏要告诉你，思维根本无法认识存在；你说思维与存在的同一可以被语言所表述，我偏偏要表明，语言与思维之间有着很大的差异。可见，高尔吉亚与普罗泰戈拉一样，都是与爱利亚学派针锋相对的。而且他使用的方法，正是其师芝诺善用的诡辩术，高尔吉亚是用其人之道还治其人之身。在这里，我们可以看到智者派擅长诡辩、故弄玄虚的特点。从某种意义上说，智者派纯粹是为了辩论而辩论，他们注重的只是辩论技巧，全然不管内容，这一点与苏格拉底孜孜不倦地探寻真理的做法是完全不同的；而且智者的怀疑主义也只是一种方法论上的怀疑主义，与后来皮浪等人落实到实践中的怀疑主义也不尽相同。

智者派的这种只注重辩论的技巧或形式，不在乎辩论的思想内容的做法，为形式逻辑的产生奠定了重要的技术基础，同时也推动了古代辩证法的发展。从芝诺到高尔吉亚，辩证法已经表现出从相互对立的方面或者从矛盾的角度来看问题的一种意识——芝诺证伪了非存在，高尔吉亚则反过来证伪了存在，双方正好构成了一个对立面。这样一种相互反对的诡辩论距离辩证法只有一步之遥了。下面我们就会看到，正是通过芝诺和智者们的中介，苏格拉底才从诡辩论中发展出一种对话的辩证法。

苏格拉底的道德哲学

向死而生的思想殉道者

刚才我给大家讲了希腊的诡辩论，到了高尔吉亚等智者派那里，诡辩论与辩证法之间就只有一步之隔了。辩证法这个概念是大家非常熟悉的，因为大家都学过马克思主义哲学，辩证法被说成是马克思主义的灵魂。辩证法源于古希腊哲学，虽然它的萌芽在一些早期哲学家（如赫拉克利特、芝诺、智者派等）的思想里就已经出现，但是"辩证法"这个概念却是到了苏格拉底那里才真正被提出来；而且苏格拉底把以往那种独白的辩证法（毋宁说是一种诡辩论）转变为一种对话的辩证法。从这个意义上说，我们可以把苏格拉底称为古希腊辩证法的创始人。

现在我把苏格拉底放在怀疑论与道德哲学这一部分来讲，是因为他与智者派一样，构成了从早期希腊哲学（包括自然哲学和形而上学）向成熟时期的实在论哲学转化的过渡环节；而他的弟子柏拉图以及柏拉图的弟子亚里士多德，则是这种实在论哲学的主要代表，因此

苏格拉底（前469—前399）
(图片来源：雅克-路易斯·大卫，《苏格拉底之死》，1787)

我把他们两人的哲学放在下一讲即希腊实在论哲学中再进行探讨。

苏格拉底在西方思想史上是一个典范性的圣贤人物，其地位可以与中国的孔子相媲美。当然，在西方文化中还有一个影响更大的人物，那就是耶稣。但是耶稣毕竟是一个宗教性人物，而且他所创立的基督教在后来的发展过程中吸收了苏格拉底-柏拉图的许多思想成分，有些思想甚至构成了基督教神学的核心理论。此外，苏格拉底为了追求真理而死的事例也被一些基督徒（如希腊教父查士丁）看作历史上仅次于耶稣殉道的伟大事件。

苏格拉底（Socrates，前469—前399）出生于雅典，他的父亲是一个雕刻匠，母亲是一个助产妇。他的年轻时代恰逢雅典民主制的鼎盛时期，而他的晚年却见证了雅典文化的衰落。从公元前431年开始，希腊的两大城邦斯巴达与雅典之间爆发了伯罗奔尼撒战争，结果雅典战败，雅典民主制被推翻，建立了斯巴达式的寡头政治。不久以后，雅典人又恢复了民主制，而苏格拉底就是被重新建立了民主制的雅典人以不敬神和败坏青年的名义处死的。

公元前5世纪的雅典成为全希腊的中心，许多思想家和艺术家都来到雅典展现自己的才华，当时的雅典就像 17、18 世纪的巴黎一样，成为最有文化的地方。那时候的大多数思想家都是赞美和拥护雅典民主政治的，然而苏格拉底却成为雅典民主制的牺牲品（当然在苏格拉底之前，还有另一位哲学家阿那克萨戈拉也遭到了奉行民主政治的雅典人的迫害），他的弟子柏拉图等人也在苏格拉底死后不得不流亡他乡。正是由于这种情况，以往国内的一些教科书往往都把苏格拉底、柏拉图当作两个反面例子，除了因为他们的思想具有唯心主义色彩之外，另一个重要原因就是由于他们是雅典民主制的敌人。其实，公元前 5 世纪末叶恢复的雅典民主制已经是一种回光返照的闹剧了，失去了往昔所有的严肃性和崇高性。我们不能仅仅因为它具有民主制的外表，就认为它一定是一个好东西。如果它已经丧失了民主制的内涵，那么它还不如一个王国更加具有现实的合理性。事实上，不久以后在希腊出现的亚历山大帝国恰恰表现了一种历史的必然性。正因为如此，作为苏格拉底再传弟子的亚里士多德才对腓力二世和亚历山大父子建立帝国的统一运动采取了一种认同的态度。

　　苏格拉底一辈子述而不作，他的思想都是被他的弟子柏拉图和克塞诺芬尼（勿与爱利亚学派的克塞诺芬尼相混淆）两个人记载下来的，在这种情况下，我们就很难说哪些思想是苏格拉底的，哪些思想是柏拉图的。但是一般说来，柏拉图早年所写的著作都比较忠实地转述了苏格拉底的思想，当时他是苏格拉底的学生，苏格拉底与别人辩论的时候，柏拉图老是跟在他身边，记载下他的思想。但是到了晚年，柏拉图就把自己的一些思想借着苏格拉底的嘴说出来。柏拉图一生写了三十多篇对话录，这些对话录基本上都是以苏格拉底为一方，以其他人为另一方的。我们正是在这个意义上说辩证法从独白走向了对话，这种对话的辩证法就是在苏格拉底不断地与人对话的过程中体现出来的。

苏格拉底少时曾经跟随他的父亲学习雕刻，据说雅典卫城的雕像中就有苏格拉底亲手雕塑的艺术品。在年轻的时候，他曾参加过一些政治活动，而且参加了伯罗奔尼撒战争，在战斗中表现得非常勇敢，也因此得到过嘉奖。后来他开始远离政治活动，一心沉潜于他的哲学思考。据说苏格拉底长相丑陋，性格怪异，经常披着一件破旧的大氅，光着脚站在空旷之地仰头向天、沉思冥想，他也喜欢在公共场所与人辩论。据说有一次他和一位朋友一起去别人家赴宴，走着走着这位朋友就发现他不见了，等这位朋友在别人家吃完饭回来时，在路上看见苏格拉底正站在一个屋檐下沉思，他已经在那里站了好几个时辰了。还有一次，苏格拉底又像以往一样站在广场上仰头沉思，当夜幕降临时，他仍然一动也不动。一些好奇的雅典青年就搬来褥子躺在一边守着他，看他到底要站多久。一直到第二天早晨太阳出来的时候，苏格拉底向太阳弯腰鞠了一躬，然后才转身回家。他就是这样一位行为怪僻的人。

年轻的苏格拉底曾经与比他年龄大二十多的著名智者普罗泰戈拉进行过辩论，苏格拉底很瞧不起智者，他把智者说成是一些"批发和零售灵魂食粮的人"。苏格拉底在雅典也招收门徒，一些贵族青年追随在他身旁，但是他从来不收学费，尽管他一贫如洗。为了与智者们划清界限，苏格拉底自称为"爱智者"，也就是哲学家，所以"哲学家"这个词也是在苏格拉底那里最先使用的，虽然"哲学"即"爱智慧"（philosophy）这个词早在毕达哥拉斯那里就有了。

由于苏格拉底行为怪僻，而且喜欢与人辩论，他在雅典得罪了一些人。公元前399年，一批反对他的人以两个罪名告发了他，其一是他喜欢探究天上和地上的各种事情，并且以此来蛊惑青年；其二是他不信传统的神而企图引进新神。苏格拉底在法庭上为自己进行了辩护，他讲述了自己为什么要孜孜不倦地探寻知识，并且承认正是一个灵异——这个灵异非常类似于克塞诺芬尼的那个思想之神——的声音指导他这样去做的。关于雅典人告发他的两个罪名，他予以默认，但是他却认为这不仅不是罪过，反而是对雅典的一种贡献。他在法庭上指责雅典这匹良种马已经在财富和虚荣的腐蚀下变得臃肿不堪，而他本人就像是一个马虻，受灵异的指示而不断地叮咬这匹良种马，提醒它注意德行，不要继续沉溺在物欲的享乐和虚荣之中。由于他在法庭上拒不认罪，反而认为自己有功于雅典人民，所以最后被激怒的法庭判处死刑。在牢狱中等待行刑的那段时间里，苏格拉底拒绝了朋友们帮助他越狱的建议。他的理由是，自己本来是无罪的，判处他死刑只能说明雅典人有问题。但是如果他越狱逃跑，那就是有意犯罪了，因为越狱显然是对法律的践踏，是一种罪行。而且当自己已经是风烛残年的时候还要到外乡去流浪、受人嘲笑，这样活着又有什么意义呢？苏格拉底明确地表示："人应该追求好的生活更甚于生活本身。"他所说的"好的生活"，就是指肉体死后的灵性生活，那时候他就可以无忧无虑地与那些死去的希腊先贤们讨论各种问题，再也不会因此而受到别人的指责和诬陷了。因此，他认为那些以死为苦境的人们都想错了，死亡并非一种痛苦，反倒是一种超脱。苏格拉底对判处他死刑的雅典人说道："我去死而你们活着，谁的去路好，唯有神知道。"这种以死为乐的思想开启了西方唯灵主义的源流，为后来的基督教信仰奠定了重要的精神基础。

在苏格拉底身上，表现出一种对死亡的超然态度。这种超然态度与通常所说的不怕死还不完全一样，它是以死为乐，向死而生。我们中国古典小说中描写的那些绿林好汉们也都不怕死，比如《水浒传》中的李逵、鲁智深、武松等人，砍头对他们来说不过碗口大个疤，二十年以后又是一条好汉。但是苏格拉底眼里的死亡并非一

第四讲　希腊怀疑论与道德哲学　　127

个简单轮回的终点，而是一个全新生活的开端。这已经不只是对死亡的无畏，而是对死亡的超然和重新认识，死亡被看作真正的生活，而生活恰恰是为死亡做准备的。这样一种观点后来发展成为基督教的核心观点，生即是死，死才是生，灵性的生命只有当肉体死亡之后才真正开始。所以我们此世的生活不过是为来世做准备的一个预修学堂，唯有灵性生活才是崇高的生活。这种观点就叫作唯灵主义。正是这种唯灵主义的信念，使得苏格拉底最后当着朋友和学生的面平静地喝下了行刑手递来的毒酒，坦然赴死，成为先于耶稣四百年殉道的西方道德圣贤。

"认识你自己！"

苏格拉底在法庭上为自己辩护时，说明了他为什么要孜孜不倦地探究天上地下的各种知识，甚至为此用尽一生的精力，以至到了晚年仍然一贫如洗。他说当他年轻的时候，他的一位名叫凯勒丰的朋友曾到德尔菲的阿波罗神庙去向神询问，在希腊有谁比苏格拉底更有智慧。神通过女祭司告诉凯勒丰，世上再没有人比苏格拉底更有智慧。苏格拉底得知这个神谕之后就觉得很奇怪，因为他认为自己并没有什么智慧，知之甚少，但是神谕肯定有它的道理。于是，他为了验证这条神谕是错误的，就游历了很多地方，遍访了各个领域中的一些名人，包括政治家、工匠、诗人等，试图发现他们比他自己更有智慧。但是他每走访一个人，就为这条神谕增加了一个佐证。因为他发现那些人其实和他一样，并没有什么智慧，但是他们却以为自己是有智慧的。在这一点上，他似乎比他们更强，他至少知道自己是无知的，而那些人却连这一点也不知道。由此他终于明白了，原来这个神谕的意思是说，像苏格拉底这样知道自己是无知的，这就是智慧了。智慧这个东西，是一个很崇高的字眼，人是配不上它的，只有神才配得上。因此自知其无知的人，就算是最有智慧的了。

在这里，苏格拉底显然表现出对智者的不满，因为"智者"这个称呼本身就表明他们不知道自己是无知的，反而以有智慧而自居；而苏格拉底却表示自己只是爱智慧，决不敢说是有智慧。苏格拉底也提到了德尔菲阿波罗神庙门前一块黑色巨石上的那句名言："人啊，要认识你自己！"他认为这句古代匿名诗人的名言——有人说是希腊"七贤"之一梭伦的名言——正是促使他终生孜孜不倦地探求知识的巨大动力。

由于苏格拉底认为智慧是人不配称有的，因此他认为以前的哲学家们探寻自然本原的努力都是一些不知天高地厚的做法，自然的本原只有神才能把握，人根本就没有能力认识它。那么，我们人能做什么呢？苏格拉底明确地表示，人的职责就在于认识他自己，然后通过对自身的认识来达到对神的认识。从这种意义上说，苏格拉底把探索的眼光从自然界转向了人自身，认为"认识你自己"才是哲学的意义所在。所以后来西塞罗才说苏格拉底把哲学从天上拉回了人间。那么人的问题是什么问题呢？苏格拉底认为首先就是道德问题，道德构成了人之为人的根本，因此美德问题就成为苏格拉底哲学的基本内容。

苏格拉底改变了希腊哲学的研究方向，在西方哲学史上，人们一般把泰勒斯称作自然哲学的创始人，把毕达哥拉斯称作形而上学的创始人，而把苏格拉底称作道德哲学的创始人。不过，苏格拉底的这个转向与普罗泰戈拉等智者派也有一定的关系，在苏格拉底所强调的"认识你自己"这句箴言与普罗泰戈拉所提出的"人是万物的尺度"这个命题之间，有着某种微妙的思想联系。虽然苏格拉底对智者派颇有微词，但是他们双方在把哲学的主题回归到人这一点上却是不谋而合的。当然，他们之间也有着根本性的差异，"人是万物的尺度"把人看作一个个孤独的个体，因此每个人都是万物的尺度，这样就走向了一种相对主义，从而解构了客观真理甚至真理本身（从"一切皆真"到"一切皆假"）。智者派之所以这样做是因为他们要反对爱利亚学派的独断论和形而上学，因此他们致力于解构"背后的东西"（即存在），将其说成是因人而异的现象，从根本上消除了本质和真理。但是苏格拉底的"认识你自己"就不一样了，它要通过每个人对自己道德特性的认识而达到一种普遍性的东西，也就是要重新建立起一种本质。只不过这种本质不再是自然世界的本质，而是道德世界的本质、人的本质。

所以，"认识你自己"所探讨的美德问题，就不像"人是万物的尺度"中的感觉现象那样，只是一种过眼烟云，转瞬即逝。美德之为美德，是有着一些基本的规定性的，而"认识你自己"就是要去认识这些基本规定，这些基本规定就是关于美德的定义，即它的普遍本质。在这种意义上，我们说从早期希腊自然哲学和形而上学探寻万物的本原或本质，经过普罗泰戈拉等智者对于本质的否定性中介，再到苏格拉底重建本质，这恰恰是一个否定之否定的过程。虽然苏格拉底重建的本质主要是指人的道德世界的本质，但是到了柏拉图那里，这种道德本质又被泛化为整个世界的普遍本质，"善"的理念成为所有理念和感性事物的最高目的和最终动力，从而使形而上学在更高的水平上重新建立起来。

神学目的论

"认识你自己"这个命题除了旨在建立一种道德哲学之外，还有另一层意义,那就是通过对人自身的认识而实现对神的认识,由此就引出了目的论的问题。苏格拉底承认自己早年曾经深受阿那克萨戈拉的影响,他认为阿那克萨戈拉的哲学比起其他自然哲学来要高明得多。苏格拉底主要是欣赏阿那克萨戈拉关于"努斯"的思想,但是他认为非常可惜的是,阿那克萨戈拉没有把这一思想贯彻到底。在苏格拉底看来,阿那克萨戈拉只说了"努斯"对万物进行安排,却没有说明它是如何安排万物的。也就是说,他只看到了"努斯"是万物的动力,没有看到它同时也是万物的目的。苏格拉底把阿那克萨戈拉的"努斯"提高到他所说的灵异之神,认为整个世界包括我们的身体和灵魂都是神安排的,因此通过认识自己就可以达到对神的认识。

在苏格拉底看来,神是最高的智慧存在者,他按照一定的目的安排万物。在我们小小的身体里充满了奥秘,它恰恰体现了一种神意的高明和伟大。苏格拉底的弟子克塞诺芬尼在《回忆录》中记载了苏格拉底在牢里与一个犯人的谈话,这个犯人不相信神,苏格拉底就对他宣扬了一番目的论的思想。苏格拉底对这位犯人说,你看看我们的身体结构,在我们的脸上,眼睛是最容易受到伤害的器官,于是就有眼皮来保护它,有睫毛为它遮挡风沙,上面还有两道眉毛可以挡住雨水和汗水,使它们不至于滚落到眼睛里面,这些设计都是多么精巧啊!你再看看我们的耳朵,它刚好长得既能够接受声音,又不会被堵塞。还有我们的牙齿,前面是门牙,两边是臼齿,门牙用于撕咬,臼齿用于咀嚼。如果我们只有门牙而没有臼齿,或者只有臼齿而没有门牙,吃起东西来将会是多么不方便!而且更重要的是,在我们身上还有理性或灵魂,这是我们身上最高贵的东西,它使我们的言谈举止显得那样优美雅致。那么,这些身体结构都说明了什么呢?难道它们都是偶然的吗?偶然的东西怎么可能如此和谐？从这种和谐有序的身体结构中，我们怎能不推出一个智慧神灵的存在呢？怎能不相信我们如此和谐的身体正是他按照某种特殊目的而创造的结果呢？这一番话使得那位犯人深受启发，开始相信神灵的存在了。

当然，我们今天会说这种和谐有序性是长期进化的结果，但是苏格拉底的时代还没有达尔文，人们对进化论一无所知。那个时候的人从来没有想到自己的祖先是从一种比较低级的动物、从猴子进化而来的。根据经验，我们知道自己的父母长得与我们差不多，父母的父母长得与我们也差不多，如此推下去，最初的人类也应该大体相似。那么，那个最初的人是从哪里来的呢？当然是神创造的，所以他的器官结构才会长得这样和谐，这里不是充分体现了神的目的吗？我们人类制造任何东西都有目的，比如种庄稼是为了填饱肚子，做衣服是为了御寒和遮体。既然我们的作品都有目的性，那么比我们更加高明的神所创造的事物就更是充满了目的性。

我们在前面讨论本原问题时，曾经涉及三个因素，即质料因、动力因（这两者主要是由自然哲学提出的）和形式因（这是由形而上学提出的）。现在，在苏格拉底的神学目的论中，我们又看到了第四个因素，即目的因。在以前的哲学家那里，我们看到，第一类因素，水、火、土、气也好，种子也好，原子也好，它们都是构成事物的最初源端或最小单元，都是质料意义上的本原；第二类因素，如数、逻各斯、存在等抽象的东西，构成了现象背后的本质、原则或根据，这些都是形式意义上的本原（在古希腊哲学中形式就是指本质）；第三类因素，如冷热干湿、凝聚与稀散、爱与恨、努斯等，这些都是动力意义上的本原。事实上，在阿那克萨戈拉的精神性的努斯里，就已经蕴含着一种目的的因素——精神性的活动必定是有目的的，但是阿那克萨戈拉却没有把这一点明确地说出来。真正把目的因明确提出来的是苏格拉底，他所说的那个灵异之神构成了目的意义上的本原，正是神的某种特殊目的，使得万物成为可能。这样一来，古希腊哲学关于本原问题的各种观点就可以概括为一种"四因论"，即关于质料因、形式因、动力因、目的因等四种因素是如何构成万事万物的理论。而这种"四因论"恰恰就是古希腊哲学集大成者亚里士多德提出来的本原理论。

目的论思想自从苏格拉底创立以后，对后来的西方哲学影响非常大，尤其是对基督教神学的影响，无论怎样强调也不过分。按照基督教神学的观点，世界是上帝的作品，世界上的任何事物都体现了上帝的特殊意志和目的，甚至连一只麻雀从屋顶上掉下来，都是上帝在创世时就已经预先安排好了的。目的论就是为了突出上帝的全知与全能，从而把整个世界说成是上帝按照一定目的创造出来的一个有条不紊的大机器，一切事物都严格地遵循上帝事先规定好了的轨迹运行。甚至在近代自然科学产生之后，作为近代自然科学的神学代表的自然神论仍然强调目的论思想，把世界看作上帝精心设计的一个精巧的钟表。即使到了今天，西方仍然有一些具有神学背景的科学家坚持用目的论来说明宇宙大爆炸和生物学大爆炸的原因，说明生物进化的方向性问题，认为这种科学事实恰恰证明了上帝的存在。由此可见，苏格拉底创立的目的论思想对于后世产生了多么深远的影响。

"美德即知识"

虽然神学目的论是苏格拉底的一大创见，但是他的主要贡献还在于创立了道德哲学。在苏格拉底看来，我们的主要任务就是认识自己、认识自己的心灵，对自己的道德状况进行研究。我们刚才已经说过,苏格拉底通常被称为道德哲学的创始人,他以研究美德和善而著称。那么什么是美德呢?"美德"这个概念在苏格拉底的对话里随处可见,概括而言,苏格拉底认为,"美德即知识",说得更具体一点,美德就是关于善的概念的知识。苏格拉底认为,美德并不是一种行为,或者说美德主要不是一种行为,而是一种知识,即对于"善"这个概念的知识。这是一种很新奇的观点,通过这种观点,我们可以看到,苏格拉底是在为道德行为寻找一种普遍性的根据。如果我们只是指出某种行为是善行或美德,这只是一种经验性的枚举,并没有说明美德之为美德的根据。苏格拉底强调,任何一种具体行为的道德含义都是相对的,例如欺骗朋友固然是一种恶行,欺骗敌人却是一种善行;但是"善"本身(即"善"的概念)却是超越于每一种具体的善行的,它不会因为后者的相对性而丧失它的普遍的和绝对的意义。由于只有"善"本身是真正善的,所以只有当我们掌握了这个概念,获得了关于"善"的知识,我们的行为才因此而成为善的,我们才具有了美德。因此,"美德即知识"这个命题把美德从一种经验性的行为提高到了一种普遍性的知识。通过对"善"的概念的认识和分有,美德获得了客观的规定性,而不再是个人的任意活动。这样一来,苏格拉底就把善与真联系起来了。

"美德即知识"这个观点简单地说,就是指一种行为是否为善,关键在于行为者是否对"善"本身有所认识。当然,你们可能会问这个"善"本身又是什么?那么我只能告诉大家,它在苏格拉底那里就是关于"善"的一般定义,在柏拉图那里就叫作"善"的理念。一种行为之所以是善的,只是由于它分有了善的定义或理念。如果你不知道何者为"善",那么你的任何一种行为都称不上善行。因此,美德是与认知联系在一起的,美德不是糊里糊涂干出来的一种行为，而是一种自觉的、合乎"善"之规定的活动，是对"善"的概念的一种分有。当然，这种"分有"的说法是柏拉图理念论的观点，由于苏格拉底的思想主要是由柏拉图转述的，所以我们不妨借用这种说法来说明"美德即知识"这个命题的意思。总之，对于苏格拉底来说，一种行为是不是善行，不在于这种行为本身，而在于这种行为是不是出于对"善"的正确认知。

苏格拉底又进一步指出，善恶与人们的利益是直接相关的，"一切善的东西都是有益的"，而恶的东西都是有害的。那么，既然恶的东西对人有害，为什么会有人作恶呢？苏格拉底认为，这恰恰说明了他对善恶的无知，他不知道为善是有益的事情，也不知道作恶是有害的事情，否则他是不会去作恶的。由此，苏格拉底得出一个结论，即"无人有意作恶"，作恶都是出于无知。这样，他就从"美德即知识"中推出了一个逆命题——"知识即美德，无知即罪恶"。这种把美德与知识完全等同起来的观点，开创了西方伦理学上的一种唯智主义理论，它对于后世也产生了非常重要的影响。特别是在17、18世纪的启蒙时代，这种观点被大多数西欧知识分子所推崇，他们认为，理性的启蒙和知识的增长将会极大地提高人们的道德水平，从而消除社会上的各种罪恶。

但是这种将美德与知识相等同的观点在西方思想史上也遭到了许多人的批判，例如亚里士多德就认为这种观点过于片面，只看到了道德的理智因素，而没有考虑到情感、性格状况等方面的因素。中世纪基督教伦理学基本上也是反对这种观点的。基督教最初是在罗马帝国没有知识的弱势群体中传播，它把希腊的哲学和知识论看作信仰的死敌。哲学导致异端，理性妨碍信仰，这种看法在早期基督教会中非常流行。基督教强调的三大美德即信、望、爱，没有一个与知识相关。一个基督徒即使没有任何知识，只要具有虔诚的信仰、坚定的希望和热忱的爱心,他就可以在上帝面前称为一个义人。到了近代,在"知识的进步必将导致道德的完善"这种主流思想之外,仍然回响着一些反对的声音。例如,卢梭就认为,知识的增长往往导致道德的堕落,知识越多人可能变得越邪恶,倒是原始状态中的人们更加淳朴,道德状况更加完善一些。康德则认为,实践理性即道德与理论理性即知识没有什么直接的联系,它们是彼此独立、井水不犯河水的。由此可见,在西方思想史上,这两种道德观点形成了长期的对立,它们之间的张力构成了西方伦理学的重要内容。

与"美德即知识"相关的还有另外一个问题,这就是关于善的知识的来源问题。美德就是关于"善"的概念的知识,但是这种知识从哪儿来的呢?在这个问题上,苏格拉底提出了一个著名的"知识悖论"。他在与一个叫作美诺的人讨论美德问题时表示,人不可能学习他已知的东西,也不可能学习他不知道的东西——因为已知的东西你就没有必要去学了,而你不知道的东西又如何去学呢?那么,我们关于善的概念的知识到底是从哪儿来的呢?苏格拉底认为,关于"善"的概念的知识恰恰是介乎于已知和未知之间的,它既不是完全已知的,也不是完全未知的。这是什么意思呢?我们可以从苏格拉底弟子柏拉图的"回忆说"中更清楚地了解到这个知识悖论的内容。按照"回忆说"的观点,关于"善"的理念的知识本来是潜在于人的灵魂之中的,但是当灵魂进入肉体时;也就是当人出生的时候,灵魂却由于肉体的障碍而把这种知识忘掉了;后来通过感觉的刺激,又慢慢地把它回忆起来了。所以这种知识不正是介乎于已知和未知之间吗?所谓的学习,不就是把灵魂本来潜在地具有、后来却遗忘掉了的知识重新回忆起来吗?因此,学习即回忆。这就是柏拉图"回忆说"的基本思想,它非常清楚地解释了苏格拉底的那个"知识悖论"。对于这种介乎于已知与未知之间的知识论观点，我们以后在德国近代哲学家莱布尼茨的"有纹路的大理石"理论中还会再次看到。

"精神接生术"与辩证法

现在我们来看看苏格拉底的方法，即辩证法。我们刚才说到，苏格拉底与普罗泰戈拉不同的地方就在于，苏格拉底不是把眼光停留在经验性的现象上，而是要探寻道德活动背后的共同本质，即某种一般性或普遍性的东西，如"善"的概念等。苏格拉底在与人讨论问题时，总是采取一种很谦虚的姿态，他自己从来不正面表述观点，而是不断地请教别人，不断地提问，通过提问来揭露对方的矛盾，从而引导对方不断地修改意见，一步一步地接近真理。这种方法被称为"苏格拉底式的讨论方法"，也被称为"辩证法"。苏格拉底说，他的这种方法是从他母亲那里学来的。他母亲是一个助产妇，为人接生，而苏格拉底认为自己也是在为人接生，只不过他接生的是精神性的东西，即事物的概念和一般定义。因此，他又把这种方法叫作"精神接生术"。

下面我们来举个例子。在柏拉图的《美诺篇》里，苏格拉底与美诺讨论美德问题。苏格拉底一上来就请教美诺什么是美德，美诺就说男人的美德就是精于国务，女人的美德就是勤于家务。苏格拉底反驳道，我问你什么是美德，你却给我端出了一堆美德，那么什么是这些美德的"共同性质"呢？美诺回答说，这就是"统治人的能力"。苏格拉底马上反驳说，儿童和奴隶不能统治人，他们就没有美德了吗？于是美诺又进一步地把美德说成是正义、勇敢、节制、智慧、尊严等，但苏格拉底却表示，你说的都只是"一种美德"，而不是美德"本身"。这就好像我问你什么是图形，你却拿出来了一些三角形、圆形、长方形、正方形等，但是你并没有告诉我什么是图形。这样就使美诺陷入了一种困境中，他在苏格拉底的启发下，逐渐从具体的美德现象走向了美德的一般定义，最终得出了"美德即知识"的结论。在讨论其他问题时，苏格拉底也是这样不断地揭露对方的矛盾，进而逼近真理的。然而，我们发现，在大多数情况下，苏格拉底所探讨的问题并没有最终的结论。可见，"辩证法"最重要的意义不在于它的结果，而在于它的过程，即不断地通过对话来揭露对方的矛盾，启发对方走出矛盾而接近真理，它所具有的方法论意义远远重要于它所得出的最后的结论。

我们大家所了解的辩证法是一种独白的辩证法，它在近代主要是在黑格尔那里以一种独断的方式表述出来的，马克思继承和发挥了这种辩证法。然而，"辩证法"最初在苏格拉底那里却是以对话的形式展开的，是在讨论问题的过程中逐渐地发挥作用的。而且苏格拉底在对话中总是采取一种谦虚的姿态，总是不断地提问而不是回答。他的形象总是一个求知者、一个爱智者，而不是像智者那样老是在教别人怎样说话。辩证法在苏格拉底那里是启发性的，而不是规范性的，它比我们所了解的辩证法更加具有智慧的魅力。所以，当代著名的解释学大师伽达默尔就认为，苏格拉底式的"对话的辩证法"才具有真正的生命力，而像黑格尔的那种"独白的辩证法"其实是一种很霸道的东西，就好像他那个店里专卖辩证法，独此一家，别无分号。对于伽达默尔的这种观点，当然也是见仁见智的，黑格尔式的"独白的辩证法"也有它的思想魅力和了不起的地方。

我们在前面讲到，当时的希腊城邦社会民主政治兴盛，诉讼之风盛行，辩论在公民生活中占有很重要的位置，正是这种辩论的风气孕育培养了辩证法。希腊人热爱真理，他们总是通过一种辩论的方法来探求知识，所以"苏格拉底式的讨论方法"即"辩证法"在当时的希腊社会中很流行。即便这种方法并不总是能够得出令人满意的结论，它仍然对于热爱智慧的希腊人具有极大的吸引力。对于有些问题，也许我们永远得不出令人满意的结论，但是这并不妨碍我们非常认真严肃地去探讨它们。

苏格拉底与人讨论问题时最显著的一个特点就是，他始终喜欢追问事物现象背后的东西，即事物"本身"或者一般定义。事实上，当我们对一个事物的性质和状态有所言说之前，我们首先应该知道这个事物的一般定义。用通俗的话来说，当我们在说一个事物"是什么样的"之前，我们首先应该知道这个事物"是什么"。比如说，当我们说"花是红的"这句话时，我们当然应该知道花是什么；倘若我们连花本身是什么东西都弄不清楚，那么说"花是红的"岂不是一件很滑稽的事？这种思想到了亚里士多德那里就很明确地表达出来了，大逻辑学家亚里士多德认为，"是什么"的问题在逻辑上总是优先于"是什么样的"问题，因此弄清楚（实体）是什么，这乃是我们一切哲学的开端。而一个事物"是什么"的问题，说到底就是这个事物的一般定义的问题，例如苏格拉底对于"美德"的定义（美德就是关于"善"的概念的知识）。只有首先知道了关于美德的一般定义，知道了美德是什么，然后我们才能说某一种行为是不是美德。所以亚里士多德认为，有两件事情可以归功于苏格拉底，那就是归纳推理和普遍定义。苏格拉底正是运用辩证法不断地归纳和归谬，让对方的观点不断地陷入自相矛盾，不断地修改和调整，最后达到关于事物的普遍定义或一般定义的。这种"普遍定义"到了柏拉图那里就叫作"理念"，理念与感性事物相比是普遍性的东西，"桌子"的理念就比任何一张桌子都更是桌子，因为它包含了世界上所有的桌子。而我们也正是通过对各种理念的认识而超出了感性现象，走向了事物的本质。

第四讲 希腊怀疑论与道德哲学　　139

面对着智者派解构本质的相对主义和怀疑主义，苏格拉底坚持不懈地要从现象背后去寻求本质、重构本质，而辩证法则是他完成这一崇高使命的基本方法。在重构本质和重建形而上学的道路上，苏格拉底铺下了一层坚实的基石，而系统化的工作则是由柏拉图来承担的。

小苏格拉底学派

在介绍柏拉图的实在论哲学之前，我们先来简单地讲一讲小苏格拉底学派。苏格拉底死后，他的一些学生和追随者也在雅典城邦受到了迫害，他们纷纷逃出雅典，来到其他一些城邦，创建了自己的独立学派。这些学派由于与苏格拉底多少有一些渊源关系，所以被通称为小苏格拉底学派。这些学派的观点互不相同，有的注重发展苏格拉底的辩证法，有的注重发展苏格拉底的伦理学，但是它们都把苏格拉底的思想推向了某种极端，走向了诡辩论和虚无主义。在这些学派中，有的实际上继承和发扬了智者派的一些思想倾向（如相对主义和怀疑主义），有的成为了后来希腊化时代那些末流哲学的先声（如犬儒主义）。

由于时间关系，在这里，我只讲其中的两派，一派是麦加拉学派，另一派是昔尼克学派。

麦加拉学派的创始人名叫欧几里得（Euclides，约前435—前365，勿与后来建立几何学体系的欧几里得相混淆），他在麦加拉城邦建立了自己的学派。这位欧几里得有一位学生叫欧布里德（Eubulides，公元前4世纪，生卒年不详），他特别擅长诡辩论，后来成为亚里士多德在逻辑学上的一个劲敌。在苏格拉底那里，辩证法采取了对话的形式，而且苏格拉底在揭露对方的矛盾时很少会有诡辩的色彩,他是实事求是的、讲道理的。但是麦加拉学派却把苏格拉底的辩证法又推向了诡辩论,尤其是欧布里德,他在把辩论术推向深入的过程中,提出了"说谎者论辩""蒙面人论辩""谷堆论辩""有角人论辩"等一系列论辩问题,这些问题有的是非常深刻的逻辑悖论或者语言悖论,有些则是明显的诡辩。比如"说谎者论辩",它是这样表述的:"说谎者说:'我在说谎。'"那么这句话是真话还是谎话呢?你说它是真话,它就是谎话;你说它是谎话,它就是真话。这个论辩就涉及了悖论,悖论在逻辑学上是一个死角,没有办法解决。悖论虽然貌似诡辩,但它并不是诡辩,它往往反映了逻辑本身的困境。"谷堆论辩"是这样的:放一颗谷粒在地上不叫谷堆,放两颗谷粒在地上也不叫谷堆,那么放多少颗谷粒在地上才叫谷堆?我们曾经在芝诺那里就遭到过类似的问题,这个问题涉及集合论和模糊数学的问题,它也不是纯粹的诡辩,而是一个难以解决的问题。但是"有角人论辩"就是明显的诡辩了,它实际上是滥用了形式逻辑,这一点后来被亚里士多德揭露出来。这个论辩是通过一个三段式来展开的:凡是我没有失去的东西都是我所有的(大前提),我没有失去角(小前提),所以我有角(结论)。这个三段式推理是由于大前提本身有问题、不完备,它应该修正为"凡是我所有而未失去的东西都是我所有的",而不能笼统地说"凡是我没有失去的东西都是我所有的"。可见欧布里德在这里纯粹是诡辩,玩弄逻辑技巧。但是,这一类的诡辩在当时是很能迷惑人的,只有像亚里士多德这样的大逻辑学家才能够发现其中的问题。不过麦加拉学派诡辩的动机倒是与芝诺相似,他们是想通过这些似是而非的悖论或者诡辩来说明个别事物是虚假的、自相矛盾的,只有背后那个普遍性的东西才是真实的。这一点倒是与苏格拉底-柏拉图路线相一致。

另一派是昔尼克派,它也被叫作犬儒学派,据说是由于该派的创始人安提斯泰尼（Antisthenes，约前446—前366）在一个名叫"白犬之地"的体育场里讲学而得名，也有人说是因为该派宣扬人应该像狗一样随心所欲地生活而得名。这个犬儒学派在言行风格上有点像赫拉克利特，主张看穿世事、回归自然、我行我素、随波逐流，表现了一种大彻大悟的思想境界。可以说，该派的主要特点在于把苏格拉底的伦理学与智者派的相对主义结合起来，把美德推进到一种蔑视一切社会习俗和道德规范的极端地步，以自然本性来反对人为矫饰，并且把这种观点落实到实践行为中。

该派最重要的代表人物叫第欧根尼（Diogenes，约前412—前323），他出身于贵族，但是却放弃了财产、荣誉、婚姻和家庭，每天就住在一个破桶里面。据说他一身无长物，只有一个喝水用的钵子。有一天当他用这个钵子在河边舀水喝的时候，看到一个牧童用两只手掬起水来喝，于是他发现这个钵子也是多余的，就把它扔掉了。亚历山大在东征的时候，路过第欧根尼居住的地方，亚历山大非常仰慕这位行为怪僻的哲学家，专程去拜访他，询问他有什么要求。但是第欧根尼却回答说："请你不要挡住我的太阳光！"这就是第欧根尼的要求。以后我们把现实生活中那种放荡形骸、我行我素的生活方式就称为犬儒主义。现在，我们经常也可以看到一些类似于犬儒主义者的人，他们不修边幅、邋里邋遢，这样的人在现代社会中通常被称为嬉皮士。但是我觉得大家不要只是在形式上模仿犬儒主义者，更重要的是要了解他们的思想内涵。其实犬儒主义者们在思想方面还是很深刻的，尤其是在伦理学方面，有一些独特的见解，这些见解后来对希腊化时代的哲学产生了较大的影响。

第五讲

希腊实在论哲学

在这一讲，我给大家讲希腊的实在论哲学，也就是讲柏拉图哲学和亚里士多德哲学，他们的哲学可以说是达到了希腊哲学的顶峰。源于毕达哥拉斯的希腊形而上学经过智者的否定性中介和苏格拉底的重振，到了柏拉图那里日臻完善，形成了一个系统化的理论模式。而亚里士多德更是把希腊自然哲学和形而上学这两个传统结合起来，在柏拉图理念论与德谟克利特原子论的对立之中寻求统一，最终建立起一个内容广博而条理严谨的哲学体系。这个博大精深的哲学体系后来被他的弟子们在编纂他的著作时，冠之以"形而上学"一名。

柏拉图哲学

"理念论"的基本内涵

下面我先给大家讲柏拉图哲学。柏拉图（Plato，前427—前347）出身于雅典的一个显赫的贵族世家，其家族中既有雅典民主制的政治家，也有雅典寡头政治的参与者。柏拉图既是苏格拉底的嫡传弟子，也是亚里士多德的授业老师，苏格拉底、柏拉图和亚里士多德这师徒三人，通常被称为"希腊哲学三杰"，无可争议地代表着希腊哲学的最高水平。

在苏格拉底生前，柏拉图一直形影不离地追随着他；当苏格拉底被雅典人处以死刑之后，柏拉图也像苏格拉底的其他追随者一样受到了雅典政权的迫害，不得不逃亡到外邦。他曾经周游了许多地方，曾先后三次来到西西里岛上的叙拉古王国，试图在这里实现他的理想国的政治蓝图。但是很不幸，叙拉古王国的统治者对他的政治理想不感兴趣。尤其是叙拉古的老国王，不仅没有接受他的哲学思想，还把他卖到奴隶市场，幸亏一位朋友在奴隶市场认出了他，用重金把他赎了回来，要不然这个世界上就会多了一个奴隶，少了一位杰出的哲学家。老国王死后，柏拉图又两次来到西西里岛，试图劝说叙拉古的新国王接受他的政治哲学思想，但是这位曾经受教于他的新国王仍然没有让他如愿以偿。万般无奈之下，柏拉图只好重新又回到雅典。

公元前387年，柏拉图在雅典城郊一个名叫阿加德米（Academy）的运动场附近开办了一所学园，收徒教学，讲授他自己的哲学思想，一直到去世为止。柏拉图死后，他的传人继续开办柏拉图学园，一直延续了900多年，直到公元529年（那个时候，基督教已经成为罗马的国教，西罗马帝国也已经灭亡了），东罗马帝国的皇帝才将这

柏拉图（前427—前347）

个学园解散。因为这个缘故,"Academy"一词在西方语言中就具有了"学园""专科学校"的意思。

由于学园薪火相传,柏拉图哲学与同时代德谟克利特哲学的命运截然不同,再加上柏拉图哲学后来在罗马帝国中又被一批新柏拉图主义者继承和发扬,并且被早期的基督教教父们以一种变形的方式汇入基督教神学中,所以柏拉图的著作一直保存得比较完整,他一生中所写的三十多篇对话录基本上都保存了下来,柏拉图哲学在西方思想史上也因此而成为显学。但是他的哲学对手德谟克利特自从罗马帝国时期以来就一直遭到冷遇,在中世纪基督教社会更是无人问津,其著作也只剩下一些残篇,直到近代才被一些唯物主义者重新从历史的尘封之中发掘出来。柏拉图与德谟克利特,两人分别代表了希腊形而上学和自然哲学的最高成就(亚里士多德哲学则是对二者的总结),但是其历史命运却有着天壤之别,这确实是一件令人感叹的事情。

柏拉图的形而上学实在论的表现形态就是"理念论"。古希腊形而上学的基本特点就是要在现象世界背后寻找一种抽象的实在,或者用亚里士多德的概念来说,就是要寻找某种普遍性的"实体"。这种普遍性的"实体"被以往的思想家们命名为"数"、"逻各斯"或者"存在",这种致力于寻找背后的实在者的形

柏拉图在学园
(图片来源:Carl Johan Wahlbom, 1879)

而上学传统构成了柏拉图理念论的重要思想来源。此外，柏拉图早年在投到苏格拉底门下之前，也曾拜过爱非斯学派的克拉底鲁为师，克拉底鲁关于"万物皆变，无物常驻"的思想对他也产生了较大的影响，造成了他对现象世界的轻视。当然，除了这些人以外，对柏拉图影响最大的无疑是他的老师苏格拉底。苏格拉底寻找关于事物的一般定义、探讨事物"本身"的做法，成为柏拉图理念论的直接思想来源。

在柏拉图那里，事物"本身"或者一般定义就被叫作"理念"（idea 或 eidos）。在中文里，"idea"这个词到底应该译为什么？这个问题在中国的西方哲学界争论了很多年。一般的译法是"理念"或者"概念"，这种译法很容易使人把它看作一个主观的东西，但是在柏拉图那里，"idea"决不仅仅只是一个主观的思想，它更是一个客观的实体，所以也有人把这个词译为"理型"，"理型"当然更偏重于客观性一些。在中文里，"念"好像总是带有主观性，"型"则具有客观性，但是这种译法似乎又完全忽略了"idea"一词确实具有主观的含义。还有人按照中国哲学或佛教的概念把它翻译为"相"，这个"相"就更玄了，很难说它是主观的还是客观的。目前在中国的西方哲学界，通用的译法还是用"理念"，这是一种约定俗成，但是我们要注意的是，在柏拉图那里，"理念"决不是一个纯粹主观的东西。idea 或 eidos 在希腊文里的原意是"看"，是一个动词，而这个动词的名词化就是指"看到的东西"或者"显相"。但是在柏拉图的语境中，这个"看到的东西"显然不是指我们肉眼看到的东西，而是指我们的精神看到的东西。肉眼看到的是当下呈现的东西，是现象，而精神看到的却是背后的东西，即本质或形式。因此，"理念"实际上就是指事物的本质或形式。从这种意义上说，"理念"与毕达哥拉斯的"数"、赫拉克利特的"逻各斯"、巴门尼德的"存在"以及苏格拉底的事物"本身"在思想内涵方面是一脉相承的。

我们刚才说到柏拉图受苏格拉底的影响最大,但是他与苏格拉底之间也是有一些差别的。由于苏格拉底的思想都是在柏拉图的对话录中记载的,所以辨别二者之间的思想差别是非常重要的,这样我们才能看到柏拉图从苏格拉底那里到底发展了什么思想。他们之间的差别主要体现在下面两个方面:第一,苏格拉底虽然致力于探讨事物"本身",通过归纳推理来寻求事物的一般定义,但是他所探讨的美德、正义、善等事物都是主观精神世界的道德范畴,他并没有去探讨自然界和客观世界的事物"本身";但是柏拉图却把这个"本身"由纯粹的主观精神世界的道德范畴推广到自然界的万事万物,每一种事物都有"本身",都有作为其存在之根据的"理念"。这样一来,柏拉图就把对本质的追问从主观的道德领域拓展到整个世界,从而建构起一种具有普遍意义的形而上学实在论。第二,苏格拉底虽然注重事物"本身",但是他从来就没有说这个"本身"是可以脱离具体事物而独立存在的实体,它只能寓于具体事物之中,例如图形"本身"就只能寓于长方形、圆形、三角形等具体图形之中。更加准确地说,苏格拉底在谈到善"本身"、美德"本身"的时候,认为它们只能存在于我们的抽象思想之中,他并没有说存在着一个客观的善"本身"或者什么东西"本身";但是柏拉图却把事物的"理念"与具体事物完全割裂开来,"理念"获得了客观独立性,成为一种客观概念或者客观精神,它不仅独立于具体事物而存在,而且构成了后者存在的根据,甚至在知识论上还与后者相互对立(真理与意见的对立)。理念独立于并且先于具体事物以及我们的头脑而存在,具体事物是对它的一种摹仿和分有,而我们头脑中的理念则是由灵魂带入到身体中来的。这样一种观点,通常就被称为客观唯心主义。但是由于唯心主义这个概念是近代的哲学概念,所所以我们毋宁用形而上学实在论来指称柏拉图的理念论。

柏拉图的理念论把精神性的东西"理念"当作唯一真实的存在或实体，正是在这种意义上，我们把他的哲学称为实在论哲学。对于柏拉图来说，真正实在的东西是客观独立存在的理念，而感性世界的具体事物却是对理念的分有和摹仿。也就是说，世界上首先有了万事万物的理念，然后才会有万事万物。这种观点可能不太好理解，那么我就以基督教的创世说为例来说明它，因为基督教的许多思想都受了柏拉图的影响。按照基督教的说法，上帝在六天内创造了世界上的万事万物，那么我们就要追问一个问题，上帝是根据什么来创造万事万物的？答案是：上帝是根据他头脑中的思想来创造万事万物的。《圣经》上写道：上帝说要有光，于是就有了光；上帝说要有日月星辰、山川河流、飞禽走兽，于是就有了这些东西。最后，上帝还按照自己的形象创造了人。由此可见，整个世界就是上帝按照心中的观念或者理念创造出来的。在任何具体事物被创造出来之前，它们作为观念或理念已经存在于上帝的心中了，万事万物无非是对上帝心中观念的一种现实化、分有和摹仿罢了。柏拉图所讲的客观理念，就是上帝头脑中的那些思想，只不过上帝本人却是缺席的。大家去掉上帝但是却保留他头脑中的观念，这就是柏拉图所说的理念了。因此理念本身就是客观独立存在的实体，并不需要一个人格性的上帝来承担它们。

关于理念论的基本内容，柏拉图本人有过两段非常明确的表述，他这样说道："一方面，我们说有多个东西存在，并且说这些东西是美的、是善的等……另一方面，我们又说有一个美本身、善本身等，相应于每一组这些多个的东西，我们都假定一个单一的理念，假定它是一个统一体而称它为真正的实在。""一个东西之所以是美的，乃是因为美本身出现于它之上或者为它所'分有'，不管它是怎样出现的或者是怎样被'分有'的……美的东西是由美本身使它成为美的。"

从上面的这两段话中,我们既可以看到理念与具体事物之间的差异,又可以看到它们之间的联系。一方面,理念作为客观存在的实体,是独立于具体事物之外的;另一方面,正是由于对理念的"分有",具体事物才成为可能。举例来说,大家在生活中见过许多质料不同、形状不同的桌子,但是除了这些具体的桌子之外,还有一个桌子的理念,世上所有的桌子都是对这个桌子的理念进行分有或摹仿的结果。这种说法听起来很荒唐,但是大家可以想象,有一位木匠,是他打造了这些桌子。在制造这些桌子之前,他头脑中已经有一个桌子的理念,按照这个理念,他打造出各种各样的桌子。这些桌子的质料和形状各不相同,有的是木头做的,有的是石头做的,有的是圆形的,有的是方形的,但是它们都是桌子,没有人会把它们当成柜子或者床。这里有一个基本事实,那就是这些桌子确实是根据木匠头脑中的桌子的理念而打造出来的,是对这个桌子理念的一种分有和摹仿。现在的问题就在于,不要这位木匠,却保留他头脑中的桌子的理念,这就是柏拉图的理念论了。

为什么柏拉图会认为具体的桌子是对桌子理念的一种分有和摹仿呢?他的理由是基于这样一种推理原则,那就是"结果不能大于原因"。这条推理原则虽然在中世纪才被明确提出来,但是在柏拉图时代它已经在潜在地发挥作用了。现在,让我们来看看我们面前的这张桌子和桌子的理念,何者更完美?柏拉图认为,显然是桌子的理念更完美。为什么呢?因为我们面前的这张桌子有缺陷,比如它太窄了,它的木头不久以后就会腐烂等。不仅是我们面前的这张桌子,而且每一张具体的桌子都会有自己的缺陷——石头桌子太冰冷、塑料桌子不结实,世界上任何一张具体的桌子都难免有缺陷。但是只有一张桌子是完美的，那就是打引号的那张"桌子"，即桌子"本身"或桌子的理念。它既不会太窄也不会太宽，既不会腐烂也不会变质，它包含着一切具体的桌子（因为任何桌子都是"桌子"），但是却没有这些具体桌子的缺陷。因此，根据"结果不能大于原因"的推理原则，这个完美的桌子理念一定应该是那些并不完美的具体桌子的原因，而不是相反。具体的桌子是对桌子理念的一种分有，因此它们或多或少都会有一些缺陷，因为分有总是不完全的。摹仿也是如此，一个被摹仿的东西（原本）总是要先于和高于（或优于）摹仿的东西（模本）。比如达·芬奇的名画《蒙娜丽莎》，你要想摹仿它，必须是它已经存在在先了，而且无论你如何摹仿也不如它那样真实优美。"摹仿说"早在毕达哥拉斯那里就已经提出来了，毕达哥拉斯认为，任何事物都是对数的一种摹仿。但是，"分有说"却是柏拉图独创的。无论是"摹仿说"还是"分有说"，都是为了说明理念与具体事物之间的因果关系，都表现了柏拉图把背后的东西、把抽象的概念当作唯一实在的实体的形而上学立场。

世界的层次

有人认为，柏拉图的"理念"就是摔成碎片的（巴门尼德的）"存在"。在巴门尼德那里，存在是唯一无二的，但是柏拉图的理念却有许多，有多少事物就有多少理念。柏拉图虽然深受巴门尼德思想的影响，但是他与巴门尼德之间的区别也是很明显的。最重要的区别在于，柏拉图虽然认为理念是存在，但是他并没有像巴门尼德那样把处在流变之中的感性事物当作非存在，而是认为它们处于存在与非存在之间。在柏拉图那里，真正的非存在是指那些构成感性事物的质料因素——原始"物质"。很明显，被柏拉图当作非存在的原始"物质",恰恰就是被他的哲学对手德谟克利特当作万物本原的"原子"。而且柏拉图也没有像巴门尼德那样在存在与非存在之间画下一条泾渭分明的质的分界线,而是通过一种量的层级逐渐实现从非存在到存在的过渡。在作为最低层的原始"物质"与作为最高层的"善"的理念之间,有着一个由感性事物和各种理念构成的实在性程度各不相同的量的层级。感性事物都是由原始"物质"(非存在)分有和摹仿各种理念(存在)而形成的,而所有的感性事物和理念又都以"善"的理念作为终极目的和根本动力。

在柏拉图的理念论中,一方面,理念通过把形式赋予原始"物质",从而使感性事物的存在成为可能。就此而言,理念构成了感性事物的形式(原始"物质"则成为它的质料)。另一方面,理念因其自身的完善性,也成为分有和摹仿它的感性事物所趋向的目的;同时,正因为感性事物都极力趋向于作为目的的理念,所以理念也就成为感性事物运动的动力。可见,在柏拉图这里,就已经把形式的东西同时也当作目的和动力了,从而把能动性从物质方面剥夺了(由此我们也可以从相反的角度来理解,与柏拉图相对立的德谟克利特为什么一定要强调原子是自动的)。所以后来亚里士多德把形式因、目的因、动力因三者统一起来,显然是受了柏拉图理念论的影响。而再往后很长的一段时间里,人们一直习惯于认为,物质是没有能动性的,必须由一个精神性的实体——最通俗的就是上帝——来说明物质运动的原因,这种成见无疑也在很大程度上受到了理念论的推波助澜。

理念构成了感性事物的形式、目的和动力,但是理念本身却是多,它们构成了一个世界即理念世界,与感性世界相对立。在理念世界中,也有等级之分,柏拉图将理念世界由低到高分为六个等级。最低一级是自然物的理念,如日月星辰、山川河流等的理念。大家注意，这里说的不是自然物，而是自然物的理念，自然物都是对这些理念的摹仿。第二级是人造物的理念，比如桌子、椅子、床等的理念。第三级是数理理念，比如正方、长方这些数学理念。第四级是哲学范畴意义上的理念，如存在与非存在、静与动、一与多等。第五级是道德和审美的理念，像美、勇敢、正义、节制等理念。最高一级是"善"的理念，即善本身。这六个层级的理念，由低向高，下面的理念以上面的理念作为目的和动力，所有的理念又以"善"的理念作为终极目的和根本动力。这样就形成了一个各种感性事物趋向于自己的理念，较低级的理念趋向于较高级的理念，所有的事物和理念都趋向于"善"的理念的井然有序的世界模型和本体论体系。

我们可以看到，在柏拉图那里，苏格拉底提出的"善"的理念已经由一个道德范畴扩展为整个世界的最高实体和终极根据。我们只需对这个形而上学的终极实在加以人格化的渲染，就是基督教的上帝了。而且在柏拉图那里，他也时常把"善"的理念与一位人格化的创造者德穆革（Demiurge）相混淆。在晚年所写的《蒂迈欧篇》中，柏拉图以一种哲学与神话相结合的方式，描绘了至善之神德穆革是如何以"善"的理念为指导、以理念世界为模型，将各种理念加诸到原始混沌的"物质"之上，从而创造出整个感性世界的过程。但是，柏拉图的创世论与基督教创世论的不同之处在于，基督教的上帝是从虚无中创造世界的，而柏拉图的"善"或者德穆革却是将理念加到原本就具有的原始"物质"之上，使它获得形式而成为具体的感性事物。因此，柏拉图的神与其说是一个造物主，不如说是一个建筑师或者巨匠。至于上帝从无中创造出万物的思想，那是罗马帝国时代基督教教父派的独创。

与处于世界最顶端的"善"的理念所具有的实在性和能动性相

比，处于世界最低层的原始"物质"是一种没有任何形式规定、缺乏任何实在性的非存在，它只有通过对各种理念的分有和摹仿才能获得形式，成为某种现实的感性事物。而且按照柏拉图的观点，这种分有和摹仿的动力还不在于原始"物质"一边，而在于理念一边，因为理念构成了感性事物的形式、目的和动力。感性事物由于分有了理念，所以才具有了存在性；但是由于它们是由质料即原始"物质"构成的，所以它们同时也是非存在。我刚才已经说过，主张感性事物是介乎于存在与非存在之间的东西，这是柏拉图不同于巴门尼德的地方。柏拉图的这种观点不仅更加宽容，而且更加接近常识。从经验的角度看，我们确实不能睁着眼睛硬说感性事物是非存在，因为它们实实在在地存在着；但是辩证地看，许多感性事物都是过眼烟云，今天存在，明天可能就会消亡，真所谓朝生暮死、转瞬即逝。在这种意义上，与亘古不变的抽象理念相比，感性事物也可以说是非存在。柏拉图对于感性事物的这种观点，无非是要表明感觉世界远远比不上理念世界那么实在、那么真实。只要能够达到这个目的，在常识意义上承认感性事物的现实性也就无伤大雅了。

理念提供形式（以及目的和动力），原始"物质"提供质料，二者相结合而构成形形色色的感觉事物。这个思想是在柏拉图理念论中首先表述出来的，后来在亚里士多德那里被总结为"四因说"理论。形式与质料的结合同时也代表着古希腊两种哲学潮流的合流，因为柏拉图所说的原始"物质"或亚里士多德所说的"纯质料"，恰恰就是被希腊自然哲学当作万物本原的基本元素或物质微粒。但是，这种哲学合流显然是以形而上学作为主导的，尤其是在亚里士多德那里，形而上学以一种扬弃的方式把自然哲学包含在自身之中。在柏拉图以及亚里士多德看来，一堆没有形式规定性的原始"物质"或纯质料就什么都不是，只有当它（从理念那里）获得了形式之后才成为现实的东西。亚里士多德曾经以苏格拉底的铜像为例,他认为在这个铜像中起决定作用的不是铜,而是苏格拉底的形式(形相)。这种在逻辑上把形式看作先于质料和高于质料的观点,导致了西方哲学史上的各种主张思维先于存在、精神决定物质的唯心主义哲学。

"回忆说"与辩证法

下面我们再来看看柏拉图的认识论。认识论和本体论是相对应的,它们之间具有内在的联系。比如,我们在前面讲过,赫拉克利特在本体论上提出了感性事物(火和万物)与逻各斯之间的复线关系,因此在认识论上他就表现出一种注重主观逻各斯(即理性)而轻视感觉的倾向。德谟克利特用原子和虚空来解释世间万物,他在认识论上同样也表现了一种注重理性(因为看不见的原子只能通过理性才能把握)、轻视感觉的唯理论特点。在巴门尼德那里,更是把对存在的认识叫作真理,把对非存在的认识叫作意见。柏拉图在本体论上将理念世界、感觉世界和原始物质划分为三个不同层次,与此相应,在认识论上,对于理念世界的认识就被叫作真理,对于感觉世界的认识就被叫作意见;而对于原始物质,我们不可能有任何认识,因为它不具有任何可被认识的形式,所以关于原始物质,我们只有无知。相对于无知而言,真理和意见都可以纳入知识的范围,但是二者的可靠性程度却大相径庭。真理是真知灼见,而意见却是靠不住的大众常识。

我们所熟悉的唯物主义在认识论上是主张反映论的。按照唯物主义反映论的观点,我们的一切知识首先是从对具体事物的感性认识开始的,然后通过抽象思维的作用,从感觉、知觉、表象等感性认识上升到概念、判断、推理等理性认识，把握事物的本质，形成普遍性的知识。但是柏拉图的看法却与此相反，正如他在本体论上认为理念是独立于和优先于感性事物而存在的一样，他在认识论上也认为，关于理念世界的知识完全不依赖对感性事物的认识；而且从逻辑上和时间上来说，我们是先有关于理念的知识，然后才有关于感性事物的知识。那么你们可能就会问：这种关于理念的知识如果不是来自感性认识，它又是从哪里来的呢？柏拉图的回答非常明确，它是与生俱来的，是灵魂从外面带入到我们身体中来的，感觉经验充其量只是刺激它重新呈现出来的触媒而已。这种观点在哲学史上通常被叫作先验论，即认为我们的真理性知识是先于经验而存在于我们思想之中的。柏拉图可以称得上是古代先验论的开创者和重要代表，他的这种先验论也被叫作"回忆说"。

苏格拉底终生不渝地实践的那句名言就是"认识你自己！"。这句话除了道德哲学方面的含义之外，也具有认识论上的意义，即对于我们心中"善"的概念的认识。根据我们前面讲过的苏格拉底的那个"知识悖论"，关于"善"的概念的知识既不是已知的，也不是未知的，而是介乎于二者之间。柏拉图用"回忆说"很好地解释了这个"知识悖论"。柏拉图认为，灵魂在进入我们肉体之前曾经栖居在理念世界中，已经获得了关于各种理念的知识。但是当它进入我们的肉体时，却把这些知识遗忘了——从这种意义上说，肉体不仅在道德方面是诱惑我们堕落的原因，而且在认识方面是遮蔽我们真知的障碍——后来我们再通过学习，在感觉经验的刺激下，才逐渐把这些先验的知识回忆起来。柏拉图举了一个例子：苏格拉底与一个儿童谈话，这个儿童从来没有学过四则运算知识，但是苏格拉底却通过启发的方式让他具有了这种数学知识。柏拉图的结论是，这些知识本来就固有于这个儿童的灵魂之中，只是在他出生时被遗忘了，而苏格拉底的启发则帮助他重新回忆起了这些知识。所以，学习无非就是回忆，而感觉经验的作用仅仅只在于刺激我们回忆起那些与生俱来的知识。

关于柏拉图的"回忆说"，有几点需要加以说明：第一，柏拉图虽然认为知识的来源是灵魂中固有的理念，而不是感觉经验，但是他并不否认感觉经验是刺激我们回忆起知识的触媒或机缘。他举了一个例子：当我看见一位亡友的七弦琴时，我就想起了这位亡友。这并不是说我对亡友的知识是从这张七弦琴而来的，而是说这张七弦琴曾经被他使用过，所以看到这张琴我们就触景生情，回忆起他来了。由此可见，柏拉图对待感觉经验的态度显然要比巴门尼德温和、高明得多。第二，柏拉图所说的那种灵魂所固有、后来被遗忘、再后来又被回忆起来的知识，并不是关于具体事物的知识，而是关于理念的知识。这一点很重要。因为关于具体事物的知识根本不需要回忆，只需要通过感觉经验就可以获得，但是这些知识在柏拉图那里被叫作意见，它与关于理念的真理性知识是不可同日而语的。第三，柏拉图认为回忆本身也是一个不断上升的过程，我们不断地从无知到有知，再到更高的知识，最终实现对"善"的理念的知识。在这个不断上升的过程中，灵魂表现出一种能动的作用，正是这种能动性，使得理念知识逐渐从潜在状态转变为现实状态。借用亚里士多德的话来说，这就是从潜能到现实的实现过程。

在《理想国》中，柏拉图举了一个著名的"洞喻"来说明认识的不断上升过程。在一个山洞里，有一些生下来就被捆住手脚不能转身的囚犯面壁而坐，在他们身后有一团火焰在燃烧，火光把一些晃动的木偶的影子投射到石壁上。后来，有一个囚犯挣脱了枷锁，他回过头来，看到了身后晃动的那些木偶，才知道以前自己在石壁上看到的东西原来只是火光投射的木偶影子罢了。再后来，这个囚犯走出了洞口,他在洞外又看到了各种各样真实的人和物,于是他意识到刚才在洞中所看到的木偶也是假的,它们只不过是对真实的人和物的摹仿而已。最后,当他的眼睛能够适应太阳的光芒时,他终于发现,那些在大地上活动的人和物,都是通过阳光才得以显现出来的,太阳才是最真实的东西。这样,他就由影子到木偶,由木偶到实物,再由实物到太阳,逐渐上升到最高的知识。这个"洞喻"所展现的整个认识过程是:首先是对假象的假象(木偶的影子,比喻对感性事物的摹仿,如艺术品等)的认识,其次是对假象(木偶,比喻作为理念之摹本的感性事物)的认识,再次是对实物(真实的人和物,比喻理念)的认识,最后则是对照耀实物的万物之源(太阳,比喻"善"的理念)的认识。而这种知识的上升过程,恰恰是通过灵魂的不断"回头"、不断反思才得以实现的。

与这个"洞喻"相呼应,柏拉图又提出了一个"线喻",他用一条线段来说明知识的不同阶段。一条线从中间分为两段,左边一段叫"意见",右边一段叫"真理"。"意见"对应的是感觉世界,"真理"对应的是理念世界。当然还有一段没有画出来,那就是对应于原始物质的"无知",它根本就不属于知识的范围。"意见"这一段又可以进一步分为两段,一段叫作"想象",另一段叫作"信念";"真理"这一段也可以分成两段,一段叫作"理智",另一段叫作"理性"。下面我们就对"线喻"中的这四段知识分别加以说明。

"想象"的对象就是指感性事物的摹仿物,例如感性事物在阳光下或水中的影子,艺术作品对感性事物的临摹和表现等,柏拉图将其视为"摹本的摹本"。因为感性事物本身就是理念的摹本,而对感性事物的摹仿当然就是"摹本的摹本"了。正因为艺术品属于"摹本的摹本",是最低级、离真理最远的知识,所以柏拉图特别轻视艺术。他不仅在认识论上认为艺术混淆了我们的视听,而且在道德方面认为艺术是导致灵魂堕落的重要根源。在柏拉图学园里，是不允许艺术存在的；艺术家在理想国中的地位也非常低，基本上属于奴隶的行列（在这一点上，共和国时期的罗马人倒是深受柏拉图的影响，在罗马共和国里，艺术一般都是奴隶们从事的职业）。

"信念"的对象就是具体的感性事物，它们作为理念的摹本，在知识的可靠性上无法与真理相比，但是却比"想象"要可靠一些，而且它们也构成了刺激灵魂回忆起理念知识的触媒。上面这两类都属于"意见"，也就是我们通常所说的感性认识。

第三类知识是"理智"，它的对象是理念，但却是一些较低层次的理念，如自然物的理念、人造物的理念、数理理念等。这些理念虽然是抽象的，但是仍然与形体有着密切的联系，它们还不能完全脱离形体。比如"图形"这个理念，仍然与三角形、正方形等几何形状联系在一起，一说起"图形"这个概念，我们就会自然而然地想到一些具体的几何形状。正因为"理智"还不能完全脱离形的影响，所以它的真理性程度还不是最高的。

最高的真理性知识是"理性"，它的对象是范畴，即纯粹的抽象概念。这些理念或概念已经完全脱离了有形的事物，纯粹就是在抽象思维中进行联系和转化，从一个理念推演出另一个理念，完全不需要任何感性事物的中介。而这种在抽象的理念或范畴之间进行纯粹的逻辑推演的理性知识，就被柏拉图叫作"辩证法"。

柏拉图的辩证法具有非常深奥的含义，它是指抽象概念之间的纯逻辑推演，这种辩证法被他看作整个知识体系的拱顶石，是最高的真理，以前的所有知识都是为它做准备的。这种概念之间的纯逻辑推演是非常抽象和烦琐的，在一般人看来完全是在玩概念游戏，然而实际上它却包含着一种黑格尔意义上的辩证法。由于时间关系和问题的深度所限，我们在这里只能对它稍加介绍。辩证法在柏拉图那里是以一种对立统一的形式展开的，柏拉图试图通过在对立概念之间寻求同一的方式，来超越以往的诡辩论。希腊诡辩论从某种意义上说，是建立在相对主义基础之上的。诡辩论的特点就是片面地夸大事物的一个方面而否定另一个方面，比如克拉底鲁片面夸大连续性而否定间断性，芝诺则片面夸大间断性而否定连续性；而柏拉图的辩证法恰恰在于强调矛盾双方的同一性，它以一种全面的观点把诡辩论的两个片面真理都包含在内了。

我举一个例子。前面我们讲到，芝诺已经通过他的诡辩而否定了"多"，他认为"多"是一种假象，只有"一"才是真实存在的。但是柏拉图却指出，这个"一"本身也是靠不住的，他完全是从概念上进行分析，不涉及具体事物。柏拉图的分析是这样的："存在"一词在希腊语里也可以翻译为"是"，因此说"一存在"就是说"一是"。那么，"一"是什么呢？我们当然只能说"一是一"（这就是后来形式逻辑的同一律）。但是，当我们说"一是一"的时候，这里已经暗含着不是"一"的东西了，因为"一是一"就是说"一"和"一"是相同的，而相同的东西就是指两个东西之间的关系，就不是"一"而是"多"了。因此，当我们说"一是一"的时候，实际上就已经内在地包含了"一不是一"或者"一是多"的含义。即使我们说"一存在"，矛盾同样不可避免，因为"一"与"存在"之间是有差别的，毕竟"一"是"一"，"存在"是"存在"。所以，"一存在"本身就已经在"一"之外加上了不是"一"的东西（即加上了"存在"），因而就不再是"一"，而是"多"了。

对于这一段抽象概念之间的纯逻辑推演，大家可能听得如坠五里雾中，这岂不是在玩概念游戏吗？但是这里面实际上包含着极深的道理，至少我们可以看到，柏拉图试图在对立的概念（如"一"和"多"）之间寻求同一性。如果说芝诺的诡辩论试图证明，"多"

实际上就是"一";那么柏拉图的辩证法则要表明,"一"实际上就是"多","一"与"多"是可以相互转化的,作为哲学范畴的对立面(如"一"与"多"、"动"与"静"、"存在"与"非存在"等)都是可以相互转化并被统一到一个更高的概念中的。这种在一个第三者中寻求对立面的统一的理论也被柏拉图叫作"通种论",它与两千多年以后黑格尔的辩证法是一脉相承的,即都是在一个第三者中实现对立面的统一,从而使概念运动呈现为一个不断地否定自身、超出自身和在更高水平上重返自身的辩证过程。当然,辩证法的这一套东西很晦涩、很难懂,它往往与神秘主义有着不解之缘,弄不好就会使人走火入魔。大家不是哲学专业的学生,所以我们就只能点到为止了。

理想国

最后,我们简单地讲一讲柏拉图的"理想国",即他的政治理想。理想国是柏拉图终生不渝地追求的政治理想,虽然没有实现,但是这种理论对于后世却产生了重要的影响。柏拉图的理想国在很大程度上是以斯巴达城邦作为楷模的,它实际上是斯巴达社会的等级制度与原始共产主义生活方式相混杂的一个产物。

柏拉图认为,国家就是一个放大了的个人,而个人则是一个缩小了的国家,所以一个人具有什么样的性质,一个国家也就具有什么样的性质。人的本性在于灵魂,而灵魂是由三个部分组成的,它们分别是理性、意志和欲望。这三者又各有自身的美德,理性的美德就是"智慧",意志的美德就是"勇敢",而欲望的美德就是"节制"。如果灵魂的每一个部分都具有了相应的美德,那么作为整体的灵魂就具有了"正义"这种综合性的最高美德。同样地,国家也是由三个等级组成，第一等级是国家的统治者，第二等级是国家的保卫者或武士，第三等级则是劳动者或一般民众，这三个等级就分别相当于我们灵魂中的理性、意志和欲望。因此，统治者的美德就是智慧，保卫者的美德就是勇敢，而劳动者的美德就是节制。如果这三个等级的人都各自遵循自身的美德原则，统治者勤于治理国家，保卫者勇于保护国家，劳动者则恪守节制的美德，服从第一、二等级的统治，那么这个国家就是一个正义的国家，即"理想国"了。

在理想国中，统治者、保卫者和劳动者之间的等级界限是壁垒森严、不可逾越的，如果劳动者不服从统治，那就是僭越本分，就是不道德。为了进一步论证这种等级差别，柏拉图又制造了一种神话根据，他认为，神最初是运用不同材料来创造人的，统治者是用金、保卫者是用银、劳动者则是用铜和铁做成的，因此应该各从其类，各安其分。柏拉图在理想国中所提出的这四种美德，即智慧、勇敢、节制和正义，又被称为"古典四德"，它与后来基督教所倡导的三种基本道德，即信、望、爱，形成了不同的道德规范。

在理想国中，在第一、二等级中实行财产公有，人们像斯巴达人那样从小就开始过一种集体生活，大家在公共食堂就餐，婚姻和家庭也由国家按照优生学原则统一安排，抚养儿童也是国家的职责。而作为统治者的那部分人，则应该拥有智慧。那么，哪些人最有智慧呢？当然是哲学家！因此最好由哲学家来承担治理国家的职责，这样才能真正实现理想国的政治宏图。柏拉图明确表示："除非哲学家变成我们国家中的国王，或者我们叫作国王或统治者的那些人能够用严肃认真的态度去研究哲学，使得哲学和政治这两件事情能够结合起来，而把那些现在只搞政治而不研究哲学或者只研究哲学而不搞政治的人排斥出去，否则我们的国家就永远不会得到安宁，全人类也不会免于灾难。"

柏拉图的这个"哲学王"的政治理想曾经鼓舞了后世的许多哲学家，驱使他们试图在政治领域中大展宏图。但是，历史的经验却表明，哲学与政治是完全不同的两个领域，哲学家与统治者总是各行其道，甚至背道而驰，这两种身份很难和谐地结合在一起。在西方历史上，唯一把二者结合起来的人可能就是罗马帝国的皇帝马可·奥勒留。然而具有讽刺意味的是，这位公元2世纪下半叶当政的罗马皇帝尽管位极至尊，在哲学上却是一个极其悲观的斯多葛主义者；而且正是这位哲学家皇帝在政治上结束了安东尼王朝"五贤帝"时代的辉煌，开启了罗马帝国衰落的引擎。我们真不知道到底是政治扭曲了他的哲学，还是哲学戕害了他的政治？但是，至少这位历史上唯一的哲学家皇帝并没有给柏拉图的"哲学王"理想提供强有力的正面证据，这一点却是确定无疑的。

亚里士多德哲学

"吾爱吾师，吾更爱真理"

在柏拉图那里，我们已经大体了解到古希腊实在论哲学的基本特点，那就是把抽象的理念当作真正实在的东西，而把感性事物当作一些既存在又不存在的过眼烟云。理念与感性事物之间的这种对立又导致了认识论上的唯理论倾向，从而使逻辑思维的重要性远远超过了感觉经验的重要性，这就造成了西方哲学史上的那种"眼见为虚，思想为实"的主导观点。

我们现在要讲的是另一位古希腊哲学家亚里士多德，他既是古希腊哲学和科学的集大成者，同时也是实在论哲学的推进者。但是，他的实在论与柏拉图的实在论是有差别的，他是在总结了柏拉图及其同时代对手德谟克利特的观点之后，才创立自己的实在论哲学的，所以他的实在论比起柏拉图来显得更加全面并且具有妥协性的特点。其实，德谟克利特与柏拉图虽然在表面上针锋相对，但是二者在实质上仍然有着某些异曲同工之处。例如，在德谟克利特那里同样也强调原子（以及虚空）与感性事物之间的对立，他在认识论上同样也把对原子和虚空的认识叫作"真理性的认识"，而把对感性事物的认识叫作"暗昧的认识"。这种区分与柏拉图在理念与感性事物之间、在真理与意见之间所进行的区分是完全一致的，不同之处仅仅在于，作为万物根据或世界本原的东西到底是物质性的原子，还是精神性的理念。但是，从根本上来说，原子论和理念论一样，都属于实在论的范围，都强调现象背后的东西，都与主张彻底解构背后的东西、颠覆实在论的怀疑论哲学截然不同。无论是原子还是理念，说到底都是一种抽象思维的产物，而不是感觉经验的对象。所以，有人说德谟克利特的原子和柏拉图的理念一样，其实都不过是摔成碎片的巴门尼德的存在而已。

柏拉图与德谟克利特在本体论上各持一端，形成了尖锐的对立。但是这种对立在怀疑论者看来，不过是一种"窝里斗"罢了，因为它们在最根本的地方，即在强调万物都是由某种客观的实在本原所构成的这一点上，是完全一致的。亚里士多德敏锐地发现了原子论与理念论之间的这种同构性，他在综合前人思想的基础上，创立了更高水平的实在论哲学。

亚里士多德（Aristotle，前384—前322）出生于色雷斯的一个城邦，17岁时就来到雅典，进入了柏拉图学园，在那里工作和学习了近20年。在此期间，亚里士多德对柏拉图的思想耳濡目染，了解至深，成为一个柏拉图主义者。后来他应马其顿国王腓力二世的邀请，给年轻的王子亚历山大担任了8年教师。亚历山大继承王位后，亚里士多德又回到雅典，在一个名叫吕克昂的体育场附近建立了自己的学园，开始对柏拉图的思想进行批判，并且在那里著书立说和讲授学术。由于亚里士多德喜欢一边散步，一边对学生讲课，所以他的学派也被叫作"逍遥学派"。这个"逍遥学派"倒是有点类似于中国的孔子学派，当时孔子的弟子们也是跟着孔子

亚里士多德（前384—前322）

一边逍遥地周游列国，一边学习和讨论各种知识。可见，古代的教学方式与今天我们大家济济一堂听老师满堂灌输的方式大不相同，那时候似乎更加注重启发式教学和师生之间的互动。公元前323年，风华正茂的亚历山大在巴比伦因患疟疾而去世，亚里士多德也遭到雅典反马其顿党人的攻击，不得不离开雅典，第二年就在流亡中逝去了。

关于这位最杰出的思想家与历史上最具有传奇色彩的帝王之间的师生关系，人们有着各种不同的说法。例如，在黑格尔看来，这是人类历史上最辉煌的一段故事，在亚历山大的丰功伟绩中，毫无疑问地打上了他的老师亚里士多德精心教导的烙印。这是一种天作之合，是历史上绝无仅有的一种精美的绝配，一位伟大的哲学家造就了一位同样伟大的君王。但是，罗素的观点却正好与此相反，他认为，亚里士多德对亚历山大的影响几乎等于零，在这位青年君王身上更多具有的是北方蛮族的执拗、野蛮和迷信思想。这两种说法

第五讲 希腊实在论哲学 165

逍遥学派
(图片来源：Gustav Adolph Spangenberg, *The School of Aristotle*, 约1883—约1888)

到底何者更有道理，也只能根据每个人对亚历山大历史功过的综合评价来决定了。

大家都知道，亚里士多德有一句名言："吾爱吾师，吾更爱真理。"作为一个从柏拉图主义阵营中走出来自立门户的思想家，亚里士多德深刻地认识到柏拉图理念论的要害和缺陷。亚里士多德认为，柏拉图的理念论实际上是一种弄巧成拙的学说，把简单的问题搞复杂了。在亚里士多德看来，我们本来是要研究那些实在的东西，即作为实体的个别事物，但是柏拉图却在个别事物之外又提出了一套理念世界，并且把它们当作具体事物的原因。这些理念不仅不能很好地解释个别事物（例如，柏拉图根本就无法说明具体事物是如何摹仿和分有理念的），而且把事情弄复杂了，使我们除了研究个别事物之外还要去研究理念世界，这岂不是弄巧成拙吗？亚里士多德指出，柏拉图所说的那些观点，比如分有、摹仿，都不过是一种"诗意的比喻"，充满了许多自相矛盾之处，根本就不是严肃的哲学思想。

亚里士多德是一个非常严谨的思想家，基本上属于我们今天所说的自然科学家式的人物；而柏拉图显然具有更多的诗人气质，具有一些浪漫色彩和神秘倾向。虽然他们两人是师生关系，但是二者的精神气质却有着非常明显的差异，这种精神差异甚至对中世纪的基督教哲学也产生了极其深远的影响。我们的哲学教科书上通常把柏拉图称为唯心主义者，而认为亚里士多德具有唯物主义的倾向。但是这种说法过于笼统，而且柏拉图与亚里士多德之间的精神差异，也决不是用唯心主义与唯物主义的对立就能够说得清的。罗素曾经把二者之间的差异概括为"热情与审慎的冲突"，柏拉图主义具有显著的迷狂色彩，而亚里士多德主义更侧重于严谨的逻辑慎思，二者一个是神秘主义的，一个是理性主义的。罗素甚至认为，由柏拉图和亚里士多德分别作为代表的这场"热情与审慎的冲突"是贯穿于整个西方哲学史的基本冲突。

另一方面，亚里士多德虽然批判了柏拉图的理念论，但他毕竟是柏拉图的学生，因此在建构自己的哲学体系时，他很难完全摆脱柏拉图主义的影响。作为古希腊哲学的集大成者，亚里士多德的哲学思想中往往也会有一些前后相悖的矛盾之处，这是由于要把各种对立观点都融会于自身之中的妥协所致。妥协往往会导致矛盾，这种情况在西方哲学史上并不罕见。亚里士多德既然要把柏拉图和德谟克利特这两种对立的思想包容在自身之内，他就难免会在一些地方表现出自相矛盾。在西方哲学史上，像这样集前人相互对立的思想于自身之中的思想家至少有两位，一位是古代的亚里士多德，另一位则是近代的康德。这两个人都立志要解决现存的两大对立思想派别之间的冲突，他们都建立了博大精深的哲学体系，但是他们也都同样难免在自己的体系里包含着深刻的矛盾。这是没办法的，只要你想在对立之间寻找妥协，你就必定会陷入自相矛盾之中。当然，这种集思想之大成的工作是需要极高的智慧的，绝非一般人所能完成，但是这种工作同时也往往难以避免矛盾，没有人可以天衣无缝地把两种相互对立的思想揉合在一块。因此，如果在亚里士多德的哲学体系中我们会发现一些自相矛盾之处，这也就不足为奇了。

亚里士多德是古希腊哲学的集大成者，同时也是一个百科全书式的人物，他对古希腊的各种知识都进行了总结，在物理学（即广义的自然科学）、逻辑学、伦理学、文艺学、政治学等各方面都颇有建树，所以他可以当之无愧地被称为古希腊学识的最高峰。亚里士多德死后，他的弟子和后世学者们把他的著作和讲课记录汇编成20多卷的《亚里士多德全集》，其中包括《物理学》《工具篇》《政治学》《尼各马可伦理学》《诗学》《论灵魂》等各种学科方面的著作。

但是，除了上述这些分门别类的著作之外，还有最重要的一部分内容，也就是关于狭义哲学的那部分内容——在当时的希腊，所有的知识都被纳入"哲学"之中，并没有像我们今天这样严格地进行学科分类——亚里士多德本人把这部分内容称为"第一哲学"，即"关于存在本身的学说"。然而，这一部分如此重要的内容，既不能纳入物理学或逻辑学，也不能纳入伦理学或者其他任何学科之中，因此亚里士多德的弟子们就把它们专门编了一卷，暂时放在《物理学》后面，取名为 metaphysic，即"在物理学之后"。这个名称本来只是一个权宜之计，但是由于这部分内容被亚里士多德当作整个知识系统或广义哲学的基础，是研究"作为存在的存在"的科学，所以"metaphysic"一词就具有了根本性和超验性的含义。后来，日本学者在翻译这个概念时，取了《周易》中"形而上者谓之道，形而下者谓之器"的说法，把它译为"形而上学"，意指一种超经验的、高深莫测的根本之学。关于"形而上学"这个概念的含义及其演变过程，我在第一讲中已经讲过，这里就不再重复了。

下面我们就来看看亚里士多德的形而上学或实体哲学。

实体哲学

亚里士多德是形式逻辑的奠基人和确立者,他的哲学充满了严谨的逻辑精神。与柏拉图那种富有诗意的独断论不同,亚里士多德哲学在逻辑上是环环相扣的。在《形而上学》中,亚里士多德首先从对知识的分类入手,人类的知识是从哪里开始的呢?他认为是从感觉经验开始,通过感觉和记忆这两种最直接的途径,我们获得了最初的知识,这就是我们通常所说的感性认识。然后,我们对这种感性知识进行提升,从个别性的经验上升到普遍性的技术。亚里士多德认为,经验是个别性的,技术则是普遍性的。但是,技术这种普遍性的知识只是用于应对日常生活,它还不是最高的知识,而是一种次级的学术。最高的知识还要从技术上升到理论,从生产部门上升到理论部门,这种最普遍、最一般的理论知识才是最高的智慧。亚里士多德把它称为"第一哲学"(因为其他的知识也都被称为哲学),它的对象不是特殊的存在物,而是"存在本身"或者"作为存在的存在"。大家还记得,苏格拉底曾经在美德本身与各种具体的美德之间进行了区分(正如他在图形本身与三角形、正方形、圆形等具体图形之间进行了区分一样),同样,亚里士多德也在存在与各种具体的存在物之间进行了区分。第一哲学是研究存在本身的学问,而那些研究具体存在物的学问,如物理学等,就被叫作第二哲学。这种研究存在本身的第一哲学,后来被一位 17 世纪的经院哲学家郭克兰纽(R.Gocleneus)称为"本体论"(ontology)。这种探讨世界本体或实体的本体论,通常也被叫作"形而上学"。

既然亚里士多德的第一哲学就是关于存在本身的学问,那么它首先要回答的问题就是:存在到底是什么?亚里士多德强调,在研究作为各种具体事物的存在之前,我们首先要弄清楚存在是什么。

如果你连存在是什么都不清楚，你又怎么去研究某一种具体的存在物呢？从这种意义上说，关于"作为存在的存在"的学问确实无可争议地堪称为第一哲学。在这里，我们可以看到，亚里士多德的第一哲学仍然带有巴门尼德和柏拉图思想的明显烙印，仍然还是把存在本身作为各种具体存在物的逻辑前提。但是，紧接着，亚里士多德就表现出他与柏拉图等人不同的地方，他提出了一个前人从来没有提出过的问题，那就是"存在是什么"。

过去的哲学家们虽然多次谈到过存在，但是从来没有直接追问过存在是什么。巴门尼德认为，存在者存在，非存在者不存在，但是他并没有明确告诉我们存在到底是什么，他最多只是描述了存在的一些特征（如不生不灭、唯一无二、不变不动等）。柏拉图把理念当作存在，而德谟克利特的原子也被看作摔成碎片的存在，但是他们充其量只是指出了"什么是存在"，却没有说明"存在是什么"（正如指出三角形和圆形是图形并不等于说明了图形是什么一样）。过去的哲学家们只是在激烈地争论着存在究竟是一还是多，是不变不动的还是运动变化的，是本质还是现象，但是他们却没有明确地对存在本身下一个定义。而亚里士多德一上来就提出了"存在是什么"的问题，由此可见亚里士多德的眼光就是不一样，他抓住了问题的关键。作为一个精通逻辑的哲学家，亚里士多德非常明智地意识到，在我们探讨"存在是怎么样的"以及"哪些东西是存在"之前，首先应该知道"存在是什么"，否则关于存在的讨论就是毫无意义的。因此，"是什么"的问题永远都具有逻辑上的优先性。

既然这样，我们就必须首先给"存在"这个概念下一个定义，即说明"存在是什么"。学习过逻辑学后，我们都知道，对一个概念进行定义的最通常的方法就是"种加属差"，这种定义方法也是亚里士多德发明的。什么叫作"种加属差"呢？我举一个例子来说明。

比如，要对"人"这个概念下一个定义，我们就首先要找出人所属于的那个种类，这就是动物，人是动物这个更大种类中的一个属。但是动物中除了人之外还有许多其他的属，如牛、马、狗等，人和这些其他属之间有什么根本性的差别呢？这个根本性差别就在于，人是有理性的动物，而其他动物则不具有这个特点。这就是人与其他动物之间的属差。所以我们就根据"种加属差"的方法对人下一个最简单的定义，即"人是有理性的动物"。在这个命题中，"人"是被定义项，"动物"是种，"有理性的"是属差，而"有理性的动物"就是运用种加属差的方法所下的定义。

但是，当我们要对"存在"这个概念下一个定义时，这种"种加属差"的方法就不管用了。为什么呢？因为"存在"是一个最基本的范畴，没有比它外延更大的种了。比如说，在人上面还有动物这个种，在动物上面还有生物这个种，在生物上面还有物质这个种，在物质上面还有存在这个种（物质和精神都属于存在），而在存在上面就没有外延更大的种了。因此，在这种情况下，我们就不能再运用"种加属差"的方法从外延方面来对"存在"下定义了，而只能从内涵方面来对"存在"进行分析和分类，看看到底有哪些不同类型的存在。

亚里士多德认为，我们可以把存在分为两类：第一类是偶然的属性，比如说"这个人是文明的""这个人是白的"等。在这里，"文明的"和"白的"作为属性也是一种存在，但是这种存在不是独立的，而是必须依附于某个东西或主体之上；而且即使这些属性改变了，也不会影响到这个东西本身的存在。例如，当这个人受到不良风气的影响，就可能变得不文明了；或者当这个人在海滩上晒了几天太阳，皮肤就变黑了。因此，这种存在只是一些偶然的属性或偶性，它并非必然性的存在。第二类是必然的本质，即范畴，所谓

"范畴"就是对各种事物进行高度抽象和概括而形成的最基本的概念。亚里士多德把范畴分为十类，即实体、数量、性质、关系、地点、时间、姿态、状态、动作和遭受。亚里士多德认为，任何事物都必须具备这十类范畴，缺一不可，因此范畴是必然性的存在。大家想一想，世界上有什么东西是可以没有数量、没有性质、没有地点和时间、不处于某种关系中、不处于某种状态和遭受之中的？可见这些范畴一个也不能少，它们构成了一切事物的必然的本质。但是，在这些必然的本质或范畴中，有一个范畴是最最重要的，其他范畴都必须由它来支撑，没有它，别的范畴也就失去了意义。这个范畴就是实体。实体涉及一个东西"是什么"的问题，而其他范畴则涉及这个东西"怎么样"的问题，"是什么"的问题在逻辑上始终都要优先于"怎么样"的问题。比如说，我们首先必须知道亚里士多德是一个人，是一个实体，然后才谈得上亚里士多德出生在哪里、处于什么时代、长得怎么样、他是干什么的，以及他生活得如何等一系列问题。因此，实体构成了其他范畴的基础和前提，它才是真正意义上的"存在本身"或者"作为存在的存在"。这样一来，亚里士多德第一哲学的核心就是关于实体的学说，本体论（即关于存在的学说）被归结为实体哲学，而"存在是什么"的问题也就被归结为"实体是什么"的问题。

亚里士多德的实体哲学旨在回答三个问题：第一，"实体是什么？"，这是最基础性的问题；第二，"实体的原因是什么？"，我们不仅要知其然，还要知其所以然；第三，"实体是如何生成的？"，这个问题说明了从实体的原因到实体的发展过程。这三个问题构成了亚里士多德实体哲学的基本内容，关于第一个问题的回答构成了狭义的"实体学说"，关于第二个问题的回答导致了"四因说"，关于第三个问题的回答形成了"潜能与现实"的理论。

"实体是什么？"——关于实体的定义

现在我先来讲第一个问题："实体是什么？"在回答这个问题时，亚里士多德表现出极其清晰的逻辑思维，这一点是值得我们所有人——无论是学什么专业——好好学习的。我们刚才说到，实体这个范畴构成了其他九个范畴的基础和前提，其他范畴作为一些属性或特点，都必须附着于实体之上才有意义。实体是关于"什么"的问题，而其他范畴则是关于"怎样"的问题，没有前者也就谈不上后者。由此可见，实体概念构成了亚里士多德形而上学的核心概念。用亚里士多德自己的话来说，无论是从逻辑定义上、认识上还是时间上，实体都是最初的东西；其他范畴都不能离开实体而独立存在，只有实体才是独立存在的。也就是说，实体永远都是第一性的，我们不可能找到一个比它更基本的范畴了。亚里士多德指出，过去的人们都在关注存在或实体的性质，有人说它是一，有人说它是多；有人说它是有限的，有人说它是无限的。但是，关键的问题是，要首先对存在或实体下一个定义。

因此，亚里士多德在《范畴篇》中明确地对"实体"概念下了一个基本定义："实体，在最严格、最原始、最根本的意义上，是既不述说一个主体，也不依存于一个主体的东西。如'个别的人''个别的马'。"这个定义是从逻辑学上来下的，你们可能一时听不明白，需要做一些解释。什么叫作"不述说一个主体"呢？大家知道，一个个孤零零的概念本身并不能构成知识，知识至少必须由判断或命题组成。在一个由主语和谓语构成的判断中，谓语通常都是用来述说主语的，而陈述句中的主语也就是现实中的主体。所谓"不述说一个主体"，就是说实体在一个陈述句中不能作为谓语来说明其他的东西。那么，让我们想一想什么东西通常在一个陈述句里作为谓语来述说主体呢？有两种情况：第一是种属概念，它可以用来述说一个主体，例如在"苏格拉底是人"这个陈述句里，"人"作为种属概念就是用来述说"苏格拉底"这个主体的；第二是属性概念，例如"苏格拉底是白的"，在这里，"白的"作为属性概念也是用来述说"苏格拉底"的。这样一来，"不述说一个主体"的意思就是说，实体既不能是种属概念，也不能是属性概念，因此它就只能是指个别事物了，也就是亚里士多德所说的"个别的人""个别的马"。

这个定义中的第二句话是"不依存于一个主体"，这一点比较好理解，也就是说实体必须具有独立实在性，它不能像偶性或者其他范畴那样要依存于别的东西。比如，我们刚才所说的"白的"等偶性，或者数量、时间、地点、姿态等范畴，它们都必须依存于苏格拉底或者其他主体，而不能独立存在。但是苏格拉底却不同，他是可以独立存在的，因此他才是一个实体。

大家看看亚里士多德对于实体的这个定义，这是一个非常精确和严谨的逻辑定义，我们几乎挑不出它的任何毛病来。用"不述说一个主体"和"不依存于一个主体"这两句话来界定实体，就是说实体必须是个别的东西和独立存在的东西，因此亚里士多德的实体就是指一个一个独立实在的个别事物。

从这个定义来看，亚里士多德的实体与柏拉图的理念正好是对立的。理念是一个抽象的种属概念，而不是一个个别的事物（尽管个别事物被说成是理念的摹本）；然而，亚里士多德的实体却恰恰是"这一个"，是具体的个别事物。在这里，我们可以看到亚里士多德与柏拉图之间的差异，亚里士多德是从经验的个别事物出发的，而不是像柏拉图那样从抽象的思维出发。亚里士多德特别强调，实体具有如下几个特点：第一，它是"这一个"，即一个具体的和个别的事物；第二，实体不像属性，它没有与之相反的东西，例如与"大"

相反的属性是"小",与"好"相反的属性是"坏",但是却没有一个与苏格拉底相反的东西;第三,实体没有程度上的差别,比如张三和李四作为个别的人都是实体,我们不能说张三比李四更是一个人;第四,实体是变中之不变,也就是说,苏格拉底无论是年轻还是年老,是满脸稚气还是满脸皱纹,他都是苏格拉底,他作为一个不变的实体承载着各种属性方面的变化。实体的这四个特点,更加鲜明地说明了实体是个别的事物,是与理念相对立的东西。

但是,我们很快就会看到,亚里士多德又回到了他老师的立场上。当亚里士多德用刚才那个定义来界定实体时,他所说的实体确实是指个别事物。但是他紧接着又强调,个别事物只是第一实体,除此之外还有第二实体,即种属概念。比如"人"这个概念,作为种属概念,它固然不同于"苏格拉底"这样一个具体的、个别的事物,但是它仍然不失为一个实体。"人"虽然可以被用来述说"苏格拉底",但是它同时也可以被一个更大的种属概念如"动物"来述说,而且"人"也是可以不依存于一个主体而独立存在的。亚里士多德承认,种属概念作为第二实体,不如第一实体那么实在,因为它只满足了上述定义的第二个条件("不依存于一个主体"),而没有满足第一个条件("不述说一个主体")。

这样一来,我们立即就会在亚里士多德的第一实体与第二实体之间发现一个深刻的矛盾,因为如果把种属概念也说成是实体,那么与个别事物相对立的柏拉图的理念也就成为实体了。一张具体的桌子是实体,而桌子"本身"或桌子的理念也是实体,二者的区别仅在于第一实体与第二实体之分。而且,如果"人"作为"苏格拉底"的种属概念可以是实体,那么"动物"作为"人"的种属概念也可以是实体,"生物"作为"动物"的种属概念仍然可以是实体,如此推下去,这个世界上就没有什么东西不是实体了。

第五讲 希腊实在论哲学 175

此外，亚里士多德认为种属概念具有独立实在性的观点也是值得商榷的，这种独立实在性究竟只是一种逻辑上的独立实在性，还是一种现实中的独立实在性呢？答案是不言而喻的，它充其量只具有一种逻辑上的独立实在性。换句话说，所谓种属概念或者第二实体不过是一个只能在思维中存在的抽象概念而已。由此可见，当亚里士多德提出第二实体时，他实际上又部分地回到了柏拉图的立场，试图在具体事物与抽象理念之间寻求妥协。

"实体的原因是什么？"——"四因说"

亚里士多德实体哲学的第二个问题是："实体的原因是什么？"刚才我们已经通过定义的方式，说明了实体是什么。但是亚里士多德认为，我们不仅要知道实体是什么，而且应该知道实体的原因是什么。他根据古往今来的各种观点，把实体的原因概括为四个方面的因素，即质料因、形式因、动力因和目的因，由此形成了他的"四因说"理论。

当我们探寻一个实体或个别事物的原因时，我们会发现，这些原因无非可以归结为如下四个方面：首先，它是由什么材料做成的（质料因）；其次，它被规定成为什么样子（形式因）；再次，是什么东西使它成为该事物（动力因）；最后，为什么要造成它（目的因）。大家可以看出，亚里士多德的"四因说"实际上是对以往希腊哲学关于本原问题的各种答案的理论总结。质料因早在米利都学派那里就出现了，毕达哥拉斯学派最早涉及形式因，恩培多克勒和阿那克萨戈拉提出了独立的动力因，而苏格拉底则明确地论述了目的因问题。亚里士多德把这些从不同角度所阐述的原因综合起来，形成了"四因说"理论。为了更加清楚地说明这四种原因，我们以一所房子为例。房子的质料是砖瓦木材，它的形式是设计蓝图，它的动力是建筑房子的工匠，它的目的是为了给人居住。

但是亚里士多德认为，在人造物上面，这四种原因是可以明显区分的，但是在自然物上面，这四种原因却可以被归结为两个方面，一方面是质料因，另一方面是形式因，而动力因和目的因都可以归于形式因。比如，以一棵橡树为例，橡树由以生长出来的橡树种子是质料因，它所长成的橡树是形式因，同时橡树也成为驱使橡树种子生长的动力以及它所要趋向的目的，因此形式因、动力因和目的因三者在这里是统一的。这样一来，在自然物中，四因就简化为质料因与形式因之间的关系，形式既是驱使质料运动的动力，也是质料所要追求的目的。在亚里士多德的这个观点中，我们可以看到一个非常高明的思想，那就是他把运动的原因不归结于运动者本身（质料），而是归结于引起运动的那个目的（形式）。也就是说，致使橡树种子长成橡树的动力不在于这粒橡树种子，而在于它所要长成的那棵橡树。这种由形式来说明动力和目的的观点使得亚里士多德构造出了一个逐级上升的宇宙模型。

亚里士多德认为，世界上的万事万物都是质料与形式的统一，任何具体事物都既有质料也有形式，缺一不可。但是，从整个世界的结构来看，质料与形式之间还呈现出一种动态的、相对的关系，即低一级事物构成了高一级事物的质料，高一级事物则构成了低一级事物的形式。例如，一堆泥巴对于它所构成的砖头来说就是质料，而这块砖头对于那堆泥巴来说就是形式。同样，砖头对于它所筑成的房屋来说就是质料，而房屋对于砖头来说就是形式。房屋与街道、街道与城市的关系也是如此。因此，一方面，每一个具体事物都是质料与形式的统一；另一方面，每一个高一级事物又是低一级事物的形式、动力和目的，而低一级事物则是高一级事物的质料。这样一来，整个世界就构成了一个从低到高、相对而言的质料与形式的动态系统和阶梯模式。在这个阶梯的最下端，是一个没有任何形式规定性的"纯质料"；在这个阶梯的最上端，是一个不再构成任何事物质料的"纯形式"。而在这两端之间，则存在着无数多的各个层次的实体或事物，它们每一个都是质料与形式的统一体。这就是亚里士多德的世界模型。

关于这个世界模型，有两个问题需要稍加说明。第一，你们可能会问，亚里士多德为什么要设定一个最下端的纯质料和最上端的纯形式呢？答案很简单，因为无限的追溯对于古希腊人来说是没有意义的。在古希腊人看来，我们要从哲学（而不是科学）意义上来探寻世界的原因，就必须在逻辑上假定这个世界有一个起点和终点，否则这种探寻就是永远没有答案的和无聊的。早在毕达哥拉斯那里，就已经把无限当作一个否定性的和贬义的东西。大家想一想，如果亚里士多德不设定一个纯质料和纯形式，而是让质料与形式之间的这种动态关系永无终止地延续下去，那么他的世界模型在逻辑上就不可能是一个自洽的封闭系统。作为一个精通逻辑学的哲学家，亚里士多德决不会犯这样的错误，因此他必须要设定一个起点和终点。第二，在亚里士多德那里，"纯质料"是没有任何形式规定从而也就缺乏任何动力和目的的一堆惰性材料；而"纯形式"则是世界上一切事物趋向的最高目的和终极动力，亚里士多德把它称为"第一推动者"或者"神"，它自身不动，却推动——严格地说应该是吸引——着万物向其运动发展。

在这里，我们可以看到亚里士多德以一种非常微妙的方式把柏拉图和德谟克利特相互对立的哲学观点统一起来了。"纯质料"就是德谟克利特的原子，原子在构成具体事物之前缺乏任何形式规定性，因此它当然是一种"纯质料"或者柏拉图所说的原始物质了。而

"纯形式"就是柏拉图的理念,它构成了原始物质或"纯质料"所趋向的目的和运动的动力。处于"纯质料"与"纯形式"这两端之间的整个实体世界(它们每一个都是质料与形式的统一体),则是由柏拉图的理念加诸德谟克利特的原子(或原始物质)之上而形成的各种感性事物。我在讲柏拉图哲学时曾经说过,在柏拉图那里,整个世界可以划分为三个等级,上面的是理念世界(存在),下面的是原始物质(非存在),中间的则是二者结合而成的感性事物(既存在又不存在)。而亚里士多德的世界模型与柏拉图的如出一辙,区别仅在于,亚里士多德对于中间的那些感性事物进行了层次区分,根据质料与形式的相对关系将其整理成一个由低向高的动态系列。因此,尽管亚里士多德关于实体原因的"四因说"综合了柏拉图与德谟克利特相互对立的两种观点,但是从思想倾向上来看,他是明显地偏向于柏拉图的理念论的。

亚里士多德曾经以苏格拉底的铜塑像为例来说明质料与形式何者更为重要。他认为,一堆铜由于缺乏确定的形式因而只是一种普遍性的质料,它固然具有可以被雕塑成任何东西的可能性,但是在这种可能性实现之前,它却什么东西也不是;而苏格拉底的形象则是一种个别性的形式,正是它使苏格拉底的铜塑像成为"这一个"实体。虽然亚里士多德承认质料和形式都是实体,但是他却认为,形式作为个别性的东西比普遍性的质料更加具有实体性(这个观点显然是与他前面所说的实体没有程度上的差别的观点相矛盾的)。由此可见,亚里士多德虽然把个别事物说成是第一实体,但是在个别事物由以构成的质料和形式这两个对立因素中,他却把形式当作第一性的,从而明显地倒向了柏拉图的立场。

"实体是如何生成的？"——"潜能与现实"理论

刚才我们分别讲了"实体是什么"以及"实体的原因是什么"这两个问题，那么从实体的原因到实体，这是一个发展演化的过程，由此就引出了第三个问题："实体是如何生成的？"从这三个问题的层层递进关系中，我们可以看到亚里士多德的思路之缜密、逻辑之严谨。从实体的定义入手，然后分析实体的原因，再进一步说明从原因是如何演变为实体的，这个思维推进过程是循序渐进、逐渐深入的。

事实上，在许多问题上，我们都应该按照这种思路来思考问题。比如说研究（生理学意义上的）人，我们首先要对人下一个定义，说明人是什么；然后从生理学上来探讨人的原因，把人还原为一大堆蛋白质和细胞等质料，以及一定的形式规定（如人的骨骼结构、器官特征、身体机能等）。但是问题到这里就结束了吗？还没有结束，我们还必须进一步追问，这些蛋白质和细胞是如何获得人的形式规定性，如何生成为人的？毕竟，并不是随便把一大堆蛋白质和细胞往地上一扔，它们就会自动地组合成人。因此，要想全面地探讨实体问题，就必须说明实体是如何生成的。

在亚里士多德看来，过去的哲学家都未能真正地探讨这个问题。无论是自然哲学家的水火土气、种子、原子，还是形而上学思想家的数、存在、理念，都只是从不同的角度——质料或形式的角度——说明了实体的原因，但是他们并没有说明这些原因是怎样构成实体的。柏拉图的摹仿和分有理论显然是一种诗意的比喻，经不起严密的推敲；至于恩培多克勒的"爱神用爱的钉子把万物钉在一起"的说法，以及阿那克萨戈拉的努斯对万物进行安排的观点，更是一些掺杂着神话色彩的无稽之谈。与上述这些武断虚妄的观点不同，亚里士多德从有机论的角度说明了实体是如何生成的，创立了"潜能与现实"的学说。

亚里士多德认为，实体的生成过程是一个从潜能到现实的转化过程。任何一个事物，在成为它自身之前，都处于一种潜能状态，只是一个潜在的东西。比如说，一粒橡树种子在长成橡树之前，只是一棵潜在的橡树。一方面，这粒橡树种子不同于一块石头，因为石头无论如何也不可能生长为一棵橡树，而这粒种子在适当的条件下就会长成一棵橡树；另一方面，这粒种子虽然包含着橡树的一切可能性，但是它毕竟还没有成为一棵现实的橡树，因此我们只能说它是一棵潜在的橡树。这粒种子逐渐生长成为一棵橡树的过程，就是从潜能到现实的转化过程，而这个转化过程就被亚里士多德称为运动。

在亚里士多德那里，潜能与现实并非两个漠不相关的东西，而是同一个事物的两种不同存在状态，因此它们是不可截然分开的。潜能与现实的关系，是和质料与形式的关系相对应的。任何事物的质料在没有获得一定的形式而成为该事物之前，都只是一种潜能。例如，泥巴在没有做成砖头以前只是一块潜在的砖头，砖头在没有做成房子之前只是一座潜在的房子。只有当它们具有了某种形式之后，才成为一个现实的事物。这样一来，任何事物的产生就不是一个从无到有的创造过程，而是一个从潜能到现实的转化过程。

以你们为例，大家现在都只是大学生，都在我的课堂上听课，但是在你们身上却具有成为各种人的潜能。在你们中间，将来也许会产生出一位民族英雄，也可能会出现一个犯罪分子。你们将来可能成为杰出的政治家、企业家、科学家或者哲学家，当然也可能一事无成，成为一个天天喝点小酒、混混日子的小市民。这一切都是可能的，因为它们都是人的某种现实状态、某种形式，只有人才可能成为英雄或罪犯，成为政治家、科学家或小市民，狗和猫是不可能具有这些现实状态或形式的。但是在今天，这些现实状态或形式仍然只是以潜能的方式存在于你们身上，至于你们最终将成为什么样的人，那只有到了将来才知道。到那时你们再想想亚里士多德的潜能与现实的学说，再想想我今天在课堂上讲的，就会有更深刻的感悟。当然，如果你们中有人不幸沦为一个犯罪分子，到身陷牢狱时再有所感悟，也就为时过晚了。所以现在就应该对各种潜能状况保持一种自觉意识，形成一种自我批判精神，有意识地发展自己身上的那些良好的潜能倾向，遏制那些不良的潜能倾向。就好比在一年前，你们中间的很多人还在读高中，当时你和你的同桌都只是一个潜在的大学生。但是你对自己的这种潜能有一种自觉意识，而你的同桌却缺乏这种意识。所以今天你成为了一个现实的大学生，坐在这里听我讲亚里士多德的潜能与现实理论；而你的那位同桌却仍然在某个中学里复读，准备参加第二次高考。他现在还是一个潜在的大学生，如果他不能努力地去实现这种潜能，也许明年的这个时候他还在复读，还没有成为一个现实的大学生。从上面这个例子中，我们可以看到，这个从潜能到现实的转化过程，不正是你们的自我成长历程吗？不正是生命的运动过程吗？它一头连接着在襁褓中嗷嗷待哺的你，另一头连接着在垂暮中唏嘘往事的你。由此可见，亚里士多德的潜能与现实理论对于现实人生也是非常具有启发意义的。

这种把事物的生灭变化理解为质料与形式、潜能与现实之间相互转化或聚散离合过程的观点，在希腊哲学中是非常流行的观点。不仅自然哲学家们是这样解释万物的形成过程的，而且连柏拉图的理念论也包含着同样的思想，即原始物质由于分有了理念而成为现实的感性事物。那种（上帝）无中生有创造世界的观点，是在后来的基督教思想中才产生的，希腊人对此并不熟悉。而亚里士多德的潜能与现实学说，正是对希腊哲学中的这一主流思想的理论总结，无论是希腊自然哲学以还原论形式表述的本原与万物的关系，还是柏拉图的诗意化的摹仿说和分有说，说到底无非都是朦胧地表达了潜能与现实之间的转化关系而已。

潜能与现实既然是同一事物的两种存在状态，因此该事物的产生就不再是一个外在创造的过程，而是一个自我生长的过程，即一个有机的而非机械的产生过程。亚里士多德认为，作为潜能的东西已经内在地包含了现实所具有的一切因素，它与现实的唯一差别就在于它还没有实现为现实。这是什么意思呢？举例来说，一颗受精卵已经内在地包含了一个人的一切基因，但是它还尚未生长为一个人。人作为这颗受精卵所要长成的形式或现实，既是这颗受精卵所要实现的目的，也是驱使它生长的动力。这个从潜能到现实的转化过程就是运动。

亚里士多德潜能与现实学说中的一个最重要的思想，就是关于运动的观点。在希腊自然哲学中，动力因往往被说成是一种独立的东西，如恩培多克勒的爱与恨、阿那克萨戈拉的努斯等，它们从外部来推动基本元素或质料（四根、种子）。因此，运动被理解为一种机械论的位移，即事物的空间关系的变化，包含聚散离合。但是亚里士多德的运动却不只是指一种空间关系上的变化，更重要的是指一种时间上的生长和发展。这种时间上的生长和发展，实际上已经逻辑地包含了空间上的变化，这不仅是因为任何空间上的运动都要通过时间序列来表述，而且一个事物的生长过程本身就是一种空间关系的变化过程。举一个最简单的例子，随着你们从小到大的生长过程，你们的体重和身高也在相应地发生变化。

所以，亚里士多德的这种生成论或有机论的运动观中包含的内容远远超过了机械论所理解的运动。在某种意义上，我们甚至可以说，亚里士多德的运动观比两千年以后霍布斯、牛顿等人的运动观还要高明。后者仅仅是从力学或机械论意义上来理解运动的，即仅仅把运动理解为空间上的位移；而亚里士多德所理解的运动则是指从潜能向现实的转化，这种理解既包含了机械论意义上的位移（因为位移同样也是一种从潜能向现实的转化过程），同时也包含了有机论意义上的生长。亚里士多德在《物理学》中明确地把运动形态分为六种，即产生与消灭（"本质上的变化"）、从一种状态向另一种状态的转变（"性质上的变化"）、增加与减少（数量上的变化），以及位移（位置上的变化）。而所有这些运动形态，都可以理解为从潜能到现实的转化过程。

亚里士多德强调，运动虽然是从潜能到现实的转化过程，但是运动从根本上却是属于现实这方面的，因为正是现实构成了潜能所要追求的形式、目的以及吸引潜能运动的动力。然而，运动又不等同于现实，现实作为一个结果是已经实现了的东西，而运动却还在过程中。对于这个问题，你们应该辩证地理解。任何现实存在的事物，其本身又向着一个更高的存在状态发展，从这种意义上说，它同时也是一个潜能。反过来，任何一种潜能，对于比它更低级的存在状态来说，又是一个现实。因此潜能与现实的关系，正如质料与形式的关系一样，也是相对的。上一级事物对于下一级事物来说就是现实，下一级事物对于上一级事物来说就是潜能。整个世界就是一个从低级到高级、从简单到复杂的不断生长和不断发展的运动过程。但是正如质料与形式的关系一样，潜能与现实的这种动态系列也有一头一尾，最下端的是"绝对潜能"，最上端的是"绝对现实"。"绝对潜能"就是不具有任何现实性的"纯质料"，"绝对现实"则是不再向更高状态发展从而不包含任何潜能的"纯形式"，也就是那个"不动的推动者"或神。

亚里士多德的潜能与现实学说以一种辩证的和动态的观点说明

了万物的生成过程，从而超越了柏拉图的静态分有说和原子论者的机械构造说。尽管出于逻辑的需要他不得不设定了"绝对潜能"和"绝对现实"这两个端点（这种形而上学的设定是任何哲学体系都难以避免的"死角"），但是他的潜能与现实学说却非常科学地说明了处于这两个端点之间的世界万物的生灭变化过程。尤其是他关于运动的解释，大大地超越了传统的机械论观点，不仅把运动理解为产生（组合）、消灭（分离）、位移和数量上的增减，而且从根本上把运动理解为事物性质的变化，即从一种存在状态向另一种存在状态的转化。他关于运动的定义——"运动是潜能的现实化"——表现了一种辩证的运动观，将运动当作潜能与现实之间的联系中介，从而将"存在"与"非存在"、"形式"与"质料"、"在场"与"不在场"等对立面辩证地统一起来，达到了古希腊辩证法的最高峰。

有机论与目的论

在亚里士多德关于运动的思想中，我们看到了一种有机论的运动观，这种观点是与我们前面讲过的机械论运动观完全不同的。按照这种有机论观点，万事万物的运动都是由于它们所趋向的那个目的推动的。虽然目的到最后才能实现，但是它却始终在事物的内部发挥着作用，驱策事物坚定不移地向着它前进。有机论认为，事物运动的动力来自内在的某种目的；机械论则认为，事物运动的动力来自外部的某种力量；有机论理解的运动是一种生长，而机械论理解的运动只是一种位移。就此而言，有机论的运动是内在的和主动的，机械论的运动是外在的和被动的。在亚里士多德的实体学说中，事物受到一种追求更高形式的内在目的的驱策而运动，在"不动的推动者"的目的作用下，万物纷纷向着更高的存在状态运动。这种情况有点像吸铁石吸引钉子，吸引的磁力固然来自吸铁石，但是如果钉子没有某种磁性，它也不会被吸引，例如一块木头无论如何也不会被吸铁石吸引。这种吸引运动涉及使动者与运动者之间的内在关系，它与完全外在的机械运动是不同的，后者仅仅只涉及使动者与运动者之间的外在关系。

当然，在亚里士多德的有机论中隐含着目的论的思想，它很容易导致有神论的结论（事实上，机械论同样也会导致有神论的结论，牛顿的机械论世界观就是一个典型的例子）。但是，有机论在解释运动时显然比机械论更加高明，它把动力归结为事物的内在目的，而不是外部推动；它把整个世界看作一个受内在目的驱策而不断生长的有机体，而不是一个受外部作用影响的机械物。当我们把世界看作一个按照某种既定目的而生长的有机体时，当然就很容易走向一种外在设计论，从而为神学提供一个根据。在座的同学有学生物学的，也有学物理学的，你们知道，生物学与物理学尤其与力学是完全不同的，生物学是有机论的，而力学则是机械论的。生物有机体具有一种内在的运动能力，它总是要顽强地实现它所趋向的目的。一粒橡树种子一定要顽强地生长为一棵橡树，一个动物胚胎一定要顽强地生长为一个人、一只猫或者一条狗。它们为什么要这样呢？这是因为它们具有某种内在规定性，或者内在目的。但是当我们进一步解释这种内在规定性或内在目的时，就很容易把它有意无意地偷换为某种外在目的，从而引出一位世界之外的目的赋予者或智慧设计者，而这位自然世界的目的赋予者和智慧设计者就是上帝。

当我们仔细观察世界时，确实有一些很难解释的现象使我们不得不接受这种目的论或设计论的观点。世界为什么会从混沌无序状态逐渐演化成一个井然有序的系统？生物为什么会从三叶虫进化到人？谁也无法否认在宇宙和生物的演化过程中存在着某种明显的方向性,"进化"这个词本身就蕴含着从无序到有序、从低级到高级的方向性含义。那么现在的问题是:这种演化的方向性是从哪儿来的?为什么宇宙和生物总是从低级向高级发展,而不是相反?当然,你们可以说这种低级与高级的划分本来就带有浓重的人类中心主义色彩,越靠近人这一端的东西就被我们界定为越高级。但是我们无法否认人类从生物结构上确实要比三叶虫复杂得多,这种从简单到复杂的演化程序又是由谁规定的呢?宇宙和生物为什么是从简单到复杂,而不是从简单到更简单呢?这一切程序的设计者究竟是谁?难道这一切都是偶然的吗?你们谁会相信如此绝妙的宇宙演化过程竟然是偶然的呢?进化论只是为我们描述了宇宙和生物演化的一个轨迹,但是它并没有对这种演化的原因和根据做出一种终极性的解释。自然选择和适者生存只是对进化结果的一种辩护,而不是对进化原因的一种说明。在科学无法提供终极性答案的地方,哲学和神学就会趁虚而入,建立起自己的解释理论。

目的论一直是基督教神学用来解释世界的有序性与和谐性的一个重要理论,我们在基督教产生之前的苏格拉底哲学中就已经看到过它的思想雏形,今天它更是发展到非常精致的程度。你们可能不了解,现代基督教神学的理论水平可不是18世纪启蒙运动时的状况可以相比的,今天的基督教神学在许多问题上并不是与科学观点相对立的,而是利用科学结论来为基督教信仰提供论证。在美国和西欧的一些有神学背景的科学家中,流行着一种智能设计论的观点,这种观点认为,上帝创造世界不是一蹴而就的,而是把一种进化的能力赋予世界,让世界在时间中逐渐地生长,从无序走向有序,从简单走向复杂,从低级走向高级。而进化论的观点恰恰为这种智能设计论提供了有力的论据,在进化论所描述的宇宙和生物的进化过程背后,恰恰蕴含着某种耐人寻味的方向性和目的性,而这种隐秘的方向性和目的性自然而然就使人们想到了一位万能的设计者，即上帝。

总之，一位在创世时就把方向性和目的性赋予世界，从而让世界按照内在的规定和节律去生长的上帝，无疑要比一上来就把所有事物都创造好了的上帝更加高明。换句话说，一位根据有机论或者进化论的法则来创造世界的上帝，无疑要比一位根据机械论的法则来创造世界的上帝更加高明，正如一位克隆生命的基因科学家要比一位制造钟表的工匠更高明一样。这就是西方现代神学对于进化论的一种回应，这种观点虽然仍旧是以信仰作为根据的，但是我们却不能不认真地对待它。而追溯其理论根源，这种以有机论（而非机械论）为根基的神学观点早在亚里士多德那里就已经初现端倪了。

亚里士多德的父亲是一位医生，亚里士多德本人也对生物学和生理学有很深的研究，据说亚历山大在东征的时候，还经常派人把采集到的各种植物和动物标本送给亚里士多德，供他做实验之用。对生物学和生理学的研究培养了亚里士多德的有机论思想，使他把整个世界理解为一个生命的有机生长过程，从而创立了潜能与现实的实体生成理论。

在从潜能向现实的转化过程中，有一个很玄奥的概念叫作"隐德来希"（entelecheia）。这个概念很难翻译，一般把它译为"圆成"，它的意思就是指运动所实现的目的。从潜能到现实的转化并非一种偶然性的运动，而是一种目的性的运动。在整个世界不断向着更高的存在状态发展演进或者不断现实化的运动过程中，都始终隐藏着一个神秘的"隐德来希"或内在目的。它向所有的存在者发出了一种不可抗拒的召唤，呼吁着所有事物向着更高的层次转化，而这个连续运动的终点就是那个"不动的推动者"，它构成了那吸引万物向其运动的"隐德来希"的终极源泉。这种神秘的"隐德来希"，后来在莱布尼茨的单子论中成为那些遵循前定和谐秩序而运动的单子的基本动力。而当黑格尔在梳理西方哲学史的时候，他踌躇满志地认为，自从泰勒斯以来2500年的哲学努力都是朝着一个目标（即黑格尔哲学）而前进的，这里显然也表达了某种狂妄的"隐德来希"或目的论的思想。同样地，当胡塞尔把笛卡尔以来的整个近代哲学都说成是对现象学的一种"隐秘的憧憬"时，他也是受到了某种"隐德来希"思想的鼓舞。至于亚里士多德本人的实体哲学，更是无可争议地被看作整个希腊自然哲学和形而上学的最终"圆成"。从泰勒斯和毕达哥拉斯以来的所有希腊哲学思想，都具有一种内在的目的性，那就是在亚里士多德的实体哲学中汇聚成一个系统化的理论体系。

在亚里士多德之前，德谟克利特的原子论和柏拉图的理念论就已经分别完成了对古代自然哲学和形而上学的总结，并且形成了两座相互对立的思想高峰。到了亚里士多德那里，百川归海，希腊自然哲学和形而上学最终以一种妥协的方式聚合融汇于实体哲学之中，呈现为一种外延更加宽泛的实在论——无论是德谟克利特的原子（质料），还是柏拉图的理念（形式），都成为一种实在的东西，即实体（虽然亚里士多德强调形式比质料更是实体）。从这个集希腊哲学思想之大成的理论体系中，既可以引出唯心主义的实在论，也可以引出唯物主义的实在论。后世的唯心主义会坚持和发扬亚里士多德关于形式比质料更是实体的思想，以及形式构成了质料的目的和动力的思想；而后世的唯物主义则会坚持和发扬亚里士多德关于第一实体比第二实体更加实在的思想。这种观点分歧在中世纪经院哲学关于共相问题的争论中就明显地表现出来，在近代西方的哲学家那里也不断地再现。所以从这种意义上说，我们可以把亚里士多德哲学看作像康德哲学一样具有承先启后的作用，它就像一个巨大的蓄水池，以前的水流都汇聚于它之中，以后的水流又都是从它里面流出去的。如果要了解西方哲学的源流关系，我们就不可能绕开这两座——它们分别处于古代和近代——思想的蓄水池。

　　关于亚里士多德的实体哲学，我就讲这么多。当然，亚里士多德在认识论、逻辑学、物理学、伦理学、政治学和文学艺术等方面也颇有建树，但是我们这门课只是一门通识课而非专业课，不可能面面俱到。这一讲的主题是希腊的实在论哲学，因此我们只介绍亚里士多德的实在论思想，即他的实体哲学，不涉及其他内容。如果大家对亚里士多德的其他思想感兴趣，可以在课外去阅读一些相关资料。这节课就讲到这里。

第六讲

希腊哲学的衰颓

现在，我们进入第六讲，即希腊化时代和罗马时期的哲学，这是希腊哲学衰颓的时期。与此同时，这个时期的希腊（以及罗马）哲学也可以看作后来兴起的基督教哲学的一个重要开端。从思想传承的角度来说，希腊化时代以及罗马时期的哲学构成了古代希腊哲学与中世纪基督教哲学之间的一个必要中介。因此，这一讲既可以叫作希腊哲学的衰颓，也可以看作基督教哲学的开端。

希腊哲学的衰颓，要从希腊化时代开始讲起。我们在讲亚里士多德的时候，曾经提到过他的一位学生亚历山大大帝。亚历山大大帝在用武力征服东方的过程中，就开始把希腊文化推向亚洲和北非的广大地区，从而开创了希腊化时代。亚历山大死后，希腊文化在东方的推广过程并没有随之结束，而是继续发展，希腊的文化因素越来越多地渗透到东方文化的土壤中。但是，这个过程是一个双向影响的过程，一方面，希腊人的文化传播到了东方；另一方面，希腊人也不可能不受到东方文化的影响，因此希腊化时代同时也是东方文化反向地渗透到希腊本土的时期。

这里所说的东方文化，并不包括我们中国文化，基本上也不包括印度文化，而是指与希腊文化联系较多的巴比伦文化、波斯文化和埃及文化等。这些东方文化当然有许多优秀的东西，但是在那个时代，它们更多的是一些糟粕性的东西。比如，政治上的专制主义和官僚主义、生活方式上的享乐主义和纵欲主义等。大家都知道，古希腊人在生活态度方面基本上是奉行一种理智的自然主义，他们既不是禁欲主义者，也不是纵欲主义者。相比而言，巴比伦、波斯、埃及等地的享乐主义是非常突出的，这与东方同样盛行的专制主义和官僚主义有着密切的关系，骄奢淫逸的生活方式往往为东方特权社会的达官贵人们所热衷，而希腊的城邦制度和民主政治往往会使人们更加倾向于采取一种审慎的生活态度。

但是，随着亚历山大所开创的希腊化时代的发展，东方的那些文化糟粕也就反向地流入了希腊社会，对希腊人的生活方式产生了重要的影响。而且由于希腊城邦制度的瓦解，以及东方的大量财富源源不断地流入希腊，在这种情况下，希腊人就在财富和放纵的推动下，变得越来越"清醒"。我在"清醒"二字上要加个引号，表示一种自我意识的膨胀，也就是说，希腊人越来越把个人的享乐看得比什么都更重要，却把那些恢宏的理想，比如神、国家等，看得很淡漠。人们不再关心世界的"本原"或"实体"，不再关心背后的东西，而是在东方纵欲主义和享乐主义的腐蚀下，越来越沉溺于现象世界的感性快乐。与这种社会风气相适应，希腊哲学也开始向着感觉主义和神秘主义的方向发展。哲学已经不再关心终极真理的问题，不再关心形而上学，而是蜕变为一种伦理学。形象地说，哲学由引导人们追求真理的火炬，变成了跟在经验生活后面救死扶伤的救护车。

希腊化时代出现了三大哲学学派，它们分别是伊壁鸠鲁主义、斯多葛主义和怀疑主义。这些学派产生于希腊化时代，但是却一直延续到罗马帝国时期。伊壁鸠鲁主义对罗马帝国时期人们的生活观念产生了很大的影响，而斯多葛主义则成为基督教神学的重要思想来源之一。希腊化时代的这些哲学思想，彼此之间存在着很大的差异，其中，伊壁鸠鲁主义与斯多葛主义后来甚至成为针锋相对的两种哲学或伦理学，但是这种表面上的对立并不能消除它们在本质上的相通之处。黑格尔在《哲学史讲演录》中写道，这些哲学（包括怀疑主义）虽然貌似不同，相互之间甚至是直接对立的，但它们有一点是相同的，那就是它们都对现实世界漠不关心。它们共同思考的问题是：在这个不幸的世界里，人如何才能获得幸福？这样一种提问方式，恰恰是一种末世的提问方式，即一个文化时代发展到最后阶段的提问方式，它充满了一种百无聊赖的感觉。因此，我把这个时代的哲学称为衰颓的哲学。但是这种衰颓的哲学同时也构成了向另一个时代哲学的过渡，特别是通过罗马帝国时期的新柏拉图主义的中介，希腊哲学最终实现了向基督教神学的转化。

希腊化时代的三大学派

伊壁鸠鲁主义

我首先给大家介绍希腊化时代的第一个哲学学派，即伊壁鸠鲁主义。伊壁鸠鲁（Epicurus）是希腊化早期的一位哲学家，他生活在公元前341—前270年之间。在介绍伊壁鸠鲁的思想时，我特别要强调一点，那就是我们应该把伊壁鸠鲁本人与后来的所谓"伊壁鸠鲁主义"区分开来。"伊壁鸠鲁主义"是后世人们用来指称纵欲主义的名称，这个名称流传甚广，例如18世纪法国著名思想家孟德斯鸠在《罗马盛衰原因论》一书中，就认为伊壁鸠鲁主义首先腐蚀了希腊，而后又毒害了罗马，希腊和罗马这两个伟大民族先后都是被伊壁鸠鲁主义断送了性命。其实，"伊壁鸠鲁主义"被等同于纵欲主义，这是一种以讹传讹的结果，对伊壁鸠鲁来说是不公正的。伊壁鸠鲁本人并不是一个"伊壁鸠鲁主义者"，他绝不是一个纵欲主义者，相反，他倒是一个非常讲究理性，推崇节俭、朴素的生活态度的人，因此毋宁把

伊壁鸠鲁（前341—前270）
（图片来源：Anthony Cardon，1813）

他称为一个审慎的节欲主义者更为合适。

对于所谓"伊壁鸠鲁主义"的误解是从谁那里开始的呢？最初可能是从罗马共和国晚期的一位哲学家西塞罗开始的。西塞罗是一位斯多葛主义者，他把"伊壁鸠鲁主义"与纵欲主义相提并论，败坏了伊壁鸠鲁的名声。当然，在伊壁鸠鲁的后世弟子中是否果然有一些败家子，他们把伊壁鸠鲁的节欲主义发展成为纵欲主义，从而使"伊壁鸠鲁主义"在人们心中成了一个贬义词，这也未可知。但是无论如何，西方人通常所说的"伊壁鸠鲁主义"与伊壁鸠鲁本人是没有什么关系的。

那么在伊壁鸠鲁本人看来，哲学的目的是什么呢？我们可以看出，这个时代的哲学与亚里士多德时代的状况不一样了。亚里士多德认为，哲学的目的就是为了求知，即学以致知。但是到了希腊化时代，伊壁鸠鲁却认为，哲学的最大目的就是为了帮助我们"寻找

生活宁静之道"，说到底也就是追求幸福。从这里，我们可以看到，由于时代不同了，人们的提问方式也发生了变化。伊壁鸠鲁时代的哲学目的已经不在于求知，而在于帮助我们如何在一个纷扰不已的世界里摆脱痛苦，获得幸福。既然哲学只是为了解决生活宁静之道，那么当然也就无所谓追求真知识，无所谓追求虚无缥缈的形而上学实体了。哲学现在只是一种实践的智慧，即伦理学，除了如何获得幸福之外，它对什么都不再关心。

对于哲学目的的这种转变，应该如何评价呢？可以说，在亚里士多德以前的时代，追求知识是与人生实践不相关的，学习并非是为了实用，知识本身就是目的，不一定要将知识落实到现实生活中。但是在伊壁鸠鲁的时代，追求知识一定要与生活实践相联系，求知就是为了实用。这种转变使得哲学更加通俗化和生活化了，但是却使哲学背离了形而上学的方向而转入经验的领域，成为一种追求实用性的伦理学。这种转变究竟是哲学的幸运，还是哲学的悲哀？这本身就是一个见仁见智的问题。

那么，怎样才能够寻找到一种生活宁静之道呢？我们先来看看伊壁鸠鲁是如何理解幸福的。伊壁鸠鲁从一种消极意义上来理解幸福，不过在他的理解中，我们却看不出任何纵欲主义的色彩。在伊壁鸠鲁看来，幸福就在于身体的无痛苦和灵魂的无纷扰。这种关于幸福的定义当然很消极，他是以一种否定的方式来界定幸福的，他并不说幸福是什么，而是说幸福不是什么。只要身体上无痛苦，灵魂上无纷扰，这就是幸福了。

那么，我们怎样才能达到这一点呢？伊壁鸠鲁认为，要达到身体上的无痛苦，就要求我们过一种有节制的生活，不要暴饮暴食，而是采取劳逸适度的生活态度。但是，我们在世间感受得更加深刻的还不在于身体上的痛苦，而在于灵魂上的纷扰。大家想想，人生在世有多少苦恼，从小到大、从生到死，我们不断地感受到各种各样的精神苦恼。

应该如何来解决这些精神苦恼，从而实现灵魂的无纷扰呢？伊壁鸠鲁认为，导致我们心灵产生纷扰的原因有三个：第一个原因是对自然中的各种异象感到恐惧，面对自然界的风雨雷电、山崩海啸，我们感到大惑不解，我们总以为是神造成了这些奇异的自然现象，所以在心理上对神产生了一种畏惧之情。这种对神的畏惧，对自然异象的不解，是造成我们灵魂纷扰的第一个原因。第二个原因是对死亡的恐惧，人生在世，谁不畏死？这种对死亡的恐惧，很多哲人都讨论过，死亡是哲学关注的一个永恒主题。我常常说，对死亡的恐惧有一种形而上学的根源，生活中的任何苦恼都有解决的办法，唯独死亡所引起的苦恼是没办法解决的，因为谁都不可能逃避死亡。从这种意义上说，我们对死亡的苦恼是一种形而上学的苦恼，它是在经验世界无法解决的。虽然我们现在仍然健康地生活着，但是对死亡的恐惧却时常萦绕着我们，使我们的心灵遭受苦恼的折磨。第三个原因，就是与他人的不和。大家都知道，人际关系的不和谐常常也是引起灵魂纷扰的一个重要原因。伊壁鸠鲁对于导致灵魂纷扰的三个原因的总结是非常有道理的，在他所生活的那个时代，这三个原因确实是引起人们精神烦恼的重要因素。

伊壁鸠鲁认为，既然哲学的目的就在于寻找生活宁静之道，那么它就要告诉我们如何能够克服上述这些引起灵魂纷扰的因素。如果把这些因素解决了，我们就可以达到灵魂的无纷扰，生活就宁静了，幸福也就获得了。针对这三个原因，伊壁鸠鲁提出的解决方案也很简单。面对着那些自然的异象，如电闪雷鸣、山崩海啸等，人们通常以为是自己得罪了神灵，致使神灵发怒了。而伊壁鸠鲁却是一个原子论者，他继承了德谟克利特的思想，试图用原子论来解决这个问题。他告诉人们，这个世界说到底就是由一大堆原子组合而成的。他并不否认神的存在，但却认为神只是存在于原子所构成的不同世界的缝隙之中，神从来不干预原子构成的世界。既然神不干预原子构成的世界，那么在世界里面的一切自然现象，如电闪雷鸣、山崩海啸等，都有其自然的原因，与神的喜怒哀乐不相干。因此，我们对于神灵没有什么值得恐惧的，这些都是自然现象，没有什么值得大惊小怪的。由此看来，我们可以说，伊壁鸠鲁虽然承认神的存在，但是实际上却把神从自然世界中赶出去了，让诸神只能生活在自然世界的缝隙之间。伊壁鸠鲁把神流放了，神只是徒有其名、形同虚设。从这种意义上说，伊壁鸠鲁实际上是古希腊时代的无神论者。

关于伊壁鸠鲁的原子论思想，我要顺便讲几句。伊壁鸠鲁是一个原子论者，但是他对德谟克利特的原子论有两点发展：第一，德谟克利特认为原子和原子之间没有性质上的差别，只有形状、排列方式方面的差别。但是伊壁鸠鲁又增加了一点，他认为原子除了形状和排列方式的差别之外，还有重量上的差别，正是重量上的差别使得原子在空中做各种不同的直线运动或偏斜运动。原子在虚空中的运动，受其重量的影响，原子的重量不一样，它们的运动速度也不一样。伊壁鸠鲁的这种观点可能是受了亚里士多德物理学的启发，它对于后世也产生了很大的影响。一直到近代早期，到伽利略的时代，人们仍然认为物体的运动速度是与它的重量成正比的。但是伽利略却对这个观点表示了怀疑，他在比萨斜塔上做了一个著名的实验，结果是两个重量不同的铁球同时落地。这个实验结果推翻了物体重量与运动速度成正比的传统观点，而这个传统观点最早可以追溯到亚里士多德的物理学和伊壁鸠鲁的原子论。

第二，德谟克利特由于过分强调必然性，所以在他的原子世界里只有直线运动。伊壁鸠鲁却认为，原子不只是在虚空中做直线运动，而且原子运动的轨迹可以发生偏斜。马克思当年的博士论文就是关于这个问题的。那么，伊壁鸠鲁的原子偏斜思想的意义究竟在哪里呢？最重要的意义就在于把偶然性加入了原子世界。德谟克利特的原子世界受到严格必然性的控制，原子只能在虚空中做直线运动，不可能出现偏斜，因为原子运动的轨道都是事先被决定的，这是一个完全按照必然规则而运行的机械论世界。但是伊壁鸠鲁却把原子的偏斜运动加进去了，这看起来好像是一个物理学问题，实际上却是一个哲学问题。因为偏斜就表示某种偶然性，偏斜运动是对必然性（直线运动）的偏离。当一个原子可能做直线运动，也可能发生偏斜时，偶然性就出现了。而在这种偶然性背后，潜藏着一种更重要的东西，那就是自由意志。原子为什么会发生偏斜？因为它是自由的，它可以自由地决定自己运动的轨道。这样一来，就把自由赋予了原子世界，从而突破了德谟克利特原子世界中的那种铁一般严格的必然性。在这里，实际上已经涉及自由与必然的关系问题。在德谟克利特的原子世界里是没有自由可言的，一切都是受绝对必然性的支配；但是，在伊壁鸠鲁的原子世界里，由于有了偏斜运动，所以已经暗示着原子可能具有自由意志。这样一种思想无疑是非常深刻的。当然，伊壁鸠鲁本人主要关注的问题，并不是自由与必然的关系，他只是想要说明，在一个充满了偶然性的自然世界中，一切事物都是变化无常的，这些变化与神没有任何关系，所以大家不必因此而惊慌失措。

对死亡的恐惧是引起灵魂纷扰的第二个原因，对此，伊壁鸠鲁却认为，死亡并不足以恐惧，他从认识论的角度说明了这个问题。在认识论上，伊壁鸠鲁也不同于德谟克利特。德谟克利特在认识论上是一个唯理论者，他把通过感官而获得的知识称为"暧昧性的认识"，只有理性思维对于原子和虚空的认识才是"真理性的认识"。但是伊壁鸠鲁却认为感觉才是最可靠的，感觉是真理的来源。感觉是真理的见证，是真理的报导者，因此，如果我们对事物的认识出现了偏差，错误不在于感觉，而在于理智对感性知识的错误理解。他认为，感觉从来不会骗我们，而且感觉也是无法驳斥的。因为相同的感觉无法反驳相同的感觉，不同的感觉也无法反驳不同的感觉，而理性就更加不能驳斥感觉，因为它与感觉完全不同，所以感觉是不可驳斥的，是最靠得住的。

既然感觉从来不会欺骗人，我们只能通过感觉来认识世界，那么我们就通过感觉来看看死亡到底是怎么一回事。伊壁鸠鲁认为，人活着的时候，从来没有感觉到死亡；而人一旦死了，就消散为一堆原子（按照原子论的观点，人也是由原子构成的，所以死了就意味着人消散为一堆原子），因此也就对死亡没有任何感觉。既然人活着的时候感觉不到死亡，死了以后又没有任何感觉，那么我们为什么还要对死亡感到恐惧呢？因此，无论是活着还是死了，我们都没有必要恐惧死亡。

你们想一想，我们之所以惧怕死亡，主要是因为什么？我认为，主要是因为死亡对于我们来说是一种未知状态，我们不知道死后是一种什么样的情境。如果我们生前确切地知道死后是一种什么样的状态，也许我们就不会那么恐惧死亡了，问题在于谁也没有从死亡那边回来过。所以，对死亡的恐惧主要来自我们不知道它是一种什么状态，说得更简单一点，对死亡的恐惧主要来自对死亡的无知。从这个意义上说，一个生活得再糟糕的人，也不愿意轻易死去。因为活得再不好，至少他知道是怎么不好，而对死亡他却一无所知，因此"好死不如赖活"。但是伊壁鸠鲁却肯定地告诉人们，死亡无非是人消散为一堆原子，人死以后连感觉都没有了，还有什么值得恐惧的呢？尽管伊壁鸠鲁对死亡的解释并不能令我们满意，但是这种解释至少在理论上可以消除人们对死亡的恐惧。

引起灵魂纷扰的第三个原因是人际关系的不和。对此，伊壁鸠鲁认为，这个问题更容易解决了。用今天时髦的话来说，伊壁鸠鲁主张构建一个和谐社会来消除人际关系的不和。这个和谐社会是一个公正的社会，这个公正的社会是通过什么建立的呢？伊壁鸠鲁认为是通过社会契约建立的，伊壁鸠鲁是继普罗泰戈拉之后再次明确表述了社会契约论思想的哲学家。他认为，如果人们通过一种契约来建立社会，大家都按照契约所制定的规章制度办事，人们之间就不会有什么太多的人际麻烦了，人际关系也就和谐了。退而论之，如果这个方案解决不了问题，大家都不遵守契约，那么我至少还可以退出这个社会，独善其身。我可以保持自己心灵的自由，潜心地研究自己的哲学，与世隔绝，这样也可以避免与他人之间的纠纷。当然，这是一种消极的办法，但是却可以保持自己的灵魂不受人际关系的纷扰。

伊壁鸠鲁关于消除灵魂纷扰的方案，总的来看是比较消极的，表现了一种通过逃避苦恼而获得快乐或幸福的思想。当然，在伊壁鸠鲁本人那里，也有一些积极的成分，他至少还鼓励人们通过对世界本质（原子）的认识来超越恐惧和纷扰。但是到了后世，伊壁鸠鲁学派的传承者们就使他的思想越来越具有了一种消沉的特点。伊壁鸠鲁的弟子们把伊壁鸠鲁伦理学概括为医治心灵的"四药方"，那就是"神不足惧，死不足忧，乐于行善，安于忍恶"。这表现了一种逆来顺受的人生态度和无可奈何的情绪特点。再往后，到了罗马共和国晚期，伊壁鸠鲁主义竟被发展成为一种醉生梦死的纵欲主义，成为与斯多葛主义针锋相对的人生哲学。

斯多葛主义

和伊壁鸠鲁主义一样，斯多葛主义也是产生于希腊化时代、后来流行于罗马世界的一个哲学流派。斯多葛学派可以分为早期斯多葛学派和晚期斯多葛学派，早期最初的创始人名叫芝诺，但是不要与那位诡辩论者芝诺相混淆，而是另一位出生于塞浦路斯岛的芝诺（Zeno，约前334—约前262）。这位芝诺与伊壁鸠鲁基本上是同时代的人，他们面对的时代精神也是相同的。芝诺早年潜心于赫拉克利特哲学，特别推崇赫拉克利特关于逻各斯和火的学说；后来又仰慕苏格拉底的思想风采，并且对犬儒学派、麦加拉学派等小苏格拉底学派进行了研究。在此基础上，芝诺开始自立门户。公元前294年，他在雅典开创了自己的学派，这个学派最初设在一个有壁画的长廊下，在希腊语里，"画廊"（στοά）一词发音为"斯多葛"，所以这个学派就被叫作斯多葛学派，即画廊学派。

芝诺以及早期斯多葛学派所关心的问题与伊壁鸠鲁主义相同，都是要探讨如何追求心灵的宁静，以一种不动心的态度来面对世界上的纷扰万象。但是，斯多葛主义者所主张的具体路径与伊壁鸠鲁主义者不同，他们的观点似乎更加消沉一些。面对世界时保持心灵的宁静和不动心，这是一种很好的姿态，但是，如何能够达到这种不动心的精神状态呢？那

芝诺（约前334—约前262）

是需要一些方法的，斯多葛主义者和伊壁鸠鲁主义者都在寻找这些方法。总的来说，伊壁鸠鲁主义的态度更加富有人情味一些，它甚至最终引起了纵欲主义的嫌疑；而斯多葛主义的态度就要悲观得多。相比之下，早期斯多葛学派比晚期斯多葛学派更加理智一些，对于生活的拒绝或者在禁欲主义方面也不是走得那么远；但是晚期斯多葛学派就完全走向了禁欲主义的极端，从而最终形成了与伊壁鸠鲁主义针锋相对的一种思想潮流。

早期斯多葛学派主要还是发展了赫拉克利特的思想，在此基础上发展出一套伦理学理论。早期斯多葛主义者把赫拉克利特的火说成是一种有灵魂、能思想的神秘之火，而逻各斯就是这世界大火背后的一种理性精神，即世界理性。我们每个人作为世界中的一分子，和万物一样分有了世界理性，我们的心灵就是那个世界理性的一点火花，具有理性精神。早期斯多葛学派反对奴隶制，在政治上属于亲马其顿党，他们认为城邦与城邦之间没有什么区别，四海之内皆兄弟，大家都一样，都是理性的一种体现。因此人与人应该平等，不应有阶级和城邦之分。这是一种世界主义的平等观点。在伦理学上，早期斯多葛学派强调人应当服从逻各斯，而逻各斯就表现为支配每个人的命运，所以人应该服从命运。人在面对命运时，不要去抗争，不要去反抗，而应该逆来顺受，这才是保持心灵平静或不动心的灵丹妙药。反之，人越是与生活相抗争，他就会越痛苦。无论是残酷的命运，还是通达的命运，人都应该坦然处之，这样他才能真正地获得自由。

由此看来，早期的斯多葛主义者把自由理解为对命运的服从，如果说命运意味着某种不可抗拒的必然性，那么对命运的服从就是自由。这种观点，即把自由理解为对必然性的认识和服从的观点，在近代的一些思想家，如斯宾诺莎、黑格尔甚至马克思等人那里，都多多少少地有所表述。即便是在今天大家所学的马克思主义哲学原理中,仍然是这样来理解自由的。斯多葛学派认为,命运是逻各斯,而逻各斯就是世界理性,就是世界的本质或形式,即普遍必然性的客观规律。面对着这种世界理性或规律,我们只能认识它、遵循它、按照它来办事,这就叫作自由。当然,斯多葛学派的自由观显得更加消极一些,他们只是从伦理学的意义上来理解自由,强调认识世界的目的不在于改造世界,而在于顺其自然,服从命运,随波逐流,逆来顺受。这是一种消极理解的自由,不同于我们今天这种人定胜天的自由,当然我们今天这种略带一点狂妄意味的改造世界的自由观,仍然是以客观地认识世界作为前提的。

斯多葛学派认为,一个人顺应自然、服从命运,这就是道德的生活,而道德的生活就是幸福的生活。斯多葛主义和伊壁鸠鲁主义一样,都追求幸福,但是他们对于幸福的理解是不一样的。伊壁鸠鲁主义把幸福理解为快乐,快乐即幸福。虽然伊壁鸠鲁本人与他的继承者们对于快乐的理解是不同的——伊壁鸠鲁认为快乐就是身体无痛苦和灵魂无纷扰,而他的继承者们却逐渐把快乐演变为一种放浪形骸的纵欲主义——但是总的来说,伊壁鸠鲁主义认为快乐即幸福。斯多葛主义者也追求幸福,但是他们却反对快乐即幸福的观点。那么,斯多葛主义者认为什么是幸福呢?他们主张,美德即幸福。由此可见斯多葛主义与伊壁鸠鲁主义之间的差别,它们二者,一个把美德等同于幸福,一个把快乐等同于幸福,这样就导致了美德与快乐之间的对立。所以到了后来,伊壁鸠鲁主义者就逐渐被人看作享乐主义者或纵欲主义者,而斯多葛主义者则被人看作道德主义者或禁欲主义者;前者追逐声色犬马的享乐,后者追求超凡脱俗的道德。这种伦理学上的幸福观之所以发展到形同水火的对立状态,固然与后世人们对伊壁鸠鲁主义的部分误解有关,但是在伊壁鸠鲁的快乐观中也或多或少地包含了某些容易引起人们误解的因素，这也是不可否认的。

罗马共和国末期的一位元老院元老、著名的思想家和雄辩家西塞罗（Cicero，前106—前43）在把希腊的斯多葛主义介绍到罗马世界的过程中起了很大的作用。面对着罗马共和国晚期世风日下、人心不古的堕落景象，胸怀古典式道德主义理想的西塞罗感慨良多，因此对斯多葛主义的伦理学思想颇有好感。虽然他本人是一个新柏拉图主义者，但是他非常推崇斯多葛主义关于"美德即幸福"的观点。由于西塞罗的中介作用，斯多葛主义在罗马世界开始广泛流传，尤其是到了罗马帝国时期，当踌躇满志、以世界主人自居的罗马人在源源不断的外省财富和东方享乐主义的腐蚀下日益颓丧堕落下去的时候，作为一种回应姿势，斯多葛主义的观点也变得越来越偏激，消极避世的色彩也越来越显著。我们把这一时期的斯多葛主义归入晚期斯多葛学派，它的主要代表是三位非常有意思的人物，一位是罗马大臣塞涅卡，一位是获释的奴隶爱比克泰德，还有一位是罗马皇帝奥勒留。他们三个人的基本观点都是主张服从命运，只不过一个比一个更加悲观、更加沮丧。

我刚才说过，到了罗马共和国末期和罗马帝国时期，在罗马世界中出现了一种人欲横流的景象，不可一世的罗马人深深地陷入了纵欲主义的泥淖中，整个罗马帝国已经堕落为一个纸醉金迷、声色犬马的罪恶渊薮。面对着这样一种堕落，斯多葛主义者仍然坚持美德，但他们又没办法改变这个社会，于是就只能在哀叹之余采取洁身自好的避世态度，从而把早期斯多葛主义的美德观推向了一种极端的消极状态。这种极端的消极状态既是对现实世界的一种彻底唾弃，同时也就把希望指向了另一个世界。这样一来，晚期斯多葛主义的避世主义就与早期基督教的天国理想联系起来。既然此生此世是没有希望的,现实世界就是一个人欲横流的巴比伦*,在这种情况下,一个斯多葛主义者所能做的,就只有与浑浊的世俗潮流一刀两断,坚持一种出于淤泥而不染的美德生活,并且把全部的希望都寄托于彼岸。

但是,斯多葛主义毕竟不是基督教的学派,它还没有公然宣扬一种天国理想,宣扬灵魂只有在摆脱了肉体、超越了这个罪恶的世界以后才能享受光明纯洁的幸福这种唯灵主义的神学观点。它只是对现实世界采取了一种决不同流合污的唾弃态度,所以就显得格外的消极悲观。斯多葛主义和基督教的相同之处就在于它们都唾弃了现实世界,而它们的不同之处则在于,基督教已经明确地提出了一个天国作为人们灵魂向往的目标,而斯多葛主义还没有明确地提出这样一个彼岸理想,它只是主张人们要顺应自然、服从命运,此外一切,都是白搭。

晚期斯多葛学派的三位主要思想家都生活在公元1世纪到2世纪这一段时间。塞涅卡(Seneca,约前4—65)是罗马帝国著名暴君尼禄皇帝的老师和大臣,曾一度声名显赫,一人之下,万人之上,享尽了荣华富贵,后来却由于遭到尼禄的嫉妒而被赐死。塞涅卡的基本观点是,我们始终都是被命运所控制的,命运就是神的意志的体现,因此服从神的意志就是自由。他有一句名言:"愿意的被命运领着走,不愿意的被命运拖着走。"不管你愿不愿意,反正你最终都得跟着命运走。如果你愿意,就是说你认识到了神的意志和命运,你就会顺应命运而行,这就叫作自由;反之,如果你不认识命运,到头来就只能被命运硬拖着向前走,这是一种悲惨的状况。根

---

* "巴比伦"在西方文化语境中常常是指一种纵欲主义的渊薮,或者邪恶的堕落之都。

据这种服从命运的思想，塞涅卡主张对各种世俗诱惑都应该保持一种不动心的态度。据说他每天晚上睡觉之前，都要对灵魂进行反省，以消除心中各种卑污的杂念，从而进入一种与神进行精神交合的神秘境界。但是在现实生活中，他却从来也不忘敛聚钱财，最后竟招致了杀身之祸。倘若他果真能够对斯多葛主义的思想观点身体力行，最后可能也不至于落得如此悲惨的下场。这样一位身世显赫的人物，竟然会大力宣扬悲观避世的斯多葛主义，这确实是一种绝妙的讽刺。

晚期斯多葛学派的第二位思想家是爱比克泰德（Epictetus，约50—约135），他原来是一个奴隶，后来因才华出众而被主人释放为自由人。当时在罗马，许多文化方面的工作都是由奴隶来从事的。黑格尔在《历史哲学》里面曾经讲过，希腊的一些奴隶被卖到罗马之后，就成为罗马的诗人、哲学家、家庭教师和工场监督。在罗马共和国时期，一般有身份的罗马公民都不愿意从事文学和哲学方面的研究，他们只热衷于战争和劫掠，不屑于这些无利可图的文雅事务。于是，罗马的奴隶尤其是从希腊贩卖来的奴隶，就成为罗马社会中最有教养的人。据记载，荷马的著名史诗《奥德修纪》，最初就是由一位担任罗马人家庭教师的希腊奴隶在公元前3世纪翻译为拉丁文的，从此才拉开了拉丁文学的序幕。

爱比克泰德由于是奴隶出身，经历过很悲惨的生活，所以养成了一种坚忍的精神，能够忍受各种痛苦。安于忍恶，这本来也是伊壁鸠鲁主义的观点，晚期斯多葛主义者却把它发展到极致。爱比克泰德认为，人应该学会忍受各种苦难，即使是面对一个罪恶的世界，也不要去反抗，而应坚定不移地服从命运的安排。他大力宣扬一种宿命论，认为人生的一切兴衰泰否、悲欢离合都是命运注定的，人不要去做徒劳的反抗。当我们面对各种灾难的时候，应该懂得，使我们恐惧的不是灾难本身，而是我们对待灾难的态度。这样一来，我们就不会在灾难面前感到恐惧了。他认为，如果一个人面对灾难而怨天尤人，那么这说明他完全没有教养；如果他面对苦难时并不怨天尤人，只是责怪自己，那么这说明他已经开始进入教养的状态；如果他面对苦难时既不怨天尤人，也不责怪自己，而是完全听天由命，坦然处之，那么这说明他已经成为一个有教养的人。爱比克泰德的这种观点固然很消极，但是也显示了一种常人难以达到的极高修养境界。我们在遭受苦难时往往喜欢怪罪他人，或者埋怨自己，很少有人能够顺其自然、无动于衷的。

爱比克泰德的另一个著名观点是，人生在世就如同演员在戏台上一样，一切剧情早已被导演规定好了，这人生的导演就是无所不在的命运。一个人活得长还是活得短，活得好还是活得赖，这些早就被注定了。因此人生在世就像演员演戏一样，你是演三场还是演五场，演主角还是演配角，都是早已规定好了的，因此没必要为这些事情斤斤计较。反正到头来终究都会鸣锣下场，无论是一个威风凛凛的主角，还是一个不起眼的跑龙套的，最后都是要下场的。从这种意义上说，人生在世无所谓好坏之分，活得长活得短都是一样的。面对人世间的一切兴衰泰否，都应坦然处之，不要与罪恶相抗争，也不要试图改变命运。这种对一切变故和苦难都不动心的态度，才是生存的最高境界。爱比克泰德以一种极其深刻的悲观口吻说道："好好地运用在我们能力范围之内的东西，别的就听其自然吧。"这句话既令人不禁悲从中来，同时也在我们内心深处激起了许多意蕴绵长的反思。

第三位哲学家名叫马可·奥勒留（Marcus Aurelius，121—180），他是一个罗马皇帝，也是三位晚期斯多葛主义者中思想最消沉的人。奥勒留的特点是，以位极至尊的皇帝身份，用极其优美的文笔，表述了对人生极度悲观的态度。柏拉图曾经认为，如果哲学家不能成为国家的统治者,或者国家的统治者不同时也是哲学家,那么国家就不得安宁。但是我们看到,在整个西方哲学史上,同时既是统治者又是哲学家的人,只有奥勒留这么一位,而且他还是一个充满了悲观忧郁色彩的斯多葛主义哲学家。

罗马帝国自从开创者屋大维死后,先后经历了好几位荒唐放纵的皇帝的统治,把屋大维创立的基业都快毁败完了。到了公元

马可·奥勒留(121—180)

1世纪末叶,图拉真出任皇帝后,罗马帝国进入一个中兴时期,连续出现了五个比较贤能的皇帝,而马可·奥勒留就是这"五贤帝"中的最后一位。奥勒留死后,罗马帝国就一发不可收拾地堕落下去,因此在罗马帝国的历史中可以把奥勒留看作一个分水岭。在他统治期间,罗马帝国内部的社会矛盾已经明显地暴露出来,东方帕提亚人和北方日耳曼蛮族的外部威胁也日益加剧。

奥勒留本人虽然是一个皇帝,但是他却对哲学非常感兴趣,一生戎马倥偬,政务操劳,却始终未能妨碍他进行哲学思考。面对着曾经辉煌一度、而今却是江河日下的罗马帝国,身为一国之君的奥勒留心中有着说不尽的辛酸苦恼,或许正是这种切身的感受,使得他对斯多葛主义情有独钟。一个到了九五之尊的人,如果悲观起来,可能要比所有其他人的悲观主义来得更加彻心透骨。一个穷人的悲观主义是可以通过发财致富而改变的,一个臣属的悲观主义是可以通过地位跃升而改变的,但是一位皇帝的悲观主义却是无药可治的,

第六讲 希腊哲学的衰颓 209

那是一种源自灵魂深处的刻骨铭心的悲观主义。从某种意义上说，主人的苦恼有时候来得比奴隶的苦恼更加可怕，饱食终日所产生的百无聊赖感，往往要比饥肠辘辘时的烦恼更加难以医治。世界上最值得同情的人，或许并不是那些悲观的穷人，而是像奥勒留这样的悲观的皇帝。

奥勒留的悲观主义源于他把世间一切都看透了。在他眼里，人不过是浩渺苍穹之间一小点微不足道的尘埃，时流忘川之中的一个转瞬即逝的可怜虫。宇宙在时间上是延绵无尽的，在空间上是浩瀚无边的，而我们每个人却在如此广阔的空间和如此漫长的时间的交汇点上偶然地出现了，因此生存不过就是弹指一挥间的事情。如果这样想一想，我们自然就会看破红尘，窥透人生，世间还有什么东西舍不得抛弃？还有什么功名利禄值得去为之奋斗？还有什么悲哀苦楚不可以超脱？既然人生在世不过就是时空交汇的一瞬间，那么一切试图改变命运的努力都是徒劳的，就如同蚍蜉撼树、螳臂挡车，不过是痴心妄想罢了。另一方面，奥勒留又极力强调宇宙各环节之间的普遍联系，任何一个环节遭到了破坏，就会牵一发而动全身，从而扰乱整个宇宙的秩序。因此，我们既不可能反抗命运，也不应该反抗命运，一切都应顺其自然，安于现状。

奥勒留是一位文笔优美的哲学家，他的那些悲观主义思想通过美妙无比的语言表述出来，具有震撼人心的巨大力量。下面我引用他的《沉思录》中的一些原文，大家可以从中领略一下这位皇帝哲学家的思想风采。

在描述人生的意义时，他这样写道：

> 在人的生活中，时间是瞬息即逝的一个点，实体处在流动之中，知觉是迟钝的，整个身体的结构容易分解，灵魂是一涡

流,命运之谜不可解,名声并非根据明智的判断。一言以蔽之,属于身体的一切只是一道激流,属于灵魂的只是一个梦幻,生命是一场战争,一个过客的旅居,身后的名声也迅速落入忘川。

这段表述非常悲观,但是也很有意蕴,令人回味无穷。在奥勒留看来,人和万物一样,都处于永恒的轮回之中,一百年也好,两千年也好,实际上都是一样的。我们活一百年还是活两千年,这并没有什么实质性的区别,因为一切都在轮回之中,所以长生不死者和朝生暮死者经历的都是同一个过程。这种人生见解就如同中国的庄子在《逍遥游》里所表达的那种极高深的思想,大椿的八千岁春秋与朝菌的朝暮间生死并没有什么太大的差别,都不过是生死一幕而已。奥勒留强调,我们所拥有的只是现在,除现在之外,我们一无所有,当然也就一无所失。

在谈到生命的谢幕时,他用极其优美的语言说道:

总之,要始终注意属人的事物是多么短暂易逝和没有价值,昨天是一点点黏液的东西,明天就将成为木乃伊或灰尘,那么就请自然地通过这一小段时间,满意地结束你的旅行,就像一颗橄榄成熟时掉落一样,感激产生它的自然,谢谢它生于其上的树木。

这样一段充满诗意的文字,令人刻骨铭心,难以忘怀。这里所表达的那种看穿一切的悲观弃世思想,自然很容易成为基督教关于彼岸福音的一部前奏曲。此生此世既然不值得留恋,那么人生的所有过程都不过是为了另外一个世界做准备。斯多葛主义表达了一种悲观主义的人生态度,而基督教则接着斯多葛主义把这段悲观的人生故事引向了一个乐观的结局，那就是至善状态的天国。

怀疑主义

希腊化时代出现的第三个哲学学派，就是怀疑主义。怀疑主义与上面所讲的那两个完全沉溺于伦理学的哲学学派不一样，它或多或少还保留了一些纯思辨的东西。早期怀疑主义的代表就是该学派的创始人皮浪（Pyrrhon），他生活在约公元前360年至约公元前270年之间，活了大约90岁。皮浪是一个非常有意思的人，他最主要的思想是"不做任何决定，悬置判断"。也就是说，我们对任何事情都不要做出判断，不要说是，也不要说不，因为只要你说了什么，你肯定就会陷入矛盾之中。皮浪继承了普罗泰戈拉的观点，认为任何理论都有相反的说法，所以如果你对一件事情说是，别人肯定也可以说不。古往今来，大家对各种问题争执不休，永远不可能达到统一的观点。这恰恰说明，我们不应该轻易地对任何事物下判断，而是要始终保持一种不做决定的姿态。

皮浪同样也把这种怀疑主义的认识论观点落实到伦理学中，认为这种悬置判断的做法就是最高的善，它可以带来灵魂的安宁。皮浪与伊壁鸠鲁主义者和斯多葛主义者一样，都致力于追求灵魂安宁，但是他所说的灵魂安

皮浪（约前360—约前270）

宁，既不是通过伊壁鸠鲁的快乐主义，也不是通过斯多葛学派的禁欲主义，而是通过对任何事物都不做判断的途径来实现的。皮浪指出，我们的灵魂为什么老是不得安宁？就是因为我们老是喜欢做判断，而当我们的判断与别人的观点处于对立状态时，当我们发现有人反对我们的观点时，我们就会陷入混乱和苦恼之中。可见，我们苦恼的根源，就在于我们太爱做判断；而要想避免苦恼，获得心灵的安宁，就应该对任何事情都采取不做决定、悬置判断的态度。

皮浪的怀疑主义比后世的怀疑主义更加彻底的地方，就在于他不仅在理论上进行怀疑，而且在行为上身体力行。对待现实生活，他同样也是不做决定、悬置判断，因此经常处于危险之中。据说有一次，皮浪在海上航行，遇上了风暴，船颠簸得非常厉害，船上的人都惊慌失措，皮浪却指着一头正在安静吃食的猪说，聪明人应该像这头猪一样，不做判断。据他的传记所言，皮浪一生中在行为上也不做判断，不躲避任何危险，无论是被狗咬还是被车撞，都无所谓。所以他的朋友们始终跟着他，随时要把他从危险中救出来。但是也有另外一种说法，认为皮浪只是在理论上对任何事情不做判断，在现实生活中他却是非常谨小慎微的，以至活了约90岁。这两种对立的说法何者更加可信，这只能由你们自己来判断了。

到了罗马帝国时期，出现了一些晚期怀疑主义者，如埃奈西德谟（Aencsidemus）、阿格里帕（Asrippa）、恩披里克（Empiricus）等人，这些人的名气不是很大，他们的主要贡献就是提出了怀疑主义的十个老论式和五个新论式。这些论式都很简单，但是也比较系统，实际上是对早期怀疑主义不做决定、悬置判断的观点进行的论证，说明为什么我们不应该对事物做出判断。十个老论式的目的是要说明感性知识的不可靠，五个新论式的目的则是要说明理性知识的不可靠。

晚期怀疑主义者的十个老论式是:(1)不同的动物有不同的器官结构,因此对于同一事物会有不同的感觉。例如,一条狗对于某一事物的嗅觉就与我们不同。(2)作为同一物种的人类,由于各自的身体状况不一样,所以对于同一个事物的感觉也不一样。例如,色盲者所看到的事物颜色就与我们看到的不同,音乐家所听到的声音也与我们听到的不同。(3)当人用不同的感官去感觉同一事物时,所得到的感受是不同的。我们小时候听过的"盲人摸象"故事就说明了这一点。(4)同一个人处于不同的身体状况或精神状况时,对于同一事物的感觉也不同。例如,当我们分别处在心情愉快和心情悲伤的精神状态时,对同一幅景象的体会往往是不同的;当我们身体健康和疾病缠身时,对同一种食物的感受也是不同的。(5)同一个人在不同的位置、距离、角度来观察同一事物,所得到的感受是不同的。这就像苏东坡在《题西林壁》中所写的:"横看成岭侧成峰,远近高低各不同。不识庐山真面目,只缘身在此山中。"(6)当被感觉的对象与其他事物混杂在一起的时候,我们对它的感觉会不一样。例如,"鹤立鸡群""鱼目混珠"等成语都是从不同的角度来表达这个道理。(7)被感觉对象本身处于不同的状态时,给予我们的感觉也不一样。例如,雪在飘落的时候是白色的,但是当它结成冰以后,却变成透明的了。(8)被感觉对象的某些性质是相对的,所以我们对它的感觉也是相对的。比如,一只变色龙一会儿变成这种颜色,一会儿又变成了那种颜色,因此我们很难说清楚它到底是什么颜色。(9)被感觉对象出现的频繁还是稀少,也影响我们对它的感觉。越是稀罕的东西,我们对它的印象就越强烈;而经常出现的东西,我们往往就熟视无睹了。(10)在不同的风俗习惯、伦理道德、法律制度下生活的人,对于同一个事物的看法是不一样。例如,在文明社会中,杀人是有罪的;而在野蛮部落中,杀人却是值得荣耀的。从以上十个论式来看，除了最后一个涉及社会环境外，其他的都表明了感觉的相对性，因此感性知识是靠不住的。

如果说十个老论式论证了感觉的不可靠，那么五个新论式则揭示了理性的矛盾。这五个新论式是这样的：（1）千百年来，以认识世界为己任的哲学家们始终在争论着各种问题，无法形成统一的观点，这恰恰说明，世界本身是不可知的，没有任何一种理论是真理性的。（2）要确定某一个对象为真，就必须为它提供一个根据，但是这个根据本身又需要一个根据，以此类推，就会陷入根据的无穷上溯，因此我们无法论证任何问题。（3）事物总是处在各种各样的关系之中，既包括事物与其他事物的关系，也包括事物与作为观察者的我们之间的关系，这种复杂的关系使我们无法认识事物的真相。这种观点有点接近于现代物理学中的测不准定理，它表明真正的客观性是不可能达到的。（4）我们要论证一个命题又不想陷入上述根据的无穷上溯，就必须假定某种公理，一旦假定了某个命题是公理，我们就可以不再追问它的根据了，因为公理本身是无须论证的。但是如果你假定了一个公理来支持你的论证，那么与你观点相反的人也同样可以假定一个相反的公理来支持他的论证，这样就会陷入一种公理的矛盾之中。比如，我要证明唯物主义的观点，我就假定了这样一条公理，即世界最初是一团混沌的物质，然后我在这条公理的基础上论证，世界上的所有东西，包括精神，都是在这些原始物质的基础上发展起来的。然而，一个有神论者却同样可以假定，世界最初是由某种精神性的实体——上帝创造的，《圣经》里就明确地记载，上帝在六天之内创造了万事万物，包括我们人类本身。这两种公理或者假定——世界是物质的和世界是精神的——是相互对立的，但是它们彼此之间却谁也无法驳倒谁，因为它们都是无法论证的公理，都是一种理论上的假设。另一个例子更加具有说服力，大家知道，欧几里得几何学是建立在五条公理之上的，其中第五条公理表述为：过直线外一点只能做一条与该直线平行的直线。如果我们改变这条公理，提出一种相反的假设：过直线外一点可以做无数条与该直线平行的直线，那么整个欧几里得几何学体系就会被颠覆。事实上，现代非欧几何学正是这样建立起来的，它成为一个与欧几里得几何学相矛盾、却适用于弯曲空间的宇观世界的几何学体系。由此可见，公理之间的相互矛盾与论证根据的无穷上溯一样，都表明了理性本身的困境。（5）如果我们既不能通过根据的无穷上溯，也不能通过假设一种公理来进行论证，那么就只剩下一种方法，这就是使结论与根据互为因果的方法，即用一个根据来论证结论，再反过来用这个结论来论证那个根据。但是这种方法同样令人失望，因为它明显地陷入了循环论证的陷阱之中。从以上五个新论式来看，一切理论论证都是徒劳无效的，不是深陷于根据的无穷上溯，就是无法保证对象的客观真实性；逃脱了公理之间的相互矛盾，又落入了互为因果的循环论证。因此，理性知识同样是靠不住的。

正是由于感觉和理性都靠不住，所以我们对待世界的正确态度就应该是不做任何决定，悬置判断。当然，在晚期怀疑主义者的这些论式中，尤其是在十个老论式中，难免有以偏概全、混淆视听之嫌，利用某些感觉的相对性来否定一切感性知识的有效性。但是，他们关于理论矛盾的观点却是非常高明的，有些看法实际上已经触及极其艰深的逻辑悖论和公理系统问题，这些思想一直到今天仍然是非常具有启发意义的。这其中的一些深奥含义，还有待你们日后去慢慢品味。

当然，怀疑主义者根据这些论式从根本上否定了知识的有效性，这个结论是有问题的，而且也违背了他们不做判断的基本立场，因为断定知识是无效的，这本身也是一种判断。由此看来，我们根本就不可能完全悬置判断，因为不做决定本身就是一种决定，即决定不做决定。在这里我们可以看到，怀疑主义者与早先的智者派一样，当他们把怀疑主义推向极端的时候，结果也把自己的墙脚给挖掉了，使自己成为飘浮在空中的无根之物。

作为一种哲学思辨，怀疑主义无疑是非常高明的，它的思想锋芒既深刻又尖锐，所以古往今来的一切独断论和实在论都非常厌恶和害怕怀疑主义，因为它的锐利锋芒总是直接指向独断论的根基要害之处。但是由于彻底的怀疑主义本身就是一种无根的东西，它之所以能够猛烈地攻击独断论的要害，就是因为它自身是飘忽不定的、无须防守的。这种优势同时也是怀疑主义的致命弱点，一旦它摧毁了独断论的坚固堡垒之后，它自己也就无以依存了。因此怀疑主义在哲学史上总是昙花一现，总是在埋葬自己敌人的同时，成为一个悲壮而又滑稽的殉葬者。

罗马帝国时期的哲学过渡形态

哲学主题的转化

希腊化时代的三大学派一直延续到罗马帝国时期，其中的伊壁鸠鲁主义和斯多葛主义构成了贯穿于整个罗马帝国的两个最主要的思想学派。罗马这个民族是缺乏基本的哲学素养的，一直到公元前1世纪罗马共和国行将结束的时候，罗马人都没有创立起自己的哲学思想，他们只是从希腊人那里沿袭了一些较为浅薄的哲学思想，特别是囿于伦理学的伊壁鸠鲁主义和斯多葛主义。

我在前面已经讲过，伊壁鸠鲁主义和斯多葛主义在罗马帝国时期演变为两个针锋相对的思想流派，前者被看作一种放浪形骸的快乐主义，后者则被看作一种克制欲望的道德主义。这两个学派都追求幸福，但是它们对于幸福的理解却是正好相反的。伊壁鸠鲁主义认为快乐即幸福，虽然伊壁鸠鲁本人把快乐说成是肉体的无痛苦和精神的无纷扰，但是这种关于快乐的审慎定义很快就被误解了，到了罗马帝国时期则演化为一种肉体的放纵。潜心于精神性的沉思冥想，这固然可以叫作快乐，但是放浪形骸、声色犬马，同样也是一种快乐。可见"快乐"这个概念是很容易引起误解的。与伊壁鸠鲁主义相反，斯多葛主义认为美德就是幸福，一个人有了道德也就有了幸福。这种把美德与幸福相等同的观点当然具有一种崇高的意味，它使我们想起了苏格拉底这样的古代圣贤，同时也使斯多葛主义在人欲横流的罗马帝国具有一种"出淤泥而不染"的道德优越性。

虽然斯多葛主义这种超凡脱俗的道德主义与罗马帝国盛行的奢靡风气是直接对立的，但是它与正在罗马帝国境内悄悄生长的基督教有着密切的精神联系。基督教由于向往一种彼岸的灵魂得救的福音，所以对罗马帝国的物质主义和功利主义采取鄙夷态度，这样它就与斯多葛主义有了一种精神上的默契。斯多葛主义虽然不是基督教的学派，但是它构成了基督教人生观和伦理学的一个很重要的思想来源。

希腊化时代产生的这三大学派，无论是哪一派，都具有明显的伦理学倾向。伊壁鸠鲁学派和斯多葛学派就不用说了，即使是怀疑主义，虽然具有更多的智性成分，但是最后的落脚点仍然是幸福问题，只不过怀疑主义者认为幸福既不在于快乐，也不在于美德，而在于对各种事物不做判断。由此我们可以看到希腊哲学正在发生一种转变，即从追问本原、实在等背后的东西转向了关注当下呈现的人生感受，从自然哲学和形而上学转向了人生哲学和伦理学。哲学不再关心世界的本原是什么，而是追问生存的意义是什么。这种生存论的转向就直接导出了后来的基督教哲学。

如果说城邦时期希腊哲学的主要特点就在于它极力追寻客观实在，追求某种形而上学的知识，这些抽象而玄奥的知识与人的当下生存并没有什么直接的关系，那么希腊化时代的哲学以及后来发展起来的基督教哲学则把人的生存问题当作主要关注的对象，它们更多地是从人的现实生存状态出发而进行一些哲学思考，它们并不考虑那些与我们的生存状况不相干的世界本原。就这种差别来说，希腊哲学是自然哲学和形而上学，伊壁鸠鲁主义、斯多葛主义和基督教哲学却是生存哲学，它们都是在与人的生存状况直接相关的背景下来考虑哲学问题的。

借用黑格尔的概念来说，如果希腊哲学表现了一种客观精神，那么基督教哲学就表现了一种主观精神；希腊哲学关注客观的世界本原，基督教关注主观的人类精神。但是这种主观的人类精神在基督教哲学中却被当作了或者异化为一个绝对的客观精神，即全知全能全善的上帝，他取代了希腊哲学的客观本原，成为整个世界——包括自然世界和人类社会——的终极根据。基督教的上帝与希腊哲学的世界本原既有联系又有区别，它们的联系在于，二者都是现象世界背后的东西，都是起决定作用的终极实体。那么它们的不同之处在哪里呢？就在于基督教的上帝与人的生存状况直接相关，而希腊哲学所追寻的那些本原，无论是原子还是理念，都与我们的生存状况漠不相关。

正是由于这样，所以基督教的上帝作为万事万物最后的本质或实体，其本身就具有明显的人性特点。他是一个人格化的上帝，具有人类的理性、意志和情感。按照《圣经》的说法，上帝按照自己的形象创造了人类,所以我们在各方面都与上帝相似。到了19世纪,当一些理性主义的思想家开始批判地考察基督教时,他们又公然主张,不是上帝创造了人,而是人创造了上帝;不是有什么样的上帝就会有什么样的人,而是恰恰相反,有什么样的人就会有什么样的上帝。上帝只不过是人类自身本质的抽象化,然后人类把这个抽象的本质客观化、对象化,再对它进行顶礼膜拜。这就是19世纪德国著名哲学家费尔巴哈关于宗教异化的观点。无论是按照《圣经》的说法,还是按照费尔巴哈的观点,上帝作为万物的本原都不同于希腊哲学的那些本原,他不是一个纯粹客观的实体,而是一个客观化了的主观精神,是人的本质的一种客观化或异化。

希腊哲学表现了一种客观精神,而基督教哲学表现了一种主观精神,正是由于有了这种差别,所以到了近代哲学,才出现了主客观精神相统一的合题。因此,我们在后面就会看到,近代哲学重点关注的既不是客观的世界本原,也不是抽象的主观精神,而是主观精神与客观世界之间的关系,这就是认识论问题。哲学主题的这个发展和转化过程是一步一步实现的,这就像我们的思维发生过程一样。我们每个人在儿童时期首先关注的是对象,而不是自身,当你第一次睁开眼睛的时候,你看到的东西是你眼前呈现出来的世界,而不是你自己。然后当我们对客观世界的认识发展到一定程度的时候,我们才开始反过来认识我们自身,才开始有了自我意识,这当然是一个非常重要的提升和转折。再往后,我们就开始考虑自我与对象的关系,开始反思在自我意识中呈现出来的客观世界,从而形成一种关于世界与自我之关系的意识。所以从这种意义上说,个体意识的发展过程与哲学史的发展过程是完全一致的,个体发生学与种类发生学具有逻辑上的同构性。

现在我们所要面对的,就是从希腊哲学向基督教哲学的转向,即从客观精神向主观精神的转向。在这个转向的过程中，希腊化时代的三大学派起到了一个非常重要的承先启后作用。正是由于他们把哲学从天上拉到了地上——当然这个过程最早可以追溯到智者派和苏格拉底，但是最关键的作用还是在于希腊化时代的三大学派——把哲学的对象从纯粹的客观本原转向了人的现实生存状况，所以稍后产生的基督教才会从对人的当下生存状况的思考中，引申出一个彼岸理想。如果说希腊哲学是从远到近、从客观对象最终转向了主观精神自身的话，那么基督教神学或哲学恰恰完成了一个相反的程序，它是从主观精神、从人的生存状况出发，逐渐转向了一个客观的绝对对象，即上帝。当然，这个客观对象只是一个被异化、被放大和被对象化了的主观精神。这就是基督教哲学的一个基本特点。

因此，在今天的人们看来，中世纪基督教神学所探讨的那些问题完全是一些虚无缥缈、稀奇古怪的问题，但是从哲学的反思角度来看，这些问题却是与我们人的主观精神直接相关的。当基督教神学在探讨上帝的性质和能力的时候，恰恰是探讨了一个理想化的、抽象化的人的本质。如果我们这样来理解中世纪基督教神学，我们就会明白基督教神学所探讨的那些问题对于整个西方哲学思想的发展是非常重要的，决不是一些虚无缥缈或者胡说八道的东西。它实际上是以一种不自觉的、异化的形式来探讨了人的主观精神问题，因此它可以被看作自觉地关注主体性和自我意识的西方现代哲学的一个朦胧的开端。这个开端很重要，它就像我们每个人幼年时期的朦胧的自我意识一样，那时候我们的自我意识往往是投射到客观对象之上的，是与客观对象复杂地纠缠在一起的。西方哲学的自我意识最初就是在基督教神学中发展起来的，尽管是以一种非自觉的形式。如果说希腊哲学的主要贡献在于以一种自觉的方式创立了形而上学，那么中世纪基督教哲学的主要贡献就在于以一种自在的方式表述了自我意识，而希腊化时代的三大学派则构成了二者之间过渡的一个必要中介。

新柏拉图主义

希腊化时代的三大学派在上述哲学主题的转化过程中扮演了一个重要的中介角色，但是真正使希腊哲学与基督教神学直接在理论上对接起来的，却是罗马帝国时期的新柏拉图主义。顾名思义，新柏拉图主义无疑与柏拉图哲学有着密切的思想联系，但是它却不是希腊化时代的哲学，而是在罗马帝国的文化环境中产生的一个新兴学派。这节课，我要给大家介绍三位最重要的新柏拉图主义哲学家，他们分别是斐洛、普罗提诺和波菲利。

斐洛（Philo，约前 20—约 50）是生活在公元之交的希腊化时代的一个犹太人，他主要生活在当时希腊化世界的中心，即埃及的亚历山大里亚。你们可能知道，在希腊化时代，特别是公元前 2 世纪以后，希腊文化的中心就开始从希腊本土和小亚细亚转移到埃及，而埃及的亚历山大里亚——它是因亚历山大而得名——则成为当时整个希腊化世界中最文明繁盛的大都市。后来到了公元前 1 世纪，罗马人相继征服了希腊和埃及，屋大维把埃及变成了罗马帝国的一个行省，亚历山大里亚又进而成为罗马世界的文化中心，会聚了许多有才华的文化精英。而斐洛生活的时代，恰逢罗马帝国刚刚取代共和国，东方文化——包括刚刚从犹太教中产生的基督教——大量地渗透到罗马帝国。因此，无论是从地理位置上来看，还是从时代特点上来看，斐洛都正好处在不同文化相互融会、氤氲化生的关键节点上。而斐洛一生中所致力完成的事业，就是要把希腊哲学与犹太教信仰结合起来。

作为一个犹太人，斐洛当然对犹太教有着坚定的信仰；但是作为一个长期生活在亚历山大里亚、完全被希腊化的思想家，斐洛又对希腊哲学尤其是柏拉图哲学情有独钟。因此，他所面临的任务就是如何把犹太教的信仰与柏拉图的哲学结合起来。在这方面，斐洛做了非常重要的工作，这些工作主要表现为用柏拉图哲学的概念来重新解释作为犹太教经典的《旧约》、特别是《旧约》中的《创世记》的内容。《旧约》

斐洛（约前 20—约 50）
（图片来源：André Thevet，1584）

第一篇《创世记》记载了上帝开天辟地、创造了万事万物和亚当、夏娃，亚当、夏娃偷食禁果犯原罪被逐出乐园，以及亚当、夏娃的后代们如何克服罪的故事。斐洛却把这些用朴素的民间语言表述的神话故事重新解释成为一部理性堕落和复归的哲学史。在他看来，亚当象征着理性，夏娃象征着情感，蛇则象征着淫乱，《创世记》所记载的故事实质上讲述了理性是如何在情感的诱惑下陷入淫乱，而后又如何采取各种方法试图复归理性的过程。黑格尔在评价斐洛的思想时认为，他在犹太教先知摩西身上看到了柏拉图。斐洛用希腊哲学的"逻各斯"和"理念"来说明上帝与他所创造的世界之间的联系，他像柏拉图一样认为，上帝的"逻各斯"或"理念"构成了世界的本原，而感性世界只是"理念"的摹本，上帝是通过"逻各斯"或"理念"来创造世界的。这种观点为基督教的"道成肉身"奠定了重要的理论基础，因此恩格斯把斐洛称为"基督教的真正父亲"。

第六讲　希腊哲学的衰颓

学术界在谈到基督教的文化渊源时，往往会强调基督教的"两希传统"，这就是指希伯来文化传统和希腊文化传统，二者共同构成了基督教的思想根源。希伯来文化传统主要是指犹太教信仰，而希腊文化传统当然是指深邃玄奥的希腊哲学，而斐洛则是第一位自觉地把这两种文化传统结合起来的思想家，他的工作的重要性也就可想而知了。

斐洛虽然试图用柏拉图哲学来解释犹太教经典，但是严格地说来他还不能被称为一个新柏拉图主义者，而只是新柏拉图主义的一个思想先驱。真正堪称新柏图主义者之典范的人物是生活在公元3世纪的普罗提诺（Plotinus，约204—270），罗素把他称为"古代伟大哲学家中的最后一个人"。在普罗提诺生活的时代，基督教在罗马帝国中已经产生了较大的影响，普罗提诺本人虽然并不是一个基督徒，但是他所表述的那一套柏拉图主义观点，却与基督教的基本教义、尤其是"三位一体"教义非常接近。我们很难说到底是他的新柏拉图主义影响了基督教的教义，还是相反，或许更准确的说法是二者互相影响、相互渗透。无论如何，我们在公元3世纪的基督教教义中可以找到许多新柏拉图主义的思想成分。

普罗提诺是一个新柏拉图主义者，那么他与柏拉图的最大不同之处在哪里呢？就在于他把柏拉图哲学神秘化了。柏拉图哲学相比起亚里士多德哲学来说，本来就已经够神秘的了。我们曾经

普罗提诺（约204—270）

讲过，亚里士多德主义代表了一种审慎的理性，柏拉图主义则代表了一种神秘的狂热。但是相对而言，普罗提诺的观点就更加神秘了，他提出了一种哲学的"三位一体"。

普罗提诺的第一个概念叫作"太一"，他认为世界最初就是太一，太一到底是什么呢？这很难说清楚。大家可以把它想象为柏拉图的"善"的理念，也可以把它等同于基督教的上帝，但是它似乎又不像这些最高的东西那样明晰，而是处于扑朔迷离之中。总而言之，太一是最原始的世界本原，万物都是从它里面产生出来的。我们既不能解释它的原因，也无法解释它到底是什么，对于太一，我们什么也不能说。普罗提诺强调，太一既不是有限的，也不是无限的；既不是一，也不是多；既不运动，也不静止。对于这样一个东西，我们根本就无法想象，因为它把矛盾的两个方面都否定掉了。这种说法当然带有一种辩证或诡辩的色彩，它对基督教神学中的一个神秘主义派别——否定神学——产生了非常重要的影响。关于哲学上的神秘主义和神学上的否定神学的基本特点，我在讲阿那克西曼德的阿派朗时曾经涉及过。在这里，我只想告诉大家，普罗提诺的太一就如同阿那克西曼德的阿派朗一样，是对一切规定性的根本否定。所以，对于太一这样的原初之物，我们只能保持沉默。罗素在谈到普罗提诺的太一时认为，对于这个东西，沉默寡言要比任何语言都包含着更多的真理。也就是说，你只要一说就会出错，所以还不如什么都不要说。可见，太一是一个神秘主义的概念。

普罗提诺的第二个概念叫作"努斯"，这是从古希腊哲学家阿那克萨戈拉那里借鉴来的概念。普罗提诺认为，努斯就是具体化的太一。太一是无法限定和无法表述的，但是它总得在时空之中有所呈现，而这种呈现或具体化就是努斯。用普罗提诺自己的比喻来说，太一和努斯的关系就像太阳和太阳光的关系一样，我们正是通过太阳光才能见到太阳，没有太阳光，我们就见不到太阳。同样地，太一是我们无法认识的，我们却可以认识努斯，并且通过努斯而窥见太一。但是另一方面，太阳和太阳光并不是两个东西，而是同一个东西的两个方面，它们之间的差别是本质与现象之间的差别，而不是两个实体之间的差别。所以说，努斯就是太一的具体化，就是呈现为一的太一。

"努斯"是太一的具体化，而它的进一步分化就导致了第三个概念"灵魂"。如果说努斯是呈现为一的太一，那么灵魂就是呈现为多的太一，它们居住在我们的肉体之中，通过努斯与太一相联系。灵魂是多，有多少个人，就有多少个灵魂。然后灵魂再创造出肉体，或者说灵魂进入肉体，使肉体获得生命，这就是柏拉图的观点了。灵魂是带着努斯所体现的太一理念而进入肉体的，这样我们就可以部分地窥见到太一。如此一来，太一、努斯、灵魂这三个概念就构成了一种辩证的关系——太一通过努斯（一）而分化为灵魂（多），居住在我们的肉体之中，众多的灵魂通过对唯一无二的努斯的认识而窥见那个不可认识的太一。

这样一种神秘主义的哲学观点，与基督教神学的"三位一体"理论是完全同构的，我们只需要改换一下名称，把太一称为圣父，把努斯称为圣子，把灵魂称为圣灵，普罗提诺的哲学"三位一体"就变成了基督教的神学"三位一体"。按照基督教神学的观点，上帝这个绝对的实体呈现为三个不同的位格，在西方语言中，"位格"这个词表述为"person"，也有"人称"的意思。上帝这个实体的三个位格分别是圣父、圣子和圣灵。圣父是创世之前的上帝，他是超越的和不可认识的。上帝的道成肉身就是出现在世界历史之中的圣子基督耶稣，基督耶稣是上帝的独生子，也是上帝在世界中的具体呈现。耶稣在十字架上经历了死亡和复活，他的福音化作了圣灵，融入信仰者的心中，组成了教会。作为圣父的上帝通过道成肉身变为圣子耶稣，耶稣再通过死而复活转化为教会中的信仰即圣灵；信徒通过信仰领受到基督耶稣颁布的救赎福音，并由此窥见到上帝的荣耀和恩典。由此可见，创世之前的圣父、世界之中的圣子以及信仰之中的圣灵，这三者乃是同一实体的三种不同表现形式或位格。这就是基督教神学的"三位一体"理论。大家看，这套理论与普罗提诺的太一、努斯和灵魂的"三位一体"何其相似！无怪乎基督教的著名教父奥古斯丁认为，普罗提诺如果再晚生一些时候，只需要改动几个字，就是一个基督徒了。

我们最后介绍的一位新柏拉图主义思想家，就是普罗提诺的学生波菲利（Porphyry，约234—约305）。波菲利本人在哲学上并没有太多的建树，他主要是对亚里士多德哲学尤其是对亚里士多德的逻辑学著作《范畴篇》进行了一些解释，从而为后世留下了一些颇费争议的问题。

波菲利在分析亚里士多德的《范畴篇》时提出了共相问题，这个问题后来对于中世纪基督教的经院哲学产生了非常重要的影响。这个共相问题的内容是什么呢？换句话说，什么是共相呢？简单地说，共相就是一般的东西，就是抽象的概念，比如说柏拉图的理念就是一个共相。共相是相对于殊相而言的，殊相是指事物的具体现象，而共相则是指事物的普遍本质，比如我们说人是可以使用工具进行劳动的理性动物，这就是关于人的一个共相。每一类事物之所以为该类事物，都是因为它们有某种共同的东西，猫与狗的差别，就在于它们有不同的共相。所以共相就是事物的普遍本质，它决定了一个事物之为这个事物的根据。

波菲利在哲学史上的地位，就在于他在诠释亚里士多德逻辑学时提出了关于共相性质的三个问题。他本人承认，这三个问题是极其高深的，是他自己无法回答的，只有极高明的智者才能做出正确的回答。而且他意识到，柏拉图与亚里士多德之间的思想分歧可以归结为对这些共相问题的不同看法。关于共相的这三个问题是这样表述的：第一，共相（或种与属）究竟是独立存在的实体，还是仅仅存在于思想之中的一个抽象概念？第二，如果它们是实体，那么它们究竟是有形的还是无形的？第三，如果它们是无形的，那么它们究竟是与可感事物相分离的，还是寓于可感事物之中？这些问题都是非常费解的，它们不仅涉及唯心主义和唯物主义、可知论和怀疑论等各种不同的立场，而且其中的奥妙之处极其深远绵长，决非一个简单的陈述句可以回答得了的。所以波菲利才说这些问题是极其高深的，他承认自己无法解答。但是总的来说，对于上述每个问题的两个针锋相对的备选答案，柏拉图主义比较倾向于前者，亚里士多德主义则比较倾向于后者。

波菲利的贡献不在于他解决了问题，而在于他提出了问题。这些问题到了几百年以后，随着中世纪学术的复兴，开始引起越来越多的基督教思想家的兴趣，成为经院哲学探讨的热点问题。根据对于共相的不同看法，中世纪基督教经院哲学划分为两大阵营，一个是实在论，另一个是唯名论。关于它们之间的分歧，我们在下面的课程中很快就会接触到。

新柏拉图主义可以说是希腊罗马哲学的最后一个学派，它探讨的问题已经与基督教神学有着千丝万缕的联系了。接下来，我们就自然而然转向下一个历史阶段的哲学，那就是中世纪基督教哲学。

第七讲

中世纪基督教哲学

前面几次课，我们介绍了博大精深的希腊哲学。由于时间关系，关于中世纪基督教哲学，我只能在很短的时间里讲完，因此只能讲一个大致的思想轮廓。为了突出中世纪基督教哲学的思想发展脉络，我们以理性与信仰的关系作为一条主线，围绕着这条主线来讲解基督教哲学。由于基督教哲学与神学之间有着不可分割的联系，所以我们在讲这一部分时，经常要涉及基督教神学的一些问题。这一讲的内容可以按照时间划分为两个部分，第一部分是教父哲学，第二部分是经院哲学。

教父哲学

理性与信仰的关系

大家知道，在古希腊哲学中，无论是哪一个学派，无论是自然哲学，还是形而上学，甚至怀疑主义，都具有很强烈的理性精神。

即使是希腊哲学里最具有神秘倾向的柏拉图哲学，其基本的思想格调仍然可以称得上是理性的，虽然他关于感性事物分有和摹仿理念的观点具有一种"诗意的夸张"之嫌。但是到了中世纪，或者更准确地说，从罗马帝国时期开始，在逐渐生长的基督教哲学中越来越明显地出现了一种神秘主义的精神倾向。我在上次课已经讲过，基督教哲学更多地关注人的生存状态和救赎理想，它对于那些理性研究对象和逻辑推理过程不感兴趣。基督教哲学既不是一种建立在理性之上的自然哲学或形而上学，也不是一种同样以理性为根据的怀疑主义，而是一种建立在信仰之上的生存哲学。

我们说基督教哲学或神学是建立在信仰基础之上的，这一点首先要考虑到基督教产生时的具体处境。基督教是从公元1世纪上半叶开始在罗马帝国境内逐渐发展起来的一个新兴宗教，在最初的250年间，基督教一直在罗马统治者的残酷迫害之下求生存。这种受迫害的逆境更加坚定了基督徒们对于彼岸理想的狂热信仰。既然此生此世是没有幸福可言的，而早期基督教又宣扬一种不以暴力抗恶的逆来顺受态度，所以基督徒们就把全部的希望都放在此生结束以后的彼岸世界。在这种情况下，坚定的信仰对于一个基督徒来说就成为最重要的东西，而理性并不能增加他对灵魂得救的信念，所以希腊人在养尊处优的环境中培养起来的理性精神就成为一种无用的东西。我们今天的人之所以很难理解基督教信仰，是因为我们生长在一种理性主义氛围中，我们老是喜欢用理性的标准来考察基督教。我们确实很难理解，一个人为什么会信仰上帝，会相信道成肉身和死而复活。我们今天的幸福生活使我们很难设身处地地体验一下公元最初的那几个世纪里基督徒在罗马帝国的生存状况和苦难遭遇。

20世纪的一位德国思想家瓦尔特·本雅明（Walter Benjamin）曾经说过："正是因为生活中充满了绝望，我们才被赋予了希望。"

在罗马帝国时期，基督徒们生活在一种完全绝望的境遇中，正是这种绝望的现实状况，使他们对彼岸世界充满了强烈的希望。这种对于彼岸世界的强烈希望，就表现为关于上帝恩典和死而复活的基督教信仰。在那样的处境下，一种坚定的信仰胜过了所有的辩证法和理性知识。对于一个生活在苦难处境中并且有着坚定信仰的基督徒来说，希腊式的理性和辩证法只是一种矫揉造作的无聊玩意儿，那是分文不值的。况且理性是人所特有的东西，而信仰的对象却是超出人之上的，是上帝的奥秘。面对着上帝的奥秘，人的理性又算什么？因此，早期基督教神学充满了超理性的信仰色彩。

一个基督徒首先是一个有信仰的人，在任何情况下，他都应该把信仰放在首位。如果我们发现一位狂热的基督徒是不可理喻的，那只是因为他始终把信仰当作前提，在信仰的基础上来考虑各种问题。反之，如果他把理性放在首位，他或许就称不上是一位合格的基督徒了。在罗马帝国凶险的社会环境下，情况更是如此。我说这些话，是有着深刻的切身体会的。

我研究基督教思想近20年，至今还不是一个基督徒，这主要是因为我在哲学上是一个怀疑主义者。我老是喜欢从理性的角度来思考问题，老是喜欢对一些问题追根问底，在没有获得令人信服的证据之前是决不会去相信什么的。当我与一些基督徒学者进行学术交流时，双方都会感到有一种深层的思想障碍，这种障碍来自信仰的分歧而不是理性的分歧。当我们讨论问题达到一定的深度时，就会遇到一个信仰背景问题，这时理性的证据就会失效。因为在一个有宗教信仰的人看来，有些问题是不能讨论或者无须讨论的，例如关于上帝存在的问题、关于灵魂不朽的问题等。但是，对于我这样的怀疑主义者来说，这些问题恰恰是值得商榷的，是必须弄清楚的。在这种情况下，我们彼此之间就都会深切地感受到不同信仰背景所造成的深刻抵牾。一个怀疑主义者与一个基督徒，在关于上帝的问题上是无法进行讨论的，因为这个问题已经超出了理性处理的范围。

我的一些基督徒朋友经常充满善意地对我说："你对基督教思想的理解非常深刻，在理论上，你比我们更有优势，但是非常可惜，圣灵还没有降临到你身上。"对于他们来说，基督教首先是一种信仰，是一种生命的体验，而不是一种抽象的理论。我们这些研究哲学的人，往往喜欢从一种理性的视角来看问题；然而，基督徒们首先关注的是生命本身，他们不是从知识论而是从生存论的角度来思考问题。在他们看来，那种倚重理性的怀疑主义态度实际上表现了人的骄傲和狂妄，把人的理性置于上帝的启示之上了。在基督教中，骄傲和狂妄乃是罪恶的根源，亚当、夏娃最初就是因为骄傲、不听上帝的教导，才犯下了原罪。所以，从这种意义上说，理性不仅不能取代信仰的重要地位，而且甚至有可能成为罪恶的根源。因此，对于一个基督徒来说，圣灵的感动往往要比任何逻辑推理都更加具有说服力。

基督教既然最初是在一种恶劣的生存环境中生长起来的，所以它必然要把对上帝的信仰置于至高无上的地位。在基督教发展的最初几百年间，许多虔诚的基督徒受狂热的信仰驱使，前赴后继地为宗教理想而殉道。在这种情况下，基督教的信仰与希腊罗马的理性就形成了一种泾渭分明甚至针锋相对的对立态势。因此，在基督教最初发展的那几个世纪里，超理性甚至反理性的信仰成了教会中的一种主流意识形态。这种超理性或反理性的信仰特点，构成了基督教最初的理论形态——教父哲学的思想基调。

但是，随着基督教在罗马帝国中的发展壮大，它逐渐从一个备受压迫的地下宗教转变为一个人人趋之若鹜的合法宗教，甚至在公元4世纪末叶被罗马统治者确立为国教。到了西罗马帝国崩溃以后，入侵罗马帝国的各个日耳曼蛮族部落普遍皈依了基督教，它在中世纪竟然发展成为凌驾于整个西欧封建社会之上的唯一的宗教信仰。在这种情况下，每一个西欧人，无论是平民百姓还是王公贵族，从生到死都处在基督教信仰的光环之下，不仅在思想上而且在经济上和政治上都受到罗马教会的严格控制。当基督教的生存处境极大地改善了之后，它对待理性的态度也随之发生了根本性的变化。过去基督教用坚定虔诚的信仰来对抗罗马帝国的屠刀，同时也对抗希腊罗马世界中的理性精神；而当它成为凌驾于整个西欧社会之上的唯一宗教信仰之后，它就开始越来越多地利用理性来为自己的教义和教规进行辩护，运用逻辑来建构一套规范性的神学体系。毕竟基督教是一种高级宗教，它有着一套成熟的思想体系，这套思想体系不能仅仅建立在单纯的信仰之上，还必须要有博大精深的理论根基。这就是成熟形态的基督教神学，在中世纪表现为烦琐晦涩的经院哲学。

当基督教最初从以色列传播到希腊罗马世界中时，它必须适应希腊罗马的文化土壤，因此它不得不接受希腊罗马文化中的某些东西，尤其是接受希腊哲学中的形而上学成分。我在上次课中讲到，斐洛和新柏拉图主义者们在客观上已经开始尝试把希腊哲学与犹太教-基督教信仰结合起来的工作。早期基督教既然带有浓重的狂信特点，所以它在吸纳希腊哲学时也较侧重于柏拉图主义这样的带有更多神秘主义色彩的哲学。因此，早期的教父哲学往往是以柏拉图主义作为理论基础的，只不过是把柏拉图主义向着更加神秘的方向推进。到了中世纪中期以后，随着基督教信仰在西欧社会确立了主流地位，建构系统神学的任务日益变得迫切；再加上十字军东征之后西欧社会与东方伊斯兰教世界的接触逐渐增多，而伊斯兰教世界在中世纪保留了更多的古希腊哲学尤其是亚里士多德哲学遗产，因此更富于理性精神的亚里士多德主义就开始在西欧社会得以复兴,并且渐渐取代了柏拉图主义在基督教神学中的理论基础地位。在随后出现的经院哲学中,亚里士多德的一些哲学思想,特别是他的逻辑学思想被基督教神学家们广泛地援引用来论证神学教义,这样一来,基督教神学的理性成分就越来越突出了。

然而,理性一旦被广泛地运用,它就很可能会对信仰产生一种冲击作用,因为许多信仰的东西是经不起理性推敲的。如果一个基督徒,他不仅相信基督教的教义,而且寻求进一步去理解这些教义,那么一方面我们固然可以说他更富于理性精神了,但是另一方面他却很可能会背离虔诚的信仰。在这种情况下,基督教信仰就面临着一种深刻的危机——理性逐渐从为信仰进行论证的工具而变成对信仰进行批判的敌人。因此,随着中世纪基督教神学的发展,理性的成分越来越强烈,理性与信仰之间的矛盾也越来越突出。虽然中世纪总的格调还是信仰至上,还是先信仰后理解,但是随着理性的逐渐发展,它对信仰的潜在威胁也日益增加,并且在西方近代社会中最终动摇了信仰的大厦。因此,从这种意义上说,在18世纪成为西欧社会至高无上权威的理性精神,最初正是在中世纪经院哲学中成长发育起来的——那个在经院哲学中小心翼翼地为神学教义寻求论证的理性,最终竟在18世纪启蒙运动中发展成为对宗教信仰进行猛烈批判的无情杀手!

在基督教神学中,理性与信仰的关系就是这样一种辩证的关系。总的来说,中世纪基督教哲学或神学就体现了理性如何在信仰的母腹中孕育发展和成长壮大的过程,所以理性与信仰的关系就构成了贯穿于整个中世纪基督教文化的一条主线。西方的智慧源于希腊哲学,却发育于基督教文化环境中。在漫漫一千多年的时间里,西方的很多民族、尤其是广大的日耳曼民族,都是读着《圣经》、听着教堂里的赞美诗而开始其最初的文明教化过程的。在漫长的中世纪，西欧人所能接触到的唯一文化就是基督教文化。一直到17世纪为止，西欧的印刷品有4/5以上都是与《圣经》相关的。在西方，基督教不仅是一种宗教信仰，而且是一门博大精深的学问，其中包括了许多分支学科，例如圣经学、教义学、灵修学、系统神学等。千百年来，研究基督教的论著可以称得上是汗牛充栋，神学博士长期以来一直是受人尊重的饱学之士。所以，你们不要以为基督教只是一种简单的信仰，它同时也是一门非常精深的学问，正如我们中国的儒学一样，内容丰富极了。而这些丰富的知识内容，有相当一部分都是在中世纪积累起来的。

"正因为其荒谬，所以我才相信"

我们讲中世纪基督教哲学，通常按照时间顺序把它分为两个阶段，第一个阶段是教父哲学，第二个阶段是经院哲学，二者大体上以公元11世纪为界。教父哲学的主要成就都是在5世纪罗马帝国灭亡之前取得的，在蛮族大入侵之后的那几个世纪里，教父哲学像古典文化一样也走向了衰落，基本上不再有什么建树。关于教父哲学，我们还是用信仰与理性的关系这条主线来串联，教父哲学一般的倾向是用信仰来排斥理性，只要信仰不要理性；稍微宽容一点的教父则主张，在信仰的前提下寻求理解，先信仰后理解。因此，教父哲学的总的特点是，信仰排斥或者超越理性。

教父哲学顾名思义，就是指教父们所表述的哲学思想。那么，"教父"是一些什么样的人呢？按照历史学家们的记载，耶稣死于公元33年，在他死后，他的门徒就秉承他的旨意，把基督教的福音传播到外邦人即希腊罗马人中间。最初的传教者彼得、保罗等人大约都是在公元 42 年以后相继来到罗马城的，不久以后，大约在公元 64 年，他们都死于罗马帝国第一次公开迫害基督徒的暴行之下。还有一些见过耶稣本人或者受过基督圣灵感召的门徒，也都在公元 1 世纪末以前相继死去。这些最早来到罗马传教的人——他们或者是耶稣的门徒，或者是直接感受过圣灵感召的人——在教会史上通常被称为使徒，他们大多是犹太人，是把基督教从以色列传播到外邦人中间来的第一代传播者。使徒们相继死去之后，接着就出现了一批虽然没有见过基督耶稣，但是却接受了彼得、保罗等使徒所宣扬的教义的外邦人基督徒，在他们中间，不乏有一些具有深厚的希腊文化教养的知识分子。

这些最早皈依基督教的希腊罗马知识分子，在教会中就被称为"教父"，他们的特点是既有坚定的基督教信仰，又有深厚的希腊哲学素养，而且往往还在初期教会中担任圣职。教父们的双重身份使得他们得以成功地把基督教信仰与希腊罗马文化结合起来，从而为基督教的神学教义奠定了重要的理论基础。此外，由于当时基督教会还处于地下状态，罗马帝国的版图又非常大，各教会都只能各自为战，因此担任圣职的教父们在主持教会仪式和领导教会组织等方面同样发挥了重要的作用。可以说，基督教在希腊罗马世界中的传播最初固然是由使徒们推动的，但是基督教从一个直观的民族宗教（犹太教）发展成为一个有着博大精深的神学理论和严密系统的组织体系的高级宗教，主要应该归功于教父们的卓越贡献。正是那些教父们，在基督教发展的最初几个世纪里，完成了把基督教的信仰与希腊的理性相融合的工作。

教父时代开始于公元 1 世纪末叶，结束于公元 10 世纪，这个历史跨度非常大，经过了罗马帝国时期和中世纪早期这两个时代。相比而言，罗马帝国时期的教父们对基督教的贡献更大。早期教父们不仅要面对罗马帝国统治者的屠刀,而且要担负起把基督教信仰与希腊哲学相融合的重任。基督教刚刚摆脱犹太教母体、开始在罗马帝国境内传播时,它并没有什么深刻的神学理论,只是一种灵魂得救的单纯福音。而最初的那些教父们,却有着较为深厚的希腊知识背景,他们用希腊知识来论证基督教信仰,实际上就起到了为基督教神学进行奠基的作用。

而且由于早期教父们都是生活在一种逆境中,随时都可能因为信仰而走上十字架,所以他们具有一种非常坚定的信念和很强的道义感。事实上,早期的许多教父就是因为基督教的信仰而被罗马统治者钉死在十字架之上,成为继彼得、保罗等使徒之后的基督教会的早期殉道者。从公元1世纪末到公元5世纪,我们可以看到许多教父不仅有着坚定的信仰和崇高的牺牲精神,而且具有深厚的知识素养,其道德文章均堪称上乘。但是到了蛮族大入侵之后,随着西罗马帝国的崩溃,整个西欧社会的文化水平急剧下降,陷入了一片满目疮痍的蛮荒之中。在这种时代大背景下,西欧社会中连几个能够读书写字的人也难以找到了,教父哲学自然也就日益衰竭,其水平远远无法与早期相比了。到了公元11世纪以后,随着西欧社会逐渐从蛮族大入侵的严重后遗症中复苏,以及东西方文化交流的加强(其中最重要的一件事就是亚里士多德主义重新流回西欧社会),基督教世界中开始出现了一个文化复兴的浪潮,大学也像雨后春笋一样涌现出来,于是一个新兴的哲学流派——经院哲学也就应运而生,成为中世纪后期的主要哲学形态。

早期教父的历史使命既然是要把希腊文化素养与基督教信仰结合起来,用前者来论证和强化后者,那么如何实现二者的结合,就成为一个关键性的问题。在基督教还处于罗马帝国压迫的情况下,基督教信仰与希腊罗马文化在整个价值取向上是完全背道而驰的,二者一个是悲观主义的，一个乐观主义的；一个是唯灵主义的，一个是物质主义的；一个是禁欲主义的，一个是纵欲主义的，可以说在各方面都是迥然而异的。

在这种情况下，教父们往往处于一种很尴尬的局面：一方面，深厚的希腊文化素养使得他们想把基督教信仰奠定在博大精深的希腊哲学基础之上，另一方面，基督徒身份又使他们必须承担起用信仰来抵御各种希腊世俗知识的神圣使命。因此，在许多情况下，他们只能以一种矛盾的态度来处理希腊哲学。虽然他们常常无意识地用希腊哲学思想来论证和充实基督教信仰，但是在意识层面上，他们却始终要保持一种反对希腊异教知识的姿态。正是这种尴尬的状况，造成了早期教父哲学用信仰来贬抑理性的基本倾向。因为在一般教父眼里，基督教首先是一种关于彼岸的信仰，而希腊的哲学和文化则表现为一种世俗的理性，因此必须要用信仰来限制和排斥理性。但是需要说明的是，当早期教父们用信仰来贬抑理性时，并不是因为他们不具备希腊的知识，恰恰相反，他们太了解希腊的知识了。在他们看来，希腊的知识恰恰是造成希腊罗马社会普遍堕落的原因，尤其是希腊的伊壁鸠鲁主义，被看作引诱人们道德败坏的罪魁祸首。还有另外一些希腊的知识，比如说毕达哥拉斯主义的灵魂轮回观点，被教父们指责为唆使人们自杀，而基督教是坚决反对自杀的；甚至连柏拉图的理想国，也被指责为鼓吹不平等的等级制度，与基督教的在上帝面前人人平等的思想相悖逆。但是另一方面，当这些教父们在建构基督教的神学理论时，又多多少少自觉或不自觉地受到希腊哲学尤其是柏拉图主义的影响。他们一方面反对希腊哲学，另一方面又潜移默化地把希腊哲学教养与基督教信仰结合起来。这种深刻的内在矛盾是我们在理解早期教父哲学时必须注意到的。

正是这种深刻的矛盾导致了早期教父哲学内部的分歧。早期教

父可以根据文化背景的差异分为两派,一派是希腊教父,另一派是拉丁教父,在他们身上分别反映出希腊和罗马这两种文化的不同特点。相比而言,希腊教父要比拉丁教父更加尊重希腊哲学,更加富于理性精神,力图把希腊哲学与基督教信仰结合起来;而拉丁教父则更加狂热,对待希腊哲学和理性的态度也更加极端,主张用基督教信仰来彻底取代和否定希腊哲学。比如,公元2—3世纪的著名拉丁教父德尔图良(Tertullian,155—220)就是一个典型的例子。这位狂热的拉丁教父坚决反对把斯多葛主义、柏拉图主义、希腊辩证法与基督教神学相混合。他认为,有了基督教信仰之后,就不再需要理性的争论;有了福音书之后,就不再需要哲学的探索。哲学是无聊的,只能使人道德败坏、信仰动摇。德尔图良有一句名言。在谈到"三位一体"神学教义的奥秘时,他明确地宣称:"正因为其荒谬,所以我才相信。"我说这话时你们都在发笑,过去我们上大学的时候,我们的老师讲到这句话时,我们也会发笑。大家都认为德尔图良的观点是一种宗教蒙昧主义的观点,完全违背了我们的理性,所以我们往往会以一种嘲笑的态度来对待这句话。

在这里,我要再一次提醒大家,当我们面对早期教父的这种狂热态度时,一定要考虑到他们所处的现实生存背景。当时的基督教处于备受压抑的状态,基督教所宣扬的理想与希腊罗马社会的现实是格格不入的。在这种情况下,虔诚的基督徒往往会用坚定的基督教信仰来反对希腊罗马社会中的所有东西，包括罗马帝国统治者的屠刀和希腊的理性主义哲学，从而在对待希腊罗马文化的态度上就会表现出一种偏激。当时教父们所宣扬的那一套基督教的基本教义，如三位一体、道成肉身、原罪与救赎等，按希腊哲学的理性精神来看，纯粹是胡说八道，是经不起理性的推敲的。然而，正是由于违背了希腊式的理性精神，所以才被与希腊罗马文化背道而驰的基督教奉为至高无上的信仰。

德尔图良那段话的原文是这样的：

> 上帝的儿子死了；正因为这是荒谬的，却无论如何是应该相信的。并且他被埋葬了，又复活了；正因为这是不可能的，这事实却是确凿的。

这段话中所有的"荒谬"和"不可能"之处都是从希腊哲学的理性角度来说的，然而，这些在理性看来是违背常识的奇迹，恰恰是基督教信仰的根本。基督教信仰正是与希腊罗马世界的常识理性相悖逆的，所以那些在理性看来是荒谬的东西，恰恰就是基督徒们应该坚信不疑的奥秘。如果理性在这些奥秘面前大叫"荒谬"或"不可能"，值得谴责的恰恰是理性本身，因为它太狭隘了，无法认识上帝的深邃无比的奥秘。在基督教神学里，最高的真理就是奥秘，基督教的那些基本教义，如三位一体、道成肉身、死而复活、原罪与救赎等，都是奥秘。而奥秘之所以是奥秘，就在于它是违背常识的，是理性根本无法把握的。

在德尔图良这样的教父看来，当我们的理性面对奥秘而感到大惑不解的时候，恰恰是我们应该反躬自问我们的理性本身是不是出了问题的时候。这样一种思考也许是更有教益的，也就是说，当我们的理性出现困惑的时候，我们首先应该质疑的不是理性所面对的问题，而是理性本身。我们要认真地反思一下，问题到底是出在对象上面，还是出在理性本身？德尔图良曾经形象地比喻说，我们的理性就像一个有限的器皿，而上帝的奥秘就如同汪洋大海，如果理性这个有限的器皿装不下汪洋大海，那么应该谴责的到底是汪洋大海，还是我们的理性本身呢？当然是由于我们的这个器皿太小，理性是有限的，它装不下浩瀚无边的大海。世界上有许多东西是我们的理性所不能理解的，我们不能因此而认为这些超出理性范围的东西都是荒谬虚假的，我们应该经常对自己的理性采取一种批判的态度。这就是"正因为其荒谬，所以我才相信"这句话的真实含义所在。当我们理解了这句话的深刻内涵时，可能就不会再轻易地发笑了。

这样一种对于有限理性的反思和批判态度，即使在今天仍然具有重要的启发意义。我们总是喜欢把自己的理性估计过高，认为理性可以帮助我们认识一切对象和解决一切问题。事实上，这个世界的许多奥秘是远远超出我们的有限理性之外的，有很多东西是我们的理性无法把握的，这种谦虚的态度将有助于我们更好地处理自己与世界的关系。

当然，德尔图良对理性的贬抑态度是与他的处境有关的，那种受压制、受迫害的处境加强了他的宗教狂热，所以他特别强调，对于三位一体这样的神圣奥秘，只须信仰，不求理解。为什么呢？因为人的理性是有限的，而上帝的奥秘却是无限的，"以有限随无限，殆已"！所以，面对上帝的无限奥秘，最明智的做法就是去信仰，而任何理解都可能导致异端。以德尔图良为代表的拉丁教父表现了这样一种用信仰来排斥理性的倾向，这种倾向最终压倒了希腊教父的更富有理性化色彩的观点，成为早期教会的主流观点。

自公元313年基督教在罗马帝国获得合法地位以后，从公元325年开始，一直到公元451年，在一百多年的时间里，罗马帝国境内的各个基督教会先后举行了四次大公会议。来自罗马帝国各个地区的教会代表们济济一堂，共同讨论基督教的神学教义问题。经过激烈的争论（在激烈的教义之争背后也掩藏着残酷的教会权力之争），有一些观点就被确定为正统教义，另一些相反的观点则被斥为异端。异端思想被皇帝禁止在罗马帝国境内传播后，持这种观点的人就只能远走他乡，到蛮族中或者到东方土地上去传播。我们发现，在这四次大公会议上遭到谴责的异端观点，基本都具有一个共同的特点，那就是它们比较容易被理性所理解。相反，那些被确定为正统教义的观点，基本上都带有浓郁的神秘主义色彩，扑朔迷离、模棱两可，理性根本就无法把握，确确实实是一些只可信仰、不可理解的奥秘。

　　早期基督教神学所探讨的问题，主要集中在三个方面，第一是上帝论，探讨上帝的本性和特点；第二是基督论，探讨基督的本性和特点；第三是人性论，探讨人的本性和特点。关于上帝论，最后形成的正统观点是"三位一体"教义，该教义确定上帝具有一个实体和三个位格。关于三位一体的理解是非常困难的，稍不留意就会流于异端。过于强调"三位"的区别，将三个位格当作三个实体，就可能走向"三神论"（tritheism）异端，即把上帝、耶稣和圣灵看作三个完全不同的神；过于强调"一体"的统一，忽视了三个位格的区别，又可能走向"形态论"（modalism）异端，即把圣父、圣子、圣灵看作同一个位格之神的三个角色，就像希腊人演戏时所戴的三个不同面具。要想不偏不倚地理解三位一体教义，把上帝看作一而三、三而一，一体不影响三位，三位也不影响一体，这种神学的思辨是日常的理性根本无法把握的，因此就只能付诸于信仰了。

　　基督论的情况也是如此，基督论主要探讨基督耶稣到底是一个神,还是一个人?耶稣不同于上帝,他曾经生活在世界上,与我们人没有什么区别,具有充分的人性;但是另一方面,按照基督教的信仰,耶稣又是道成肉身,是上帝的独生子甚至就是上帝本身(三位一体),所以他又具有完全的神性。那么在基督耶稣身上,神性与人性到底是一种什么关系?关于这个问题,在早期教会中争论得非常激烈。从公元325年的尼西亚公会议,一直到451年的卡尔西顿公会议,最终才形成了正统教义,这就是关于基督神、人二性的"四道围墙"理论。它是这样表述的:基督具有完全的神性,与上帝同在,和上帝一样在万世之先;基督也具有完全的人性,除了没有罪以外,其他方面都与我们一样。至于这完全的神性与完全的人性之间的关系,则是"不能混合,不能改变,不能分开,不能离散"。这就是所谓的"卡尔西顿的四道围墙",它是理性完全无法把握的。基督的神、人二性,既不能混合,又不能分开,这到底是一种什么样的关系?完全是不可思议的奥秘!

与这种理解相异的观点,例如,认为基督耶稣原来是一个人,死了以后才成为神的;或者认为有两位基督,一位是作为神的基督,一位是作为人的基督;或者认为基督始终都是一个神,他并不具有人性等,所有这些观点,都在这几次大公会议上先后被斥为异端。它们之所以被斥为异端,就在于它们或者只强调了基督的神性,或者只强调了基督的人性,或者把神、人二性简单地加以分立,未能突出奥秘的特点。而"卡尔西顿的四道围墙"则以一种无法捉摸的神秘方式,严守住了基督神、人二性的神圣奥秘,使得信仰成为高居于理性之上的绝对权威。

最后是人性论问题,关于这个问题,我们要涉及一位著名的基督教思想家,他为基督教神学奠定了重要的理论基础,这个人就是圣奥古斯丁。

奥古斯丁的上帝创世说

基督教的人性论主要涉及原罪与救赎的问题，这个问题构成了基督教的核心教义。我个人认为，它在理论上甚至比三位一体、道成肉身等教义更加重要，因为它直接涉及人的生存状态问题。虽然在基督教中最重要的角色是上帝，万事万物都是由上帝创造和决定的，但是上帝的真正重要性不在于他开天辟地，而在于他和基督耶稣的关系。

在某种意义上，基督教之所以叫基督教，正是因为基督的重要性实际上比上帝更显著。而基督的重要性又是由什么决定的呢？是由基督与我们人之间的关系决定的，是由他身上所体现出来的神、人二性的关系决定的。所有关于上帝和基督的思考，最后都得回到人身上，回到人如何才能摆脱苦难、超越死亡这个最现实的问题上。基督的重要意义就在于他构成了神与人之间的中介，构成了上帝与我们之间的中保。他为我们昭示了死而复活的福音，成为灵魂得救的"初熟之果"，我们所有的希望都寄托在他身上。所以，基督教主要是对于基督救赎的一种信仰，而基督救赎的重要性恰恰是因为亚当的堕落即原罪才得以彰显的。可见，人性论所讨论的原罪与救赎理论，就是直接从人的生存处境出发来思考我们与基督以及上帝的关系问题，因此它构成了基督教核心教义的核心。

如果说希腊哲学最核心的问题是追问世界的本原是什么，那么基督教神学最核心的问题就是人如何能够从罪恶中获得救赎。相对于希腊哲学所关注的本体论和知识论而言，基督教神学更多地关注生存论。在基督教神学中，上帝论也好，基督论也好，最后都要落实到人性论上，都要落实到我们如何从罪中得到拯救的问题上。在罗马帝国的罪恶与苦难的现实状况中，基督徒的罪感意识显得格外

奥古斯丁（354—430）
(图片来源：Philippe de Champaigne, 约 1645—约 1650)

突出，他们对于救赎的期盼也格外强烈。在这种罪孽深重的现实境遇中，如何能够摆脱罪恶和苦难，使灵魂获得救赎，从而超越死亡和痛苦去享受永生的极乐，这就是罗马帝国时期基督徒们考虑得最多的一个现实问题。这个问题或许并不高深，但是却非常迫切，它直接与人的生存状况相关。下面我们就来看看奥古斯丁对于原罪和救赎理论的经典表述。

奥古斯丁（Augustinus，354—430）是基督教神学理论的重要台柱，他与13世纪的托马斯·阿奎那一起构成了中世纪基督教神学的两位最杰出的思想家。但是他们两人却代表着基督教哲学的不同方向，一个明显具有柏拉图主义的神秘色彩，另一个则更多地具有亚里士多德主义的审慎特点。作为教父哲学的集大成者，奥古斯丁虽然不像德尔图良等早期教父那样用信仰来排斥理性，但是却仍然坚持先信仰、后理解的立场，推崇一种超理性的信仰。奥古斯丁生活的时代，已经是罗马帝国气息奄奄、行将就木的时候。这时，基督教在罗马帝国已经成为合法宗教甚至国教了，趋炎附势的罗马人纷纷加入基督教会，基督徒的信仰水平和道德状况也随之大大地下降。濒死挣扎的罗马帝国俨然已经成为一个堕落的渊薮，各种骇人听闻的暴虐和罪恶恣肆横行，严肃的基督徒们都感觉到世界的末日即将来临。奥古斯丁就是在这种环境中开始思考罪恶问题的。

奥古斯丁早年曾是一个放荡不羁的公子哥儿，曾先后受到伊壁鸠鲁主义和摩尼教的影响，33岁时正式受洗皈依了基督教。加入教会之后，奥古斯丁潜心向主，谦卑虔诚地忏悔以往的罪恶，成为一位意志坚定的修道士和学养深厚的教父。他一生著述颇丰，为基督教神学做了很重要的奠基工作。他曾经写了一本非常著名的自传体著作，名叫"忏悔录"。在这本书里，他回忆了自己早年是怎么受到各种欲望的诱惑，后来皈依基督教以后，又如何在上帝恩典的帮助下与各种欲望做斗争。这本书文笔非常优美，书中所描述的灵魂与肉欲相斗争的过程也非常惊心动魄，堪称一部自我反省的经典之作。关于奥古斯丁的神学思想，我在这里只介绍最主要的观点，其一是关于上帝创世的思想，其二是关于原罪与救赎的理论。

奥古斯丁的创世观与希腊哲学的观点很不一样。我们曾经讲过柏拉图关于神创造世界的思想，在柏拉图那里，神（德穆革）是通过把各种理念与原始物质相结合，才创造出世界来的。所以我们说柏拉图的神只不过是一个巨匠，神创造世界时需要原始物质作为材料。但是，在基督教《圣经》所描述的创世故事中，上帝似乎是凭空创造世界的，上帝说要有光，于是就有了光；上帝说要有万物，于是就有了万物。作为一个教父神学家，奥古斯丁为基督教的这种凭空创世说进行了理论论证。他认为，上帝创造世界根本就不需要利用任何材料，也不需要借助任何工具，甚至连时间和空间都不需要，上帝完全是凭着自己的语言而创造世界的，世界万物都是"上帝言说"的结果，这就叫作"道成肉身"。"道"就是上帝的语言，就是逻各斯，"肉身"就是有形的世界万物，上帝用语言创造了整个世界。

奥古斯丁巧妙地借用了希腊哲学的思想，把柏拉图的理念说、亚里士多德的形式和质料学说与基督教的创世信仰结合起来。他认为，上帝首先创造了无形的"种质"，然后再根据"种质"复制出有形的万物。"种质"体现在上帝的语言里，它与有形万物的关系就相当于柏拉图的理念与感性事物的关系一样。所以上帝说要有什么，结果就有了什么。奥古斯丁强调，上帝创造"种质"以及"种质"流溢出万物的过程，是一个不可分割的统一过程，"种质"只是在逻辑上而非在时间上优先于万物。这就好像我们唱歌，从逻辑上说，唱歌的时候发音总是要优先于成曲的，但是事实上，我们却无法把发音与成曲区分开来。上帝创世也是这样，上帝言说出"种质"和"种质"流溢出万物，在逻辑上是有先后之分的，在时间上却是同时发生的，我们无法把它们区分开来。奥古斯丁认为，上帝创世是在一瞬间完成的，《圣经》里说上帝在六天之间创造世界万物，那只是一种通俗的说法，是为了让缺乏哲学教养的老百姓们容易理解，而事实上整个世界是上帝在一瞬间创造出来的。

奥古斯丁在论述创世说时还提出了一个非常高明的思想，那就是关于时间的理解。他认为，时间和空间与万物一样，也是被上帝创造出来的，在上帝创世之前，既没有空间，也没有时间。在他看来，时间并非某种与人无关的客观之物，而是事物在我们主观感受中呈现出来的一种顺序，是"流逝的事物留给心灵的印象之持续"。这个观点很高明呀！它非常接近于后来康德的时间观，与爱因斯坦的相对论时间观也有异曲同工之妙。奥古斯丁认为，时间只存在于主体的感受之中，客观世界本身并没有什么过去和未来，整个世界在主观心灵中都呈现为现在。时间永远都是现在，过去的东西实际上是一个过去的现在，未来的东西则是一个未来的现在。过去的现在在人的主观感受中呈现为记忆，未来的现在呈现为想象，而现在的现在则呈现为感受。因此，过去、现在和未来的差别就表现为主观感受上的记忆、感受和想象罢了。

由于把时间主观化了，所以关于上帝创世之前在干什么的问题也就迎刃而解了。人们通常喜欢追问这样的问题：上帝在创世之前待在哪里？他在干什么？按照奥古斯丁的观点，既然时间和空间本身都是上帝创造的，在没有人之前、在没有人的主观感受之前，也就无所谓时间，那么这个问题本身就是一个假问题，我们根本就不应该追问创世之前上帝在哪里和在干什么的问题。奥古斯丁否定了时间的绝对性，使之成为一个相对性的主观感受，这样就在理论上杜绝了把时间无限延绵的习惯看法。

在关于无限性或永恒性的理解上，奥古斯丁的看法与我们中国人的看法是完全不同的。奥古斯丁所理解的无限或永恒不在时间之中，它恰恰是对时间的一种根本超越——永恒不是在时间之中，而是在时间之上；而我们却往往把无限或永恒付诸于永不停息的时间流之中。我曾经在我的《西方宗教文化》这本书的序言中比较了中西文化在这方面的差异，中国著名的愚公移山的故事，愚公"子子孙孙无穷匮也"的延续，就反映了一种在时间中实现的永恒，这种永恒是经验性的。而奥古斯丁所表述的基督教的永恒，却是超时间和超验的，《忏悔录》里有一段关于永恒的描述，那是灵魂超越了过去与未来的差异，从上面俯瞰时间之流时所进入的状态。也就是说，灵魂不是随着时间的流逝而成为永恒，相反，它是超越了时间才进入永恒。没有过去，没有未来，永远只有现在，这就叫永恒。

关于这种超验意义上的永恒，你们可能很难理解，因为我们是在中国文化的经验氛围中长大的，我们很难想象一种超时间的状态。事实上，奥古斯丁时代的西方人同样很难理解这种超时间的永恒，他们仍然不依不饶地追问那个问题：创世之前上帝到底在哪里？他在干什么？据说奥古斯丁最后不得不调侃地回答道：上帝那时正在创造一个地狱，以便把像你们这样好奇的人装进去！这当然是一段趣闻逸事，它恰恰说明那种超时间的状态是很难理解的。

罪恶与自由意志

奥古斯丁对于基督教神学最主要的贡献，就是关于原罪与救赎的思想。奥古斯丁一生都被罪恶问题所困扰，罪恶问题构成了奥古斯丁神学理论的核心问题。早年他曾经信奉摩尼教，这种来自波斯的东方宗教主张善恶二元论，认为世界有两个本原，一个是光明或善，一个是黑暗或恶。受这两个本原的影响，因此世界上的事物都是善恶参半，既有善的成分，又有恶的因素。皈依基督教以后，奥古斯丁放弃了这种二元本体论的观点，改信基督教的一元本体论。上帝是世界万物的唯一创造者，他是至善的，所以世界从根本上是善的。但是世间为什么会有罪恶呢？奥古斯丁认为，那是由于人滥用了自由的结果。在这里，奥古斯丁就从对罪恶根源的讨论中引出了自由的问题。

大家知道，"自由"这个概念是我们津津乐道的一个概念，现代社会中的人都追求自由，追求平等，所以在我们看来，自由始终是一个好东西。但是，西方人对"自由"概念的探讨，最初是与基督教神学联系在一起的。在希腊文化中，人们对自由的思考并不深入。我们讲希腊道德哲学的时候，在苏格拉底、柏拉图等城邦时期的哲学家那里，很少会接触到自由的问题。希腊伦理学所关注的，不是自由，而是智慧、正义等问题。柏拉图在《理想国》里提出的智慧、勇敢、节制和正义，构成了著名的希腊四德。在希腊的这些美德中，是没有自由的。希腊人之所以对自由概念不太在意，我想可能是由于他们本来就生活在一种自由的状态中，所以他们对自由的要求并不是太迫切。但是在希腊化时代的斯多葛主义那里，自由的问题开始受到关注，斯多葛主义者认为，一个人服从命运就叫作自由，被命运领着走就是自由，而被命运拖着走当然就是不自由了。到了基督教产生之后，自由的问题就成为一个重要的问题，因为它是与当时基督徒的悲惨处境相关的。在基督教神学中，自由概念是与罪恶联系在一起的，而对于这个问题的最精辟的论述，就是来自奥古斯丁。

我已经说过，罪恶问题是困扰奥古斯丁一辈子的一个核心问题。早在基督教产生之前，伊壁鸠鲁就从神正论的角度讨论过世间罪恶的根源问题。伊壁鸠鲁所说的神当然不是基督教的上帝，但是他同样被当作世界的创造者。伊壁鸠鲁是这样来探讨这个问题的：神或者愿意消除罪恶却没有能力，或者能够消除罪恶却不愿意。如果是前者，那么神显然不是全能的；如果是后者，那么神显然不是全善的。第三种情况是，神既不愿意也没有能力消除罪恶，那么他就根本配不上神的名称。因此，只剩下最后一种可能性，那就是神既愿意也能够消除世间的罪恶，但是如果是这样的话，那么世界上的罪恶又是从哪里来的呢？

这个著名的伊壁鸠鲁问题，长期以来一直困扰着基督教的神学家们。任何一个有常识的人，都不会否认这个世界上确实存在着许多罪恶，这些罪恶既包括人类的各种邪恶行径，也包括自然界和社会中的各种灾难。当我们在遭受到各种天灾人祸的折磨时，当我们面对着生老病死的困扰时，我们该如何理解这些突如其来的苦难与全能全善的上帝之间的关系？如果上帝是全知全能全善的，他为什么要让他所创造的世界充满了罪恶和苦难？既然世界上所有的东西都是上帝创造的，那么那些地震海啸、水涝旱灾、战乱饥馑等，是不是也应该由上帝来负责？反之，如果上帝与罪恶无关，那么罪恶

第七讲　中世纪基督教哲学　251

又是从哪里来的呢?

显而易见,在上帝的全知全能全善与世间的罪恶之间,存在着一个难以解释的深刻矛盾。这个矛盾困扰着历代的思想家,而奥古斯丁也深受其累,终其一生来思考这个问题。罪恶到底是从哪里来的?它与上帝的正义之间是什么关系?尤其是基督教的原罪问题,即亚当、夏娃为什么会犯罪的问题更是成为奥古斯丁思考的焦点。

皈依基督教之后,奥古斯丁放弃了摩尼教的二元本体论,把上帝看作唯一的本体。上帝是至善,是唯一的本体,恶不具有本体性,恶不是本质,而是本质的缺乏,即善的缺乏。善的缺乏就是恶,这就是奥古斯丁对于恶的性质的解释。那么,什么叫作善的缺乏呢?奥古斯丁解释道,比如说上帝要你向上,你却不听上帝的话,非要向下,这就是善的缺乏。听上帝的话就是善,违背上帝的教导就缺乏了善,当然就是恶了。我们再来看亚当、夏娃的故事,上帝嘱咐他们不要吃知善恶之树上的果子,但是他们却偏偏要违背上帝的意志,偷食了知识之果,这不就是善的缺乏吗?这就是人类所犯的第一个罪,即原罪。

但是亚当、夏娃为什么会犯罪呢?他们违背上帝意志的能力是从哪里来的?在这里,奥古斯丁就引出了自由意志,用自由意志来说明罪恶的原因。他解释道,在上帝创造的世界万物中,只有人是上帝按照自己的形象创造的,因此上帝最钟爱人,他赋予人一种特殊的禀赋,那就是自由。自然界的所有事物都必须遵循自然界的严格必然性而运行,唯独人具有自由的能力,可以决定自己的行为。奥古斯丁强调,上帝赋予人以自由是出于善意,自由本身也是善的,但是人却滥用了自由,做出了违背上帝意志的事情(偷食禁果),犯下了原罪。因此,虽然自由是来自上帝,但是滥用自由而犯罪的责任却不在于上帝,而在于亚当、夏娃本身。上帝把自由这种高贵的东西给予人，本来是希望人用它来从善的，但是人却偏要用它来作恶，所以罪恶的原因在于人而不在于上帝。

关于奥古斯丁的这个观点，后世的人们有很多讨论，有人提出，当上帝把自由给予人的时候，他知不知道人会滥用自由而犯罪？如果上帝不知道，说明他不是全知的；如果上帝知道，那么他为什么不阻止人滥用自由？莫非他有意想让人犯罪，然后再来惩罚人，这样上帝岂不是成了一位心地歹毒的恶作剧之神？这个问题确实是很难解决的，后世的一些伟大哲学家如莱布尼茨、康德等人都讨论过这个问题。莱布尼茨认为，自由是世间最高贵的东西，上帝为了让人享有自由，宁愿冒着人滥用自由意志而犯罪的危险。康德则认为，自由之所以为自由，就在于它是对上帝的秩序的背离。如果人完全按照上帝的意志来行动，上帝叫你干什么你就干什么，不叫你干什么你就不干什么，那么人就没有自由可言了。从这种意义上说，自由的第一个表现一定就是对上帝意志的背叛，这种背叛对于上帝来说就是恶，因此自由最初是与恶联系在一起的。但是，正因为自由的第一个行为是背叛，是恶，所以它就可以继续对背叛进行背叛，可以弃恶从善，因此自由的本质就在于不断地否定现实状态、超出自身。这种不断地背叛、不断地自我否定的能力，就是自由的真正本质。

说到底，自由就是一种自主选择的权利和能力。如果人完全听从上帝的话，完全按照上帝规定的秩序生活，那么人与狗以及其他动物之间就没有任何区别了。所以，自由首先就表现为对上帝秩序的背叛，对上帝安排的那个处所即无忧无虑的伊甸园的背离，而这就是传统意义上的恶。

关于这个思想，黑格尔的表述更加精辟。黑格尔认为，自由就是自我意识，自我意识是人所特有的一种意识，它首先就表现为人对自己与上帝之间的区别的意识。按照失乐园的故事，在偷食禁果之前，亚当是没有自我意识的，他连自己赤身裸体都不知道，所以他与动物没有任何区别。但是正如《圣经》中所记载的，自从偷食了禁果以后，亚当立即就心明眼亮了，他发现自己赤身裸体，他感到了羞耻。这种羞耻感就是自我意识，这表明亚当已经从动物上升为人了。然而，另一方面，这种羞耻感或自我意识，这种关于善恶的知识，却使人背离了上帝，因为他没有按照上帝的教导去做，所以这种知识或自我意识本身就是恶，就是原罪。黑格尔强调，人正是从背离上帝的时候才开始真正成为人的，人由于原罪而被上帝赶出了伊甸园，踏上了一条自我放逐的道路。伊甸园是什么地方？黑格尔直截了当地指出，伊甸园乃是只有禽兽才能滞留的地方，禽兽在伊甸园里赤身裸体，却没有羞耻感，这说明什么？说明禽兽是没有自我意识的。人最初也与禽兽一样，是没有自我意识的，所以人最初就待在伊甸园里。但是，知识之果却让人有了自我意识，使人意识到自己与上帝之间的区别，所以当上帝再到伊甸园的时候，人就躲在树林里面，并且用无花果的树叶遮住了自己的隐私之处。这说明什么？说明人已经意识到自己与上帝是不同的存在者，自己与上帝是有差别的。大家平时看见一条狗、一只猫，它们在我们面前赤身裸体，但是它们从来没有感到羞愧，从来不懂得遮羞。为什么呢？因为它们没有自我意识。如果亚当、夏娃当初没有偷食知识之果，没有产生自我意识，那么人类现在可能仍然在伊甸园里过着动物那样的无忧无虑、同时也是蒙昧无知的生活。从这种意义上说，原罪乃是人成为人的开端，堕落乃是人告别禽兽状态、走向人类社会的第一步。人因为原罪而告别了伊甸园，人被上帝放逐了。但是从此之后，人却开始把自己向着上帝提升；人背叛了上帝，是为了使自己成为真正的上帝。所以，《圣经》里的这个悲惨的失乐园故事，经过黑格尔的一番解释，就成为人类精神的一段自由发展历程。

还是让我们再回到奥古斯丁吧！关于自由与罪恶的关系，最初就是由奥古斯丁系统地加以阐述的。奥古斯丁认为，罪恶最初就是由于人不听上帝的话，滥用了自由意志。所以，罪恶既不是上帝造成的，也不是自由意志的结果，而是人滥用自由意志的结果。他一再强调，自由意志本身是一个好东西，但是人却滥用了它，导致了罪恶。至于后来康德的那个观点，即人如果不滥用自由意志那还能叫作自由意志吗？或者换句话说，人之所以能够滥用自由意志，正是由于他是自由的，因此自由本身就是罪恶（同时也是弃恶从善）的原因。对于这些深刻的思想，奥古斯丁当时不可能考虑到，他只是要把罪恶归咎于人自身，而极力为上帝开脱责任罢了。

晚年的奥古斯丁针对佩拉纠的自由意志论，提出了著名的预定论。佩拉纠（Pelagius，约354—418）是来自不列颠的修道士，后来到北非地区传教，他的神学思想影响了许多人，形成了一个佩拉纠学派。佩拉纠的自由意志论可以概括为如下几个要点：第一，亚当、夏娃所犯的罪与我们无关，他们只是为我们做了一个坏榜样，但是并没有败坏我们的本性。我们所犯的罪是我们自己造成的，并不能归咎于亚当和夏娃。第二，尽管我们每个人都或多或少地犯过一些罪，但是从理论上来讲，一个人不犯罪完全是可能的。例如一个婴儿，在受洗之前就死去了，但是他的灵魂却是没有罪的，可以进入天国。第三，既然罪是由我们自己所犯，那么弃恶从善也只能靠我们自己，我们可以通过自己的善功来解除罪孽。

大家想想，如果这三点成立，那意味着什么？它意味着基督耶稣的救赎完全是多余的。在基督教里，基督耶稣的意义在哪里呢？就在于他是我们灵魂的救赎者，而救赎是针对于原罪而言的，没有原罪就谈不上救赎。如果决定论意义上的原罪根本就不存在，如果我们每个人所犯的罪都可以靠我们自己的道德努力来解除，那么还需要基督耶稣干什么？在基督教的神学思想中，原罪与救赎构成了一对相反相成的矛盾，正因为原罪是一种决定论意义上的罪，基督的救赎才同样具有了决定论意义。按照《圣经》的说法，罪既然是因一人而来，罪得赦免也同样是因一人而来。在亚当这里，众人都得死；而在基督这里，众人都得活。如果说死亡是随着亚当的犯罪而降临到我们头上，成为人类的一种无法逃避的宿命的，那么基督的意义就在于他在救赎亚当所犯原罪的同时，向我们昭示了死而复活的福音。

我们人生在世，固然有很多苦恼，但是人生最大的苦恼就在于对死亡的忧虑。其他各种苦恼都有办法解决，你今年没考上大学，可以继续发奋学习，明年一定会遂心所愿；你一贫如洗、两袖清风，可以勤奋地工作，将来一定会腰缠万贯；你的女朋友和你分手了，你可以再去找一个，天涯何处无芳草？但是唯独面对死亡的苦恼是无法解决的，这是一种形而上学意义的苦恼。可以说，一切宗教最后的心理原因，都是为了超越这种苦恼，都是为了给死亡问题提供一个令人满意的答案。在基督教中，死亡是与原罪联系在一起的，用《圣经》里的话来说，"罪的工价就是死"，可见死是对罪的一种惩罚。所以亚当犯原罪的最恶劣的后果，就在于它使死亡从此成为我们人类的一种宿命。死既然是因为罪而来，那么罪的解除则意味着死亡本身的终结。所以基督耶稣的全部意义就在于，他以自己作为例证，向我们昭示了罪得赦免从而死而复活的希望（所以基督的死而复活被《圣经》比喻为灵魂得救的"初熟之果"）。这就是基督教神学中最具有精神感召力的救赎理论，它的意义就在于为信徒们解除了生存论危机，使他们在精神上超越了死亡。

从以上分析中我们可以看到，如果佩拉纠的理论得以成立，那么基督教的原罪与救赎理论就会遭到彻底颠覆,基督耶稣的存在也就成为多余的,甚至整个基督教信仰都会成为一个荒唐的玩笑。面对这样的理论危机,奥古斯丁挺身而出,极力捍卫基督教的原罪理论。他在《上帝之城》等一系列著作中,对佩拉纠的观点进行了猛烈抨击,创立了维护原罪与救赎思想的预定论。针对佩拉纠的几个主要观点,奥古斯丁一一进行了驳斥。第一,亚当、夏娃的罪虽然是由他们自己犯的,但是他们一次滥用自由意志的结果,就造成了全人类万劫不复的原罪。亚当并非只是为我们做了一个坏榜样,而是从根本上败坏了人类的本性。通过某种遗传作用,亚当的原罪在他的子孙身上永远地延续下去。罪已经渗透到我们的本性之中,因此人性从根本上是邪恶的。第二,即使从理论上来说,世界上也没有一个人是无罪的,即使是呱呱坠地的婴儿,也同样为罪所控制。奥古斯丁在《忏悔录》里描写了一个刚刚出生不久的婴儿,当这个婴儿看到自己的母亲哺乳别的孩子时,他的眼里明显地流露出妒忌和愤怒的情绪。奥古斯丁因此得出结论,即使是刚刚出生的婴儿,仍然是有罪的。第三,由于原罪不是我们所犯的,因此我们也不可能通过自己的善功来解除原罪,我们充其量只能解除我们自己所犯的本罪,但是却无法解除亚当所犯的原罪。原罪的救赎只有靠上帝白白给予的恩典,靠基督在十字架上所完成的救赎。所以基督对于我们最终的罪得赦免和死而复活,是必不可少的。

  按照基督教的一般观点,教会之外无救恩,因此一个人要想超脱罪孽,首先就必须加入教会,即进入得救之"窄门"。其次,就算你挤进了教会这个"窄门",上帝也不见得就一定会拯救你,奥古斯丁认为,上帝拯救谁和不拯救谁,早在创世之初就已经预定了。如果上帝决定拯救你,那么你千万不要以为这是由于你的善功而造成的,恰恰相反,这是上帝白白给予你的恩典。为什么说是白白给予的恩典呢？因为从公正的角度来看，我们每个人都被罪所沾染，因此每个人都应该受到惩罚。但是上帝同时也是仁慈的，他选择了我们中间的一部分人，使其超脱出罪恶，获得永生。这种额外的恩典当然是上帝白白给予的。所以奥古斯丁认为，如果我们被上帝拣选，我们就应该格外地感谢上帝的仁慈；如果我们没有被上帝拣选，我们也应该感谢上帝的公正。因为我们本来就应该承受死亡的宿命，父债子还天经地义，亚当所犯的原罪应该由我们来买单。但是上帝却出于仁慈，白白地拯救了我们中间的一部分人，这是一种额外的恩典。面对这种额外的恩典，我们决不要认为自己是"功劳的器皿"，而要清醒地认识到自己只不过是"恩典的器皿"，所以我们应该格外地感激上帝的救恩。

　　大家会发现，这里有一个问题，那就是在创世之初——那时我们所有的人都还没有产生——上帝是根据什么理由把我们划分为被拣选的和不被拣选的呢？对于这个问题，奥古斯丁的回答是，上帝在创世之初的预定一定是有理由的，只是这理由对于我们那有限的理性来说是一个无法窥透的奥秘，所以我们不应该追问上帝这样做的根据是什么，我们只能服膺于上帝预定的结果。

　　奥古斯丁的这种预定论观点在当时就遭到了一些人的反对，反对者们认为，按照奥古斯丁的预定论，人的道德行为就成为多余的，因为既然上帝已经在创世之初就预定了谁将得到拯救、谁将不被拯救，那么我们出生以后所做的一切道德努力就都是徒劳的了，因为上帝不会根据我们的行为来改变他当初的决定。这样一来，岂不是会导致一种道德废弃的结果吗？面对这种质疑，奥古斯丁的回答非常高明，他指出，一个被上帝所预定得救的人，他的心中一定会充满信仰之光，他在行为上一定会表现出善功和美德。也就是说，不是因为他做了善功所以才被上帝拣选，而是因为他已经被上帝拣选所以必然会做善功。

  这种决定论的道德观表现了一种强烈的圣徒意识,在基督教的历史上,像奥古斯丁、马丁·路德、加尔文等人,都具有这种强烈的圣徒意识。他们坚定不移地相信,自己的所作所为并非出于个人的意愿,而是出于上帝的预定;不是他们自己要这样做的,而是上帝使他们非这样做不可。这种决定论的宗教信念和道德观,使得一个人在面对危难境况时,往往表现得比信奉自由意志的人更加坚定、更加勇敢、更加百折不挠和视死如归,因为他把自己的行为归结为一种神圣理由的必然结果。这就是奥古斯丁的预定论思想,它与佩拉纠的自由意志论是直接对立的。这种预定论思想表现了一种神秘主义的倾向,它显然把拣选、预定、救赎与恩典,都归结为无法洞悉的奥秘了。

  奥古斯丁这种带有神秘主义色彩的预定论思想,曾一度被罗马天主教会确立为正统的救赎理论。但是到了中世纪中期以后,随着罗马天主教会和教皇的权力日益加强,决定一个人灵魂归宿的权力就由上帝手里转到了大大小小的神职人员手里。在这样的情况下,预定论的救赎观就逐渐被自由意志的救赎观所取代。上帝神秘预定的救恩被转变成为一种有意邀功的结果,任何人,只要愿意花钱去购买赎罪券,愿意向教会捐赠财产,愿意采取各种教会认可的行为来取悦于神职人员,他都会轻而易举地获得上帝的救恩,使自己的灵魂进入天堂。这样一来,恩典的根据就不在于上帝的预定,而在于人的自由意志。上帝成为一个见风使舵、唯利是图的天国守门人,只要你付足了门票钱,他就会放你进入天国。这种自由意志的"善功得救"理论,与奥古斯丁的预定论救赎观是背道而驰的,它造成了中世纪基督教社会的信仰虚假和道德堕落,最终激起了马丁·路德的义愤,导致了宗教改革运动的发生。

经院哲学

安瑟尔谟关于上帝存在的本体论证明

中世纪基督教哲学的第二大部分，就是经院哲学。经院哲学是接着教父哲学以后出现的一种哲学思潮或神学思潮的总称，它发展和盛行的时间大体上从公元11世纪一直到中世纪结束和近代早期。经院哲学是一个内容非常庞杂、观点极其琐细的哲学思想体系，其中涉及许多我们今天完全不感兴趣的烦琐问题。限于时间，我在这里只能给大家讲解经院哲学的两个问题，一个是关于上帝存在的证明问题，另一个是关于共相问题。前者涉及贯穿于整个基督教哲学的信仰与理性的关系，后者则是古希腊柏拉图主义与亚里士多德主义的思想分歧在中世纪基督教哲学中的再现。而这两个问题的出现，都与亚里士多德主义在西欧思想界的复兴有着密切的关系。

大家知道，自从基督教在罗马帝国确立了国教地位之后，它就开始对希腊多神教以及一切所谓的异教文化进行清算和打击，而希腊哲学尤其是注重理性精神的亚里士多德哲学也被纳入到异教文化之列。在希腊化时代和罗马帝国时期，最完整地保存了希腊古典文化的地区既不在希腊本土，也不在罗马本都，而是在埃及的亚历山大里亚。但是在基督教国教化以后，以及在蛮族大入侵的过程中，亚历山大里亚的希腊文化也受到了一定程度的摧残。到了7世纪，阿拉伯帝国开始崛起，不久以后，阿拉伯人攻占了埃及、北非和西班牙。这些信奉伊斯兰教的阿拉伯人把被西方基督徒抛弃的亚里士多德哲学接过来，并且发扬光大，使之在阿拉伯世界成为显学。所以在中世纪，真正保存了亚里士多德哲学火种的地方不是在西欧，而是在东方阿拉伯世界。到了11世纪以后，在西方基督教世界对伊斯兰教世界所发起的十字军东征中，西欧的基督徒们在对东方进行暴力入侵和劫掠的同时，也对东方文化有了更多的了解；再加上西欧基督教社会与伊斯兰教化的西班牙之间的商业、文化交往日益频繁，也使得东方文化越来越多地渗透进闭塞保守的西欧社会。

在这种情况下，从 11 世纪开始，一度被西欧基督教世界所遗忘、却被阿拉伯人所保存和发扬光大的亚里士多德哲学，也开始在西欧知识界中得以复兴。而富于理性精神的亚里士多德主义在西欧的复兴，客观上给当时极度虚弱的基督教哲学（教父哲学）打了一针强心剂，输入了一种新鲜血液。正是由于亚里士多德哲学的影响，从公元 11 世纪开始，一种注重理性论证的基督教哲学即经院哲学就逐渐取代了早期的那种执着于狂热信仰的教父哲学。在这种意义上，我们可以把经院哲学看作亚里士多德主义在西欧复兴的结果。

经院哲学也是一种基督教哲学，在中世纪基督教信仰笼罩一切的文化大背景下，它与教父哲学一样也是神学的奴婢。但是与教父哲学相比，经院哲学的理论根基已经不再是柏拉图主义和新柏拉图主义，而是亚里士多德主义。我们在前面讲到亚里士多德主义不同于柏拉图主义的地方时，曾经强调亚里士多德主义是以理性和逻辑见长的。大家知道，教父哲学的理论基础是柏拉图主义和新柏拉图主义，它的基本特点是用信仰来排斥理性，即使是比较温和的观点，如奥古斯丁的观点，仍然也是坚持超理性的信仰或者"先信仰后理解"的立场。但是相比而言，经院哲学却表现出了另外一种倾向，那就是强调理性论证对于信仰的重要性。虽然经院哲学的基本态度仍然是信仰至上，当信仰与理性发生矛盾时仍然坚持信仰不可动摇的观点，但是在处理信仰与理性的关系时已经不再强调二者之间的对立，而是侧重于二者的同一性。

关于信仰与理性的关系问题，在经院哲学内部也存在着各种意见分歧，比较温和的观点主张"信仰寻求理解"（如安瑟尔谟和托马斯·阿奎那），极力为基督教的各种教义提供理性的论证，这种观点构成了经院哲学的正统和主流；比较激进的观点则主张"理解导致信仰"（如阿伯拉尔），将理性当作信仰的前提，这种观点后来被罗马教会斥为异端。然而，无论是"信仰寻求理解"，还是"理解导致信仰"，这两种表面上对立的观点实际上都具有一个共同的特点，那就是强调理性对于信仰的重要性，这个基本特点与教父哲学的那种反理性的盲信立场是迥然而异的，它们分别代表了两种不同的精神倾向或哲学态度。所以我们说，经院哲学与教父哲学的最根本的区别之处，就在于它们对待理性的不同态度。

经院哲学这种注重理性的态度既促进了中世纪基督教哲学的兴盛，同时也在无意之间为基督教信仰布下了陷阱。因为基督教的一些基本教义，如三位一体、道成肉身、原罪与救赎等，是不可能用理性来加以说明的，它们永远只属于信仰的范围。基督教信仰的许多内容都具有朦胧性或模糊性，是不能通过理性的方式来追问细节的。如果要对这些细节刨根问底，基督教的信仰也就显得矛盾百出了。经院哲学的初衷固然是想用理性来论证神学教义，但是理性就如同囚禁在所罗门瓶子中的魔鬼，它一旦被释放出来，就将是信仰所无法控制的。所以到了中世纪末期和近代早期，理性就逐渐从信仰的奴婢成长壮大为顶天立地的主宰者，并且要求把一切包括基督教信仰都拉到自己的法庭面前来接受审判。

经院哲学对理性的重视，主要表现在它对基督教的一些基本教义所进行的理性论证，特别是关于上帝存在的理性证明。这些证明在逻辑上都存在着一些漏洞，我们可以发现，它们并不具有真正的说服力，但是它们的意义并不在于逻辑上是否完善，而在于它们表现了一种思想倾向，那就是试图用理性来证明信仰，这一点是与德尔图良等教父派的态度完全不同的。下面我们就来看看这种论证的具体内容，并且分析一下它的思想意义。

生活在11世纪后半叶的意大利人安瑟尔谟（Anselmus，约1033—1109）通常被看作经院哲学的开创者，这位后来被罗马教皇任命为英国最高教职坎特伯雷大主教的神学家，第一次明确地提出了关于上帝存在的本体论证明。面对着早期基督教哲学贬抑理性、一味强调信仰的偏颇态度，

安瑟尔谟（约1033—1109）
（图片来源：George Glover，17世纪）

安瑟尔谟认为，如果我们仅仅满足于信仰而不去寻求理解，这乃是一种懒惰的表现，而懒惰无疑是一种罪过。与这种懒惰的态度相反，安瑟尔谟主张，一个真正的基督徒应该在有了信仰之后，进一步去寻求理解。他强调，我们固然不是因为理解了才去信仰，而是因为信仰了才去理解，这是不可动摇的前提，但是如果只是信仰而不去理解，这种态度同样也是应该受到谴责的。如果我们在信仰之后能够进一步获得理解，那岂不是锦上添花吗？因此，安瑟尔谟就试图对基督教的一些基本教义进行理性证明，其中最经典的就是关于上帝存在的本体论证明。

事实上，早在安瑟尔谟之前，例如在奥古斯丁那里，就已经提出过关于上帝存在的证明，但是这些证明都不如安瑟尔谟的本体论证明那样经典。据安瑟尔谟自己所说，这个证明曾经困扰他很长时间，令他寝食难安，但是最终他还是完成了这个证明。这个证明的

大体意思如下：即使是一个愚顽人，他心中也会有一个最完美的东西的观点，而这个最完美的东西当然就应该是无所不包的（否则它就不是最完美的，而是有缺陷的了），因此它也应该包含存在。上帝无疑就是这个最完美的东西，所以上帝存在。

安瑟尔谟的本体论证明，可以用如下这个经典的三段式来加以表述：

大前提——最完美的东西应该包含存在（否则它就不是最完美的了）。

小前提——上帝是一个最完美的东西（因为"上帝"这个概念本身就意味着绝对、无限和永恒）。

结论——所以，上帝存在。

如果仅仅从逻辑形式上来看，这个三段式推理是没有任何问题的，它完全符合亚里士多德演绎三段式的必然性推理格式。但是，这种从"最完美的东西"的概念中直接推出存在的做法，却遭到了安瑟尔谟同时代的一位神学家高尼罗（Gaunilo）的反对。高尼罗是一个法国神学家，他当时就提出，安瑟尔谟的这个证明是有问题的。高尼罗运用了一个类比推理来反驳安瑟尔谟的证明。他说，我经常听人说到海外有一座岛，名叫迷失岛，这座迷失岛据说是世界上所有岛屿中最完美的一座岛。迷失岛既然是一座最完美的岛，那么它就应该包含存在，因此，迷失岛是存在的。但是这座迷失岛分明只是传说中的一座岛，它实际上根本就不存在，我们不能仅仅因为它被说成是一座最完美的岛，就推论出它是存在的。

面对高尼罗的这个反驳，安瑟尔谟又进行了再反驳。安瑟尔谟认为，所谓"最完美的东西"，世界上只能有一个，那就是上帝。其他的任何东西，作为上帝的创造物，与上帝相比都是有缺陷的，都不能叫作"最完美的东西"。因此，只有上帝是最完美的东西，他的本质就已经内在地包含了存在，也就是说，上帝的本质与存在是同一的、不可分割的。至于其他的东西，其本质与存在则是有区别的、是可以分开的。比如一个杯子，在我的头脑中可以有这个杯子的概念（本质），但是事实上它却完全可能不存在。世上的所有被创造物都是这样的，它们的本质与存在都是可以分开的，因此它们都是一些"偶然的存在者"，也就是说，它们的不存在在逻辑上并不会导致矛盾。但是，上帝却是另一种情况，上帝是一个"绝对必然的存在者"，在上帝的本质（即概念）中就已经内在地包含了存在。说一个"绝对必然的存在者"是不存在的，这在逻辑上本身就是一个矛盾。因此，上帝是存在的。

安瑟尔谟的这种反驳，看起来是有一定道理的，但是它的道理却是建立在信仰的基础之上的。也就是说，如果你相信"上帝是最完美的东西"，那么你当然可以轻而易举地从这个前提推出"上帝存在"这个结论。但是，如果你根本就不信仰上帝，不同意上帝就是最完美的东西，那么这个证明就变得无效了。其实，对于一个基督徒来说，与其相信上帝是一个最完美的东西，然后再从这个前提推出上帝存在，还不如直截了当地相信上帝存在就完了，何必还要如此费事地进行推理呢？事实上，在安瑟尔谟做出这个证明之前，基督徒们都认为上帝的存在是天经地义的、根本无须证明的，没有人会对上帝存在这个基本信念产生怀疑（否则他就不是一个基督徒了）。

然而，安瑟尔谟却偏偏要把上帝存在当成一个推理的结论，而他的前提却是：上帝是最完美的东西。那么如果我们继续追问他：你的这个前提是从哪里来的？他就会回答说：这是一个信仰，即我相信上帝是最完美的东西。由此可见，安瑟尔谟实际上是用一个信仰命题来取代另一个信仰命题，也就是说，把"上帝存在"这个信仰命题从另一个信仰命题"上帝是最完美的东西"中推论出来。因此，说到底，安瑟尔谟不过是在信仰之中兜圈子，他的本体论证明看起来好像很有道理，但却仍然是以信仰作为绝对前提的。

对于这个论证的大前提，后来的休谟、康德等人也进行了深刻的批判。例如，康德就明确地指出，存在不同于美丽、善良、智慧等性质，它并不是事物的一种属性，而只是事物的一种状态。因此，一个事物是否存在并不会影响到它的完美性，而只是涉及这个事物的现实状态，即它是想象的还是实存的。康德举例说，我头脑中的一百块钱和我兜里的一百块钱都是一百块钱，前者并不比后者少一分一毫。它们两者之间的区别仅仅在于，前者只是一个抽象的概念，后者却可以改善我的现实经济状况。我们决不能从头脑中的一百块钱直接推出兜里的一百块钱，正如一个商人不能通过在账簿上多画几个零来增加自己的财产一样。康德坚持认为，存在作为事物的一种状态，只能通过经验才能确定，它是决不可能仅仅从事物的概念中直接分析出来的。康德对本体论证明的批判可谓是一针见血，所以自康德之后，很少再有人用这种方式来证明上帝的存在了。

虽然安瑟尔谟的本体论证明存在着明显的理论漏洞，但是这种证明的尝试却表现出了一种思想倾向，那就是坚持用理性和逻辑来论证信仰的内容。就此而论，安瑟尔谟开创了一种新的思想风气，即"信仰寻求理解"的风气。从西方哲学思想发展的角度来看，本体论证明的意义并不在于它令人信服地论证了上帝的存在，而在于它试图用逻辑推理的方式来证明基督教的教义，而不是把这些教义简单地付诸于信仰。无论安瑟尔谟在这方面是否取得了成功，他都代表了理性精神在中世纪基督教哲学中的复兴趋势。在这一点上，安瑟尔谟是功不可没的。

托马斯·阿奎那关于上帝存在的宇宙论证明和目的论证明

托马斯·阿奎那（Thomas Aquinas，1225—1274）是中世纪基督教神学和哲学的重要代表，他与 5 世纪的奥古斯丁构成了中世纪基督教神学的两大理论支柱。阿奎那生活在经院哲学全盛的 13 世纪，他的巨著《反异教大全》和《神学大全》成为经院哲学和中世纪基督教神学的经典之作，前者用理性论证了基督教的一些基本信仰，后者则对基督教的教义信条、礼仪圣事、组织形态、政治观念、伦理道德等问题进行了系统的论述，形成了一个庞大的神学体系。

如果说奥古斯丁的思想基础是柏拉图主义，那么阿奎那的思想基础则是亚里士多德主义。阿奎那对亚里士多德的思想非常精通，在他身上表现出了一种审慎的理性精神，尽管在当时的大背景下，这种理性精神在许多地方还不得不屈从于基督教信仰。阿奎那的思想极其博大精深，几乎涉及当时基督教神学和西欧社会的各个领域，在这里，我们只能介绍他关于上帝存在的几个经典证明，从中可以看出他的思想特点。

托马斯·阿奎那关于上帝存在的证明一共有五个，包括四个宇宙论证明和一个目的论证明，这些证明通常被叫作"圣托马斯五路证明"。这些证明都可以在古希腊哲学家或者中世纪哲学家那里找到思想雏形，例如目的论证明，我们曾经在苏格拉底那里就

托马斯·阿奎那（1225—1274）
（图片来源：Carlo Crivelli, 1476）

第七讲 中世纪基督教哲学 267

见识过；至于那些宇宙论证明，在亚里士多德、中世纪阿拉伯哲学家阿维森纳等人那里也已经有过初步的尝试。但是阿奎那的功劳就在于，把这些证明综合起来，按照统一的逻辑推理模式，从经验的证据出发，对上帝存在进行了理性的证明。

阿奎那的几个宇宙论证明是这样的。

第一个证明是从经验的受动-推动系列推出一个世界的第一推动者。这个证明显然是受了亚里士多德的启发。大家知道，在亚里士多德的质料与形式所构成的世界模型中，就有一个作为"纯形式"的"第一推动者"，它构成了致使一切事物运动的终极动力。阿奎那的证明是从一个事物被另一个事物所推动的经验事实出发，通过逻辑的推理，追溯出一个作为最终动力的第一推动者即上帝。这个推理过程的逻辑思路是这样的：任何一个经验事物都是被别的事物所推动，而推动者又进一步被第三个事物所推动，以此类推，我们必须终结于某个终极的推动者，否则就将陷入无限上溯的恶循环中。因此，我们必须断定这个受动-推动系列最后终止于某一点，它推动万物但是自身却不被其他事物所推动，这个终极的动力就是那"不动的推动者"或第一推动者，而它就是我们所说的上帝。

第二个证明是从经验的因果系列推出一个自因的"第一因"，这个"第一因"就是上帝。第三个证明是从偶然-必然系列推出一个绝对必然的存在，这个绝对必然的存在就是上帝。第四个证明是关于一个完美性系列的推理，最后推出了一个最完美的存在，那就是上帝。这三个证明的逻辑推理过程都与第一个证明一样，即从经验事实中追溯出一个终极的根据。

第五个证明是目的论证明，它是从人造物都具有目的性出发，推论出自然物也充满了目的性，从而论证一个作为造物主的上帝的存在。我们可以看到，每一件人造物都具有某种目的性，例如我们制造钟表是为了计时,制造杯子是为了喝水。但是在自然物中似乎也存在着某种目的性,也充满了一种智慧的痕迹,例如自然界有猫就有老鼠,猫存在的目的好像就是为了吃老鼠,而老鼠存在的目的好像就是为了被猫吃。这样一来,自然物的目的性就使我们很容易推论出一个目的的赋予者,那就是创造世界万物并赋予它们以特定目的性的上帝。以上就是著名的"圣托马斯五路证明"。

从形式上看,托马斯·阿奎那的这些证明完全不同于安瑟尔谟的本体论证明。安瑟尔谟是从上帝的概念中直接推出上帝的存在,在阿奎那看来,安瑟尔谟的证明充其量只能帮助那些已经有信仰的人坚定信仰,但是却不能说服那些无神论者信仰上帝。与安瑟尔谟从抽象概念出发的做法不同,阿奎那试图从经验事实出发来论证上帝的存在。他认为,宇宙论证明和目的论证明对于有神论者和无神论者的效力都是一样的,只要具有理性的人都会接受这些证明。为什么呢?因为阿奎那是从经验事实出发,这个世界本身就是处在受动-推动系列之中,处在因果系列之中,处在偶然-必然系列之中,处在完美性系列之中,这是任何具有经验常识的人都不会否定的。而随后的推理过程,即从经验事实出发一环扣一环地推出作为世界最后根据的上帝,这同样也是毋庸置疑的。由此看来,阿奎那的这些证明确实要比安瑟尔谟的证明更具有理论说服力。尤其是阿奎那这些证明的出发点,即经验的出发点,相比起安瑟尔谟的那个抽象概念的出发点,无疑是更令人信服的——阿奎那不是从我们心中预设的上帝观念(最完美的东西的观念)出发,而是从一系列的经验事实出发,最后推出了上帝的存在。

但是,阿奎那的证明果然是令人信服的吗?情况并非如此。在他的那些证明中,同样也存在着两个很明显的问题。

第一个问题,诚如罗素所指出的,阿奎那的四个宇宙论证明都是建立在同一个理论假设之上的，这个理论假设就是："没有首项的数列是不可能的"。也就是说，在阿奎那的四个宇宙论证明中，都先验地假定了一个终极的根据，在阿奎那看来，无论是受动-推动系列、因果系列还是偶然-必然系列、完美性系列，都必须追溯出一个首项（第一推动者、第一因、绝对必然的存在、最完美的存在等），但是问题恰恰在于，为什么这个世界必须要有一个首项呢？为什么没有首项的数列就是不可能的呢？罗素举例反驳了阿奎那的这种假设，他指出，以负1为末项的负整数系列就是没有首项的。

阿奎那证明的第二个问题在于，即使我们接受了"没有首项的数列是不可能的"这个理论假设，我们又是根据什么把基督教的上帝等同于这个首项呢？这个首项为什么不能是伊斯兰教的真主，或者唯物主义的物质呢？答案很清楚，仍然是由于信仰！如果你事先已经相信上帝就是世界的第一推动者或者第一因，相信上帝就是绝对必然的存在者或者最完美的东西，那么与其这样，你还不如直接相信上帝存在就完了，何必要画蛇添足，把事情搞得这样复杂呢？

所以，从这种意义上说，托马斯·阿奎那的那些证明在实质上与安瑟尔谟的证明一样，都是建立在信仰之上的。它们所具有的思想意义也与本体论证明一样，并不在于它们是否成功地证明了上帝的存在，而在于它们坚持用理性和逻辑来证明基督教信仰这样一种努力。这种努力表现了什么？我认为它表现了理性精神在基督教哲学中的复兴，表现了理性精神自从希腊哲学衰弱之后的再度苏醒。正是这种在经院哲学中逐渐复兴和苏醒的理性精神的涓涓细流，在经过几个世纪的艰难发展以后，最终汇聚成18世纪审判一切的绝对主宰。因此我们才说，近代的理性精神最初滥觞于经院哲学关于上帝存在的理性证明。

上帝存在证明的意义与后果

刚才我给大家讲到了安瑟尔谟关于上帝存在的本体论证明,以及托马斯·阿奎那关于上帝存在的宇宙论证明和目的论证明。我们把这些证明的意义放在了中世纪基督教文化的大背景下来讲,指出这些证明表现了一种注重理性的倾向,这种倾向是与早期教父哲学的基本态度迥然而异的,它构成了在近代茁壮成长的理性主义的重要来源。西方近代哲学虽然在某种意义上可以说是对中世纪基督教哲学的一种否定或超越,但是它们之间也有着一脉相承的精神联系。这一点尤其明显地表现在经院哲学所注重的理性上面,虽然经院哲学所注重的理性更多的是一种思辨理性,而不是作为近代实验科学之根基的经验理性,但是在这两种理性之间仍然存在着某种内在的精神联系。事实上,当经院哲学家们开始用理性来证明那些过去纯粹是诉诸于信仰的教义时,他们已经在某种意义上把信仰架空了。

按照安瑟尔谟等经院哲学家的观点,如果我们仅仅只是停留在对基督教教义的信仰上,而不进一步去寻求理解,这乃是一种懒惰。所以有了信仰之后,我们还应该进一步去寻求理解,这当然就具有一种锦上添花的效果了。然而,非常富有讽刺意味的是,一旦人们对那些原来只需要付诸于信仰的问题去寻求理解,那么下一步他们自然就会得陇望蜀地要求对这些教义的内容进行感性直观。在中世纪基督教哲学的发展过程中,从单纯信仰到逻辑论证是第一步转变,从逻辑论证到感性直观则是第二步转变。

一旦人们开始对信仰的内容进行感性直观,开始追问信仰内容的具体细节,那么建立在信仰基础上的整个基督教神学大厦也就面临着崩溃的危险。因为,当我们试图通过感性直观的方式来追问基督教教义的细节时,一切荒诞不经的结论就会应运而生。比如,过去大家根据《圣经》的记载相信人可以死而复活,因为耶稣已经通过自己的典范作用为我们昭示了死而复活的福音,我们对此只要信仰就够了。但是如果我们要进一步从理性的角度来追问死而复活是如何可能的,那么我们就必须对这个教义进行一番逻辑论证,就如同对上帝存在这个教义进行证明一样。但是如果我们再进一步从感性直观的角度来追问:人的复活是在多大年龄上复活?是复活为童年时代的人、青年时代的人还是老年时代的人?一个人在此生此世掉了头发和牙齿,复活之后还能长出来吗?那么死而复活的教义就可能成为一个令人啼笑皆非的调侃对象。类似的荒唐问题可以提出很多,例如《圣经》里说上帝按照他的模样创造了亚当,但是并没有告诉我们亚当是在多大年龄被创造的,亚当被创造的时候是一个儿童、一个青年还是一个老人(由此我们就可以推测出上帝本身的状况)?为什么夏娃是从亚当的一根肋骨变成的,而不是从他的其他器官变成的?亚当和夏娃有没有肚脐眼(因为亚当和夏娃不是自然分娩的而是被上帝创造的)?为什么耶稣是一个男人而不是一个女人?文艺复兴时期荷兰著名的人文主义者伊拉斯谟就曾经用讽嘲的笔调写了一篇《愚人颂》,从感性直观的角度提出了一系列荒唐至极的问题。可见,一旦我们对基督教的教义进行感性直观,各种稀奇古怪的问题就会纷至沓来,其结果当然就会是把基督教的神学大厦冲得四分五裂、土崩瓦解。

  因此,当经院哲学家们为信仰的内容寻求理解,然后再在理解的基础上去进行感性直观时,他们实际上已经无意识地损毁了基督教信仰的墙脚。但是另一方面,这种用感性直观的方式来对待晦涩教义的做法,恰恰开启了一个好的方向,那就是经验的方向。大家都知道,近代的思想,无论是科学思想还是哲学思想,都特别强调经验,都是以经验作为出发点的。因此感性直观虽然不利于基督教神学，但是却极大地有利于近代科学和哲学从中世纪的信仰氛围中脱颖而出。如果说信仰是抽象的，那么经验就是具体的，经验总是要涉及具体的细节。神学问题是不能追问细节的，但是科学问题必须涉及细节。你们中有人是学习生物学或者物理学的，当你们在实验室里做实验时，你们所面对的并不是一个抽象的概念或者一个神秘的信条，而是一个具体的、活生生的对象。在实验过程中，你们要了解这个对象的一切细节，它的运动轨迹、它的具体形态等，可见经验必定会涉及事物的细节，你们不仅要经验到它是什么，而且要经验到它是怎样的。因此我们可以说，从狂热的信仰到理性的理解，再到感性的直观，这个发展过程虽然不利于基督教神学，但是却恰恰有利于近代科学和哲学的生长。这是一件非常吊诡的事情，经院哲学以一种辩证的方式产生了一个始料未及的结果，这一切都可以追溯到关于上帝存在的证明。

在长达一千年的中世纪，基督教信仰成为西欧人民唯一的宗教信仰，一个人一生中所接受的一切观念无不打上了深深的基督教信仰的烙印。在这样的情况下，中世纪西欧哲学完全不可能具有独立性，它只能仰承基督教神学的鼻息。无论是早期的教父哲学，还是后来的经院哲学，尽管它们在对待理性的态度上有很大的差异，但是它们都承认哲学不过是神学的奴婢，哲学没有独立性，哲学所探讨的问题始终要与神学联系在一起。无论是奥古斯丁关于罪恶和自由意志的观点，还是安瑟尔谟、托马斯·阿奎那关于上帝存在的证明，都与基督教信仰和神学教义紧密相联。脱离了基督教信仰的语境，一切哲学问题都是没有意义的，这就是中世纪哲学的一个基本特点。

我在前面已经讲到，中世纪基督教哲学所探讨的主要问题是生存问题，是人生的终极关怀问题。它不像古希腊哲学那样探讨自然界的本原，而是直接关注人的当下生存状况。无论教父哲学关于原罪与救赎的思考，还是经院哲学关于上帝存在的证明，实际上都是与人的生存状况有关系的。关于上帝存在的证明好像是在谈上帝，但是事实上，上帝不过是人的主观精神的一个对象化和异化的结果，因此关于上帝的思考实际上是以一种扭曲的形式表现了对人自身的思考。至于原罪与救赎的问题，更是与人的生存状况直接相关的。因此我们说，中世纪基督教哲学既不是一种客观意义的自然哲学，也不是一种追求真理的知识论，而是一种关系到人的生命意义的生存哲学。只是在中世纪，这种生存哲学只能以神学的形式表现出来，虽然真正的主角是人的主观精神，但是这种主观精神却不得不戴上了一副神的面具。因此在中世纪西欧社会，一切哲学问题最终都归结为神学问题。

共相问题的来源与实质

虽然经院哲学家们讨论的绝大多数问题都与神学紧密相关，但是在经院哲学中仍然有一个问题似乎具有比较纯粹的哲学意味，那就是关于共相的问题。这个问题虽然可能导致不同的神学结论，但是它本身却是来自古希腊哲学的活水源头。

大家还记得我们在讲新柏拉图主义的时候，讲到过一位新柏拉图主义者波菲利，他就已经提出了关于共相的问题。可见共相问题并不是从基督教思想背景中产生出来的，它源自对亚里士多德实体学说的思考。波菲利并不是一个基督徒，他甚至是反对基督教的，尽管在他那个时代基督教已经有了很大的影响。波菲利是在对亚里士多德的《范畴篇》进行解释的时候提出了共相问题，他已经从对共相问题的不同观点中看到了柏拉图主义与亚里士多德主义的思想分野。所谓共相，说到底就是柏拉图所说的理念，或者亚里士多德作为第二实体的种属概念。

波菲利在注释《范畴篇》时提出了关于共相的三个问题，即共相到底是客观存在的实体还是头脑中的观念，共相是有形的还是无形的，共相是独立于可感事物的还是寓于可感事物之中的。这三个问题都属于本体论和知识论范畴，都与基督教哲学所关注的生存论问题不相干，但是在中世纪却引起了经院哲学家们的激烈讨论。这是什么原因呢？这是因为，这个问题本身虽然不属于中世纪基督教神学关注的对象，但是对于这个问题的不同回答，却极有可能引申出对基督教信仰有利或者不利的结果。正是由于这个原因，经院哲学家们纷纷投入到关于共相问题的辩论中。

在中世纪早期，即罗马帝国刚刚灭亡的"黑暗时代"，出现了一位名叫波爱修（Boethius，约477—524）的教父哲学家。波爱修对波菲利提出的共相问题进行了重新诠释，明确地把对这个问题的不同回答确立为亚里士多德主义与柏拉图主义的分界点。至于他本人，他是站在亚里士多德主义的立场上的。首先他认为，共相不是一个独立实在的东西，它只能是作为一个概念存在于我们的头脑之中；此外他又认为，共相是无形的，只能寓于可感事物之中，并没有独立性。事实上，到了波爱修这里，他已经把柏拉图主义和亚里士多德主义在这三个问题上的分歧简化为一个问题，那就是：共相（或者种属、理念）到底是独立存在的客观实体，还是寓于可感事物之中的普遍本质。

大家不要小看这几个字的差别，这里的差别是非常关键的，认为共相是独立存在的客观实体，这无疑就是柏拉图的理念论；而主张共相只是寓于可感事物之中的一种抽象本质，这就更接近于亚里士多德的实体学说了。抽象的本质和客观的实体是不同的东西，客观实体是不依赖其他东西而独立存在的，而抽象的本质只是一种思想活动的结果，它只能存在于头脑之中。因此，这二者之间的差异，说到底就在于我们到底承不承认有一个脱离于个别的、具体的可感事物而独立存在的理念或种属概念。与柏拉图主义和亚里士多德主义的分歧一样，中世纪的经院哲学家们对于这个问题的回答同样也形成了泾渭分明的两条路线。在经院哲学中，凡是认为共相（理念、种属）可以独立于并且在逻辑上和时间上优先于具体个别的可感事物而存在，而且可感事物只不过是对共相的一种摹仿和分有的，这一类观点代表了柏拉图主义的（理念）实在论观点，因此被叫作实在论；相反，凡是认为共相并非独立于、而只是寓于可感事物之中，并且在逻辑上和时间上都要后于可感事物的，就被叫作唯名论，即认为所谓共相不过是一个主观的名称而已。

关于共相问题的实质，实际上我们在讲柏拉图哲学时就已经涉及了。例如"桌子"这个概念，它到底只是一个名词、一个名称，还是像柏拉图所说的那样是一个独立于和先于一切具体桌子而存在的客观理念？这是亚里士多德主义与柏拉图主义的分歧，也是中世纪唯名论与实在论的分歧。从某种意义上说，唯名论的观点更接近于唯物主义，而实在论的观点更接近于唯心主义，但是它们之间的分歧又不能简单地等同于唯物主义与唯心主义之间的差别。

为什么呢？因为确实就像波菲利所说的，共相所涉及的问题是一些极其复杂的问题，它们需要极高的智慧才能解答。我们固然不能像柏拉图那样认为共相（理念）就是一个独立存在的实体，但是难道共相就只是一个仅仅存在于我们头脑中的观念或者名称吗？我们之所以把各式各样的桌子都叫作"桌子"，肯定是因为它们具有某种共同的本质或规定性，否则我们为什么不把那些椅子、衣柜和床称为"桌子"呢？也就是说，不管是什么样的桌子，无论它们是由什么颜色、什么形状、什么质料组成的，它们都具有某种共同的本质，这就是它们之所以被纳入到"桌子"这个概念之中来的原因。那么，这种共同的本质到底是以什么样的形式存在的呢？它本身是否具有客观的根据，或者它仅仅只是一种主观命名的结果？它显然不能独立于那些具体的桌子之外而存在，否则我们就会走向实在论。但是我们也不能因此而走向另外一个极端，即完全否认它的客观根据，把这种共同的本质仅仅说成是一种主观的词语或名称。更进一步说，如果我们承认作为普遍本质的抽象概念具有某种客观根据，那么在抽象的"桌子"概念、它的客观根据，以及一张张具体的桌子这三者之间又是一种什么关系？这个问题就更加耐人寻味了。由此可见，共相的问题确实是一个令人头疼的复杂问题，它涉及我们人类思维活动的特点，涉及语词和概念是如何形成的问题。在哲学上，它涉及了实在论的核心问题，即一般本质的实在性问题。这些问题太抽象、太复杂，大家已经如坠五里雾中了，我们就此打住。

实在论与唯名论

在中世纪经院哲学中，关于共相问题的不同回答形成了实在论与唯名论两大派别。这两派在基本观点上虽然是相互对立的，但是在两派中间都出现了一些比较折中的观点。这样一来，我们就可以进一步把实在论和唯名论分为四种形态，实在论有极端派和温和派，唯名论也有极端派和温和派。两个极端派当然是直接对立的，但是两个温和派的观点却比较接近。由于时间关系，我们在这里只能大致介绍一下这四个派别的基本观点。

极端实在论的代表就是那位提出上帝存在的本体论证明的安瑟尔谟，他坚持认为共相是先于和独立于个别事物而存在的，认为共相或概念比具体事物更加具有本质性。安瑟尔谟关于上帝存在的本体论证明就是极端实在论的一个例子，这个证明的特点就是从上帝的概念中直接推论出上帝的存在。尤其是安瑟尔谟在反驳高尼罗时明确表示，上帝的本质就已经先验地包含了存在，从上帝的概念中就可以绝对必然地分析出存在。这恰恰表明了实在论的基本观点，即本质先于存在，本质（共相、概念）分析地包含着存在（现象、具体事物）。可以说，安瑟尔谟从"上帝"的概念中推出上帝存在的做法，与柏拉图从"桌子"的理念中推出具体桌子的做法是一脉相承的。如果你们不理解极端实在论的观点，那么就请你们想一想柏拉图的理念论，那就是典型的极端实在论。

与极端实在论相对立的观点是极端唯名论，它的代表是与安瑟尔谟同时代的洛色林（Roscellinus，约1050—约1125）。洛色林曾经在英国与安瑟尔谟发生过公开的论战，与安瑟尔谟把共相实体化的做法针锋相对，洛色林认为，只有个别事物才是真实的，共相根本就不具有任何实在性，它不过是一个名词、一个声音，甚至就是一阵风或者空气的震动而已——因为声音是通过风或空气来传播的。洛色林不仅否认共相的独立实在性，而且否认共相是对事物客观本质的一种抽象反映，他把共相仅仅归结为一种主观的名称，"唯名论"也因此而得名。

到了12、13世纪，实在论和唯名论双方在相互争论的过程中逐渐发展出一种比较温和的观点。我们先讲一讲温和唯名论的观点，温和唯名论最重要的代表是阿伯拉尔（Abelard，约1079—1142）。这个人近些年来渐渐被中国人所认识，主要不是因为他的哲学观点，而是因为他写给一位心上人的情书。阿伯拉尔虽然是一个修道士，但是他却炽热地爱上了一位名叫爱洛绮丝的女子，因此而被教会处以阉割的酷刑。他在致爱洛绮丝的情书中对美丽的爱情进行了热情洋溢的讴歌，这是与中世纪的修道生活完全背道而驰的。在关于共

阿伯拉尔与爱洛绮丝
(图片来源：Jean Vignaud，1819)

相的问题上，阿伯拉尔既反对实在论把共相实体化的观点，坚持认为真正实在的东西只是一个个的个别事物；同时他也指出，共相并不是像他的老师洛色林所说的那样，仅仅只是一个空洞的名词或者声音。阿伯拉尔认为，共相是一种概念，而概念本身是有其客观对象的，尽管这个客观对象并不是一个独立存在的实体，但它却是寓于可感事物之中的一种普遍本质。

就这一点来说，阿伯拉尔的思想非常接近于我们今天的唯物主义观点。我们一方面否认在个别事物之外独立存在的一般事物，另一方面又承认一般之所以为一般，就是因为它在每一个个别事物之中都有着某种客观的普遍本质。也就是说，我们虽然不同意普遍本质的独立实在性，但是我们也不能说普遍本质就完全不具有客观性，仅仅是主观杜撰的结果。我们仍然承认在独立存在的个别事物之中具有某种客观的普遍本质，只不过这种普遍本质是我们看不见、摸不着的，只能通过思想的抽象活动才能把握，而这种思想的抽象活动就是形成概念的过程。所以我们认为，作为思想抽象活动结果的概念就是对事物的客观本质的一种主观反映，它所指称的就是事物的普遍本质，而不是个别现象。就这一点来说，阿伯拉尔的观点可以被称为"概念论"。概念论既反对把共相说成是独立实体的实在论，同时又超越了把共相仅仅归结为一种主观名称的极端唯名论，它认为共相固然不是独立于个别事物而存在的，但是它在个别事物中又有其客观性的根据。这种观点就比较折中了，因此是一种温和的唯名论观点。

温和实在论的著名代表就是我们已经讲过的托马斯·阿奎那，他以一种辩证的观点来解释共相与个别事物之间的关系，显示出较高的理论水平。阿奎那认为，共相既是先于、又是寓于、而且是后于个别事物而存在的。

阿奎那用一种神学的观点来说明二者的关系：第一，在上帝创造世界之前，万物的共相就已经以一种理念的形式存在于上帝的头脑中。据《圣经》记载，上帝说要有光，于是就有了光。世界上的光是从哪里来的呢？就是从上帝头脑中的光的理念中产生出来的，所以光的理念作为共相是先于具体的光的。世界万物的情况也都是如此，它们都是以上帝头脑中的各种理念作为根据的，上帝是按照他头脑中的各种理念来创造世界万物的。因此，共相是先于个别事物而存在，并成为个别事物的根据的。就这一点而言，我们看到阿奎那的观点是一种典型的实在论观点。第二，阿奎那又认为，当世界被创造出来以后，共相就不再是作为一个独立于个别事物而存在的东西了，它只能寓于个别事物之中，不可能再与个别事物相分离。

从这一点来看，他的观点又非常接近于阿伯拉尔的概念论，甚至接近于唯物主义对于一般的理解。第三，阿奎那指出，当我们认识事物的时候，我们是首先认识感性的个别事物，然后再通过抽象的思维，从感性的个别事物中抽出它的一般本质或共相。所以，共相作为我们头脑中的概念，在认识过程中又是后于个别事物而存在的。阿奎那的这种认为共相先于、寓于和后于个别事物而存在的观点，表达了一种在直接对立的实在论和唯名论之间寻求妥协的折中态度，它实际上已经以一种辩证的方式把唯名论的观点纳入到实在论之中。因此，我们把托马斯·阿奎那关于共相的观点称为温和实在论。

在阿伯拉尔和托马斯·阿奎那之后，经院哲学内部又出现了几位晚期唯名论者，他们就是著名的方济各修会"三杰"——罗吉尔·培根（Roger Bacon，约1219—约1292）、邓斯·司各特（Duns Scotus，约1265—1308）和奥卡姆的威廉（William of Ockham，1285—1347）。这三位杰出的经院哲学家在思想上都是反托马斯·阿奎那的，他们与阿奎那也不在同一个修道会。在13世纪，由于所谓反异端的需要，在罗马天主教皇的大力支持下，西欧出现了两个新的修道僧团，一个是多明我修会（Dominican Order，又译为多米尼克修会），另一个是方济各修会（Francisan Order，又译为法兰西斯修会）。托马斯·阿奎那属于多明我修会，多明我修会的思想家们通常都主张实在论的观点，阿奎那虽然在共相问题上试图用亚里士多德的实体学说来修正柏拉图的理念论，但是关于上帝创世的基督教信仰却使他在根本上仍然无法摆脱实在论的立场。然而，方济各修会的一批思想家却在神学和哲学两方面都具有反托马斯主义的特点，他们在神学上用神秘主义来反对阿奎那的理性主义，在哲学上却用唯名论来反对阿奎那的温和实在论。

方济各修会的"三杰"罗吉尔·培根、邓斯·司各特和奥卡姆的威廉都是英国人，关于他们三个人的观点，我们从总的方面来概括一下。

第一，他们都特别强调经验的重要性，主张从经验出发来认识世界。英国人从中世纪开始就表现出对于经验的执着，所以在16世纪以后英国人创立了经验论哲学和实验科学，这是有着历史传统的。尤其是罗吉尔·培根，他在13世纪时就已经指出，中世纪经院哲学所做的那些烦琐晦涩的神学证明是没有任何意义的，真正的知识应该从经验事实出发，他甚至已经尝试着进行一些科学实验了。事实上，这位罗吉尔·培根比那位16世纪的英国哲学家弗朗西斯·培根更早地奠定了经验论的基本原则。

第二，他们在神学上基本上都是一些神秘主义者，认为上帝最重要的特点不是理性，而是意志。上帝的意志是绝对自由的，他可以为所欲为，甚至做出在我们看来匪夷所思的事情。例如，上帝完全可以让太阳明天早晨从西边升起来，他完全可以把自己变成一个女人的形象，他也可以使自己成为魔鬼。正因为如此，上帝的意志是绝对自由的，他想干什么就干什么，所以人类通过自己的理性是无论如何也认识不了上帝的，经院哲学家们关于上帝存在和本性的一切逻辑论证都是无效的。特别是司各特和奥卡姆，他们通常被称为唯意志主义者，这种唯意志主义当然就与神秘主义联系在一起。他们反对用理性来认识上帝和把握神学教义，认为基督教的教义都是极高的奥秘，人是无法认识的。这种观点似乎有点像是回到了早期教父派的观点。而他们之所以主张这种观点，并不是由于愚昧，而是由于反对托马斯·阿奎那等人用理性来证明上帝存在的做法。

第三，这三位方济各修会的思想家在共相问题上都属于唯名论者，他们都认为在个别事物之外并不存在独立实在的共相，共相只不过是对个别事物共性的一种主观反映而已。他们否认共相先于个别事物的观点,却坚持共相寓于个别事物(从存在论角度)和后于个别事物(从认识论角度)的观点,因此他们的观点是与托马斯·阿奎那的温和实在论相对立的。

这些英国经院哲学家们还有一个特点,那就是他们坚持把神学与哲学分离开来,反对用哲学来论证神学。他们主张信仰归信仰,理性归理性;神学归神学,哲学归哲学。在神学方面他们基本上都是神秘主义者,但是在哲学方面他们却是经验主义者。当我们以后追溯英国近代经验论哲学和实验科学的思想渊源时,必定就会想起中世纪英国的这些方济各修会的神学家。当然,经验论在英国的发生和发展也与英国具体的地理位置有关,由于孤悬海外,英国岛国的生活环境使人们在知识论上更多地依赖经验,而不是执迷于一种抽象的形而上学体系。在英国人身上,晦涩的神学气息比较淡薄,而清新的经验意识却比较浓郁。正是这些原因使得英国人成为近代经验论哲学和实验科学的开创者。关于方济各修会的"三杰",我就讲到这里。

共相问题无疑是一个纯粹的哲学问题,但是对于这个问题的不同回答,却可能在神学上导致严重的分歧。为什么这样说呢?我们可以来分析一下。

实在论认为共相是先于和独立于个别事物而存在的,这个观点非常符合基督教的基本教义。我举例来说明一下。比如,三位一体是基督教的核心教义之一,同一个上帝呈现为三个位格,即圣父、圣子和圣灵,这三个位格又是同一个实体,也就是说在圣父、圣子、圣灵这三个位格的背后,有一个高于和先于这三个位格而存在的实体,即上帝本身。由此可见,实在论的观点是非常符合基督教的三位一体教义的。反之,如果按照唯名论的观点,除了具体的个别事物之外再没有什么共相的东西,那么在三位一体的问题上就很容易导致一种三神论的异端观点，即把圣父、圣子和圣灵当作三个相互独立的上帝，而否认了三个位格背后的那个抽象实体。事实上，洛色林的唯名论后来就被罗马天主教会斥为异端，因为他的观点在神学上有三神论之嫌。

再比如圣餐问题。大家知道，按照中世纪教会里领受圣餐的仪式，信徒们要把一小块面饼含在嘴里，要喝上一小口葡萄酒。按照基督教的教义，基督耶稣的血和肉已经转化为饼和酒，所以信徒们在领圣餐时，饼和酒实际上是基督的肉和血，是基督的神性的身体，即圣灵。但是这个圣灵你却看不见，为什么呢？因为它是共相，是背后的东西。所以信徒们只能看见具体的东西，那就是饼和酒，而实际上真正进入他们身体的东西却是那不可见的共相，即基督耶稣的血和肉，基督耶稣的圣灵。如果按照唯名论的观点，共相只是一种虚幻的名词，那么这就从根本上否定了饼和酒后面的圣灵，否认了饼和酒是基督的肉和血转变而成的。这样一来，就必然会导致圣餐问题上的异端观点，如"象征说"*。而实在论关于共相先于个别事物并且构成个别事物的本质或形式的观点，与罗马天主教会在圣餐问题上所坚持的正统"变体说"，在精神上是完全相契合的。

正因为如此，所以实在论在经院哲学中成为主流观点，而唯名论则往往被与异端相提并论。由此也充分说明，在中世纪基督教社会中，一切哲学问题最终都难免要与神学问题联系起来，根本就不存在任何纯粹的哲学问题。哲学始终要仰承神学的鼻息，充当神学的奴婢，这就是信仰时代里哲学的基本特点。

---

* "象征说"是新教某些教派（如加尔文教）关于圣餐的一种观点，该观点否认基督的肉和血实质上转变为饼和酒，只承认圣餐仪式具有一种缅怀耶稣的象征意义。"象征说"是与罗马天主教会所主张的正统的"变体说"针锋相对的，因此被罗马教会斥为异端。

第八讲

近代哲学的转向与英国经验论哲学

前面几次课，我们讲到了博大精深的古希腊哲学，也讲到了神秘晦涩的中世纪基督教哲学。虽然由于时间关系，对于中世纪基督教哲学未能深入探讨，但是已经大体上勾勒出它的精神实质，以及它与古希腊哲学和近代哲学之间的思想联系。

大家是否还记得，我在讲中世纪经院哲学时，就已经有意识地引出了近代经验论哲学的基本原则，即把感觉经验作为认识的出发点。我已经谈到，经院哲学对于神学教义的理性证明，很容易就会导向对这些教义的感性直观，这样就开创了一个新的方向，即经验的方向。这个方向可能是不利于基督教神学的，但是却有利于实验科学和经验论哲学的产生。从经验出发，这种做法是唯物主义者非常赞同的做法。唯物主义者讲究实践，实践从什么地方开始？当然只能从感觉经验开始，而且最后还要回到经验中。说到底，实践就是一种能动的感性活动。中世纪经院哲学虽然是一个形态诡异的形而上学怪兽，但是在它的母腹中却以一种吊诡的方式孕育了感觉经验的胎儿，这是它自己所始料未及的。

另一方面，我们在讲到方济各修会的"三杰"时也已经指出，在13世纪的英国，经验的原则已经受到哲学家们的普遍关注。罗吉尔·培根就大力提倡科学实验，尽管那些实验活动还多多少少带有一点中世纪炼金术的色彩，但是近代的科学实验正是从这里发轫的。罗吉尔·培根和邓斯·司各特等人都极力反对通过抽象的逻辑演绎来获取知识，坚持认为真正的知识必须从感觉经验开始，这种观点实际上已经开启了近代经验论哲学的源端。

从这堂课开始，我们进入近代西方哲学，首先从总体上介绍一下经验论与唯理论的思想分歧，然后分别讲解英国经验论哲学和大陆唯理论哲学。

近代哲学的认识论转向与两大流派的思想分歧

近代认识论哲学对中世纪经院哲学的反叛

在德国古典哲学产生之前，16—18世纪的近代西方哲学主要表现为两大派别之间的对立，一派是英国的经验论哲学，另一派是欧洲大陆的唯理论哲学。在讲英国经验论哲学之前，我们首先要对这两种哲学的基本观点进行一个总体上的比较。这两个哲学流派几乎是同时产生的，在相互争论中各自独立地发展，最后又都陷入了不同的理论困境中。它们是迥然不同的两条路线，针锋相对地对立着；然而它们之间又具有某种同一性，在一定意义上又是相互依存的。经验论哲学主要在英国发展，而唯理论哲学主要在欧洲大陆传承，这两个哲学派别所要解决的问题是相同的，即都要致力于解决真理性的知识问题，但是它们的答案却是完全不同的。虽然存在着严重的思想分歧，但是这两种哲学都代表着近代西方文化的时代精神，都是对中世纪经院哲学的反叛和超越。简言之，它们都是名副其实的近代西方哲学。

要讲近代哲学，就必须首先简要地回顾一下古代哲学和中世纪哲学。我已经多次跟大家强调，古希腊哲学主要探讨客观世界的本原，中世纪基督教哲学则主要探讨人的生存状态、人的主观精神（虽然是以一种异化的形态）。古希腊哲学与中世纪哲学可以说是各执一端：一个执着于客观世界，另一个执着于主观精神；一个是完全忘我地向外看，另一个则是迷狂地陶醉于自身之中。但是，这两种哲学都没有达到自觉，都没有反思到自己是在探讨世界的本质，或者是在探讨精神本身。尤其是中世纪哲学，更是缺乏这种反思性和自我意识，所以我们把它看作一种异化的哲学。

到了近代哲学，它所要做的事情就是把这两个方面有意识地结合起来，形成一个新的合题。因此，它关注的焦点就既不是纯粹的客观世界，也不是单纯的主观精神，而是主观精神与客观世界之间的关系。简单地说，就是主体与客体、思维与存在的关系。大家学过马克思主义哲学原理，教科书里一上来就写道：全部的哲学问题，尤其是近代以来的哲学问题，说到底就是主体与客体、思维与存在的关系问题。因此，这个问题也同样成为马克思主义哲学的基本问题。那么，近代哲学为什么会关心这个问题呢？因为古希腊人已经探讨了客观世界，基督教哲学家又无意识地探讨了主观精神，所以到了近代哲学家那里，就自然而然地把这两个东西联系起来自觉地加以探讨了。因此，思维与存在的关系问题作为整个西方哲学史发展的一个合题，就成为近代哲学关注的基本问题。

在思维与存在的关系中，包含着两个方面的问题，其一是思维与存在何者为第一性的问题，这是一个本体论问题；其二是思维与存在之间是否具有同一性的问题，这是一个认识论问题。近代哲学当然不可能绕开第一个问题，但是它关注的重点却在于第二个问题。因此，如果说古希腊哲学主要是一种本体论哲学，中世纪哲学主要是一种生存论哲学，那么近代哲学就主要是一种认识论哲学。而经验论与唯理论作为近代西方哲学的两大派别，它们的主要兴趣都集中在认识的来源、过程和真理性等问题上，它们之间的分歧也主要是一种认识论上的分歧。

近代哲学既然主要是一种认识论哲学，那么它如何从信仰氛围浓郁的中世纪文化背景中脱颖而出，就成为一个值得关注的重要问题。要想突破一种信仰主义的氛围，当然就必须借助于某种与狂热信仰正好相反的东西，这个东西就是怀疑精神。另一方面，既然中世纪经院哲学是一种烦琐晦涩的形而上学，那么要摆脱这种传统体系的束缚，近代西方哲学就必须确立一个新的立足点，这个新的立足点就是经验。因此，怀疑和经验就成为近代西方哲学最引人注目的基本特点，怀疑构成了近代哲学所借助的基本工具，经验则构成了近代哲学由以出发的历史起点。

当近代西方的哲学家们面对着中世纪盘根错节的神学-形而上学体系时，他们不怀疑、不批判怎么能够突破这个庞杂烦琐的思想体系？所谓"不破不立"，只有首先摧毁旧的形而上学，才能重新建立新的知识论大厦。因此，近代的西方哲学，无论是英国的经验论，还是欧洲大陆的唯理论，最初都是运用怀疑这个强大的思想武器在经院哲学的坚固堤防上砸开了一个大缺口。另一方面，经验论与唯理论作为近代产生的两种认识论观点，虽然在许多具体问题上都是针锋相对、水火不容的，但是它们最初的根基同样都是奠定在经验的土壤之中的。

这两派的创始人弗朗西斯·培根和笛卡尔都同样清醒地意识到，中世纪经院哲学中盛行的那种纯形式的逻辑思辨是不可能产生真理性的知识的。他们在对经院哲学的形而上学进行了怀疑之后，都转向了经验去寻求新的哲学出发点。在这一点上，弗朗西斯·培根所开创的经验论就不用说了，培根明确地把外在的感觉经验确立为新哲学的出发点，以此为基础建立起一套科学归纳法。笛卡尔所创立的唯理论虽然大力宣扬与感觉经验相对的"天赋观念"，但是笛卡尔在建立他的哲学体系时同样也是从经验出发的，只不过他的经验是一种内在经验，即自我反省罢了。笛卡尔运用普遍怀疑这把利刃对一切现存的知识体系和主客观事物进行了否定，然后在对怀疑（即思想）本身进行内在经验的基础上，才确立起"我思故我在"的哲学第一原理，从而重新建构起自己的哲学大厦。

近代西方哲学所注重的经验可以分为两种，一种是外在经验，另一种是内在经验。外在经验简单地说就是感觉经验，即通过我们的感官去感受客观存在的具体事物，英国经验论所侧重的主要是这种外在经验。但是除了外在经验之外，我们还有内在经验。内在经验是什么呢？就是对于自己的内心活动和情绪感受的直觉或反省。这也是一种经验，它不同于逻辑推理。比如说你现在肚子疼，这不是推理的结果，而是当下直接的感受。再比如说你像笛卡尔一样意识到自己现在正在进行怀疑，怀疑什么姑且不论，但是这种对于怀疑活动本身的反省，就是一种内在的经验，它是完全不同于理性的推理活动的。如果说外在经验是对外在事物的一种感觉，那么内在经验则是对我们内在的心理活动、情感、欲望、意志、思维的一种反省。

由此可见，培根所开创的经验论是从外在经验出发的，而笛卡尔最初却是从内在经验出发的，只是当他建立起自己的哲学体系之后，才开始提出与外在经验相对立的天赋观念，我们也是在这个意义上才把他的哲学叫作唯理论。虽然唯理论认为只有通过理性推理获得的知识才是真理性的知识，但是该派的创始人笛卡尔最初却是从内在经验出发的，这是一个不争的事实。所以黑格尔后来在《哲学史讲演录》里谈到笛卡尔哲学的时候，认为唯理论最初也是从经验的立场出发的，他所指的就是这个意思。因此我们说，无论是经验论还是唯理论，最初都是以怀疑和经验作为其显著特点的。

尽管如此，但是经验论与唯理论毕竟是两个相互对立的哲学派别，它们在通过怀疑和经验——外在经验和内在经验——建构起自己的哲学体系之后，很快就分道扬镳，形成了两个泾渭分明的派别。那么，这两派的思想差异主要体现在哪些方面呢？

首先，大家知道，近代西方哲学深受近代自然科学以及文化的影响，呈现出与中世纪哲学完全不同的面貌。近代自然科学首先是实验科学，通过搜集经验材料和观察实验的方法来研究自然现象，归纳总结出一般性的自然规律。同时，在对经验材料进行分析的过程中，数学发挥了非常重要的作用，近代自然科学尤其是经典力学极大地依赖数学模型。

因此，近代自然科学的兴起使得两种不同的方法都受到了重视。一种方法是通过观察实验进行归纳的方法，这是一种经验的方法。关于这种方法，你们有些人是非常熟悉的，当你们在实验室里经过反复的实验和观察，最后归纳出一般的科学结论时，你们使用的就是这种方法。另一种方法就是数学演绎的方法，如果我们知道了一些一般性的原理，然后就可以根据一些普遍有效的逻辑推理程序，从一般的原理演绎出具体的结论。这样一种方法就是数学的方法，它注重的是演绎，而不是归纳，而且从某种意义上说也与经验无关。

这两种方法在方向上正好是相反的，归纳是从个别到一般，演绎则是从一般到个别。但是这两种方法，即实验的方法和数学的方法，在近代自然科学的发展过程中都非常重要。近代自然科学由于同时兼备了这两种方法，所以能够迅猛地发展。但是，在近代哲学家中，由于不同的思维习惯，有些人可能更喜欢从具体的经验事实出发，通过归纳而上升到一般性的公理，另外一些人却更喜欢从一般性的原理出发，通过演绎而推出具体的结论；前者侧重于实验的方法，后者侧重于数学的方法。这种方法论上的差别正是经验论与唯理论的重要差别之一。

其次，除了方法论上的差别之外，还有文化方面的不同影响。由于地处欧洲大陆之外，英国具有相对的政治独立性和文化认同感，因此英国人的思维方式较少受到欧洲经院哲学传统的影响，对于形而上学的兴趣也不大，而是更多地关注经验事实。16世纪上半叶，英国人就在刚愎自用的国王亨利八世的倡导之下，成功地进行了宗教改革，摆脱了罗马天主教会的束缚，建立了具有英国特色的安立甘宗。16世纪下半叶，英国人又在大有作为的女王伊丽莎白一世的领导下，把资本原始积累活动推向了高潮，使得英国成为率先崛起的资本主义强国。当欧洲大陆其他国家的人们还沉迷于狂热的信仰和晦涩的形而上学时，英国人已经把主要精力投向了经验领域，掀起了实验科学的热潮。17世纪英国的哲学家和科学家，他们的思想都具有显著的经验主义色彩，弗朗西斯·培根作为英国经验论的创始人，一上来就确立了通过经验的归纳而获得真理性知识的认识论路线，后来英国的哲学家和科学家几乎都是沿着这条路线前进的。所以我们说，经验论哲学和实验科学之所以能够在英国率先崛起，与英国特殊的文化氛围是有着密切关系的，这种文化氛围造就了一种强调经验、注重事实的思想传统。

反之，在欧洲大陆，由于受罗马天主教会和经院哲学的影响比较深，人们的哲学思想不可避免地带有较为深厚的形而上学气息，老是喜欢像经院哲学那样从抽象晦涩的概念出发。虽然17世纪欧洲大陆的哲学家们也反对经院哲学，但是他们对经院哲学的反叛程度远远比不上英国人。近代英国人是从自己独特的经验主义文化传统出发来反对经院哲学的，然而欧洲大陆的哲学家们在批判经院哲学时，在思想上和方法上始终难以彻底摆脱经院哲学的深层影响，因为他们的思想观念最初就是从经院哲学的土壤中生长起来的。因此，欧洲大陆的哲学家们总是像经院哲学家一样热衷于构建庞大的哲学体系，总是习惯于从抽象的一般原理出发。这样一种无所不包的哲学体系，是无法通过经验的路径来建立的，只能通过逻辑的演绎才能完成；而习惯于从抽象原理出发的思想风格又造成了一种天马行空的思辨传统。这就导致了欧洲大陆的哲学家们更加侧重于理性的演绎而不是经验的归纳，从而形成了唯理论的知识论系统。

可见，英国的经验论强调经验的归纳，而欧洲大陆的唯理论则强调理性的演绎，它们在方法论上各持一端。但是这种方法上的差异并不妨碍它们在批判对象和最高目标上的一致，它们批判的对象都是经院哲学，而它们共同追求的最高目标——这一目标同时也是近代哲学的最高目标——就是获得真理性的知识。既然近代哲学所关心的主要问题是主体与客体、思维与存在的关系问题，因此追求真理性的知识就成为近代哲学——无论是经验论还是唯理论——的最高目标。

大家都知道英国经验论创始人弗朗西斯·培根的那句振聋发聩的口号："知识就是力量！"同样，作为近代欧洲大陆哲学的创始人，笛卡尔也大声疾呼，只要拥有了知识，我们就可以改变这个世界。可见这两位近代哲学的开创者，其基本观点是完全一致的，他们都大力倡导追求真正的知识，认为只有掌握了知识，才能改造世界，造福人生。但是他们所强调的知识完全不同于中世纪经院哲学的那些虚假玄奥的知识，这种知识不是去解析上帝的一个实体与三个位格之间的关系，不是去研究亚当、夏娃有没有肚脐眼，而是关于自然世界和人类社会的科学知识，这是一种可以改变世界、造福人类的真理性知识。

那么，什么叫作真理性的知识呢？经验论和唯理论两派虽然在关于这个问题的具体答案上有着不同的见解，但是双方暗地里却有着一种共识或默契，那就是真理性的知识必须具备两个基本条件：

第一，这些知识的内容必须能够不断地扩展、不断地更新，形成一个开放的系统。众所周知，近代自然科学知识正是这样一种迅猛扩展和频繁更新的知识系统，而与之相反的经院哲学知识则是一些一成不变的抽象教条。

第二，这些知识还必须具有普遍必然性，能够放之四海而皆准，而不能只是一些偶然性的东西，在此时此地有效，在彼时彼地就失效了。近代的知识不同于中世纪的知识，它主要是关于自然的知识，因此是与自然科学联系在一起的；而中世纪的知识主要是关于上帝的知识，因此是与神学联系在一起的。正如中世纪的哲学家同时也是神学家一样，近代的哲学家往往也是科学家，他们所追求的知识，说到底就是关于自然界的知识。这种自然科学知识最显著的特点是什么？就是具有普遍必然性。牛顿力学的三大规律是普遍必然的，热力学定律也是普遍必然的，所有自然科学的知识都具有普遍必然性。如果缺乏这种普遍必然性，那就不是科学知识，而是神学知识了。神学知识的特点恰恰就在于神秘性，而神秘性说到底就是对普遍必然性的否定。比如说，按照神学教义的观点，一个童贞女（圣母玛利亚）可以怀孕生孩子，一个人（耶稣）可以死而复活。然而在现实生活中，我们从来没见过一个童贞女生孩子，也从来没见过一个死人复活，所以这些事情都被看作奇迹，而奇迹恰恰就在于它们不具有普遍必然性，是绝无仅有的神秘事件。由此可见，近代意义上的知识与中世纪的知识是完全不同的,甚至是截然相反的。

经验论与唯理论的思想分歧和理论困境

无论是经验论还是唯理论,都把追求那种既能够不断地扩展和更新内容,又具有普遍必然性形式的知识作为自己的最高目标。但是我们却发现,它们二者又各自具有自己不同的出发点,侧重于不同的方法,并且由此而造成了各自不同的理论弱点和困境。就出发点而言,虽然我刚才说到弗朗西斯·培根和笛卡尔最初都是从经验出发的,但是只有经验论始终坚持把经验作为知识的来源和起点,而唯理论只是在最初的时候运用了一下经验,然后就抛弃经验而转向了先验的东西,并且一直把与生俱来的天赋观念或原则作为知识的来源和起点。经验论主张人的认识活动从感觉经验开始,通过对经验材料的不断归纳,最后上升为一般性原理或公理。而唯理论则正好相反,它从所谓不证自明的天赋观念出发,通过理性的演绎,建立起庞大的知识系统。

从方法上来看,经验论注重归纳的方法,唯理论注重演绎的方法。归纳是从具体到抽象,从个别到一般;演绎则正好相反,从抽象到具体,从一般到个别。归纳往往从一些最具体的经验事实出发,逐渐概括出较为普遍的规律,直至上升到最普遍的公理。演绎则是从最普遍的公理出发,逐渐推演出一些普遍性程度较低的定理,最后下降到关于具体事物的知识。从逻辑上说,经验论与唯理论所侧重的这两种方法在方向上正好是相反的,它们的出发点不同,结果也不同。

除了起点和方法上的差异之外,这两派又都有自身无法克服的理论弱点,这种理论弱点随着两派观点的不断发展而变得越来越不可克服，最后竟然使二者都陷入无法自拔的理论困境之中。经验论与唯理论在相互斗争中各自坚持自己的出发点和方法，它们不断地为自己的理论修筑掩体，结果却把这掩体越挖越深，竟然挖成了一个陷阱，最终把自己埋了进去。那么，经验论和唯理论各自的理论弱点到底是什么呢？下面我们就来做一点分析。

首先我们来看看经验论。经验论从感觉经验出发、通过归纳而上升到一般公理的这个路数是大家比较熟悉的，而且一般看起来好像没有什么问题。但是从逻辑上来说，这里存在着一个几乎是无法克服的大问题，那就是我们如何能够从那些个别的经验事实上升到一般性的公理？

经验论的出发点是毋庸置疑的，任何具有正常感官能力的人都不会怀疑感觉经验的真实可靠性。比如说，天上这时飞过一只天鹅，所有视觉正常的人都会看到这只天鹅是白色的。但是问题在于，我们如何从"这只天鹅是白色的"这个经验的出发点上升到"天鹅是白色的"这个一般性的公理？我们通过不断地观察天鹅，第一只是白色的，第二只也是白色的，第三只还是白色的，如此下去，我们在这一生中所看到的天鹅都是白色的，于是我们是否就可以归纳出如下结论：天鹅是白色的？从逻辑学的角度来说，这一结论可能是有问题的，因为即使我们观察到一千只天鹅都是白色的，但是在逻辑上却无法排除第一千零一只天鹅可能正好就是一只黑天鹅。

归纳既然是从个别到一般，那么就要求归纳的对象越多越好，但是在现实中我们却不可能穷尽所有的对象。于是，在理论上就完全具有这样一种可能性，即你根据 n 个对象所归纳出来的结论，完全有可能被第 n+1 个对象所推翻。迄今为止，你每天早晨都看见太阳从东方升起来，但是这么多的经验事实并不足以从逻辑上证明，太阳明天必然从东方升起。这样一来，关于太阳从东方升起的理论就缺乏普遍必然性了，因此就不符合我们刚才讲到的真理性知识必须具备的那两个条件之一。

由此可见，归纳并不能得到普遍必然性的知识（我们可以说归纳得出的结论具有很高的或然性，但是它却不可能达到一种逻辑上的普遍必然性）。经验论的出发点是没有问题的，经验事实是确凿无疑的，但是近代认识论所要追求的最高目标，即普遍必然性的知识，却是经验论所无法保证的。

经验论坚决反对唯理论所主张的天赋观念。它认为，我们的一切知识都来源于感觉经验，凡在理智之中的无不先在感觉之中，这就是经验论的基本原则。既然这样，我们的一切知识都必须从感觉经验出发，通过归纳而逐渐上升到一般公理。然而，归纳却不可能穷尽所有的对象，因此无法保证归纳结论的普遍必然性。

经过几位英国经验论者前后相继的发展，到了经验论的集大成者和终结者休谟那里，他就在把经验论原则推向彻底的同时，也公开承认了我们不可能获得普遍必然性的知识，他甚至通过把因果联系说成是一种主观的习惯联想，从根本上否定了知识本身具有客观性和普遍必然性。这样一来，在休谟那里，知识就成为一堆既缺乏客观性根据、又缺乏必然性联系的印象和观念的集合体。所以康德后来批判休谟时挖苦地说道，这样的一堆杂乱无章的印象和观念还抵不上一场梦。经验论所面临的最尴尬的困境就在于，它如果要坚持经验论的基本原则（即一切知识都来源于感觉经验，凡在理智之中的无不先在感觉之中），就无法解决知识的普遍必然性问题；它如果要想保全知识的普遍必然性，又必须违背经验论的基本原则，或多或少地借助于某些先天普遍的原则。这就是经验论的理论弱点和理论困境，它的最终结果就是休谟的怀疑论或不可知论。

下面我们再来看看唯理论的问题。唯理论从与生俱来、不证自明的天赋观念出发，经过理性的演绎，建立起整个知识论系统。唯理论这个路数的优势在哪里呢？如果天赋观念果真是与生俱来的和不证自明的，而天赋观念通常又是指一些最普遍、最抽象的原理（如逻辑学的基本规律、几何学的基本公理以及关于上帝的观念等），那么，我们就确实可以把这些天赋的公理作为毋庸置疑的前提，依照形式逻辑的演绎规则，从中顺理成章地推演出整个知识论体系。由于公理本身是已经给定的（天赋的），而演绎推理的规则又保证了结论的有效性，这样一来，由此建立起来的整个知识论系统当然就具有了普遍必然性。

根据亚里士多德所确定的形式逻辑演绎法，如果我们从一个确凿无疑的前提出发，遵循一套同样确凿无疑的推理规则（演绎三段式），那么推出来的结论必定也是确凿无疑的。举例来说，如果我们生来就具有一个不证自明的天赋观念——"所有人都是会死的"，那么我们就能够自然而然地推论出，那个叫张三的人也是会死的，虽然他现在还健康地活着。再比如说，如果我们天生就知道3+2=5这条四则运算定律，那么当我们看到屋前有3只白狗、屋后有2只黑狗时，我们就知道一共有5只狗。这些推理的结论都是普遍必然的，不会有任何问题。这就是唯理论的优势所在，即只要它的前提没有问题，它的演绎结果一定是具有普遍必然性的。

但是唯理论的问题恰恰在于，它的前提本身是有待证明的。众所周知，如果演绎的前提本身出了问题，那么演绎的结论就难以保证了。还是用刚才那个例子，如果我们从"所有人都是黑色的"这个前提出发，推出那个叫张三的人也是黑色的，那么这个结论可能就会有问题。在这里，问题并不是出在推理过程上，而是由于前提本身有问题。唯理论所遇到的问题正是这样，唯理论所运用的演绎方法本身是没有问题的，但是被它当作前提的那些天赋观念或原则的合法性却是值得推敲的。

著名的唯理论者斯宾诺莎曾经明确地表示：只有从真观念出发才能推出真观念。但是问题就在于如何保证作为前提的观念为真。在唯理论者看来，这些作为前提的观念之所以是真的，只是因为它们是天赋的、与生俱来的。而凡是自明的东西都是天赋的，这是唯理论的一个基本信念。如果你要追问：为什么自明的东西就是天赋的？唯理论者就会回答：因为自明的东西是人同此心、心同此理的，即普遍的，而普遍的东西当然只能是天赋的、与生俱来的。

在这里，我们可以发现一个很有意思的现象。我们刚才说过，近代知识论的最高目标是要追求具有普遍必然性的知识，而唯理论者认识到来自感觉经验的知识不可能具有普遍必然性，所以他们就把普遍必然性的知识归之于先验，即天赋观念和原则。大家知道，感觉经验往往具有个体性和差异性，而先验的东西却是普遍同一的，正是这种先验的普遍同一性和演绎规则的必然性，保证了整个知识系统的普遍必然性。从这种意义上说，我们就可以理解唯理论者为什么要坚持天赋观念学说了，因为他们要追求知识的普遍必然性，就只能诉诸于先验的东西，只有先验的东西才能保证普遍性，正如只有演绎的东西才能保证必然性一样。

如果我们把唯理论的整个知识体系比作一座大厦，那么天赋观念就是整个大厦的根基。经验论者由于坚持从感觉经验出发，所以坚决反对天赋观念学说，他们把锋芒直接指向了唯理论的理论根基。然而唯理论却是一定要保住这个根基的，否则它就无处立足，它的演绎方法也就缺少了赖以展开的前提，因此唯理论就武断地把那些普遍性的公理都说成是天赋的东西。对于唯理论来说，天赋的东西是不需要理由的，因为它是普遍的东西。这里实际上已经蕴含着一种强词夺理的独断论。如果说经验论最后的结果是走向了一种怀疑论，那么唯理论从一开始就是建立在一种独断论之上的。

相比较而言，我们发现经验论的起点是没有问题的，但是它的推演方式（归纳法）却无法保证普遍必然性的知识；唯理论的推演方式（演绎法）是没有问题的，可以得出普遍必然性的结论，但是演绎赖以展开的前提或起点却是建立在一种独断之上的。而且唯理论还隐含着另外一种危险，那就是它通过演绎而建立起来的知识系统缺乏新内容。演绎的方法是从一般到个别，这种方法固然可以保证推理过程的必然性，但是却无法使结论的内容得以扩充，因为结论已经分析地被包含在前提中了，或者说，结论永远都超不出前提。从这种意义上说，唯理论所侧重的演绎方法并不是一种发明的方法，而只是一种证明的方法。

近代知识论注重两种方法，一种是发明的方法，一种是证明的方法。发明是通过一系列实验去发现和创造那些我们还不知道的东西，证明则是对那些已经知道了的东西做出进一步的说明。经验论侧重的归纳法虽然不是一种必然性的推理方法，但是它却是一种发明的方法，可以不断地扩展和更新知识的内容。而唯理论强调的演绎法虽然保证了推理过程的必然性，但是它却很难扩展新的知识内容。这样一来，就使得唯理论所沾沾自喜的那些必然性知识充其量就只是一种解释性的知识，甚至在某种意义上是一种同语反复。

我在前面已经说过，近代知识论除了要求知识必须具有普遍必然性之外，还要追求知识内容的不断扩展和更新。如果我们的知识永远只是停留在这种证明性知识的范围之内，始终都是同语反复，那么这样的知识又怎么可能成为征服自然的力量呢？由此可见，唯理论不仅独断地确立了天赋观念和原则，而且通过思辨性的知识演绎把整个知识系统变成了一个天马行空、自说自话的封闭系统。由于把天赋观念和原则作为获得普遍必然性知识的唯一出发点，完全否认了感觉经验的作用，唯理论发展到莱布尼茨-沃尔夫体系就演变成一种新的经院哲学，一种极其霸道的独断论。这种独断论认为，我只需要一套天赋观念和原则，根据一些形式逻辑的推理规则，然后把房门一关，眼睛一闭，就可以推出关于世界的一切知识，甚至包括关于上帝、（作为整体的）宇宙、灵魂等形而上对象的知识。从表面上看，这种独断论似乎非常强调理性的作用，但是实际上它却把理性的作用过分夸大了，把理性看成是万能的，就此而言，它实际上是以一种非理性的态度来对待理性。

如果说经验论过分地贬低了理性，那么唯理论恰恰是过分地抬高了理性；二者一个表现了理性的卑微，一个表现了理性的狂妄。近代知识论的最高目标是追求既具有普遍必然性形式又具有扩展性内容的科学知识，然而遗憾的是，经验论和唯理论各执一端，最终都走向了不同的死胡同。在这种情况下，康德应运而生，康德所要担负的历史使命就是要去实现经验论和唯理论都未能实现的最高目标。因此，康德的知识论所要追问的核心问题就是，既具有普遍必然性形式，又具有扩展性内容的知识何以可能？这个问题，用康德自己的术语来表述，就是："先天综合判断如何可能？"

讲到这里，我已经从总体上对经验论和唯理论的概观做了一番分析，下面我们就进入英国经验论哲学。

早期经验论哲学

弗朗西斯·培根与近代经验论的创立

英国近代经验论的创始者是弗朗西斯·培根（Francis Bacon，1561—1626）。培根虽然出生在16世纪，但是他的哲学著作主要都是在17世纪完成的，所以我们还是应该把他看作17世纪的哲学家。培根既是近代经验论的创始人，也是近代实验科学的奠基者，马克思把他称为"英国唯物主义和整个现代实验科学的真正始祖"。

培根出生于英国的一个贵族之家，从小受过很好的教育，年纪轻轻就跻身政界，一路官运亨通，最后当上了地位仅次于国王和首相的全国大法官。后来由于受到政治派系斗争的牵连，以及遭受到一桩受贿案的指控，培根被国王剥夺了大法官的职位，还坐了一段时间的牢。刑满释放后，培根对政治心灰意冷，潜心于学问，埋头于自然科学实验和哲学著书活动。17世纪许多著名的哲学家同时也是科学家，培根在科学方面的成就虽然不能与笛卡尔、莱布尼茨等人相比，但他仍然是一位杰出的科学家。他的死也是因为在一次冷冻实验中偶感风寒，最后不治而亡。培根的最主要的哲学著作就是《新工具》，这是一部针对亚里士多德的《工具篇》而写的书，该书的基本宗旨就是要用一种新工具即归纳法来取代被中世

弗朗西斯·培根（1561—1626）

纪经院哲学滥用的亚里士多德演绎法，从而为经验论哲学奠定重要的方法论基础。

由于生长在英国，培根受中世纪英国"三杰"的经验主义思想的影响比较深，他在此基础上创立了英国近代经验论。培根的那句名言"知识就是力量！"的背景就是要反对中世纪经院哲学的那一套没有任何用处的思辨学问。培根认为，哲学的目的就是要获得那种关于自然"形式"（即规律）的知识，只有首先认识自然，才能有效地改造自然，利用自然为人类造福。这就是"知识就是力量"这句话的内涵。

关于这句话的影响，我们现在可以重新来思考一下。这句话在17世纪确实具有振聋发聩的重要意义，因为它把中世纪那种没有用的形而上学改变为一种认识自然和改造自然的手段，这当然是非常有意义的。近几百年来，人类一直都是在这句话的感召下征服自然和改造自然的。但是到了今天，我们再反思一下这句话，就会发现它实际上也导致了一些负面的影响，它过分强调了知识的学以致用特点，而忽略了知识的学以致知特点。

我们在讲希腊哲学时曾经说到，希腊哲学家们往往表现了一种学以致知、为知识而知识的求知态度，这种态度使他们以一种非常洒脱的姿态来对待哲学或广义的知识，正是这种超功利的求知态度促进了希腊形而上学的兴盛。在中世纪，这种学以致知的求知态度与人生得救的热切希望混杂在一起，结果导致了那种既狂热又虚幻的神学-形而上学。到了16世纪以后，随着自然科学和社会经济的发展，知识的实用性特点越来越突出，所以培根提出了"知识就是力量"的口号，把知识从形而上学的云端拉到了现实生活中。从此以后，实用性就成为知识的重要标准，一种艰深而又无用的学问往往就会被贬为经院哲学。

这种学以致用的态度确实促成了科学的发展和社会的进步，但是当人类进入 21 世纪时，我们是不是在赞美"知识就是力量"的同时，也应该对这种观点进行一种批判性的反思呢？如果我们太过于强调知识尤其是哲学知识的实用性，忘记了哲学在产生之初原本是一种锻炼智慧、陶冶性情的崇高学问，我们或许就已经在功利的诱惑下迷失了精神的本性。事实上，知识不仅是征服自然的力量，而且是心灵的栖息所；它不仅是一种工具或手段，而且是目的本身。今天我们学习任何一门知识，都喜欢问它有什么用，这种问法本身就已经把知识当作工具了。其实，求知不仅是手段，而且是目的，知识尤其是哲学知识本身就是令人愉悦的，这就是希腊人对待哲学的态度，也是我们今天过分强调学以致用时应该具有的一种矫正态度。如果你把求知本身当作目的，你就不会再去追问学习知识有什么用了，因为目的就是目的，它不存在有什么用的问题。追问目的本身有什么用，正如追问人活着有什么用一样，是一个虚假的问题。所以，正是在这个意义上，我们应该重新反思培根的这句话。

培根的经验论哲学是从对中世纪的那些无用知识的批判开始的。他认为，妨碍人们正确地认识自然的偏见有许多，他把这些偏见总结为四种假象，这四种假象全部都是针对中世纪的迷信和经院哲学而提出来的。第一种叫作"种类的假象"。由于我们人类是一个种族，所以我们总是按照人类思维的模式来思考问题，这样就产生了一种关于自然的假象。比如说，我们人类干任何事情都是有目的的，于是我们在观察自然时，也容易把这种目的性加到自然物之上，从而认为自然物也是具有某种目的的。第二种是"洞穴的假象"。这是从柏拉图的"洞喻"中借鉴来的，它是指我们每个人受到不同的习性、环境和教育的影响，从而形成了各自的偏见。这就好像一个人住在一个洞穴里，所看到的自然光都是经过洞壁的折射而改变了颜色的。第三种叫作"市场的假象"。这种假象是指我们在进行哲学思考时,经常会使用一些抽象晦涩、缺乏真实内涵的假概念,这些被经院哲学所滥用的假概念往往会混淆我们的思维,就好像市场上流行的假币一样。最后一种叫作"剧场的假象"。这是指人们对某些权威、教条和传统的哲学体系的盲目崇拜,尤其是指中世纪经院哲学对亚里士多德体系的盲目推崇。这就好像我们崇拜舞台上的演员一样,我们往往忘记了这些演员只不过是在演戏而已。从这里我们可以看出,培根所批判的"四假象"都是直接针对中世纪流行的哲学观点和思想体系的。培根明确地表示,要想获得真正的知识,首先就必须破除这四种假象,把感觉经验确立为知识的起点,由此出发来建造一座真正的知识大厦。

培根正是在批判中世纪经院哲学的基础上,确立了"一切知识都来源于感觉经验"这个经验论的基本原则。但是作为经验论的创始人,培根并没有把经验论的原则推向极端,他对于理性在认识中的作用仍然是予以肯定的。培根认为,对待感觉经验也不能一味地盲信,我们既要从感觉经验出发广泛地搜集材料,又要运用理性对这些材料进行分析。他举例说道,获取知识的过程既不应该像蚂蚁那样只去采集现成的材料,也不应该像蜘蛛那样只用自己的材料来吐丝布网,而应该像蜜蜂那样,既要采集花粉,又要通过自己的消化把花粉酿成蜜糖。在这里,蚂蚁是指那种只注重感觉经验、完全缺乏理性思维的狭隘经验派,蜘蛛是指那些凭空进行思辨演绎的经院哲学家,而蜜蜂则是指从感觉经验出发、经过理性的加工而获得真理性知识的哲学家。

虽然培根并没有把经验的作用推向极端,但是作为经验论的创始人,他对感觉经验在认识中的作用仍然是极力强调的。针对经院哲学的抽象玄奥的形而上学,培根明确地把感觉经验当作整个知识体系的开端和保证。他认为，亚里士多德那一套演绎逻辑是不可能获得真正知识的，知识必须依靠经验，从经验开始。因此，他在《新工具》一书中提出了一种与理性演绎法针锋相对的新方法，这就是经验归纳法。

培根是近代归纳法的创始人，这种归纳法的具体内容是这样的：首先形成"三表"，即搜集正面的材料，形成一个"本质或具有表"；搜集反面的材料，形成一个"差异表"；再搜集反映某种共变关系的量化证据，形成一个"程度表"。其次在"三表"所搜集的经验材料的基础上，进行理性的分析，逐渐总结出一般性的规律，然后再逐级上升，最终达到一般性的公理。这样一套从经验事实出发，经过一系列的比较和观察，逐渐从中间公理上升到最高公理的方法，就是培根创立的经验归纳法。例如，为了发现热的"形式"（即原因或规律），培根首先列举了一些与热相联系的现象，比如光等，形成一个"本质或具有表"；又列举了一些有光而无热的现象，如萤火虫等，形成一个"差异表"；再列举一些与热具有共变关系的现象，如摩擦程度的加剧与热量的增加等，形成一个"程度表"。然后对这"三表"所搜集的材料进行分析，找出一些规律性的东西，逐渐发现热与运动之间的关系。最后再对运动进行限制，找出具体的种和属差，最终形成关于热的"形式"的定义，即"热是一种扩张的、受到抑制的、在其斗争中作用于物体的较小分子的运动"。

培根奠定了经验论的基本原则，同时也创立了获取科学知识所依赖的基本方法，并且在古代原子论的基础上建立了一种以分子作为基本元素的唯物主义世界观。在此基础上，后来的英国经验论者基本上都是沿着培根所开辟的方向往前走，一步一步地把经验论原则推向极端，最终使经验论彻底摆脱了与唯物主义或唯心主义的联系而成为一种天马行空、桀骜不逊的怀疑论。

经验论原则与实在论信念之间的深刻矛盾

培根确立了经验论的基本原则，这个原则用一句比较经典的话来说，就是"凡在理智之中的无不先在感觉之中"。但是我们很快就会发现，经验论的这个基本原则与经验论所预设的本体论之间是存在着矛盾的。这是什么意思呢？大家且听我慢慢分析。按照经验论的基本原则，我们的一切知识无不来自感觉经验，如果是这样，那就意味着离开了感觉经验我们就一无所知。几乎所有的经验论者，从培根、霍布斯、洛克一直到贝克莱、休谟，他们都反对天赋观念，都坚持认为，在感觉经验发生之前我们没有任何知识。这种观点是一种经验论的认识论观点，但是我们不得不考虑到另一个问题，那就是本体论的问题。

既然近代哲学关注的重点是主体与客体的关系问题，那么从逻辑上来说，当我们探讨主体与客体之间的关系时，首先必须承认或者预设两个实体性的东西，一个是客体，另一个是主体。从某种意义上说，我们的所有知识都是在这两个预设的前提下才能够展开，否则我们的知识就没有根基了。但是我们马上会发现，这两个实体性的预设是违背经验论的基本原则的。按照经验论的基本原则，我们的所有知识都是来自感觉经验，因此在感觉经验发生之前，我们没有任何理由来预设一个实体——无论是一个被认识的客观世界即客体，还是一个进行认识的自我即主体。但是如果不事先预设这个客体和主体，我们的认识活动就成为一件非常滑稽的事情。这样一个深刻的矛盾，最初并没有被经验论者所意识到，它是潜藏在经验论的发展过程中的。

一般人都具有一种朴素的本体论意识或实在论信念，都会先验地预设一个作为认识对象的客观世界（物质实体）和一个进行认识活动的自我（精神实体），而认识活动正是在这种朴素的"本体论承诺"之下才可能发生。但是这种朴素的"本体论承诺"，却是与经验论的基本原则相矛盾的。比如说，我们出生后不久，在咿呀学语的时候，就会说"我"了；终其一生，我们用得最多的一个字可能就是"我"字。但是"我"到底是什么？我们或许并没有认真地思考过。当我们在说"我"的时候，我们已经理所当然地预设了"我"的存在。这是一个基本的预设，如果连"我"都没有了，一切也就不用谈了。所以必须首先肯定这个"我"的存在。

同样的道理，当我们一睁开眼睛的时候，就看到了眼前的这个世界。所以我们就坚定不移地认为，存在着一个不依我们的感觉经验为转移的客观世界。这些都是太简单、太简单的道理了，连三岁的孩子都知道。但是大家仔细地想一想，这个所谓的客观世界是在我们睁开眼睛以后才看到的，那么我们根据什么理由断定它是不依我们的感觉经验而存在的呢？对于这个问题，我们固然可以说，在我睁开眼睛看世界之前，别人已经证明了这个世界的客观存在。但是从逻辑上说，我们可以假定这样一个人，他是第一个睁开眼睛看到世界的人，那么对于他来说，如何能够证明这个世界在他睁眼以前就已经客观存在了呢？这就是一个无法解决的问题。所以，当我们坚定不移地认为存在着一个客观世界时，我们的根据严格地说并不是来自经验，而是出于一种朴素的信念。但是如果我们坚持经验论的基本原则：凡在理智之中的无不先在感觉之中，那么这个朴素的信念就会遭到质疑。

与此类似，这个"我"也是有问题的，"我"是从何而来的？说到底也是一种朴素的本体论或实在论信念罢了。关于这个问题，我在后面讲到休谟对精神实体的批判时再详细说明。这种朴素的实在论信念与经验论原则之间的矛盾，随着经验论的发展而逐渐暴露出来，在培根和霍布斯等最初的开创者那里还没有被意识到，但是到了洛克那里，这个矛盾就已经被意识到了。洛克试图解决它，但是并不成功，所以问题就被遗留到贝克莱和休谟那里，休谟最终以一种彻底的经验论即怀疑论的方式解决了这个矛盾。不过，当这个矛盾被休谟解决之后，经验论作为一种认识论本身就开始面临着危机，它从一种试图实现主体与客体之间同一性的认识论，变成了一种对主体和客体都持不可知态度的怀疑论。这样一来，就使经验论陷入了更加深刻的矛盾之中。关于这个令人尴尬的后果，当我们顺着经验论的内在发展逻辑讲到休谟时，大家就会逐渐明白。

霍布斯的自然哲学

英国经验论的第二位哲学家是托马斯·霍布斯（Thomas Hobbes，1588—1679），他把培根开创的经验论向前推进，形成了一个比较系统、同时也带有明显的机械论色彩的哲学体系。霍布斯曾经做过培根的秘书，他生活的年代正好赶上了英国社会发生剧变的时代。17世纪40年代，英国发生了资产阶级革命，我们的历史教科书通常把这场革命当作西方近代史的开端，而霍布斯正好就生活在这个转折性的时代。霍布斯出身于一个牧师家庭，年轻时受过很好的教育，大学毕业后曾经游历欧洲大陆，结识了伽利略、开普勒、笛卡尔等著名的科学家和哲学家。由于他担任过培根的秘书，所以与英国的贵族阶层和王室也有密切的交往，他甚至还当过查理二世的家庭教师。

英国革命爆发时，霍布斯也随着英国王党分子逃亡到了法国。但是在1651年他的巨著《利维坦》发表之后，霍布斯就成为两头不讨好的人物——他的绝对君权理论激怒了发动英国革命、把国王查

托马斯·霍布斯（1588—1679）
（图片来源：John Michael Wright，约1669—1670）

理一世送上断头台的清教徒，他的社会契约论和君权民授思想又得罪了法国宗教界和英国王室，并且因此不得不逃回英国。倒是当时执掌英国政治大权的护国公克伦威尔从霍布斯的书中找到了有利于自己集权的理论，所以他试图邀请霍布斯在英国出任政务，但是霍布斯出于对政治斗争的反感而拒绝了克伦威尔的邀请，一心沉潜于学问，不问世事。斯图亚特王朝复辟之后，虽然霍布斯曾经做过帝王师，但是他的现实状况也没有因为查理二世上台而得到改善，反而因为"无神论"的指责而饱受非议和歧视。霍布斯的晚年是在孤独中度过的，尽管如此，他仍然活了90多岁。由此可见，对于一个人的生命来说，最重要的东西并不是外在的待遇，而是内心的安宁。

霍布斯像培根一样认为，哲学的目的就是利用知识来增进人生的幸福。他把哲学定义为一门推理的学问，推理可以分为两种，一种是从原因推论结果，另一种是从结果推论原因。他把前者称为综合，把后者称为分析。综合是一种证明的方法，分析则是一种发明的方法。霍布斯特别强调，哲学研究的对象就是那些处于产生过程中并且具有某种特性的物体，这些物体可以分为两类，一类是自然物体，另一类是人们通过社会契约而造成的社会物体，即国家。研究自然物体的哲学就是自然哲学，研究国家的哲学就是公民哲学。

虽然霍布斯是经验论哲学发展过程中的一位承前启后的重要思想家，但是他的主要影响可能不在于自然哲学，而在于公民哲学或者政治学。下面我先来讲讲霍布斯的自然哲学。

霍布斯发展了培根开创的经验论哲学，比较系统地阐述了知识形成的过程。他和培根一样坚持认为，我们的一切知识最初都是从感觉经验开始的。在霍布斯看来，知识形成的过程是这样的：首先通过感觉经验，我们形成一种印象；然后再对这种印象进行命名，从而形成概念。比如说，我首先通过视觉和触觉，对一个直筒形的硬东西形成印象，然后通过命名把这个东西叫作"杯子"（概念）。在形成了概念之后，通过联结不同的概念而形成判断，最后再从一个判断推出另外一个判断，这就是推理。可见，哲学虽然是一门关于推理的学问，但是它的根基却埋藏在感觉经验的土壤之中。

霍布斯在本体论上也与培根一样，是一个唯物主义者，不过他使培根的朴素唯物主义蒙上了一层浓郁的机械论色彩。这种机械的同时也是不可伸缩的唯物主义观点使得霍布斯哲学被当时的人们看作一种无神论，因为霍布斯明确地表示，自然哲学的对象就是那些处于产生过程中并且具有广袤等物理特性的物体，而上帝既不处于产生过程中，也不具有广袤等物理特性，所以不属于哲学研究的对象。这样一来，霍布斯就把上帝从知识论中排除出去了，他甚至认为，"上帝"只不过是一个道听途说的名称而已，我们对这个名称的内容实际上一无所知。他的这种观点在当时的人们看来是非常危险的，就像无神论一样大逆不道。所以教会不喜欢他，英国王室不喜欢他，甚至一般的虔诚民众也把霍布斯哲学视为洪水猛兽。

物体是霍布斯哲学研究的唯一对象，他对物体下了一个定义："物体是不依赖我们思想的东西，与空间的某个部分相合或具有同样的广袤。"从这个定义中，我们可以分析出物体的几个基本特征。第一,它是独立于我们的思想而存在的客观实体;第二,它的基本属性就是广袤性,即占有一定的空间。这个定义也表明了霍布斯的唯物主义立场,他先验地预设了物体的客观存在,把它当作我们的认识得以发生的前提。然而,这种预设却是违背经验论的基本原则的。当然,对于唯物主义预设与经验论原则之间的这个矛盾,霍布斯本人并没有自觉地意识到。他只是从一种朴素的常识出发,假定了物体的客观存在。

霍布斯哲学的机械论特点在关于运动的观点中表露无遗,霍布斯把运动解释为物体位置的移动,即物体失去一个位置而获得另一个位置。这种对于运动的解释是非常机械的,它远远比不上亚里士多德对运动的理解,但是它却成为17世纪西方人尤其是英国人关于运动的基本看法,后来牛顿经典力学中的运动观也是这样的。霍布斯的机械论同时也表现为一种功能主义,他只关注物体的功能和运动,而不追问物体的本质和目的。这种功能主义恰恰表现了霍布斯的经验论与经院哲学的形而上学之间的根本差别,因为我们的感觉经验只能感知到物体的功能和运动,而无法感知到这些看不见、摸不着的本质和目的。因此,哲学就不再讨论经院哲学的那些晦涩玄奥的"形式""目的""隐秘的质"等形而上的东西,而只需关注那些经验的对象就行了。

霍布斯认为物体就是客观存在的"实体",而物体所具有的各种物理特性,如广袤、重量、颜色、气味、运动等被称为"偶性"。在这些偶性中,广袤(或形状)是最基本的偶性,它与物体是共存亡的。关于"实体"这个概念的内涵,我们早在亚里士多德那里就已经有所了解,霍布斯关于实体的看法与亚里士多德所理解的第一实体基本相同,就是指某种独立实在的个体事物,而偶性却是必须依赖实体而存在的。他对二者区别道:"实体是东西,不是产生的;偶性是产生的，可是不是东西。"霍布斯明确表示，偶性是可以被我们所感知的，我们正是通过对偶性的感受而知道了物体或实体的存在。但是另一方面，他又对实体的本质采取一种不可知的态度，认为我们只能认识实体的各种偶性，却无法认识它的本质。

霍布斯实际上是把实体看作一大堆偶性的集合，离开了这些偶性，我们就根本无法认识实体。他有时候也运用中世纪唯名论的观点来解释实体，认为所谓"实体"不过是一些约定俗成的名称罢了。比如我面前有一个苹果，它具有很多偶性，我们通过眼睛看到它是圆形的和红色的，用手摸一下它是硬的，用鼻子闻一下它是香的，用嘴尝一下它是甜的，这些都是苹果的偶性。但是如果我们把这些偶性都拿掉，那么这个苹果还剩下吗？换言之，除了这些偶性之外，是不是还有一个独立存在的苹果？按照常识，我们通常会对这个问题做出肯定性的回答，因为我们总是自然而然地认为，苹果虽然承载着这些偶性，但是它毕竟不同于这些偶性，它本身是一个独立的实体。但是，如果除掉了这个苹果所承载的所有偶性，那么我们关于它还能说什么呢？我们除了把它叫作"苹果"之外，还能对它有什么认识呢？所以在霍布斯看来，"苹果"不过是一个约定俗成的名称而已，对于它的本质我们一无所知。在这里，我们可以看到霍布斯思想中的一个内在矛盾，他一方面承认实体的客观存在，另一方面又用一种不可知论或者唯名论的态度来对待这个实体，这种矛盾恰恰表现了他的唯物主义立场与经验论原则之间的深刻抵牾，同时也为经验论后来向怀疑论的发展埋下了伏笔。

霍布斯的政治学

前面讲了霍布斯的自然哲学，现在我们再来讲一讲霍布斯的公民哲学，也就是他的政治学思想。霍布斯的政治学思想主要体现在他的著名大作《利维坦》中。这个"利维坦"是什么呢？利维坦是《圣经》里所记载的一个巨大海怪的名称，霍布斯用这个词来指称国家，他认为国家就是一个利维坦式的庞然大物。

在这本书里，霍布斯比较清晰地表述了社会契约论的思想。社会契约论虽然不是霍布斯最先提出来的，但是霍布斯却比较详尽地描述了社会契约的内涵。按照霍布斯的说法，在人类最初的原始状态中，每个人都只受自然法则的支配，对自己的生命、财产以及自己所拥有的一切具有绝对的权力。自然法的一个最基本的原则就是自保，在自然状态中，每个人都为了达到自保的目的而不择手段和不惜牺牲任何其他人的利益。这种情况就像自然界中的动物一样，每个动物都遵循自保的法则，当然还有一个法则就是保种，即为了繁衍下一代而牺牲自己。自保和保种是一对矛盾，是相互否定、相互扬弃的一对矛盾，但是保种往往是无意识的，而自保却是有意识的，任何动物都懂得趋利避害，都懂得自保，都可以为了自己的安全和利益而不惜使用任何手段。霍布斯认为人也是这样的，每个人都为了自保而不择手段，其结果就导致了一种普遍的战争状态，即一切人对一切人的战争。

在这样的状态下，人与人的关系就像狼与狼的关系一样，是非常残酷的，而且其结果可能对所有人都不利，谁都不能自保。因此，面对这种令人尴尬的情况，人们订立了社会契约，以便更好地保证自保原则的实现。为了结束普遍的战争状态，所有的订约者把自己的全部权力让渡出来，将它交给一个第三者，这个第三者就是国家或君主。我们把权力转让给第三者的目的就是为了让他来保证我们的利益，以实现和平和自保的目的。但是这个第三者并没有参与订立契约，他本人并不是订约者，因此契约对于他是没有约束力的。

另一方面，由于我们是自愿地通过社会契约而把自己的全部权力都转让给他，所以他就成为一个拥有绝对权力的君主。他有权为所欲为地干任何事情，甚至可以任意地剥夺我们的财产乃至生命。当然，这样做并不是他的宗旨，他的宗旨是保护我们的利益，维护和平，但是在理论上他却拥有对我们的生杀予夺权力。而且如果他果真这样做了，我们也只能逆来顺受，因为是我们自愿地把全部权力交给他、让他来统治我们的。霍布斯的这种观点无疑具有为君主专制做辩护的嫌疑，它通常被叫作绝对君权理论，在后世成为民主思想家们批判的靶子。

关于霍布斯的绝对君权理论，我们应该历史地加以评说。我个人认为，在17世纪的英国，这种观点是具有很明显的积极意义的。大家知道，中世纪的欧洲是一个分散闭塞的封建社会，要想在那种背景下发展出资本主义，首先要经过一个从封建状态到专制集权的过渡。在16、17世纪这个关键的转折时代，从封建状态向君主专制的转化是西方文化进步的一种表现。只有首先通过强有力的君主专制而建立一个中央集权的民族国家，资本主义经济才能以强大的民族国家作为依托而发展起来，继而再通过社会革命走向民主宪政。因此，君主专制构成了从封建状态向民主宪政过渡的一个重要中介。这种情况在近代的西欧是具有普遍性的，例如在英国，在霍布斯之前，国王亨利八世就通过宗教改革而把政教大权集于一身，后来经过伊丽莎白一世的中央集权，而后又经历了斯图亚特王朝的统治、英国革命、王权复辟和光荣革命，一直到1707年英格兰与苏格兰合并而形成大不列颠王国，英国的君主专制达到顶峰并开始向宪政转化，这一时期也成为英国资本主义经济迅猛发展的黄金时代。

而霍布斯正好生活在这个时期的中间阶段，即从伊丽莎白一世统治到光荣革命发生之前的那段时间。在这一段时间里，无论是都铎王朝的伊丽莎白一世，还是斯图亚特王朝的各位君主，以及英国革命期间护国政府的领袖克伦威尔，实际上都表现出强烈的集权倾向。所以霍布斯的观点曾一度被克伦威尔所青睐，因为这种绝对君权理论为克伦威尔的独裁提供了一个有力的根据。

此外，这个理论还有另一个非常重要的意义，那就是它第一次明确地把君主的权力根据从上帝手里转向了订立契约的民众，从而第一次明确地表达了君权民授的思想（这也是它为什么会被篡权者克伦威尔所喜爱，却被正统的斯图亚特王朝的君主们所反感的原因）。在中世纪，由于罗马天主教会的宣传，大家都相信君权是上帝授予的，君权来自神权。然而，按照霍布斯的社会契约理论，君权不是来自上帝，而是来自订立契约的人民，这样一来就打破了君权的神圣意义，将权力的根据交还给人民了。

尽管霍布斯认为君权是绝对的，君主对人民有生杀予夺之权，但是这种君权民授的思想已经内在蕴含着与绝对君权正好相反的理论预设——既然君主的权力不是来自上帝，而是来自订立契约的人民，那么一旦君主违背了人民订立契约的目的，侵害了人民的基本权利，人民就完全可以通过重新订立契约的方式把权力从君主手里夺回来。这样一来，就为资产阶级民主革命提供了重要的理论依据。事实上，紧接着霍布斯之后出现的洛克就是这样主张的。霍布斯既然已经打破了君权的神圣性根据，洛克就可以顺理成章地打破君权的绝对性根据。因此，霍布斯的绝对君权虽然表面看起来是非常保守甚至反动的，但是在17世纪的英国和欧洲却具有非常积极的意义，虽然到了18世纪就成为过时的甚至反动的了。这种历史的眼光，是我们在学习哲学的过程中应该培养的。

洛克哲学与经验论的内在矛盾

洛克的政治学思想

我们现在要讲的一位具有承前启后意义的经验论哲学家是约翰·洛克（John Locke，1632—1704），他把培根和霍布斯提出的经验论原则进行了系统化。洛克出生于一个商人家庭，早年受过很好的教育。他所生活的时代比霍布斯稍晚一些，正好处在英国社会一个非常重要的转折时期，也就是光荣革命时期。1688年英国发生了一场不流血的革命，叫作"光荣革命"，这是封建贵族阶层和新兴的资产阶级之间达成的一个妥协，这个妥协的结果就是建立了英国的君主立宪制。在17、18世纪，这种君主立宪政体成为欧洲其他国家进步知识分子心中的理想，他们认为，这种体制是最完善的，在这种体制下，君主有权力，贵族有权力，平民也有权力。而洛克的政治思想，恰恰就是对这种君主立宪政体的一种理论辩护，因此恩格斯把洛克称为"1688年阶级妥协的产儿"。

洛克在哲学、科学、宗教和政治学等方面都很有建树，在这里，我们当然只能讲讲他的哲学思想。不过，在介绍他的哲学思想之前，我还是要简单讲讲他的政治学。

约翰·洛克（1632—1704）
（图片来源：Godfrey Kneller, 1697）

和霍布斯一样，洛克也主张

社会契约论，但是他与霍布斯的不同之处在于如下几点。

第一，洛克并不像霍布斯那样认为，在自然状态中人与人的关系就像狼与狼的关系一样紧张，在他看来，自然状态并没有这么糟糕。但是自然状态总是难免有一些麻烦，比如外敌的入侵等，所以当发生这些麻烦时，人们就觉得还是订立一个社会契约、建立一个国家为好。于是，人们就订立了契约，并把自己的一部分权利交给政府。但是，人们只是让渡了自然权利的一部分，并没有让渡出那些最重要的自然权利，即生命权和财产权等"天赋人权"。

虽然人们通过订立契约建立了政府，但这个政府本身并不能置身于契约之外，更不能对人们的自然权利进行侵害。因为人们通过订立契约建立政府的目的，正是为了让政府更好地保障自己的自然权利。因此，如果这个政府违背了它应该具有的这个宗旨，侵害了人们的基本权利，那么人们就有权利推翻它，重新订立契约，重新组建政府。洛克的这种思想具有明显的革命色彩，所以不久以后它就成为西方许多国家资产阶级革命的理论根据。美国的独立战争、法国的大革命都是高举洛克和卢梭这两面大旗进行的。卢梭更多强调"主权在民"，而洛克更多强调"天赋人权"。美国的《独立宣言》、法国的《人权宣言》，一上来就明确地写道，人具有神圣不可侵犯的天然权利，这些权利包括生命权、安全权和私有财产权等。因此，人类的政府都应该建立在保障人的基本权利的基础之上，这才是一个良性的、健康的政府。反之，人们就有权推翻这个政府。这就是洛克的基本观点，他修正了霍布斯的一些理论，就从绝对君权中得出了人民革命的结论。

第二，洛克在政治学上的一个重要贡献，就是第一次明确提出了三权分立的思想，这种分权理论也是针对霍布斯的集权思想提出的。大家都知道，一直到今天，西方资本主义国家都把三权分立作为组成国家的最基本的原则，而这一原则最初就源于洛克的《政府论》一书。不过，洛克当时提出的三权分立思想还很不完善，他的三种权力分别是指立法权、行政权和外交权。他把外交权独立出来，却没有考虑到司法权。后来到了法国的孟德斯鸠，才把洛克的三权修改为立法权、行政权和司法权。三权分立理论最重要的思想是相互制衡，也就是说，立法机构只有立法权，不能行使行政权和司法权；行政机构只有行政权，不能行使立法权和司法权；司法机构也是如此。这三个权力机构相互制约，形成一种合理的平衡状态，这样才能保证良性的政治发展和有效的社会监督。

西方的这种三权分立观点是以基督教的性恶论作为基本预设的，由于预先假定了人性是邪恶的，人不可能自己来监督自己，而权力又总是容易导致腐败，所以就必须将权力分散，依靠相互分立的权力机构进行相互监督、相互制衡，这样社会才能够良性发展。反之，如果同一个人或同一个机构既立法，又执法，也司法，也就是说，他既是游戏规则的制定者，又是运动员，也是裁判员，那么肯定会导致社会腐败。西方的这种政治制度，有值得我们借鉴的地方。比如像英国，自从1688年光荣革命确立了分权原则以后，一直到今天，并没有发生大的社会动乱；美国也是这样，自独立后，除了南北战争是为了解决奴隶制问题外，美国国内也没有发生政治动荡，这都是因为它们的政治体制比较完善。反之，那些集权国家却总是在发生革命、暴乱，说到底都是由于过度集权和缺乏有效监督体制所致。所以洛克的某些政治学观点，在今天还是值得我们借鉴的。

批判天赋观念和创立"白板说"

下面我们来讲洛克的哲学。洛克是一个系统性的哲学家，他的哲学具有典型的英国式特点，也就是很善于对问题进行分析，条分缕析，思想清晰。因此每次在讲洛克哲学时我也感觉很顺当，他的思想可以一点一点地往下推，自然而然形成一个有机的系统。

洛克写了一部很重要的哲学著作，叫作《人类理解论》。在这本书里，洛克首先对笛卡尔的天赋观念学说进行了批判。

虽然我先给大家讲经验论，但实际上到洛克的时代，大陆唯理论已经建立，而且发展到了相当高的水平。唯理论是由笛卡尔创立的，笛卡尔是一个很有影响力的大思想家，当时的英国知识分子都知道笛卡尔的观点。因此，和霍布斯一样，洛克也是从批判笛卡尔的天赋观念入手的。笛卡尔把与生俱来的天赋观念（上帝的观念、几何学和逻辑学的基本公理等）当作知识的起点，这种观点遭到了英国经验论者的持续反对。

霍布斯认为，根本就不存在什么天赋观念，因为如果有所谓的天赋观念，那么它们在我们睡着了的时候也应该呈现在我们的头脑中，但是我们在睡梦中却从来没有觉察到这些观念。

洛克对天赋观念的批判远比霍布斯系统而深刻，他首先批驳了笛卡尔用"普遍同意"来支持天赋观念的观点。按照笛卡尔的说法，天赋观念具有被人们普遍同意的特点，而这种普遍同意的观念是不可能从经验中得到的，因此它只能是先天的。针对这种观点，洛克指出，世界上根本就没有"普遍同意"的东西，例如，许多儿童和白痴就不知道逻辑学的基本公理，中国人的头脑中也没有上帝的观念。而且即使有普遍同意的东西，它也不见得就是天赋的，我们完全可以通过其他途径形成普遍同意的观念。

在批判了笛卡尔的天赋的思辨观念之后，洛克又对天赋的实践原则进行了反驳。在他看来，人类的那些实践的道德原则，如公道、信义、良心、怜悯等，都不过是一定历史和习俗的产物。它们往往是因时因地而异的，并且与功利性相关。也就是说，我们推崇道德行为并不是因为我们有天赋的道德原则，而是因为做这些道德行为对我们有利。事实上，许多道德原则，比如恻隐之心、父母之爱等，并不是普遍同意的。在文明社会中经常有拐卖婴儿的现象，在野蛮社会里也经常有杀婴现象和易子而食的行为。洛克甚至认为，承认天赋观念将会助长人们不求进取的懒惰，并给那些利用天赋观念来骗人的野心家以可乘之机。

如果不存在天赋观念，那么我们的知识是从哪里来的呢？洛克提出了著名的"白板说"。他认为，我们的一切知识都是来自经验，人的心灵就如同一块白板，所有的知识都是通过后天的经验写上去的，没有任何东西是先天的。洛克指出，我们的经验有两个来源，一个来源是感觉，另一个来源是反省。感觉就是通过五官对外界事物进行感受，从而形成关于外界事物的观念；反省则是对于内心活动的关注，即对我们的知觉、思维、情绪活动等内在状态和过程进行认识。感觉和反省，一个是外在经验，一个是内在经验，这两种经验活动的结果就形成了简单观念。

实体问题

洛克认为，除了通过感觉和反省而获得的简单观念之外，我们的心灵还具有一种能力，那就是对简单观念进行加工、组合、归类、推演的能力，其结果就是在简单观念的基础上形成了复杂观念。这些复杂观念可以分为三类，一类叫作"样式"，一类叫作"实体"，一类叫作"关系"。"样式"观念就是把若干个简单观念组合起来的一种方式，比如，我们把十二个杯子组合在一起，赋予它们一个统一的新名称"一打"；再比如，我们把物主、所有权和变换这三个简单观念组合在一起,就形成了"偷盗"这个复杂观念,也就是说,物主的所有权发生了变换就叫作偷盗。当然,这种解释比较机械,但是它至少说明了我们的有些观念不是通过对外在事物的感觉,也不是通过对内在状态的反省,而是通过将简单观念组合起来而形成的。"关系"观念就是对简单观念进行比较而形成的观念,如"父与子""因与果"等。在这三类复杂观念中,最令人费解的就是"实体"观念。

那么,什么叫作"实体"呢?为了说明这个问题,我们先举一个例子。假如我们手上有一个苹果,我们通过五官感知到它是红的、圆的、硬的、香的和甜的,但是我们能说苹果仅仅就是红的、圆的、硬的、香的和甜的吗?我们总觉得苹果是一个整体性的东西,在这些可感觉的现象背后,有一个实在性的基质在支撑着它们。而这种在我们的朴素意识中顽强存在的基质,就是所谓的"实体"。虽然这个基质是我们永远感觉不到的,我们只能感觉到附着于它上面的种种可感觉的性质,但是我们仍然习惯于假定它,否则我们就会觉得这个物体(苹果)缺少了一点什么。

洛克在谈到实体观念时有一个很明确的表述,他一方面承认我们不能通过感觉和反省直接感知到实体,实体不是经验的结果,而是我们对一个个可感性状进行组合、抽象的结果;但是另一方面他又强调,我们决不能因为自己感觉不到实体就否认它的存在,相反,我们必须假定实体作为事物的基质是真实存在的,否则事物的那些可感性状就无以附着。在这里,洛克涉及了一个非常重要的问题,这就是到底有没有一个脱离我们的经验而独立存在的实体的问题。换言之,任何事物,除了我们可以感知的性质以外,还有没有一个形而上的实体?

在哲学上,这种实体可以分为两个直接对立的形态,那就是物质实体与精神实体。洛克明确表示,"物质实体"作为一切来自感觉的简单观念由以附着的基质,虽然无法被感觉到,但却是必须肯定的。除了物质实体之外,精神实体也是如此。我们经常可以反省到自己内心的忧郁、焦躁等情绪,但是我们总得承认这些心理活动必须依赖某个主体,具体地说,就是谁在忧郁?谁在焦躁?大家都会说是"我",那么这个"我"是什么呢?这就是精神实体。但是这个"我"本身并不能被直接反省到,我们通常只能感受到自己当下的心理状态,感受到此时自己正在忧郁、兴奋或痛苦,但是我们并不能感觉到有一个痛苦着的"我"本身。尽管如此,我们仍然必须假定有"我"这么一个基质,否则那些忧郁、兴奋、痛苦就无以附着,而这个基质叫作"精神实体"。正如感觉的对象本身需要附着于一个物质实体一样,反省的对象也必须附着于一个精神实体。因此,这二者都是存在的,虽然我们无法直接经验到它们。这就是洛克的两个实体。

大家是否还记得,我在讲古希腊的实在论哲学时就已经涉及了这个问题。实体说到底是一个独立实在的东西,它构成了支撑一切可感性质的一个基质(例如柏拉图的"理念"和亚里士多德的"实体")。不过,古希腊的实在论本身是一种超经验的形而上学。但是,如果从经验论的角度来看,这种无法感知的实体的存在合法性就成为了一个问题。洛克一方面承认实体是无法感知的,另一方面又承认物质实体和精神实体的真实存在,这样就陷入了一种深刻的理论矛盾中。如果我们站在后来比较彻底的经验论者如贝克莱的立场上来追问洛克:既然你认为我们的心灵就是一块白板,我们的一切知识都是来自经验,那么对于一个你未曾经验到的东西——实体,你根据什么说它是存在的?倘若洛克回答说:我是推论出来的。那么贝克莱就会追问:你推理的根据是什么?洛克也许会进一步回答说:

我是根据这样一条规则来推理的,那就是凡是感性的性质都一定会有一个背后的支撑者,凡是存在的东西都一定会有原因。但是贝克莱也会进一步追问:你的这条规则又是从哪里来的呢?为什么凡是感性的性质就必须有一个背后的支撑者?为什么凡是存在的东西必须有原因?这些知识又是从哪里来的呢?它们显然不是从经验中得出来的,因为经验不可能得出普遍必然性的结论,那么它们就只能是天赋的。但是你刚才不是反驳了笛卡尔的天赋观念学说吗?这样一来,洛克确实在认识论上陷入了自相矛盾之中。

洛克的矛盾说到底仍然是他的唯物主义立场与经验论原则之间的矛盾。如果承认物质实体的先验存在(即不依我们的感觉经验而存在),他就不可能把经验论的原则贯彻到底;反之,如果坚持经验论原则,他就不可能成为一个真正的唯物主义者。从这种意义上说,唯物主义的立场和经验论的原则之间是有矛盾的,这二者不可能同时坚持到底,到头来不是牺牲经验论原则,就是放弃唯物主义立场。另一方面,我们看到,洛克同时也承认精神实体的独立存在,也就是说,他同时也是一个唯心主义者。然而不幸的是,这种唯心主义立场同样也是与经验论原则相冲突的。当他承认某种精神实体的先验存在时,就如同承认某种物质实体的先验存在一样,都是违背"我们的一切知识都是来自感觉经验"这条经验论的基本原则的。因此,一个人要想把经验论原则贯彻到底,他就既不能是一个唯物主义者,也不能是一个唯心主义者,只能是一个休谟那样的怀疑主义者。

洛克认为,简单观念是通过感觉和反省获得的,它们往往是我们被动地接受的,我们无法拒绝和改变它们。比如,大家只要睁开眼睛向前看,就不能不看到教室前面的这块黑板;再比如,你现在肚子痛,你不可能想不痛就不痛了。但是样式、实体和关系这些复杂观念却是由我们的心灵主动制造出来的，它们在感性世界中并没有对应物。至于我们心灵的这种制造复杂观念的能力是从哪里来的？洛克本人并没有说清楚。实际上，洛克批判了笛卡尔的天赋观念，但是他却暗中承认我们的心灵具有一种天赋的能力，正是这种天赋的能力使我们可以通过对简单观念的加工组合而形成复杂观念。由此可见，洛克本人也并没有完全摆脱天赋观念的影响。

两种性质和三类知识

洛克在论述简单观念的特点时明确地提出了第一性质与第二性质的思想，这个思想后来也成为贝克莱攻击洛克的一个把柄。

洛克的第一性质就是指物体的广袤（或广延）、形状、软硬、运动等，他认为这些性质是物体本身固有的，它们与物体共存亡，并且为我们所感知；而第二性质就是指事物的色、声、香、味，洛克认为第二性质不同于第一性质，它们不是事物本身具有的，而是我们对事物进行感觉的一种结果。虽然洛克也承认第二性质在事物本身中有某种根据，但是他却更多地把它们归于我们的主观感觉。色、声、香、味具有因人而异的特点，有人爱吃苦瓜和榴梿，有人却不爱吃；对于大家来说分明是黄色的东西，在一个色盲眼里却呈现为红色。可见色、声、香、味似乎不是事物本身具有的，虽然客观事物对我们的感官发出了某种刺激，但是这种刺激本身并不是色、声、香、味，只是引起它们的原因，因此色、声、香、味本身不过是我们主观感觉的结果。

洛克甚至还谈到了第三种性质，那就更是主观的了。比如，我们把手放在火上就会感觉到疼，但是火本身显然并不具有疼这种性质，因此疼完全是一种主观的感受。

洛克认为第一性质是事物的肖像，第二性质虽然不是事物的肖像，但是我们通常会以为它是事物的肖像，至于第三性质，它们既不是事物的肖像，我们也不会以为它是事物的肖像。洛克对于简单观念的性质区分虽然是非常富有启发意义的，但是后来贝克莱正是从这里入手，把洛克的物质实体彻底否定了。

洛克在《人类理解论》中还谈到了知识的分类问题，他把知识分为三类，一类是直觉知识，一类是证明知识，还有一类是感性知识。直觉知识是最可靠的知识，它的特点是不需要通过第三者的中介，就能直接觉察到两个观念之间是否契合。例如逻辑上的同一律——A是A，就属于这一类知识。证明知识则是指通过其他观念的中介而推出两个观念之间是否契合，形式逻辑的三段式推理就是这样进行的。而感性知识即是指通过感觉和反省而获得的经验知识，它涉及观念与外物之间是否契合的问题，而不是两个观念之间是否契合的问题。

作为一个经验论者，洛克却把直觉知识和证明知识的可靠性置于感性知识之上，这是非常奇怪的。但是洛克所谓的可靠性主要是从普遍必然性的意义上说的，感觉性知识当然不如直觉知识和证明知识那样具有普遍必然性，这一点洛克是承认的，但是从知识的对象来看，直觉知识的对象主要是自我，证明知识的对象主要是上帝，这两类对象都超出了感觉经验的范围，而感性知识的对象却是具体的自然事物，它们才是近代知识论的真正对象。就此而言，洛克虽然承认感性知识的普遍必然性不如前两类知识，但是在近代科学和哲学的语境中，唯有以自然事物作为认识对象的感性知识才是真正意义上的知识。

综合而论，洛克虽然把经验论哲学系统化了，但是他同时也充分暴露出了经验论的缺陷，尤其是突显了经验论原则与实在论立场——无论是唯物主义立场还是唯心主义立场——之间的深刻矛盾。洛克把经验论哲学系统化了，但是却没有把它贯彻到底，但是这种没有贯彻到底的经验论倒是比较符合近代知识论的要求。也就是说，洛克这种蕴含着内在矛盾的知识论是有利于近代科学发展的，它毕竟还在有意或无意地追求经验知识与普遍必然性的统一，力图在感性与理性之间寻求妥协，这种做法的逻辑结果是导致了自身的矛盾。当经验论发展到贝克莱和休谟那里，经验论的基本原则倒是贯彻到底了，内在的逻辑矛盾也似乎克服了，但是整个知识论大厦却面临着崩塌的危险。普遍必然性的知识被彻底颠覆了，剩下的只有一大堆杂乱无章的观念和印象。经验论达到了无矛盾的完美程度，然而知识论却被埋入了自己所挖的陷阱之中。这就是经验论哲学逻辑发展的一个令人啼笑皆非的吊诡结果。关于这个结果的具体内容，我们要到休谟那里才能最终清晰地看到。

贝克莱的主观唯心主义与自然实在论

实物观念化与主观唯心主义

洛克构成了英国经验论发展过程中的一个重要分水岭，在他之后，英国经验论哲学进入了晚期。我们现在接着讲晚期经验论，即贝克莱和休谟这两位 18 世纪英国经验论哲学家的思想。

乔治·贝克莱（George Berkeley，1685—1753）是爱尔兰人，早年在都柏林的三一学院学习神学，后来长期担任一个地区的主教。贝克莱不仅是一个经验论哲学家，而且是一个热心于各种社会实践的人。他曾经满怀理想跑到美洲的英属百慕大群岛去建立传教士学

乔治·贝克莱（1685—1753）
（图片来源：John Smibert，约1727）

校，试图"改进美洲文明"，结果以失败而告终。回到英国后，他又热衷于焦油实验，认为焦油这个东西既可以使人其乐无穷，又没有酒精的危害，他还写了一本这个方面的研究著作。他的几本哲学著作《视觉新论》、《人类知识原理》和《海拉斯与斐洛诺斯对话三篇》都是早年所写，晚年的贝克莱专心于传教事业和焦油实验，对纯粹的哲学问题不再感兴趣。

贝克莱的第一本哲学著作叫《视觉新论》，它主要是从心理学角度来谈视觉与触觉的关系，其中有一些很高明的观点。以往的经验论哲学家如霍布斯、洛克等人往往把广延当作物质的基本属性，广延是触觉的对象。但是贝克莱却认为触觉的广延来自视觉的广延，广延不是摸出来的，而是看出来的。当我们观察物体时，首先对视觉中的物体形状形成一个心理印象，然后再根据这个心理印象来影响触觉，形成触觉中的广延。对于一个天生的瞎子来说，他怎么摸也摸不出来和我们同样的触觉感受。例如，在著名的盲人摸象故事中，每一个盲人都只能根据自己的触觉形成关于大象的局部形象，却不会形成关于大象的整体形象。但是如果我们先看到大象的形象，然后再去摸它，这样形成的关于大象的触觉印象就是完全不同的了。这恰恰说明，触觉中的物体的广延，实际上是根据先前的视觉印象而形成的。贝克莱的这个观点很深刻，它从心理学角度解释了视觉与触觉的关系，而且也为他后来把物体观念化埋下了伏笔。

在他的第二本书即《人类知识原理》中，贝克莱全面表述了主观唯心主义思想。我们前面讲过的三个经验论哲学家——培根、霍布斯和洛克，他们基本上都属于唯物主义经验论，他们都承认物质实体的客观存在，承认有一个不依赖我们的感觉而独立存在的客观世界。但是到了贝克莱这里，经验论开始转向主观唯心主义，贝克莱的这个转变构成了从洛克到休谟的重要中介。在《人类知识原理》中，贝克莱认为，一个事物之所以能够被感觉，首先是因为它具有可感的性质。任何事物作为我们的感觉对象，其本身必须是可感的，否则我们就会对它一无所知。从经验论的立场出发，当我们承认这个世界上有物存在时，只是因为这个物具有可感性质，从而可以被我们所感知。比如一个苹果，它具有红、圆、香、甜等可感性质，而这些可感性质又是与我们的感觉联系在一起的，没有感觉，我们也感知不到事物的可感性质。感觉在我们心中形成了观念，观念是感知的结果。因此，从这种意义上来说，从事物到事物的可感性质，然后再到我们的感觉及其形成的观念，这三者实际上是同一的。

承认这三者之间的同一性，即承认事物的可感性质构成了联系事物与感觉观念的桥梁，这是可知论的一般观点。但是关键问题在于，这三者之间的逻辑关系是怎样的？是从事物经由可感性质到感觉观念，还是从感觉观念经由可感性质到事物？这个分歧就构成了唯物主义与主观唯心主义之间的分水岭。唯物主义认为物质的客观存在在先，我们通过可感性质对事物形成的感觉观念在后，因此这三者之间的逻辑关系是事物—可感性质—感觉观念。

但是唯物主义的这条逻辑路线却是违背经验论的基本原则的，为什么呢？因为按照经验论的基本原则，我们的一切知识都是来自感觉经验，而唯物主义却在我们还没有对事物进行感知之前，就先验地肯定了一个不以我们的感知为转移的客观事物。因此贝克莱就另外开辟了一条路线，他认为，既然作为我们感觉对象的一切事物都是可感物，可感物是由可感性质构成的，而可感性质又离不开我们的感觉，因此说到底不是事物通过可感性质决定了我们的感觉观念，恰恰相反，是我们的感觉观念通过可感性质决定了事物。按照唯物主义的观点，可感性质属于客观的方面，感觉则属于主观的方面，前者是后者的原因。但是贝克莱却把这种关系颠倒过来了，他不是把感觉观念当作对事物性质的一种反映，而是把事物说成是感觉观念的一种结果。因此他得出了他的第一个重要结论："物是观念的集合"。

"物是观念的集合"，具体地说，一个事物不过就是这个事物的各种可感性质以观念形式所表现的集合。例如一个苹果，就是红、圆、香、甜等可感性质的观念集合在一起的结果。从表面上看，贝克莱说得好像很有道理，但是他在这里却掩藏了一个很重要的东西——他把苹果说成是这些可感性质的观念的集合，实际上就取消了这些可感性质背后的实体。既然物就是观念的集合，观念又离不开我们的感受和心灵，所以他就进一步从"物是观念的集合"中得出了第二个结论："存在就是被感知"。这样一来，贝克莱似乎就把经验论原则贯彻到底了。物是什么？物就是你感觉到的一个个可感性质的观念的集合，苹果就是红的＋圆的＋香的＋甜的，粉笔就是白的＋长的＋圆的＋硬的，如此等等，每一个东西都是一系列可感性质的观念集合在一起的结果，而这些观念又离不开你的感受和心灵，所以存在就是被感知。这样一来，贝克莱就通过把实物观念化的方式而走向了主观唯心主义。

贝克莱的这两个命题都是为了从经验论立场上来反对洛克的物质实体，可以说，他是自觉地把经验论推向了主观唯心主义。在

《人类知识原理》中，贝克莱对物质实体进行了猛烈的批判。他认为，所谓的物质说到底就是一大堆观念的集合，除了这些观念之外，并没有什么背后的实体作为基质或依托。他利用洛克的第一性质和第二性质的差别来反驳洛克的唯物主义。洛克认为，第一性质是客观的，第二性质才是主观的；贝克莱却认为，这两种性质根本就无法分开。一个苹果，你能把它的红、香、甜等第二性质与它的广延（第一性质）分开吗？有谁见过一个没有颜色、香味和滋味，只有广延或形状的苹果？既然洛克认为红、香、甜等第二性质离不开我们的主观感受，那么难道圆和硬这些形状或广延就能离开我们的主观感受吗？同样也不能！因此从这种意义上说，第二性质与第一性质一样，也是主观的。这样一来，贝克莱就完全取消了事物的客观性质，把所有的性质都说成是主观感知的结果，离开了感觉，既没有色、声、香、味，也没有广延和形状。至于那个所谓的"物质实体"，既然连洛克本人都承认自己对其一无所知，那么一个对其一无所知的东西，凭什么说它存在？你一方面承认无法认识它，另一方面又说它存在，这不是自相矛盾吗？贝克莱因此断定，洛克所说的那个物质实体，实际上就等于"无"。

贝克莱进一步分析说，我们过去老是要承认一个物质实体，原因是什么呢？就是因为我们喜欢像洛克那样，把物质实体当作一切属性赖以存在的基质，或者当作一切观念由以产生的原因。但是实际上，物质实体既不构成各种属性的基质，也不构成各种观念的原因。因为如果一个基质本身不能够被感知，我们凭什么说它是基质？此外，如果它是观念的原因，那么它要么本身就是观念，要么不是观念。如果它本身就是观念，那么它同样也离不开我们的心灵，所以不可能是客观的实体；如果它不是观念，那么一个不是观念的东西怎么能够成为产生观念的原因呢？这显然也是无法解释的。

第八讲　近代哲学的转向与英国经验论哲学　　331

贝克莱的后一种论证是基于一种传统观念，这种传统观念认为，一个惰性的东西是不可能产生出能动的结果的。物质从来就被看作惰性的东西，而观念却是能动的东西，因此物质是不可能成为观念的原因的。贝克莱坚定地认为，物质实体根本就不存在。他同时也非常清醒地意识到，物质实体历来就是无神论的坚实基石，把物质实体挖掉了，无神论也就完蛋了。贝克莱是一个主教，他站在基督教的立场上来反对唯物主义，他敏锐地意识到，物质实体构成了唯物主义和无神论的共同基础，因此否定物质实体也是出于基督教信仰的需要。

但是，贝克莱虽然否定了物质实体，他却并没有否定精神实体。既然物是观念的集合，而观念又不能离开我们的心灵，所以我们必须承认，有一个东西支撑着那些观念，这个东西就是"我"，即所谓的精神实体。因此贝克莱认为，我们必须承认精神实体的存在，否则我们就无法进行感知活动。但是这个精神实体到底是什么？贝克莱也像洛克一样，认为它本身是不可感知的，但是作为观念的支撑者和依附体，我们又必须承认它。这样一来，贝克莱就一方面否定了客观的物质实体，另一方面又保留了主观的精神实体。就此而言，贝克莱是自相矛盾的，他的经验论也并没有走向彻底。他在否定物质实体时坚持经验论原则，但是在对待精神实体时却妥协了。这种妥协同样也与他的基督教信仰有关，因为除了作为观念的承担者的"我"之外，上帝本身也是一个精神性的实体，这是一个主教必须承认的。

观念实物化与自然实在论

贝克莱否定物质实体而保留了精神实体，从而表达了一种主观唯心主义的观点。但是根据贝克莱的"物是观念的集合"和"存在就是被感知"这两个基本命题，马上就会导致一个糟糕的哲学结论，那就是唯我论，也就是认为整个世界都离不开我的感知。这种观点是非常令人反感的，通常会被人们看作一种没有教养的表现。

从常识的角度来看，如果"存在就是被感知"，那么不被感知就不存在了，这样一来，就可以推出一些非常荒谬的结论。比如说，按照这种观点，就不是你的母亲生了你，而是你生了你的母亲，因为如果你不感知到你的母亲，她就不存在。这种结论岂不是荒唐透顶！由此可见，贝克莱的主观唯心主义或唯我论必定会触犯常识意识。据说当时在英国就有一些贵夫人表示抗议，她们抱怨道，难道你贝克莱没有感知到我，我就不存在了吗？但是我却明明存在着，甚至比你贝克莱更加肥胖、更加实在一些！18世纪法国唯物主义者狄德罗曾经挖苦地把贝克莱称为一架"发了疯的钢琴"，这架钢琴竟然以为全世界所有和谐的音乐都是从它那儿弹出来的。这个比喻是非常形象的。

当然，贝克莱本人也感觉到了唯我论是违背常识的，所以在他的第三部著作，即《海拉斯与斐洛诺斯对话三篇》中，他就由实物观念化转向了观念实物化，由主观唯心主义和唯我论转向了一种上帝的观念转化为实物的自然实在论。面对常识意识的抗议，贝克莱在《海拉斯与斐洛诺斯对话三篇》中为自己辩护，他强调自己从来就没有否定过客观事物的存在，而只是说事物与观念是一回事。至于那个命题"存在就是被感知"，并不是说事物一定要被我贝克莱所感知，只要是被你、被他或者被其他任何人所感知，事物就存在了。退一步说，就算全世界的人都没有感知，但是还有一个东西在感知，那就是上帝，只要是上帝在感知的东西，就一定存在。

这样一来，贝克莱就从我的感知转向了上帝的感知，从唯我论转向了自然实在论。罗素在《西方哲学史》里引用了当时的一首打油诗来讽刺这种观点,这首诗说,有一个年轻人对贝克莱的观点大惑不解,他就问道,院子里分明有一棵树,但是我们现在谁都没有感知到它,那么它是否存在呢?答者(指贝克莱)说道:年轻人,虽然此刻我们谁都没有感知到它,但上帝却在天上感知着它,因此它实实在在地存在着。在这里,我们可以看到对贝克莱的讽嘲——如果上帝感知到某物,某物就存在,那么贝克莱前面所做的工作就全都白废了。这种把上帝搬出来的做法根本无助于问题的解决,仅仅只是一种遁词而已。所以后来黑格尔在谈到贝克莱等人这种一有困难就找上帝的做法时挖苦说,上帝就像一个"大阴沟",所有解决不了的理论问题一丢进这个阴沟里,就立即得到了解决。

长期以来,上帝一直都是西方哲学家们解决最后难题的"大阴沟"或者庇护所。笛卡尔把"我思故我在"作为哲学的第一原理,但是如何能够超出狭隘的"我"而走向广阔的世界,就必须找上帝来帮助,有了上帝这个垫脚石,曾经被怀疑掉的客观世界就重新恢复起来了。牛顿解决不了世界最初是怎么运动起来的,就把上帝搬出来,是上帝推了世界一把,于是世界就按照万有引力规律运转起来。同样,莱布尼茨找到的作为整个单子世界的普遍和谐秩序的最后保证,也是上帝。由于大家都是基督徒,谁都不敢质疑上帝,所以上帝就成为解决一切疑难问题的"大阴沟"。

贝克莱搬出上帝的感知来解决世界的客观实在性,从而就把(上帝的)观念实物化了。现在已经不是我在感知,也不是你在感知,而是上帝在感知,只要被上帝感知的东西都具有客观实在性,上帝的观念就是事物客观存在的根据。贝克莱强调,上帝的观念一方面保证了世界万物的客观实在性,另一方面也保证了我们的观念与这些事物之间的同一性,保证了我们的观念是对这些客观事物的正确反映。强调我们的观念与客观事物之间具有同一性,这个观点倒是和我们马上就要讲到的唯理论的心物平行论或前定和谐的观点比较相近，都是靠上帝来保证这两者之间的一致性。但是，虽然贝克莱承认了事物的客观实在性，他却仍然坚持对物质实体的否定态度。他表示，自己只承认那些具体的可感物，却否定任何独立于可感物的物质实体。物质只是由于其可感性质才成为我们感知的对象的，至于那些无法感觉的物质实体，完全只是思想的虚构。

最后，贝克莱在谈到观念的来源时认为，我们的观念有三个来源，一个是我们的感觉，通过感觉我们形成了关于各种事物的观念；另一个是我们对自我或心灵的直觉，这个自我或心灵就是一切观念的支撑者，但是它本身却不能被我们所感觉，只能是我们直觉的对象；观念的最后一个来源是推理，由此得出了关于上帝的观念，上帝既不是我们感觉的对象，也不是直觉到的，而是推理推出来的。从有限的东西出发不断地往前推，最后就推出一个无限的东西来，这个东西就是上帝。

贝克莱所说的观念的这三个来源，一个是感觉的，一个是直觉的，还有一个是推理的，这与我们刚才讲到的洛克的观点是完全一致的，而且与我们后面要讲的唯理论者的观点也大致相同。大家都承认感觉的、直觉的和推理的这三种知识来源。但是贝克莱的问题却在于，作为一个经验论者，他当作整个自然实在论的支撑点的上帝居然不是感觉（外在经验）的对象，也不是直觉（内在经验）的对象，而是理性推理的对象。也就是说，一个经验论者的理论基石居然是建立在理性推理的基础之上的，这本身就是一个绝妙的自我讽刺！之所以出现这种荒唐滑稽的结果，与贝克莱否定物质实体却保留精神实体和上帝的做法有关系。

大家想一想他的这三类观念，关于外界事物的观念，他承认是来自感觉；对于不能作为感知对象的自我或精神实体，他要想保留，就只能求助于带有一些神秘意味的直觉了；而上帝更是既不能被感知，也不能通过直觉的途径来认识，所以就只能归诸于推理了。但是，对于这些不能直接感知的精神实体和上帝的承认，实际上就违背了经验论的基本原则，从而使贝克莱的思想无法保持一贯性。因此，贝克莱也与洛克一样，到头来仍然只是一个半途而废的经验论者。

休谟的怀疑论

对各种实体的不可知论态度

真正把经验论原则贯彻到底的是休谟。休谟不仅在认识论领域中否定了物质实体，而且也否定了精神实体，甚至还否定了上帝；更重要的是，他对传统的因果关系进行了富有启发性的颠覆和重新解释。可以说，休谟构成了英国经验论的终结，而经验论自身的理论困境在他那里也充分暴露出来。休谟是一个非常伟大的哲学家，通过前面的课，你们可能看得出来，我受休谟哲学的影响很深。我不讳言自己是一个怀疑论者，当然我也知道怀疑论的一些弱点和问题，我会在接下来毫不隐晦地分析休谟的问题在哪里，但是我觉得他的方法确实非常高明。这是一种典型的英国式的思维方式，是一种缜密、细致、滴水不漏的思维方式。这种缜密的思维方式把英国经验论的原则推向了极端，从而也导致了一系列的问题。

大卫·休谟（David Hume, 1711—1776）出生于爱丁堡，早年受过很好的教育，大学毕业后曾一度在英国驻法国和意大利使馆从事外交工作，晚年则在爱丁堡图书馆工作。休谟在法国时曾结识了一大批启蒙思想家，包括狄德罗、爱而维修、霍尔巴特等人。休谟与卢梭也有一段很难说清的恩怨情仇,他曾经善意地帮助过卢梭,但是由于卢梭当时正处在一种惊弓之鸟的困窘状态中,产生了一种严重的受虐妄想,把休谟也看作居心叵测的人,最后竟与休谟反目成仇。休谟一生中没有什么惊天动地的事迹,虽然他在思想上是一个怀疑论者,但是为人处世却非常谦和恭俭,是一位典型的英国绅士。休谟的怀疑论只限于思想,在行为上,他从来都是一个循规蹈矩的好公民。他本人

大卫·休谟(1711—1776)
(图片来源:Allan Ramsay, 1754)

也承认,怀疑论只是理论上的,在实践中,我们应该遵循习惯,习惯是人生的伟大指南。

与贝克莱不同,休谟一辈子主要是潜心做学问。他在二十多岁时曾经出版了一本大部头的著作,叫作《人性论》。他原本以为这部书出版后一定会轰动学术界,结果没想到却是默默无闻,并没有引起人们的关注。用他自己的话来说,"这本书在印刷机上就已经死掉了"。但是休谟这个人很乐观,并没有因此而心灰意冷。过了十多年,当他在意大利当使馆秘书的时候,他又用比较通俗的语言把《人性论》前半部分改写成了一个篇幅较小的著作,取名叫"人类理解研究"。没想到这本书出版后倒是使他大大地出名了,他的认识论思想也主要表现在这本书里。当然,休谟本人也是一个很重要的道德哲学家,他在伦理学和情感学等方面都有很多建树,但是由于时间关系,我们只能简单讲讲他的认识论观点。

第八讲　近代哲学的转向与英国经验论哲学　337

在《人类理解研究》等著作中，休谟一再重申经验论的原则，并把它推到了极端。休谟的一个基本观点就是，"我们的观念超不出我们的经验"，因此经验是一切观念的来源。他不同于洛克和贝克莱的根本之处就在于，他把经验论的原则一以贯之地推行到底，任何时候都不妥协。休谟把我们通过感觉经验获得的东西叫作知觉，他认为知觉是由两部分构成的，一部分叫印象，另一部分叫观念。这两者是什么关系呢？他认为印象是比较鲜活和强烈的，而观念则是对印象进行加工的结果，所以就比较微弱了。比如，我看到了眼前这个杯子，这是一个直接的感觉，也就是印象。然后，我给它加上一个名字，把它叫作杯子，形成一个"杯子"的概念，这就是观念。所以观念是在印象的基础之上形成的，这两者共同构成了知觉，而知觉说到底就是经验。由于"我们的观念超不出我们的经验"，所以有什么样的经验就会有什么样的观念，我们不可能超出经验而获得任何观念。这是经验论的一个基本原则，它表明一切知识（观念）都是来自感觉经验。站在这种彻底经验论的立场上，休谟与贝克莱一样认为，物质实体是虚假的，因为我们从来没有关于物质实体的感觉经验，我们所有的只是关于可感性质的一些观念。所谓物，不过就是观念的集合罢了，而存在无非就是被感知。在这里，我们可以看到休谟继承了贝克莱的基本观点。

但是，休谟却有两点不同于贝克莱。第一，休谟认为，正因为我们对物质实体没有什么经验，因此我们固然不能像洛克那样断定它存在，但是我们同样也不能像贝克莱那样断定它不存在，我们只能说我们不知道它存不存在。这个观点就更高明了，因为如果你没有感觉到的东西，你怎么知道它存不存在呢？虽然存在就是被感知，但是没有被感知的东西，我们只能说我们对它一无所知，而不能武断地肯定或者否定它的存在。这样一来，休谟就把话说得更圆满了。

休谟的这种做法很聪明，它为知识的进一步拓展留下了后路。比如说，过去我们并没感知到河外星系，但是我们却不能武断地说它存在或不存在，而只能谦虚地说我们不知道它是否存在。有一天，当科学观察的手段发达了，我们终于能够感知到它了，那时候我们就可以说它存在了。由此可见休谟的思维体现了一种英国式的缜密，思路严谨，滴水不漏。

第二，贝克莱否定了物质实体，却保留了精神实体；休谟则认为，对于所谓的精神实体，我们同样是一无所知。休谟在这方面的思想是非常具有启发性的，他精辟地指出，我们称之为"精神"或"心灵"或"我"的那个东西，我们并未曾直接地经验过，我们所感受到的只是一个个具体的感觉、一个个具体的情绪和一个个具体的心理状态。离开了这些具体的感觉、情绪或心理状态，例如当我们睡着了的时候，或者当我们死了之后，也就无所谓独立的"精神"或者"我"了。因此，所谓的精神实体，实际上就是一系列心理活动的集合，只是我们的常识意识总是喜欢在这些心理活动的背后杜撰出一个实体、一个心理活动的承担者，把它叫作"精神"、"灵魂"或者"我"。

而实际上，这个被当作各种心理现象支撑者的精神实体，就如同那个被当作各种物理现象的支撑者的物质实体一样，都不过是我们主观虚构的结果。正如同我们说一个苹果，除了颜色、形状、香味等可感性质之外，我们并不能感知到它们背后有什么实体存在，同样地，在各种精神现象中，除了怀疑、思考、焦虑、苦恼等具体的心理活动或状态之外，我们也不能感受到一个背后的精神实体。大家仔细想一想，我们平时总喜欢挂在嘴边的那个"我"到底是什么？休谟以及后来的康德告诉我们，那个"我"充其量只不过是一个逻辑主体，而不是一个实在主体。

第八讲　近代哲学的转向与英国经验论哲学

所谓逻辑主体，就是说在逻辑上我们必须假定有这么一个东西，它构成了那些可感对象的逻辑根据（支撑者或依托者），但它并不是实在的东西，实在的东西是那些可以清清楚楚经验到的印象和观念。比如说，你现在感到很高兴，这种高兴的心理状态你是可以清楚地感受到的。但是你能感受到除了高兴这种具体的心理状态之外，还有一个独立实在的"我"吗？可见实际上这个"我"是我们说话时所需要的一个逻辑主体，而不是一个实在的主体。关于逻辑主体与实在主体的这种差别，是到了康德那里才明确地加以区分的。但是休谟已经看到了这一点，因此他认为所谓的"我"本身就是一个假设或杜撰。

当然，就像对待物质实体的态度一样，休谟也指出，这个精神实体既然不是我们感知的对象，因此我们既不能说它存在，也不能说它不存在，我们只能说我们对它一无所知。最后，对待上帝的态度也是如此，由于我们从来没有感觉过上帝，因此我们对于上帝也只能像对于物质实体和精神实体一样，将其束之于不可知的高阁。休谟精辟地分析，所谓"上帝"的观念是我们根据有限的观念推演出来的。我们总是不满足于那些可以感知到的有限事物，总是想追溯那背后的东西，这样不断地往前推演，最后就推出作为无限者的上帝来了。

由此可见，休谟对物质实体、精神实体和上帝都采取了一种不置可否的态度，这就是怀疑论或者不可知论的态度。这样一来，休谟就把贝克莱通过直觉和推理得出的精神实体和上帝全都推进了怀疑论的深渊，现在物质实体、精神实体和上帝都成为不可知的，剩下的就只有那些通过感觉经验而获得的印象和观念了。诚如康德后来所嘲讽的，就只剩下一大堆杂乱无章的印象和观念了。这里实际上已经蕴含着知识论的危机了。

对传统因果关系观念的颠覆

休谟的另一个突出贡献——当然这个贡献在许多人看来恰恰是一个败笔——就是他关于因果关系的理论，即对因果关系的必然性和客观性的颠覆。这是休谟哲学的一个重要建树。当我说它是一个重要建树时，这句话在价值上是中立的，既不含有褒扬的意思，也不含有贬抑的意思，我只是想强调这是休谟与别人不一样的地方。

在休谟看来，一切观念都来自经验，而知识无非就是对观念及其关系的组合。在对观念之间的关系进行分析时，休谟将一切观念的关系概括为三种。第一种关系是相似关系，就是两个（事物的）观念具有某种外在的相似性。例如，当我看见一个朋友的哥哥时，就会想起这位朋友，因为他们俩长得很相像。可见，一切相似的东西都容易引起联想。第二种关系是时空接近关系，就是两个观念在时间上或空间上彼此接近。比如说，现在是晚上 8 点，我们正在教室里上课，有一位同学可能联想到昨天这个时候正在与女朋友约会，另一位同学可能联想到明天这个时候正在与家人一起欢度周末。再比如说，我们正在这间教室里上课，我们就可能会联想到隔壁那间教室里上课的情景。我们之所以容易做出上面的那些联想，是因为那些事情在时间上或空间上相互接近。第三种关系是因果关系，就是指一个观念构成了另一个观念的原因或结果。

在这三种关系中，因果关系是人们平时运用得最多的，也是休谟关注的重点。休谟认为，相似关系和时空接近关系都是建立在主观联想的基础之上的，也就是说，是我们的联想作用把两个在客观上并没有联系的东西联系在一起了。所以，这些关系只不过是一种主观的联系而非客观的联系。但是因果关系却一向被人们当作客观的联系，而且具有某种必然性。休谟所要质疑和颠覆的，正是这种客观必然的因果关系。

休谟关于因果关系的基本观点就是，因果关系既不是客观的，也不具有必然性，它只是一种主观的习惯联想而已。按照经验论的基本原则，我们的一切知识都来自感觉经验，而我们的感觉经验只能告诉我们：存在着 A 和 B 这两个事件。如果说在这两个事件之间有着某种联系，那么经验告诉我们这只是一种先后关系，即 A 发生在先，B 发生在后。比如，当我们看到太阳在发光，然后我们摸到石头在发热，这两件事都是我们可以通过经验来确证的，是无可怀疑的经验事实。但是我们却总是习惯于在这两件先后发生的事情之间寻找或者建立某种因果关系，于是我们就说太阳晒热了石头，太阳发光是石头发热的原因，石头发热则是太阳发光的结果。

休谟认为，这种说法需要分析一下。我们从来没有任何一种感官可以感受到太阳与石头之间的这种因果关系，我们只能经验到两个基本事实，那就是太阳发光和石头发热，但是我们却无法经验到太阳发光是石头发热的原因，也无法经验到石头发热是太阳发光的结果。只是由于这两件事情老是在一块儿先后发生，于是就使我们产生了一种主观的习惯联想，使我们倾向于认为在太阳发光与石头发热之间具有某种客观的和必然的联系，即因果关系。这样，当我们下次再看到太阳发光时，就会很容易地推断出石头发热。但是休谟恰恰要指出，这种联系并不是一种客观的和必然的联系，而只是一种主观的习惯联想，它具有或然性，尽管往往是一种概率很高的或然性。

大家可以仔细地琢磨一下这个问题，它是非常有意思的。在休谟看来，第一，因果关系并不具有客观性，它只是我们的一种主观的习惯联想。由于我们老是经验到太阳发光在前、石头发热在后，于是就在主观上形成了一种联想的习惯，把这两件事情联系在一起，并且把这种主观的联系当作了事物本身所具有的客观联系。第二，因果关系也不具有必然性，它只是我们多次观察到的两个事情之间的一种恒常汇合。由于我们的经验归纳永远都只能是不完全归纳，所以哪怕我们看到了一千次太阳发光与石头发热相伴随，也不能断定太阳发光与石头发热之间具有一种必然的联系，因为我们无法排除第一千零一次可能出现相反例证的情况。因此，在那些被说成具有因果关系的事情之间，充其量只能说具有一种或然性的关系。这样一来，休谟就否定了因果关系的客观性和必然性，将其说成是一种主观的习惯联想了。

休谟关于因果关系的观点，与他的极端经验论或怀疑论的立场是密切相关的。休谟坚持经验论的基本原则，强调并贯彻"我们的观念超不出我们的经验"这一思想，对于所有超出经验之外的东西都采取一种怀疑的态度。我们平时所认为的事物之间的客观的因果关系，在休谟看来是超出了经验范围之外的，是无法验证的。我们充其量只能感觉经验到一个个孤立的事实，却无法经验到这些事实背后的本质联系。在这种情况下，休谟当然只能把所谓的因果关系归结为一种主观的习惯联想了。

但是这样一来，我们不由地就会觉得有些悲哀，如果不存在客观必然的因果关系，我们将如何来认识这个世界？休谟告诉我们，没有必要感到悲哀，因为虽然世界本身无所谓客观必然的规律，我们却有着主观的习惯。这些习惯虽然是或然性的，但是在统计学意义上它却具有很高的概率，完全足以成为我们人生的伟大指南。因此，我们只需在行为中遵循习惯而行，无论是进行自然科学研究，还是进行社会实践活动，都应该听从习惯的指导。这样一来，虽然颠覆了客观必然性的规律，但是遵循习惯仍然可以建立起自然科学和道德学的宏伟大厦。因此休谟强调："习惯是人生的伟大指南。"

你们中的很多人都是从事自然科学研究的,你们知道,因果关系是自然科学在研究自然世界时所倚重的最基本的规则。你们在实验室里进行物理实验和化学实验,解剖生物和培养细菌,无非都是为了要寻找或证实某种因果关系。休谟颠覆了传统的因果关系观念,是否将危及整个自然科学的根基呢?在这里,我要强调的是,休谟并没有否定因果关系,他只是对因果关系的客观性和必然性进行了质疑,把因果关系说成是一种主观的习惯联想。说到底,休谟的做法实质上是把因果关系从一种客观世界的规则变成了一种主观思维的规则。就此而言,这种改变并不会影响自然科学的研究。因为无论因果关系是一种客观世界的规则,还是一种主观思维的规则,它都同样可以成为科学研究的指南。

如果我们把因果关系看作客观世界本身固有的一种必然规则,那么我们就致力于在各种研究对象中去发现这种规则,并且通过它把各种研究对象联系起来;反之,如果我们把因果关系看作人类固有的一种思维规则,在研究各种自然对象时只能遵循这种规则来进行思维,我们同样也可以根据这种思维规则把各种研究对象联系起来。前者是从自然界中去寻找法则,后者则是向自然界颁布法则。我们所受的唯物主义教育使我们更容易接受前者,我们通常都把思维规则说成是对世界规则的一种主观反映。我们很少有人会认为,世界的规则可能是由我们在对世界进行认识和改造的过程中加到世界之上的,我们用什么样的思维方式来思考世界,世界就可能具有什么样的规则和面貌。

后一种观点往往具有唯心主义的嫌疑,但是事实上,它可能(通过休谟、康德、马赫等人)对现代科学产生了更加深刻的影响。现代西方哲学也深受这种观点的影响,很多现代西方哲学家像休谟一样否定因果关系的客观性,认为因果关系只是我们主观的一种思维模式，就如同逻辑、数学等形式系统一样。为什么在数学中要规定一加一等于二？这并非一种客观事实（客观事实只有两个相互孤立的一，并没有一加一等于二），而是我们主观制定的一种运算法则。这种法则是在千百年的历史过程中得到大家的普遍同意的，而大家普遍同意的东西就是一种主观意义上的客观性。在后来的康德那里，主观的普遍性就是客观性。除了这种主观的普遍性之外，并不存在着一种完全脱离人的绝对的客观性。或者更确切地说，即使有这种完全脱离人的绝对的客观性（如康德的"自在之物"），它在认识论上也是毫无意义的，并不能成为我们的认识对象。所以从这种意义上说，休谟关于因果关系的理论是非常具有启发性的。

休谟把因果关系看作建立在事物观念的恒常汇合之上的一种习惯联想，恒常汇合是客观的，事物老是一前一后地出现；而习惯联想则是主观的，它把某种内在联系赋予了事物。客观世界本身只有先后出现的事物，我们的思维习惯却把因果关系赋予了世界。在这里，我们可以看到休谟表达了一种颠覆传统符合论的思想。按照传统的符合论，我们的一切思想都是对客观世界的反映，主观必须符合客观。但是休谟却颠覆了这种关系，把客观世界的规则说成是主观建构的结果。

所以，康德后来虽然嘲笑休谟的知识论给我们提供的世界就是一大堆不知道从哪里来、也不知道是什么的杂乱无章的印象和观念，这样一个世界还不如一场梦，但是康德却深受休谟怀疑论的影响，尤其是在人运用因果关系等知性法则给自然界立法以及关于自在之物不可知等观点上，休谟哲学的痕迹是非常明显的。当然，康德对休谟哲学也进行了深入的批判和改造，例如康德虽然对经验范围之外的自在之物采取不可知的态度，却仍然坚持承认它的存在；对于因果关系，康德与休谟一样否定了因果关系的客观性，但是他却坚持认为因果关系具有必然性,并且把因果关系从一种经验性的习惯联想改变为一种先验性的思维形式。康德认为,正因为我们每个人都具有这种先验的思维形式,所以当我们对现象世界进行认识时,就把这种思维形式或先验法则赋予了对象,从而把对象由杂乱无章的感性现象整理为井然有序的科学知识。这就叫作"人给自然立法",这就是康德认识论所进行的"哥白尼式革命",即颠倒了主客观的关系,从"观念符合对象"转变为"对象符合观念"。而康德哲学的这一重大转变,显然也是受了休谟的影响。

最后我想谈几句关于经验论的原则问题。休谟确实把经验论原则推向了极端,对所有实体都采取了一种怀疑论或不可知论的态度,并且把因果关系也归结为主观的习惯联想,否定它具有客观必然性。按照休谟的观点,整个世界就是各种印象和观念的集合,这些印象和观念都是建立在经验的基础之上的,而经验之外的一切东西都被束之高阁,存而不论了。这样一来,休谟确实是把经验论原则贯彻到底了,但是当休谟这样做的时候,客观世界本身也就消失了。现在既没有实体,也没有主体,而且一切观念之间的联系也都是主观建构的,因此也就不存在什么客观的规律了。

在这样的情况下,认识论还有什么意义呢?它是否还有可能?由于近代认识论所追求的最高目标就是具有普遍必然性的知识,然而在休谟这里,一切普遍必然性的知识实际上都遭到了否定,客观性本身遭到了怀疑,必然性则被解释为一种或然的思维习惯,这样一来,整个知识论大厦就彻底坍塌了,剩下的只是一堆不知道从哪里来、不知道是什么的混乱无序的印象和观念。从这种意义上说,休谟把经验论原则坚持到底,就发展为怀疑论或不可知论,然而后者恰恰是对近代知识论的基本宗旨的彻底颠覆。

休谟为了坚持经验论的原则,挖了一个很深的地基,但是这个地基却挖得太深了，到头来把作为一种知识论的经验论本身给埋葬了。怀疑论使经验论走向了纯粹，同时也使经验论走向了终结。由此可见，一味地坚持经验论原则和立场，完全摒弃理性的作用，是不可能真正建立起知识论大厦的。这就是英国经验论给我们留下的深刻教训。

当然，我们马上就会看到另一种倾向，那就是欧洲大陆的唯理论哲学，它走向了另一个极端，即过分地强调理性，完全摒弃了经验，结果同样也不可能建立起真正的知识论大厦。只有把理性和经验有机地结合起来，才能完成近代知识论的崇高使命，而这个工作是由康德来完成的。

第九讲

欧洲大陆唯理论哲学

在上一讲中，我们介绍了英国经验论哲学的发展演变情况。我们看到，当休谟把经验论的基本原则贯彻到底、使之演变为怀疑论时，经验论作为一种认识论就已经走入了死胡同。经验论的最后结果就是怀疑论或不可知论，而怀疑论在近代认识论最关注的两个重要问题——实体问题和必然规律问题——上的最后结论完全是消极的和否定性的。这种关于实体和必然规律的不可知论态度，使得我们的知识成为了一大堆杂乱无章的印象和观念，从而从根本上动摇了普遍必然性的科学知识的可能性。这样一来，近代认识论的最高目标——追求真理性的知识——就不可能实现了。这就是英国经验论最后的结论。

我们曾经讲过，近代认识论，无论是唯理论还是经验论，都力图追求真理性的知识，而真理性的知识就是指那种既具有普遍必然性、又能够不断进行内容更新和拓展的科学知识。

为了实现这一目标，英国经验论和大陆唯理论都进行了长期的努力。经验论的出发点是毋庸置疑的，它把感觉经验作为认识的开端和出发点，这一点谁都不能怀疑。感觉经验无疑可以给我们提供不断更新和拓展的知识内容，但是如何从个别而具体的感觉印象和观念上升到具有普遍必然性的科学知识，这一点在经验论那里却没有得到解决。所以我们说，经验论只是执着于那个无可怀疑的起点，但是却达不到一个令人满意的结论。而唯理论者的做法却恰恰相反，他们的方法是一种理性演绎法。他们认为知识的开端不是感觉经验，而是与生俱来的天赋观念。从这些天赋观念出发，遵循一套严格的形式逻辑演绎规则，就可以顺理成章地建构起具有普遍必然性的知识系统。这就是唯理论的基本路线。

与经验论的问题不同，唯理论的致命弱点有两个。第一，作为整个演绎起点或前提的天赋观念本身的合理性何在？它是靠什么东西来保证的？这个问题是很难解决的，因此天赋观念学说遭到了经验论者的猛烈批判。第二，即便我们承认有天赋观念，也承认那一套形式逻辑演绎系统是没有问题的，但是最后这种从与生俱来的天赋观念出发、按照形式逻辑演绎规则不断推理的做法能够给我们的知识系统带来什么新内容呢？按照唯理论的观点，关于客观对象的感觉经验完全是多余的，而且是错误的根源，因此一个人只须关起门来，从天赋观念出发，遵循形式逻辑不断地推演，就可以获得关于世界的全部知识。这显然也是一个很荒唐的结论。如果说经验论发展到最后，演变为一种否定科学知识的普遍必然性的怀疑论，那么唯理论发展到最后，则演变为一种否定科学知识的经验内容的独断论。

笛卡尔哲学与唯理论的开端

普遍怀疑与"我思故我在"

唯理论的主要哲学家有三位,即笛卡尔、斯宾诺莎和莱布尼茨,其间我还要穿插讲到伽桑狄和马勒伯朗士这两位哲学家。

唯理论的创始人是勒内·笛卡尔（René Descartes，1596—1650），他是17世纪欧洲著名的哲学家、数学家和科学家。笛卡尔比培根的时代稍晚,基本上与霍布斯是同时代的人。笛卡尔出生在一个法国贵族家庭,从小受到比较好的教育,在一所教会学校里接受了中世纪的经院哲学,当然也学了一些数学和自然科学方面的知识。但是他却对这种教育深感不满,后来在《第一哲学沉思集》以及《方法谈》中回忆起早年所受的教育时,他认为当时学到的那些东西,如哲学、形而上学、逻辑学和其他知识,除了数学之外都是一些毫无用处的东西。

从学校毕业后,笛卡尔决定走向现实社会,去阅读"世界这本大书"。于是他游历了欧洲,而且参与了在德国境内发生的新教徒与天主教徒之间的三十年战争。在1619—1620年的那个冬天,他所在的军队驻扎在德国的巴伐利亚,由于没有战事,他就在巴伐利亚的一个旧式住宅里进行哲学

勒内·笛卡尔（1596—1650）
（图片来源：Frans Hals，约 1649—1700）

思考。他后来回忆说，整个冬天他都钻在那个旧宅子的壁炉里进行形而上学的沉思，乃至于在第二年开春他从那个老宅子的壁炉里出来时，他的哲学思想就已经基本上成形了。罗素在《西方哲学史》里评价道，每一个哲学家都有自己的奇特习惯，苏格拉底喜欢光着脚站在冰天雪地里思考问题，而笛卡尔则喜欢在温暖的壁炉里进行他的哲学沉思。

从 1629 年起，笛卡尔离开了专制主义的法国，定居在思想氛围最自由和最宽容的荷兰。他后半生的二十年都是在荷兰度过的，他的主要著作《第一哲学沉思集》、《方法谈》和《哲学原理》等基本上也都是在荷兰发表的。在生命的最后一年，笛卡尔应瑞典女皇的邀请去斯德哥尔摩讲学，由于瑞典天气过于寒冷，他不幸染上风寒，最终患肺炎而去世。

如果说 16 世纪是一个虔诚信仰的时代，那么 17 世纪就是一个普遍怀疑的时代，怀疑精神和批判精神构成了 17 世纪的时代精神。近代知识论也是从怀疑开始的，在这一点上，唯理论与经验论并没有什么区别。

正如经验论的创始人培根是从对"四假象"的怀疑开始的一样，作为唯理论的创始人，笛卡尔也是从对一切陈旧知识的普遍怀疑开始的。他在回忆自己早年的思想历程时说道，在 1619—1620 年的那个冬天，他就开始对自己在教会学校里所学的那些知识进行怀疑了。从对这些知识——哲学、形而上学、逻辑学、神学等——的怀疑出发，笛卡尔又进一步对作为我们认识对象的客观世界进行了怀疑，他表示，这个客观世界也完全可能是虚假的。

他说，此时我明明感觉自己坐在火炉边，但是猛然一醒，才发现自己是在做梦。这样一来，我就很难分清到底我是真的坐在火炉边，还是梦见自己坐在火炉边。大家可能会说，这个问题很简单，通过感觉经验我们就可以判断自己到底是真的坐在火炉边还是在做梦。但是笛卡尔却认为，真理的标准就是清楚明白，凡是不够清楚明白的东西，都应该进行怀疑。感觉经验只要欺骗过我们一次，它就不是清楚明白的，就要受到怀疑。因此我无法根据感觉经验来断定我是真的坐在火炉边，还是梦见自己坐在火炉边。笛卡尔的这个思想倒是有点类似于中国的"不知是庄周梦蝴蝶，还是蝴蝶梦庄周"的思想。

对客观世界的真实性进行了怀疑之后，笛卡尔又对自己的身体进行了怀疑。他说，有时候我做梦梦见自己没有身体；再比如说，有人在战争中失去了一条腿，但是到了天阴寒冷的时候，他还是可以感觉到腿疼，这不就证明了身体可能也是虚幻的吗？

最后，像逻辑学、数学这一类的东西，比如"一加一等于二"等公理或定理，也同样可能是假的。因为我们完全可以想象，有一个恶作剧的上帝，他老是诱导我们犯同样的错误，从而得出"一加一等于二"这样的普遍公理。由于没有任何东西可以使我们相信自己所怀疑的那些对象是确切无误的，所以，一切事物都值得怀疑。这样，笛卡尔就把普遍怀疑当作了自己哲学的出发点。

在进行了普遍怀疑之后，笛卡尔表示，当我对所有的事物都进行了怀疑之后，却发现有一个东西是不能怀疑的，那就是怀疑本身。也就是说，我正在进行怀疑，这个事实本身是不能怀疑的。因为就算我对"我在怀疑"这件事表示怀疑，仍然说明我在怀疑。可见我们唯一不能怀疑的东西就是怀疑本身。而怀疑是一种思想活动，这种思想活动必定要有一个承担者，也就是一个进行着怀疑或思想活动的东西，这个东西就是"我"。于是，笛卡尔就得出了他的哲学的第一原理，那就是"我思故我在"。

笛卡尔哲学的第一原理是建立在这样一种因果假定之上的，即凡思想必有一个思想者，因此从作为结果的"思"就推出了作为原因的"我"。但是，这种推论后来遭到了休谟和康德等人的质疑，再往后又遭到了胡塞尔、萨特等人的批判。他们都指出，对怀疑活动的自觉是一种内心的反省，属于一种内在经验，这种内在的经验事实是不可怀疑的，就如同我们通过眼睛看到前面有一张黑板这种外在的经验事实一样确切无疑。

但是问题在于，这个"我"是从哪里来的？我在前面已经讲过，在休谟看来，所谓的"我"或精神实体，说到底无非是一系列心理活动的集合而已，事实上并不存在一个实体性的东西（"我"），这个所谓的"我"只不过是一个思想的虚构物而已。康德也指出，笛卡尔的"我"充其量只是一个逻辑的主体，但是笛卡尔却把这个逻辑主体偷换成了一个实在的主体。萨特则认为，笛卡尔的这个命题应该更加精确地表述为"思故（思）在"，而不应该表述为"我思故我在"，因为这个"我"是非法的、缺乏根据的。但是，对于笛卡尔来说，思与"我"是没有区别的，它们就是一回事。他明确地表示，"我"就是思想，思想一停止，"我"也就不存在了。可见正如康德所指出的，笛卡尔所说的"我"实际上只是思的一个逻辑主体，而不是一个可以独立存在的实在主体，但是笛卡尔却把"我"偷换成了一个实在的东西即实体，因此在逻辑上犯了一种偷换概念的错误。

以上帝为跳板而建立的古典二元论

确立了"我思故我在"的第一原理之后，笛卡尔虽然在普遍怀疑的汪洋大海中寻找到了一个可靠的立足点，但是他的哲学要想进一步发展，却面临着一个巨大的理论困难。因为在此前，他已经把一切东西都怀疑掉了，现在除了这个与思相同一的"我"之外，什么也没有了。要想走向这个孤独的"我",在更加广阔的背景下重建哲学的论域,就只能求助于上帝了。于是,笛卡尔也像稍晚的贝克莱等人那样,依靠上帝的权威,走向狭隘的"我",把以前怀疑掉的东西重新树立起来。从这种意义上说,笛卡尔的怀疑与古代怀疑论者的怀疑是不一样的。对于古代怀疑论者来说,怀疑本身就是目的,而笛卡尔的怀疑只是一种手段,其目的是为了找出那个不可怀疑的东西。用笛卡尔自己的话来说,我之所以要进行怀疑,就是要把那些浮尘去掉,从而找出坚实的磐石。而他从普遍怀疑走向心物二元论,从狭隘的"我"走向广阔的世界,正是通过上帝这个"大阴沟"而实现的。

为了实现从自我到上帝的飞跃,笛卡尔再次借用了安瑟尔谟的上帝存在的本体论证明。笛卡尔说道,当我在进行怀疑的时候,我立刻感觉到自己是一个不完满的东西,因为我在怀疑,怀疑相对于确定来说就是一种不完满性。而我之所以知道自己是不完满的,是因为我心中有一个完满的东西,这个完满的东西就是上帝。在这里,大家也许会感到迷惑:为什么完满的东西就是上帝呢?其实,这只是西方人的一个习惯,在西方文化的语境中,大家已经约定俗成地形成了一种共识,那就是,如果世界上存在着一个完满的、无限的和绝对的东西,这个东西就只能是上帝。因此,只要我们说出"上帝"这个概念,它就代表了一个无限完满的东西。笛卡尔强调,正是由于我心中有一个无限完满的上帝观念,我才能够知道自己是不完满的。而这个上帝,既然是无限完满的,他就不可能仅仅只存在于我的心中而不同时具有客观的存在,因此在上帝这个无限完满的东西的概念中就已经内在地包含了存在。这就正如同在一个三角形的概念里,就已经内在地包含了三个内角之和等于180度;或者在一个圆的概念里,就已经内在地包含了从圆面上任何一点到圆心的距离都是相等的这个内涵。因此，仅仅凭着上帝的概念，我们就可以推出他的存在。

大家可以看到，笛卡尔的这个证明与中世纪安瑟尔谟关于上帝存在的本体论证明同出一辙。现在上帝的存在既然已经得到了证明，笛卡尔就可以走出狭隘的"我"而走向广阔的世界了。上帝作为全知全能全善的创造者，他肯定不会欺骗我们，他保证了他所创造的两个世界的真实性，这两个世界就是精神世界和物质世界。笛卡尔把精神和物质都叫作实体，他对"实体"概念做了一个界定，实体就是不依赖别的东西、而别的东西却要依赖它而存在的东西。说到底，实体就是具有独立实在性的东西。在笛卡尔看来，精神和物质是彼此独立、互不依赖的，在这种意义上它们都是实体；但是另一方面，它们都要依赖上帝，在这种意义上它们只是相对实体，而创造一切的上帝才是绝对实体。

这样一来，笛卡尔就通过上帝这个宽阔的跳板，实现了从狭隘的自我到广阔的心物二元论世界的过渡。上帝一方面保证了物质世界的真实存在，另一方面又保证了我们精神世界中的观念的可靠性。上帝把这些观念赋予我们，这样我们就有了清楚明白的天赋观念。于是，一个依靠上帝的权威而建立起来的二元论世界就帮助笛卡尔摆脱了怀疑论和唯我论的困境。

上帝在笛卡尔这里仅仅是虚晃一枪，他只是笛卡尔建立哲学体系的一个理论跳板而已。没有上帝的中介，笛卡尔就只能憋死在狭隘的自我之中。因此，上帝从方法论上来说是绝对必要的。但是精神和物质这两个相互独立的世界一旦建立起来，上帝就可以隐退了，过了河就可以拆桥了。

对于笛卡尔来说，上帝的意义就在于如下两点：第一，他保证了从狭隘的自我向广阔的心物二元论世界的过渡，还是黑格尔的那句话，上帝只是一个理论的大阴沟，它可以解决一切理论难题。第二，他保证了心物两个世界的独立发展，既保证了物质世界的真实性，也保证了观念世界的可靠性。笛卡尔认为，精神实体的本质属性是思维，物质实体的本质属性是广延。精神无广延，物质无思维，也就是说，精神不占有空间位置，物质不能进行思维。这两个实体彼此之间不发生联系，物质不能决定精神，精神也不能决定物质，只是依靠上帝的大能来保证它们之间的协调一致。这种观点，就是笛卡尔的古典二元论。

天赋观念说和身心交感说

在谈到以上帝作为保证的观念世界的可靠性时，笛卡尔创立了天赋观念的学说。他认为，正是依赖上帝的恩赐，我们具有了一些与生俱来的清楚明白的观念。这些观念的种类和数量并不多，主要是几何学的公理、逻辑学的基本规则以及关于上帝的观念。这些天赋观念就是我们的精神世界据以进行演绎推理的原则和前提，我们正是以这些天赋观念作为出发点和基本规范，通过逻辑推理不断地获得更多的清楚明白的观念，最终构建起整个知识论的理论大厦。由此可见，天赋观念构成了笛卡尔知识论的出发点，而天赋观念之所以是天赋观念，就是因为它们是清楚明白的、不证自明的。

由于天赋观念是清楚明白的，通过演绎的方式从天赋观念中推出来的观念同样也是清楚明白的，这样一来，"清楚明白"就成为真理本身的一条绝对标准。笛卡尔强调，我们断定一个观念是不是真理性的，就是要看它是不是清楚明白的。这样一来，笛卡尔就以"不证自明"的天赋观念作为出发点，以"清楚明白"作为真理标准，遵循形式逻辑的演绎推理规则，一步一步地推出各种命题或定理，初步创立了唯理论的知识论体系。

笛卡尔的古典二元论认为，物质世界和精神世界之间是不发生联系的，它们各行其道，互不影响，只是依靠上帝来保证它们之间的和谐与统一。但是笛卡尔不得不承认，在人身上，这两者之间存在着某种相互作用。人既是一个物质实体，又是一个精神实体，我们的肉体机能属于物质活动，我们的思想情绪则属于精神活动，但是这二者之间显然存在着相互作用。当我们的肉体受到外界刺激的时候，感觉就会把这种刺激带来的某种感受传递到我们的心灵中，然后我们的心灵就会相应地做出某种反应。反过来，当我们的心中有某种想法或念头的时候，这种念头也会指导我们的行为，使我们的肉体做出相应的动作。这是一个简单的常识。

笛卡尔本人也是一个自然科学家，他对生理学也颇有研究，因此他不能无视这个事实。于是他在晚年提出，在人身上，物质和精神将会发生交感作用。身体是物质，心灵是精神，二者在人身上发生一种经验性的相互作用。笛卡尔认为，这种交感作用就发生在人头脑中的一个叫作松果腺的器官中。他用一种类比的方法来说明这种交感作用，一艘船行驶在水里，不同的水流方向和缓急程度会影响到舵，并通过一系列的传动轴把这种作用力传到舵台上，舵台上的舵柄就会发生转动，我们通过舵台上舵柄的转动情况就可以了解水流的方向和速度。反过来，当我们转动舵柄，通过一系列的传动轴把力量传到舵上，使舵的方向发生变化，从而影响到水流对舵的作用，最终改变了船的方向。笛卡尔认为，在我们身体中也有一种类似于舵台的装置，它成为水流和舵手或者物质与精神进行相互作用的场所，而这个舵台就是松果腺。我们的肉体一旦受到外来的刺激，就会将一种感觉顺着中枢神经传到松果腺。松果腺是灵魂居住的地方，在松果腺里面，我们的灵魂得到了来自感觉的信号，这样身体的遭遇就作用于心灵了。反之，我们的心灵在做出某种决定的时候，又反向地通过松果腺而作用于中枢神经，把信号传达到我们的四肢，使我们做出相应的行动来。这样一来，身体与心灵就发生了交感。这就是笛卡尔的身心交感说。

身心交感说是笛卡尔面对事实不得不承认的一种观点，但是这种观点却与他的心物二元论处于直接的矛盾之中。心物二元论的基本观点是，物质和精神各有自己的本质属性，各遵循自己的规律，相互之间不发生任何作用。但是身心交感说却承认在物质和精神这两种彼此独立的实体之间会发生某种相互影响，这岂不就是自相矛盾吗？按照心物二元论的观点，物质和精神是各行其道的，谁也不影响谁，所以二者构成了两个相互独立的实体；然而按照身心交感说，物质与精神又发生了相互作用，于是就会引出一个物质和精神何者是第一性的、谁决定谁的问题，这就与二元论立场相矛盾了。

笛卡尔本人并没能解决这个矛盾，他给后来的哲学家们留下了一个问题，那就是我们如何能够在坚持物质和精神彼此独立、互不作用的情况下，保证二者之间的协调一致？心物二元论凭借着上帝的权威来保证物质和精神各行其道并协调一致，这种协调一致是先验性的；而身心交感说却通过身心之间的经验作用来说明两者之间的协调一致。这两种说法是互相矛盾的。所以说，笛卡尔给后人留下了一个大难题，那就是我们如何能够保证物质和精神既彼此独立（即不发生相互作用），又相互协调？

以上所讲的就是笛卡尔哲学的基本内容。当然，笛卡尔还有一些自然哲学的观点。在形而上学和哲学上，笛卡尔是一个古典二元论者，但是在物理学上，他基本上是一个机械唯物主义者，承认物质世界的客观实在性和自然规律的普遍必然性。他与稍晚一些时候的牛顿共同构成了西方近代机械唯物主义的代表。

伽桑狄和马勒伯朗士——笛卡尔难题的两种解决方案

笛卡尔提出的物质与精神关系的难题，使后世的思想家们面临着一个严峻的考验。在笛卡尔之后，有两位思想家对笛卡尔的难题提出了两种迥然而异的解决方案。这两位思想家一位叫伽桑狄，一位叫马勒伯朗士，他们分别从不同的立场来解决笛卡尔留下的难题。

皮埃尔·伽桑狄（Pierre Gassendi，1592—1655）是一个唯物主义者，他要复兴古代的原子论，试图用原子论思想来解决笛卡尔的难题。说到底，伽桑狄的解决方案，就是要把精神物质化。如果把精神变成某种物质性的东西，那么精神与物质之间的矛盾也就解决了。和古代原子论者一样，伽桑狄认为，所谓精神不过是一种更加精细的物质而已。这样一来，就不存在二元了，只有一元，那就是物质。精神不具有独立的实在性，它只是物质的一种特殊形态，而真正独立的实体只有一个，那就是物质，即以原子为基本微粒的物质。如此也就不存在身心之间的相互作用了，因为它们本来就是同一个东西。伽桑狄就这样解决了笛卡尔的难题。

伽桑狄对笛卡尔的整个思想都进行了质疑和反驳，这种反驳的有些地方很精彩。比如，关于笛卡尔的普遍怀疑思想，伽桑狄就认为，笛卡尔是在装腔作势，并不像一个诚实的哲学家对待世

皮埃尔·伽桑狄（1592—1655）
（图片来源：Louis-Édouard Rioult，约 1846—1847）

界的应有态度，因为任何一位健全的哲学家都不会怀疑世界的客观存在。再者，伽桑狄对笛卡尔的"我思故我在"中的那个"我"进行了质疑。在他看来，那个"我"既然只是一个精神，完全不具有物质性和广延性，那么这样一个精神性的东西怎么可能独立存在？怎么可能具有实在性？对于笛卡尔的上帝存在证明，伽桑狄指出，实际上我们并不是根据一个完满的东西才知道我们自己是不完满的，恰恰相反，我们首先发现自己是不完满的，然后通过把不完满的东西不断地完满化，最后就推出了一个上帝。所以上帝并非"我"的前提，而是"我"的结果。这种观点很符合唯物主义理论——不是上帝创造了人，而是人创造了上帝。

此外，伽桑狄也批驳了笛卡尔的身心交感说，他尖锐地质问，那个被笛卡尔当作身心交感场所的松果腺，到底是物质性的还是精神性的？它自身有没有广延？如果它是物质性的，那么一个不具有广延的精神是以什么方式居住在一个有广延的物质之中的？那个没有广延的精神怎么可能在一个有广延的场所里与有广延的物质发生交感？反之，如果它是精神性的，那么它自身连存在在哪里都无法确定（精神无广延），又如何能够成为有广延的身体与精神进行交感的场所呢？所以，无论它是有广延的还是无广延的，都无法自圆其说。

伽桑狄的基本立场无疑是唯物主义的，但是他在解决笛卡尔的身心交感说与心物二元论的矛盾时，所使用的方法过于简单。他采取的方法就是把精神还原为物质，把二元论归结为唯物主义一元论或原子论。由于精神变成了一种特殊的物质或精微的物质，所以物质与精神这两个实体之间的关系就变成了较粗糙的物质与较精细的物质之间的关系。这样就从根本上取消了身心交感的问题，在唯物主义的基础上保证了物质与精神的和谐一致。

另一位思想家尼古拉·马勒伯朗士（Nicolas Malebranche，1638—1715）则正好相反，如果说伽桑狄是原子论的近代复活者，那么马勒伯朗士就是柏拉图主义的近代复活者。与伽桑狄把精神物质化的做法相反，马勒伯朗士通过把物质精神化的方式来解决身心交感说与心物二元论之间的矛盾。

马勒伯朗士的观点比较玄奥，不太容易理解。大家知道，柏拉图主义认为理念是比具体事物更加实在的东西，认识理念也比认

尼古拉·马勒伯朗士（1638—1715）
（图片来源：Paul Jourdy，约 1840—1841）

识具体事物更加接近真理，因为具体事物只是对理念的一种摹仿和分有。马勒伯朗士以上帝作为出发点，认为上帝创造了物质世界和精神世界，这两个世界是相互独立的，在这里，他明显地继承了笛卡尔的二元论思想。但是马勒伯朗士却认为，我们并没有直接对物质世界进行认识，我们只是在与上帝的精神交往中对物质的观念进行了认识。由于上帝是物质世界和精神世界的共同创造者和保证者，在上帝的头脑中保留着关于物质世界的观念，因此，我们就只需要与上帝进行交流，无须与物质世界发生联系，就可以认识物质世界。

客观世界的事物与上帝心中的观念是一一对应的，《圣经》里明确记载，上帝是根据他心中的光的观念而创造了光，根据万事万物的观念而创造了万事万物。可见，上帝心中的观念是客观事物的原型，而客观事物只是对上帝观念的摹仿和分有。所以，我们只需

第九讲 欧洲大陆唯理论哲学 363

要在精神世界中对上帝的观念系统进行认识，就可以充分认识到客观的物质世界。比如说，物质世界里有一座山，我们头脑中也会产生一个"山"的观念，但是我们头脑中的"山"不是对客观存在的那座山的认识结果，不是物与心之间的直接交感，而是我们从上帝那里获得了"山"的观念。因此我们认识的并不是具体的山，而是"山"的观念，它比具体的山更加真实。我们的精神世界虽然没有与物质世界发生任何直接的关系，但是我们却获得了关于物质世界的真实观念。这样一来，马勒伯朗士就通过把物质观念化或物质精神化的方式，解决了笛卡尔的难题，实现了物质世界与精神世界的彼此独立与和谐一致。

马勒伯朗士还针对笛卡尔的身心交感说提出了一种偶因论的观点。根据笛卡尔的身心交感说，当我们的身体受到刺激时，心灵就会有所反应；而当我们的心灵有了意念时，身体也会做出相应的动作。对于这种身心交感现象，马勒伯朗士解释道，这并非是由于物质与精神之间的相互作用，而是由于上帝的随时调节。也就是说，每当一个物理事件发生时，上帝就同时让我们的精神世界中产生出相应的观念；每当我们有了某种意念时，上帝就同时让物质世界中产生出相应的事件。说到底，不是由于我们的身体影响了我们的心灵，也不是由于我们的心灵影响了我们的身体，而是由于上帝在身体和心灵之间不断地进行着调节，使得二者始终能够保持一致。这就好像是两座钟，一座钟的指针指向十二点的时候，另一座钟正好敲响了十二下。这并不是由于这座钟影响了那座钟，也不是由于那座钟影响了这座钟，而是制造这两座钟表的工匠在不断地校对它们，使它们始终保持一致。

比如，此刻当我心里想抬高我的手臂时，我的手臂就抬起来了。按照马勒伯朗士的解释，这并不是我的意念影响了我的手臂的运动，而是在我产生了抬高手臂的意念的那一瞬间，上帝通过某种机缘使我的手臂抬了起来。从表面上看，我心中的意念是抬高手臂这种机械运动的原因，但这只是一个偶然的原因，实际上是上帝通过某种机缘保持了身体与精神之间的和谐一致。所以，偶因论也可称为机缘论，它把身心一致的原因归结为某种难以窥透的机缘或奥秘。我们由于无法认识这种机缘，所以往往只能看到表面现象，把我们的心灵活动说成是身体运动的原因，或者相反。

实际上，使身心之间保持协调一致的真正原因是上帝。正是上帝在让你心里产生某种意念的同时，正好也让你的身体发生某种动作，反过来也是这样。我们刚才已经说到，笛卡尔留下的难题就是如何能够保证精神和物质既相互独立，又协调一致。马勒伯朗士的偶因论当然是一种解决方案，偶因论既保证了两个世界的彼此独立，又保证了它们之间的协调一致。而且偶因论不需要借助物质与精神之间的经验性的交感，它是用上帝的全能来实现这一点的。但是，偶因论的问题就在于，把物质世界与精神世界的一切事件都推到上帝头上，由上帝来承担，这样一来，上帝就太累了！身体受到任何一个刺激，上帝马上就要让你在心灵中产生一种观念；反过来，你心灵中有什么意图，他又马上要让你在身体上产生某种相应的动作。这样一位上帝，正如后来莱布尼茨所嘲笑的，就像古希腊戏剧中的"救急神"，到处补漏洞，实际上把上帝的智慧大大地贬低了。

斯宾诺莎的泛神论

"神即自然"

现在我们转向第二位重要的唯理论思想家巴鲁赫·斯宾诺莎（Baruch Spinoza，1632—1677）。斯宾诺莎可能是我们在西方哲学史上见过的最短命的哲学家，只活了四十多岁。但是这个人的人格非常伟大，成为西方哲学家、科学家心中的道德楷模。斯宾诺莎是荷兰人，出生在一个犹太人家庭，从小受到犹太教的教育。但是他却对犹太教的经堂教育产生了反感，因而被犹太教会看作异端。后来，斯宾诺莎毅然地与犹太教相决裂，甚至因此而与自己的家庭决裂。成年后的斯宾诺莎一直隐居在乡间，靠给人磨光学镜片为生，所以生活非常艰难困苦，最终导致了英年早逝。

其实，他本来有两次机会是可以改善自己的生活状况的，一次是当时的普鲁士国王高薪聘请他去海德堡大学任教，但是斯宾诺莎考虑到在德国的大学里不能自由地发表自己的思想，言论要受到限制，所以他宁愿放弃这个美差，以保证自己的思想和言论自由。另一次机会是由法国国王路易十四提供的，这位附庸风雅的国王非常崇拜斯宾诺莎，他表示只要斯宾诺莎在以后所写的著作里都题上

巴鲁赫·斯宾诺莎（1632—1677）

一句"献给法王路易十四",那么他将会给斯宾诺莎一笔丰厚的年金,但是这个要求也被不愿向权贵献媚的斯宾诺莎断然拒绝了。由此可见,斯宾诺莎的道德境界非常高,他身上表现出来的那种热爱真理和追求自由的精神,那种潜心学问、宁愿受苦也不向权贵低头的崇高气节,使他成为西方哲学史上堪与苏格拉底相比拟的道德典范。

斯宾诺莎哲学首先是从对笛卡尔的批判开始的。他写了一本书叫《笛卡尔哲学原理》,对笛卡尔哲学进行了细致的批判。首先,斯宾诺莎认为,笛卡尔的"我思"是不能作为整个哲学的出发点的。他基本上同意笛卡尔提出的清楚明白的真理标准,认为作为哲学出发点的东西必须是清楚明白的。但是在斯宾诺莎看来,笛卡尔的"我思"却不是清楚明白的,因为"我思"是经过一系列的怀疑以后才得出来的,而清楚明白的东西应该是直接在当下呈现出来的,应该是一种直接认识到的东西。此外他还质疑,从一个本来就含糊不清的"我思"里面,怎么能够推出一个上帝来呢?

由于以上的原因,斯宾诺莎明确地表示,自己的出发点与笛卡尔是不同的,笛卡尔从"我思"出发,而一般哲学家们(主要指英国经验论者)从被创造的事物出发,这两种出发点都不是第一性的东西,而斯宾诺莎则直接从神出发。神是万事万物的创造者,是最清楚明白的东西,因此是哲学的真正出发点。但是这个神是什么东西呢?斯宾诺莎明确表示,"神即自然"。当他说神是出发点的时候,我们往往会认为他是一个唯心主义者;但是当他说"神即自然"的时候,我们才发现他实际上是一个唯物主义者。

斯宾诺莎这种"神即自然"的观点通常被称为"泛神论"。所谓泛神论就是认为神内在于大自然中,自然中的一草一木都体现着神性,自然和神乃是同一个东西。斯宾诺莎对"神即自然"的观点进一步加以说明，他认为有两个自然，一个是作为原因的自然，另一个是作为结果的自然；一个是自由的自然，另一个是必然的自然；一个是创造自然的自然，另一个是被自然所创造的自然。总而言之，自然既是原因又是结果，既是自由的同时也服从必然性的法则，既是创造者也是被创造者。

为了说明自然的二元化，他提出了三个基本范畴，即实体、属性和样式。斯宾诺莎关于实体的定义与笛卡尔的定义相类似，也与亚里士多德的定义相类似，实体说到底就是具有独立实在性的东西，它不依赖别的东西而存在。用斯宾诺莎自己的话来说："实体，我理解为在自身内并通过自身而被认识到的东西，换言之，形成实体的概念，可以无须借助于他物的概念。"可见实体是第一性的东西，别的东西需要通过实体来得到解释。从这个意义上说，斯宾诺莎认为，笛卡尔的精神实体和物质实体都不是真正的实体，因为它们要通过上帝来说明，而只有上帝才是真正的实体，而上帝或神在斯宾诺莎那里就等同于自然，所以只有自然才是唯一无二的实体。除自然之外，别无实体。神、自然、实体，这三个概念完全是相同的。这个唯一实体就是作为原因的、自由的和创造自然的自然。

斯宾诺莎接着又对属性和样式进行了说明。他认为，属性就是实体的本质规定性。世界上虽然只有一个实体，但是这个实体却具有无数多的属性。不过对于我们人来说，只能认识其中的两种属性，这就是思维和广延。由这两种不同的属性，就构成了两个不同的样式系列。凡是具有思维属性的样式是一个系列，凡是具有广延属性的样式则是另一个系列。

而所谓样式，用斯宾诺莎的话来讲，就是实体的分殊，也就是指那些具体的事物，即作为结果的、受必然性所制约的、被自然所创造的自然。实体是一个抽象概念，样式则是指具体事物，实体与样式的关系是原因与结果、自然与必然、创造与被创造的关系。按照实体的两个不同属性，样式也被区分为两个系列，具有广延属性的样式系列就叫作事物的系列，而具有思维属性的样式系列就叫作观念的系列。比如说，我们的心理活动都属于观念的系列，而世间的山川河流、草木鸟兽以及我们的身体都属于事物的系列。

笛卡尔认为有两个实体，即物质和精神，它们各有自己的本质属性，精神的属性是思维，物质的属性是广延。但是斯宾诺莎却认为只有一个实体即自然，这个实体具有思维和广延两种属性（确切地说，能够被我们所认识的只有这两种属性）；而样式作为实体的分殊，按照思维和广延这两个属性来进行划分，因此构成了观念的系列和事物的系列。这样一来，斯宾诺莎就用"属性二元论"取代了笛卡尔的"实体二元论"。

这种改变有什么重要意义呢？它的意义就在于，可以比较好地解决笛卡尔遗留下来的那个棘手的心物关系问题。现在已经不再是两个实体之间的对立了，而是同一个实体的两种属性之间的对立。由于观念的系列和事物的系列是同一个实体的两个系列，因此它们之间就具有某种内在的协调一致性。举例来说，我这个人是一个实体，在我的思想方式与我的行为方式之间往往会具有一种内在的协调一致性，因为它们都是同一个实体的两种不同表现形式。如果我是一个急性子的人，我思考问题的速度和说话、办事的速度都会比较快。可见，在同一个实体的不同表现形式之间，是有某种协调一致性的，但是这种协调一致性不是由于经验的相互影响，而是由于一种先验的内在和谐。

在笛卡尔那里，两个实体之间的协调一致性是通过经验性的相互影响——松果腺中的身心交感——来实现的，这种经验性的相互影响与两个实体的彼此独立之间就产生了一种深刻的矛盾。但是在斯宾诺莎那里，同一个实体按照两种属性而区分的两个样式系列之间的协调一致性，不是通过经验性的相互影响、而是通过先验的内在和谐而实现的。这种先验的内在和谐被表述为"一体两面"，就是说同一个自然实体可以分为观念与事物两个系列，从这边看是观念的系列，从那边看是事物的系列。这两个系列保持着一种协调一致性，它不是由于两个系列之间的经验性的相互影响所造成的，而是由于这两个系列都是同一实体的两个侧面，因此具有一种先验的内在和谐。斯宾诺莎的这种观点被叫作"身心平行论"，它既保证了观念的系列和事物的系列的相互独立性，同时也实现了二者之间的协调一致，从而较好地解决了笛卡尔的难题。

我们现在再回过头来看看解决心物关系的三种不同观点，就可以看出很大的差别。笛卡尔的二元论既要坚持物质与精神这两个实体的相互独立，又不得不承认两者之间的协调一致。他无法解释二者为什么会保持协调一致，所以只能借助于经验性的交感作用，但是这种经验性的相互影响必然与强调物质和精神彼此独立的心物二元论相矛盾。马勒伯朗士试图通过偶因论、通过上帝随时随地的干预来保证这两个系列彼此独立同时又协调一致，但这样的做法显得比较愚笨，这个上帝会很累，而且上帝的协调也是在经验中进行的。而斯宾诺莎的身心平行论实际上是把二者的协调一致性从经验的层面提升到了先验的层面，由于观念的系列和事物的系列是同一个实体的两个方面，所以它们必然具有一种内在的协调一致性。这就好像在两条平行的轨道上运行的列车，它们齐头并进，不是由于它们之间的相互影响，也不是由于上帝在不断地进行调整，而是由于它们是从同一个起点发出、按照同一种速度运行的。这样一来，斯宾诺莎就把经验水平上的相互作用提升到了先验层次上的内在同一。当然，这样做难免有一点神秘的味道，但是这种身心平行论比较好地解决了笛卡尔留下来的难题，后来莱布尼茨的前定和谐理论也是受了斯宾诺莎这种内在和谐观点的影响。

唯理论的系统化

下面简单地讲一下斯宾诺莎的知识论观点。在认识论上，斯宾诺莎与笛卡尔是一脉相承的。笛卡尔认为我们的观念有三个来源，第一类是与生俱来的天赋观念，如几何学的公理、逻辑学的基本规律等，这是最高的、真正的知识；第二类是感觉经验提供的观念；第三类是我们心灵任意杜撰的观念，比如飞马、女妖等。在笛卡尔看来，第三类观念是虚假的，因为它们是我们任意捏造的。第二类观念是靠不住的，因为它们经常欺骗我们。比如一根小木棍，你看到它是直的，放到水里就变成弯的了；一座塔，你远远看好像是圆弧形的，走近看却是有棱有角的。可见，来自感觉经验的观念是靠不住的。只有第一类观念，即与生俱来的天赋观念，那才是真理性的观念，是真知识的源泉。这种认为只有天赋的观念才可靠、而来自感觉经验的观念是靠不住的观点，就是认识论上的唯理论。

与笛卡尔一样，斯宾诺莎也把观念分为三类。第一类观念是直觉的，也就是与生俱来的，无须进行逻辑推理和感觉经验就可以知道的，他把这一类观念叫作"真观念"；第二类是从真观念出发，经过逻辑推理而得出的观念，即推理的或证明的观念；第三类则是通过感觉经验得到的观念。和笛卡尔一样，斯宾诺莎也是唯理论者，他认为来自感觉的观念是靠不住的，他把它叫作意见或想象。意见或想象来自柏拉图的认识论，柏拉图把对感性世界的认识叫作意见，而把对理念世界的认识叫作真理。可见意见或想象是一个贬义词，只有通过推理得出的东西才是靠得住的，才是真理。但是，推理必须有一个前提，这个前提就是与生俱来的真观念。真观念构成了知识论的出发点和前提。根据真观念、遵循逻辑规律而推出来的观念当然也是真观念，只不过它的真理性程度不如作为直觉的观念那么高罢了。因此就真理性而言，最高的观念无疑是直觉的观念。这些直觉到的真观念包括几何学的公理、逻辑学的基本规律以及关于神或自然的观念，它们构成了整个知识论大厦的基础。

斯宾诺莎把笛卡尔创立的唯理论推向了系统化，他甚至在形式上都按照欧几里得几何学的模式来建立他的哲学体系。他写了一本书，叫"伦理学"，全名为"用几何学方法作论证的伦理学"。这本书完全按照欧几里得几何学的推演体例来展开——首先对概念进行定义，接着设立公理，然后根据定义和公理进行推理或证明，得出定理、绎理等。就这样层层推进，建立起整个知识论体系。笛卡尔只是唯理论的开创者，真正把唯理论的思想系统化、体系化的哲学家是斯宾诺莎。大家有兴趣可以去看看《伦理学》这本书，它的内容论述的是纷纭杂多的知识问题和道德问题，但是它的形式却是僵化刻板的几何学证明模式。

在真理标准问题上，斯宾诺莎也与笛卡尔一样强调"清楚明白"，不过他又加上了一个"恰当"，即真理的标准是"清楚明白和恰当"。所谓"恰当"，就是指怎样从真观念里恰当地推出一些新的真观念，怎样按照恰当的推理原则来建立知识体系。斯宾诺莎甚至认为，真观念本身就是判断真理的标准，正如光明既能显示自身又能显示黑暗一样，真观念本身必定具有清楚明白、恰当的特点。不过斯宾诺莎又强调，清楚明白、恰当只是真理的内在标准，真理还有一个外在标准，那就是真观念必须符合它的对象，这个对象当然是指客观事物。

斯宾诺莎的这个观点很容易使我们产生一种错觉，认为斯宾诺莎是在向经验论妥协。对于这个观点的真正内涵，必须从斯宾诺莎的"一体两面"或"身心平行论"的角度来理解。斯宾诺莎的认识论是建立在他的本体论之上的，他的本体论认为观念的系列与事物的系列之间具有一种先验的同一性，二者彼此独立但是又相互协调一致，因为它们是"一体两面"。因此，如果一个观念是真观念的话，它在事物系列中也必然有一个与之对应的真对象，它们之间的相互符合不是由于经验性的相互影响，而是由于一种先验的协调一致性。正是由于它们是同一个实体的两个不同样式系列，所以它们必定是相符合的。由此可见，斯宾诺莎的这种观点并不是向经验论妥协，而是坚持了身心平行论，坚持了仅凭着真观念自身的逻辑演绎就可以建立起整个知识论大厦的唯理论观点。

此外，斯宾诺莎还提出了一个很重要的观点，那就是"自由就是对必然性的认识"。这个观点一直到今天还影响着我们的哲学。按照这个观点，一个人的知识水平越高，他对自然界的必然规律认识得越清楚，那么他在自然界面前就越自由。根据斯宾诺莎的这个观点，自由并不是随心所欲，自由恰恰在于认识必然性和遵循必然性。不是说我想怎么干就怎么干，这恰恰不是自由。真正的自由在于对客观必然性的驾驭，具体地说，即事物系列严格地遵循自然必然性，观念系列严格地遵循逻辑必然性，在这两种必然性之间有一种先验的协调一致性。因此，你对必然性认识得越清楚，你的思想和行为就越自由。这种观点后来经过黑格尔的进一步阐发而影响了唯物主义，所以今天我们仍然强调，自由就是对必然性的认识。

莱布尼茨的单子论

生平与著述

第三位唯理论思想家是莱布尼茨（Gottfried Wilhelm Leibniz，1646—1716）。莱布尼茨是一个德国思想家，我们发现，一进入德国哲学就非常深刻，也比较晦涩，莱布尼茨就是一个开端。我们此前讲的经验论以及两个唯理论思想家的思想，大体上都比较容易理解，但是一进入莱布尼茨，就会发现他的思路和别人完全不一样。这是一种典型的德国式思想，深刻、神秘而且比较晦涩难懂。

莱布尼茨生活在17—18世纪，那时候的德国还很落后，整个社会分裂为许多封建邦国。德语还没有登大雅之堂，基本上还是一种蛮族的语言。因此，莱布尼茨虽然是一个德国人，但是他一生中从来不用德语写作，他的著作都是用拉丁语和法语写的。拉丁语是天主教会使用的官方语言，法语则是一种优美时尚的语言。尽管如此，莱布尼茨的思想却表现出了典型的德意志特点。

莱布尼茨出生于德国的莱比锡，父亲是莱比锡大学的伦理学教授。莱布尼茨出生于书香门第，而且天生聪颖，很早的时候就表现出一种超人的聪明才智。他不仅是一个伟大的哲学家，也是一

莱布尼茨（1646—1716）
（图片来源：Christoph Bernhard Francke, 1695）

个伟大的数学家。大家知道，微积分就是由莱布尼茨和牛顿分别独立地在德国和英国创立的。后世人们一般认为，莱布尼茨先发现了微积分，但是牛顿却发表在先，因此我们通常总是说牛顿创立了微积分。莱布尼茨在读大学时就广泛地涉猎了法律、哲学、自然科学、神学等多个领域的知识。

在获得法学博士以后，他来到巴黎开始从事外交工作，后来又访问了英国，先后结识了许多杰出的哲学家和科学家，如马勒伯朗士、阿尔诺、波义耳、惠更斯等人。在完成了他的外交使命以后，他专程去荷兰拜访了贫穷潦倒的斯宾诺莎，因为他很崇拜斯宾诺莎。但是当他与斯宾诺莎交谈以后，他就改变了对斯宾诺莎的看法，开始创立自己的哲学体系。不过在莱布尼茨的思想中，我们始终都能看到斯宾诺莎的影子。

回国后，莱布尼茨担任了汉诺威公国王室图书馆的馆长，后来又创立了柏林科学院，出任第一任院长。莱布尼茨热心于科学事业，本身又是大科学家，他给欧洲各国的君主纷纷写信，建议他们建立科学院和图书馆。有一些国家如俄国、波兰的统治者接受了他的建议，建立了科学院等机构。据说他也给中国的康熙皇帝写过信，建议康熙皇帝建立科学院，但是却没有被康熙采纳。

除了发现微积分之外，莱布尼茨在科学方面还有许多其他建树，他创立了数理逻辑，提出了形式逻辑三大规律——同一律、矛盾律、排中律——之外的第四大规律，即充足理由律。不过，虽然莱布尼茨才华横溢，但是在人格方面却无法与斯宾诺莎相媲美。他一生中与社会权贵交往颇多，生活上衣食无忧，他晚年创立的神正论，也叫作"最好世界"理论，明显带有讨好权贵的色彩，为现实秩序涂脂抹粉。因此，罗素在《西方哲学史》里谈到莱布尼茨的时候说，有两个莱布尼茨，一个是充满睿智的哲学家，另一个则是庸俗谄媚的莱布尼茨。这两个莱布尼茨往往混杂在一起，很难把二者分辨清楚。从罗素的评价中至少可以看出，莱布尼茨为了学术研究，往往可以放弃一些德性的原则，这一点与斯宾诺莎是完全不同的。正因为如此，莱布尼茨活了 70 岁，虽然他晚年是在一种默默无闻的寂寞状态中度过的。

莱布尼茨在认识论上的主要著作是《人类理智新论》，这本书是针对洛克的《人类理智论》而写的，莱布尼茨站在唯理论立场上来反对洛克的经验论。但是当这本书写完的时候，洛克已经去世了，莱布尼茨出于一种绅士风度，就没有发表此书。一直到他去世之后，他的弟子们才把此书发表。这本书虽然没能起到与洛克论战的作用，但是书中的一些观点对康德的批判哲学产生了很大的影响。除此之外，莱布尼茨还写了许多著作，其中最重要的有《形而上学谈话》《新系统》《神正论》《单子论》以及《莱布尼茨与克拉克论战书信集》等。

单子论——不可分的点与连续性的统一

作为一个德国哲学家，莱布尼茨思考问题的出发点就与其他人非常不同。正如他后来所总结的，在古往今来的哲学中存在着两个著名的迷宫，一个是关于不可分的点与连续性的关系问题，另一个是关于自由与必然性的关系问题，后者也可以表述为上帝的正义与世间的罪恶之间的关系问题。莱布尼茨的单子论就是为了解决第一个迷宫式的问题，他的神正论（"最好世界"理论）则是为了解决第二个迷宫式的问题。在这里，我只讲他的单子论，至于他的神正论，我已经在另外一本演讲录（《在上帝与牛顿之间》）中讲到了，大家有兴趣的话可以去看。下面我们就来看看莱布尼茨是如何解决不可分的点与连续性的关系问题的。

与英国经验论哲学家相比，唯理论哲学家明显地具有更多中世纪形而上学的色彩，这是因为大陆哲学受经院哲学的影响更深一些。欧洲大陆的哲学家们，无论是笛卡尔还是斯宾诺莎和莱布尼茨，都对建构哲学体系有一种执着。正是出于对建构体系的执着，莱布尼茨首先从本体论的角度来寻找最基本的单元。单元的问题是困扰古往今来哲学家们的一个最基本的问题，莱布尼茨早年受古代原子论的影响比较深，试图把物质性的原子当作世界的最小单位。但是随着思想的成熟，他就发现原子论是有问题的。这问题在于，作为世界最后单元的东西必须是一个不可分的点，它不能再分了。事实上，"原子"（atom）这个词在古希腊语里就是指"不可分的东西"，它并不是今天我们在物理实验室里可以观察到的那个具体的物质层次，而是一个抽象的哲学概念，即指不可再分的物质微粒。这个物质微粒的特点就是它不能再分了，它的定义就是不可分，所以古希腊原子论者就把原子当作不可分的点。但是莱布尼茨却认为，古希腊原子论所说的原子并不是不可分的点，因为原子作为物质实体是有广延的，广延是物质实体的基本属性，而凡是有广延的东西就不可能是不可分的点。为什么呢？因为至少在理论上，我们总可以想象一个具有广延的东西是可以一分为二的，哪怕它再小。因此有广延的物质微粒原子并不是一个真正的不可分的点。于是，莱布尼茨就别出心裁地要寻找一个真正不可分的点，以此作为建构整个世界的基本单元。

按照当时一般的观点，物质的本质属性就是广延，而凡是具有广延的东西都可以进一步再分割，所以不可能成为不可分的点。这样一来，如果真的有某种不可分的点，那么它就一定不能是具有广延的物质，而只能是精神性的东西。于是莱布尼茨就提出了一种精神的原子,他称作"形式的原子"。"形式"一词是借用古希腊的概念,实际上是指本质,"形式的原子"即只具有形式而不具有质料的原子,他又把它叫作"单子"。单子具有原子的实体性,但是却没有广延性,因为它没有质料。简言之,单子不是物质性的实体,而是精神性的实体,它才是一个真正的不可分的点。

莱布尼茨进一步对各种点进行了分析:第一种是物理学的点,物理学的点(例如原子)是实在的,但是它却具有广延性,因此不是不可分的点。第二种是数学的点,数学的点由于不占有空间,因此是不可分的,但是它却缺乏实在性。大家知道,在数轴上的A、B这些点都是不具有广延性的,我们在计算从A点到B点的距离时不会考虑这些点本身有几毫米、几微米,我们也不会考虑把A点或B点本身一分为二的问题。正因为如此,所以数学的点不具有实在性,它们只是一些抽象的标志或符号而已。物理学的点有实在性,但却不是不可分的;数学上的点是不可分的,却又没有实在性。于是莱布尼茨提出了第三种点,即形而上学的点。形而上学的点具有上述两种点的优点,它既是不可分的点,因为它不具有广延性;又具有实在性,因为它是一个精神实体。而这个形而上学的点就是单子。

莱布尼茨认为,单子不仅是一个不可分的点,而且具有能动性,即它可以自己运动。大家回想一下,在德谟克利特那里,原子就是自动的,原子不需要外在的动力来推动它,它自身就可以运动。莱布尼茨的单子既然是"形式的原子",它除了不具有广延性(从而不是物质性的东西)以外,仍然保留了原子的其他特点,如实在性、自动性和复多性(即数量无限)等。单子作为一种精神实体,它的能动性就来自它内部的一种感觉和欲望能力,正是这种精神性的力量推动着单子的自身运动。因此,单子不仅是一个不可分的点,而且是一个能动的实体。说到底,单子是一个能动的精神实体,整个世界就是被无限多的这种单子构成的。

讲到这里，大家可能会发现一个问题，作为世界基本单元的单子既然是一个不具有广延性的精神实体，那么，这些无广延的精神实体是如何构造出有广延的世界万物的呢？我们都知道，无数个零相加还是等于零啊！对于这个问题，莱布尼茨表现出一种德国式的睿智，他的解决方法就是把本体论问题还原为认识论问题。关于这个问题，我们暂时先放一下，先来看看单子的基本特点。

莱布尼茨认为，每个单子都是一个形而上学的点、一个不可分的点，它们都具有不同的精神能力，这种能力是导致它们运动的根源。除此之外，他还具体地说明了单子所具有的一些基本特点。这些特点是：

第一，单子没有部分，它不能通过自然的方式产生或消灭。由于单子没有量的规定性，即没有广延，所以单子没有部分。而单子既然没有部分，它就既不能组合，也不能分割。因此单子不能以自然的方式组合而成，也不能用自然的方式使它分解消散。那么单子是怎么产生的呢？莱布尼茨说单子是通过上帝的一霎间的闪耀而突然产生的，这就像今天宇宙学所猜测的大爆炸理论一样，只不过多了一个上帝。当然，只要上帝愿意，他也可以在一霎间把单子全部毁灭。上帝是什么？上帝就是创造一切单子的单子，莱布尼茨把上帝叫作"太上单子"，所有单子都是上帝在一瞬间创造的结果。

第二，单子没有可供出入的窗户，也就是说，每个单子都是自我封闭的，单子与单子之间不发生任何交往，每个单子都靠内在的力来推动自身的运动。这样就使得每个单子都是彼此独立的，单子之间不存在经验性的相互作用。

第三，单子是精神性的实体，它们没有轻重和大小之别，彼此之间不存在量的差别，只有质的差别，这种质的差别就表现为每个单子所具有的知觉能力不同。世界上有无数个单子，单子就像原子一样，数量无限。从最低级的单子到最高级的单子，它们之间的唯一差别就在于彼此的知觉能力不一样。最最低级的单子的知觉能力表现为一种很微弱的知觉，即"微知觉"。比如说构成无生命物的那些单子，以及构成植物的那些单子，都只具有一些微知觉。它们也可以表象世界，但是由于它们的知觉能力很低，所以它们表象出来的世界就很糟糕、很模糊。莱布尼茨曾经举例说，每一颗露珠都以自己的方式折射出一个世界。大家如果有兴趣，可以早上到湖边去看看荷叶上的那些晶莹透亮的露珠，透过这些露珠，我们也可以看到一个被折射的世界，只不过这个世界非常模糊。所以每个单子的知觉能力不同，它所表象出来的世界就不一样。

莱布尼茨所说的"表象"，不同于我们通常所理解的"反映"，反映是指一种客观的映照，表象则是指一种主观的现象。表象不是对客观世界的反映，因为单子没有窗户，它不能反映客观世界，而是自己表象出一个世界，这个世界深深地打上了主体自身的烙印。所以在具有不同知觉能力的单子那里，表象出来的世界是不一样的。比微知觉更高一点的就是知觉，构成动物的单子就具有知觉能力，它们通过知觉来表象世界。然后到了构成人类灵魂的单子那里，知觉能力就上升为反思能力，即统觉了。统觉就是一种更高的知觉能力，它使人可以思考感性现象背后的东西，即思考本质。当然还有比人类灵魂更高的单子，即天使和上帝，他们的知觉能力就更高了，所表象出来的世界就更清晰，直接表象出了世界的本质。因此，具有不同知觉能力的单子反映出来的世界不一样，这不是由于客观世界不同，而是由于主观世界不同。从这个意义上说，莱布尼茨提出了一种很高明的思想，他把客体的差异还原为了主体的差异。正是由于主体不一样，所以表象出来的世界也是不一样的。

讲到这里，我们就会明白无广延的单子是如何构成有广延的世界万物的。按照莱布尼茨的说法，物质世界只是单子堆积的一种表象，这里并不是说无广延的单子堆积成为有广延的事物，这不是一种物理学意义上的堆积，而是说有广延的事物只是单子堆积的一种现象、一种主观的表象。这就好像我们看到的天空中的彩虹，实际上天空中并不存在一座桥梁似的彩虹，彩虹并不是一个实在的东西，它只是在光的折射下水蒸气聚合而成的一种现象。你要是想上天去抓彩虹，你是永远抓不到它的，因为彩虹根本就没有实在性，它只是光照作用下的水蒸气在我们眼睛里呈现出来的一种表象而已。

同样的道理，单子堆积在一起呈现出好像是有广延的事物，但是这实际上只是构成我们灵魂的单子的一种表象。由于构成我们灵魂的单子的表象能力远远不能与上帝这个"太上单子"的表象能力相比，因此在我们的表象中呈现为具有广延性的事物，在上帝的表象中只不过是一大堆无广延的单子而已。由于每个单子都具有知觉或表象能力上的差别，构成我们灵魂的单子所具有的知觉水平比上帝这个"太上单子"的知觉水平低一些，因此单子的聚合在我们眼里就呈现为某种有广延的事物，而在那些比我们灵魂的知觉能力更低的单子的表象中，比如说在动物的表象中、在植物的表象中，这个世界可能要比我们看到的更加模糊不清。我们表象出来的东西好歹还是一个个有广延的事物，在那些更低知觉能力的单子的表象中，世界也许就是一团浑浑沌沌的浆糊了。所以，从这种意义上说，并不是无广延的单子堆积成了有广延的事物，而是无广延的单子的堆积结果在不同主体的表象中呈现为不同的形态。这样一来，莱布尼茨就把本体论问题还原为认识论问题了。也就是说，客观世界在不同单子的表象中呈现为不同的现象，单子的知觉能力越强，所表象的世界就越清晰、越接近世界的真实面貌；在上帝这个最高的"太上单子"的表象中，整个世界无非就是一大堆单子罢了。用一句通俗的话来说，世界到底是什么样的，取决于你具有什么样的眼光。

除了上面几个特点之外，莱布尼茨还谈到了单子世界的两条基本规律。在这里，我们可以看到，作为数学家的莱布尼茨，把微积分的思想充分地运用到了哲学中。

第一条规律是差异律。这是自然界的一条基本规律，莱布尼茨把它表述为："世界上没有两片完全相同的树叶"，也就是说，任何两个单子之间都有差别。据说莱布尼茨说了这句话以后，有一位贵夫人很不服气，就派她的奴仆到花园的树上去找，果然找不到两片完全相同的树叶，要么形状不同，要么大小不同，要么经脉、色彩、厚薄不同，总之都有微妙的差别。莱布尼茨用这句话来说明世界上没有任何两个单子是完全相同的，每个单子和每个单子在知觉能力上都有着微妙的差异。

第二条规律是连续律。这也是自然界的一条基本规律，用莱布尼茨的话来说就是"自然不作飞跃"，也就是说，任何两个相近的单子之间都不会有截然的间断，都可以插进无数个中间状态的单子。比如说 A 和 B 这两个单子之间的差异本来就非常小了，但是在二者之间仍然可以插进一个在知觉能力上高于 A、低于 B 的中间单子 C，而在 A 和 C 之间又可以插进一个中间单子 D。以此类推，在每两个相近的单子之间又可以插进无数个中间状态的单子。

这两条规律是相反相成的，差异律保证了每两个单子的彼此不同，连续律则保证了任何两个单子之间都不是间断的，都由于可以插进无数个中间单子而具有连续性。这样一来，每个单子都是一个不可分的点，而整个单子系列就具有了从不间断的连续性。于是，莱布尼茨就解决了古往今来哲学的第一个迷宫，即不可分的点与连续性之间的矛盾问题。在这里我们可以看到，莱布尼茨是把数学方法运用到哲学思维中来了。

在莱布尼茨看来，以往的哲学，要么执着于不可分的点，但是却无法说明连续性，例如原子论就是这样；要么执着于连续性，却又无法说明不可分的点，例如笛卡尔在物理学里所说的充实空间就是如此。只有莱布尼茨的单子论，既保证了每个单子都是一个不可分的点，又保证了整个单子系列——从微知觉的最低单子到明察秋毫的"太上单子"上帝——的连续性。就此而言，莱布尼茨的确是高人一筹的。

但是，这马上又出现了一个新问题，那就是，每个单子都受内在欲望的驱策而向着更高的单子运动，单子与单子之间又不发生相互作用（因为单子没有窗户），而任何两个单子之间又可以插进无数个中间状态的单子，这样一来，整个单子世界岂不就乱成了一锅粥？举例来说，这就好像许多缺乏视觉能力的盲人挤在一个房间里向前走，如何能够保证他们的行动不会发生冲突呢？莱布尼茨在这里就提出了前定和谐理论。

前定和谐理论

在讲前定和谐理论之间，我们首先回顾一下笛卡尔留下的那个棘手问题，那就是身心如何能够既彼此独立又协调一致。在前面，我们已经看到了三种观点，第一种观点是笛卡尔的身心交感说，即通过身体与心灵之间的经验作用来保证两者之间的协调一致，但是这种身心交感说与心物二元论是直接矛盾的。第二种观点是马勒伯朗士等人的偶因论，就是通过上帝的不断调整来保证两个彼此独立的实体之间的协调一致，这种解决方案倒不失为一种有效的途径，只是让上帝显得太忙乱，事无巨细都要干预。第三种观点是斯宾诺莎的身心平行论，即通过"一体两面"的内在协调性来保证事物系列与观念系列之间的和谐一致，把两个独立系列协调一致的根据从经验层面推向了先验层面。

莱布尼茨也谈到了这三种观点，第一是相互影响的观点（即笛卡尔的身心交感说），第二是偶因论的观点，第三就是他的前定和谐观点。在他看来，第一种观点强调两个系列之间的相互作用、相互影响，这是一种流俗的观点。第二种观点实际上是把上帝当成了希腊悲剧里面的"救急神"，一旦戏演不下去了就把上帝搬出来，这样实际上是把上帝的地位贬低了。让上帝随时不断地调校这两座钟，恰恰说明上帝是一个蹩脚的钟表匠。而他自己的前定和谐观点则认为，上帝在一开始的时候就已经把精神和物质这两座钟校对好了，然后这两座钟就有条不紊地运行下去，彼此独立却又保持协调一致。因为上帝是一个高明的钟表匠，他一次性地把它们校好了，从此以后就再也用不着去调校了。这种一次性的校正是先验性的，是在创造的时候就已经完成了的，就像大家买的电脑一样，各种程序已经预先安装在其中了。所以这两座钟可以按照各自内在的程序有条不紊地运行，同时也能够保持协调一致。这种前定和谐的观点明显是受了斯宾诺莎的先验性的身心平行论的影响，精神与物质之间的和谐一致是由一种先验的而不是经验的因素所决定的，不是后天的调校，而是前定的和谐。这就是莱布尼茨对笛卡尔难题的解答。

后来当莱布尼茨创立了单子论时，他又把这个问题与单子论结合起来。单子论要面对的就不是两个实体了，而是无限多个实体。单子论是多元论，而不是二元论，每一个单子都是一个实体。多元实体的问题当然要比二元实体的问题更加麻烦，两个实体要想协调一致尚且那么困难，无限多的实体每一个都要按照自己内在的欲望而运动，而且单子又没有窗户，彼此之间又不发生经验影响，如何能够保证这么多的单子能够协调一致，无疑就更加困难了。

莱布尼茨于是又进一步发展了他的前定和谐理论，他认为，尽管每个单子按照自己的内在欲望向着更高的水平发展，每个单子都趋向于更高的知觉能力，单子与单子之间又不发生相互作用，但是上帝却是万能的，他在创造一切单子的时候，已经把一种内在的和谐赋予了单子。用通俗的话来说，上帝在创造单子世界时就已经事先把程序编好了。虽然每个单子都是独立发展的，但是由于上帝事先编好了所有单子的程序，因此整个单子世界始终是有条不紊的。看起来每个单子各行其是，实际上整个单子世界却是秩序井然的。

这是一种极其美妙的前定和谐，它充分体现了上帝的大能。为了说明这种前定和谐，莱布尼茨举了一个例子。这就像一个庞大的交响乐团，有人拉小提琴，有人拉大提琴，有人弹钢琴，有人吹黑管，每个人都按照自己的谱子演奏，结果却是一曲和谐美妙的交响乐。这是因为每个乐手面前的谱子都是总谱的一部分，而总谱是作曲家事先写好的。上帝就是那个写总谱的作曲家，正是他事先写好的乐曲总谱决定了整个乐队演奏的优美和谐。尽管每个乐手都是自由的，但是整个演奏的结果却是充满和谐的。这就是前定和谐理论。

莱布尼茨认为，这种前定和谐把一切问题都解决了，他通过一个最大的奇迹，即上帝的先验安排，把一切经验性的奇迹都取消了。但是这个最大的奇迹本身只能借助于信仰，也就是说，我首先必须相信上帝是万能的，然后才能接受这样一种前定和谐理论。

当然，这种前定和谐理论对于我们当今的社会发展也具有一定的启示意义。我们要建立和谐社会，就要事先通过立法的方式把很多事情规范好，这实际上也是一种前定和谐。出了问题再去解决，那就比较笨拙了，就像偶因论一样。真正高明的做法是通过一种立法程序把一切东西都规范好，这样一切事情也就各行其道、有条不紊了。当然，这需要我们的立法者像上帝一样英明，虽然事实并非如此，但是这种理论毕竟具有启发意义。由此可见，莱布尼茨不仅实现了不可分的点与连续性的统一，而且实现了自由与必然性的统一——前定和谐理论既保证了每个单子自由独立的运动，同时也保证了整个单子世界的井然有序。

从唯理论到独断论

最后再来讲一讲莱布尼茨的认识论。莱布尼茨写了一本名叫"人类理智新论"的著作，站在笛卡尔的唯理论立场上来反驳洛克的经验论。但是他并不拘泥于笛卡尔的天赋观念学说，而是对笛卡尔的观点有所发展。大家知道，洛克在反驳天赋观念学说的时候提出了"白板说"，他认为我们的心灵就是一块白板，最初上面什么都没有，所有的东西都是通过经验而写上去的，因此不存在什么天赋观念。

莱布尼茨综合了经验论的观点，认为我们的心灵既不是白板，但也不是像笛卡尔所说的那样，有一些与生俱来的清楚明白的天赋观念，我们的心灵就是一块"有纹路的大理石"。这些大理石本身有一些纹路，正是由于有了这些先天的纹路，所以才能通过后天的加工而雕塑成各种塑像。这些纹路是先天的，但是却要经过后天的加工才能成形。所以莱布尼茨承认后天的加工还是有意义的，但前提是必须要有先天的纹路。莱布尼茨认为，在我们心中确实有一些先天的东西，这些东西并不是笛卡尔所说的现成的天赋观念，而是一些潜在的禀赋、倾向和习性。它们还不是现成的观念，所以还要通过感觉经验的刺激，使这种先天的禀赋、倾向和习性变成清楚明白的观念。

这种承认经验刺激作用的观点很像柏拉图的"回忆说",莱布尼茨本人也在《人类理智新论》的开篇处承认,洛克的观点接近于亚里士多德的观点,而他自己的观点却更倾向于柏拉图,由此很清楚地表明了两人之间的差异。大家知道,亚里士多德基本上是一个经验论者,承认感觉经验对于形成知识的重要性;而柏拉图则是一个先验论者,认为灵魂在进入我们身体之前就已经具有理念,但是在我们出生时却忘记了,后来通过经验的刺激才慢慢地回忆起来。由此可见,莱布尼茨的"有纹路的大理石"与柏拉图的"回忆说"是完全一致的。

莱布尼茨另一个不同于笛卡尔的地方是,笛卡尔认为只有少数几个观念是天赋的,例如几何学的基本公理、逻辑学的基本规律以及上帝的观念。但是莱布尼茨却认为,我们所有的观念都是作为一种天然的禀赋潜藏在我们心中的,不过这些潜能要想变成现实,必须借助于经验的加工。在这里我们可以看到,作为第三位唯理论哲学家,莱布尼茨不得不面对经验论的挑战,不得不承认经验的作用,但是知识的前提仍然是那些潜在的"纹路",即天赋的东西。经验的刺激只是一种媒介或手段,先天的东西才是真正起决定作用的。

以"有纹路的大理石"理论为基础,莱布尼茨对洛克的"白板说"进行了反驳。洛克认为我们的观念有两个来源,一个是感觉,一个是反省。莱布尼茨反驳说,反省不正是对内心已有的东西的关注吗?这样一来,你不是已经承认了心中本来就有东西存在,否则你反省什么呢?

莱布尼茨认为,我们通过反省让心中潜在的那些东西逐渐呈现出来的过程,实际上就是我们的理性认识过程。对于那些作为禀赋、倾向而潜藏于我们心中的观念,有一个从不清晰到清晰、从感性到理性的认识发展过程。随着我们的认识能力从微知觉到知觉、再到统觉的不断提高,这些天赋的观念也逐渐由模糊而变得清晰、由潜能而转化为现实。而这个认识发展过程就是理性自身的不断提升和启蒙的过程。因此,当你把自己的理性能力提升到一个很高的层次时,天赋的观念就会在你心中非常清楚明白地呈现出来。这个时候,外在的经验刺激就成为多余的了,你的理性已经足以认识一切东西。因此,认识论的问题说到底是一个理性提升问题,理性能力较低的人,必须依靠经验的帮助;而理性能力较高的人,只须凭着理性本身就可以认识整个世界。

这就好像我们在海边听到大海的涛声,实际上这涛声是由一颗一颗水珠迸溅的声音组成的,对于每一颗水珠的声音我们听不见,但当它们汇合到一块就形成了大海的涛声。我们这些凡夫俗子听到的是大海的涛声,但是像上帝这样具有最高知觉能力的理性存在者听到的决不是大海的涛声,而是一颗一颗水珠的迸溅声。对于我们来说是朦胧的东西,在上帝那里却是一目了然的。这样一种差异是理性水平的差异,理性水平越低的人,心中的观念就越模糊,对象之间也充满了偶然性;理性水平越高的人,心中的观念就越清晰,对象之间就越是具有必然性的联系。由此可见,我们的认识从模糊到清晰,看起来是由于外在经验的刺激,实际上却是由于自身理性能力的提高,这就是理性的启蒙历程。

这里隐含了一种观点,那就是随着个人理性能力的提高,随着个人把自己提高到上帝的理性水平,世界在我们心中就是一目了然的,所有的知识都会合逻辑地、清楚明白地呈现出来,根本不需要外在经验的刺激。因此,观念从潜能变成现实的过程,说到底不过是理性的自我提升和自我启蒙罢了。

表面上看,莱布尼茨好像是向经验论妥协了,但是实际上他强调的还是理性的自我提升。经验与理性之间的区别成为高低之别、雅俗之别，这一点在他的真理观上表现得格外清楚。

莱布尼茨认为有两类真理，一类是"推理的真理"，另一类是"事实的真理"。推理的真理就是从最根本的观念出发，遵循形式逻辑的同一律、排中律，特别是矛盾律，合逻辑地推出一系列的结论。这种做法类似于斯宾诺莎在《伦理学》里的做法，它是完全排除经验的，只要凭着理性来演绎就行了。由此得出的真理是必然性的真理，其反面是不可能的。事实的真理则是通过感觉经验对外界的事物进行感知和认识，它所赖以建立的逻辑规律是充足理由律，充足理由律可以表述为：如果 A 真并且可以从 A 中推出 B，那么 B 真。这条由莱布尼茨独创的逻辑规律适用于经验科学的综合命题，即通过经验归纳而从事物的偶然性联系中寻找到某种动力和原因。

莱布尼茨并不否认事实的真理也具有真理性，但是他却认为这只是一种或然性的真理，其真理性远远不能与推理的真理相提并论。在莱布尼茨看来，一般人由于受理性能力的限制，必须依靠事实的真理来认识世界。因为一般人不可能明察秋毫、洞悉一切，所以必须依靠感觉经验来获得一些知识。但是如果有一个理性能力比我们更高的存在者，比如说有一个上帝，他的理性能力可以洞察一切，那么对于这样一位上帝来说，根本就不存在事实的真理，一切知识都是推理的真理，整个知识系统都可以根据矛盾律合逻辑地推演出来，完全不需要感觉经验的帮助。因此，这两类真理的根本区别说到底仍然在于理性能力的高低，如果我们不断地提高自己的理性水平，我们就可以像上帝那样仅仅依凭矛盾律而把一切知识合逻辑地推演出来，完全不需要任何感觉经验的介入。

这样一种观点就导致了认识论上的极端唯理论倾向，即无限地夸大理性的认识能力，否定了感觉经验在认识中的作用。按照这种极端唯理论的观点，一个理性能力很高的人只须从天赋的禀赋、倾向或观念出发，遵循严格的逻辑规律特别是矛盾律，就可以推演出各种知识。他根本就用不着去观察世界，只要把门一关，把眼睛一闭，然后凭着形式逻辑就可以天马行空地构建起整个知识论大厦。这种观点就是唯理论发展到最后阶段的观点，即独断论。

莱布尼茨的唯理论思想到了他的继承者沃尔夫（Christian Wolff, 1679—1754）那里就发展成了一种独断论，形成了"莱布尼茨-沃尔夫体系"。独断论表现了一种理性的狂妄，它认为理性仅仅凭着逻辑就可以认识一切对象，包括作为实体的灵魂、作为整体的宇宙以及作为创造者的上帝。"莱布尼茨-沃尔夫体系"统治德国思想界达半个世纪之久，从18世纪中叶开始，德国许多大学都把"莱布尼茨-沃尔夫体系"奉若经典，不敢越雷池半步。独断论恰恰与经验论的最终结果——怀疑论形成了针锋相对的两个极端。休谟的怀疑论过分贬低了理性在认识中的作用，片面强调感觉经验的重要性，否定了因果关系的客观性和必然性，其结果是使得知识系统成为一堆杂乱无章的观念和印象的大杂烩；独断论却无限地夸大理性的作用，乃至于认为理性是万能的，仅凭着自身就可以认识一切，完全否定了感觉经验在认识中的作用。这两个极端表面上看正好相反，实质上却殊途同归，它们都犯了同一个错误，那就是都没有正确地认识理性本身。或者用我喜欢的话来说，就是没有理性地对待理性本身。它们一个过分地贬低了理性，另一个则过分地夸大了理性。

正是为了超越这两个相互对立的极端，康德才在他的批判哲学中提出，我们要想建立一种真正科学的知识系统，首先必须批判地考察一下我们的理性认识能力，看看理性到底有多大的能力？到底能够认识什么？有没有界限？如果有界限，这个界限又在哪里？康德认为，我们既不应该像怀疑论那样一味地贬低理性，也不应该像独断论那样无限地夸大理性，而应该在进行认识之前，首先批判地考察一下理性认识能力。康德的这种观点后来遭到了黑格尔的嘲笑，他讥讽康德在认识之前批判地考察理性能力的观点是很荒唐的，这就好像有人在法国普洛旺斯的海滩上竖起了一块牌子，上面写着："在学会游泳之前切勿下水！"但是针对怀疑论和独断论这两种极端观点来说，康德的这种观点仍然是有道理的，因为这两派的要害就在于，它们都没有正确地对待理性本身。

第十讲

18世纪法国启蒙哲学

讲完了 17、18 世纪的欧洲经验论和唯理论哲学之后，我再来介绍一下 18 世纪法国的启蒙哲学，主要是当时的一批法国思想精英如伏尔泰、狄德罗等人的激进的宗教批判思想和哲学观点。这些法国启蒙思想家尤其是狄德罗等"百科全书派"的观点，通常被称为唯物主义和"战斗的无神论"，在当时的欧洲，这些思想可以说是破天荒的、惊世骇俗的。此外，在法国启蒙阵营中还有一位特立独行的思想奇葩让-雅克·卢梭，他的基本观点与法国启蒙思想的主流有些格格不入，但是却对后世西方社会和文化产生了重要的影响。

从严格的意义上说，这些法国启蒙思想家的观点大多属于宗教学和政治学领域，并非狭义的哲学思想；而且由于应对现实批判的需要，这些观点往往缺乏系统性，具有随感而发、闪展腾挪的特点，机智有余而深刻不足，远不像 17、18 世纪的英国经验论哲学和欧陆唯理论哲学那样有着浓郁的"哲学"味道，更不能与稍晚的德国古典哲学的系统性和严谨性相提并论。这是由法国文化的精神特质以及当时的现实背景所决定的。我在比较法国思想与德国思想的不同特点时通常喜欢说，法国人的哲学往往具有显著的文学色彩，充满了感性的光辉；正如德国人的文学通常具有浓厚的哲学味道，充满了晦涩的气息一样。虽然如此，但是，法国启蒙运动毕竟是近代理性精神高涨的历史结果，而且具有极其重要的象征意义，意味着新兴的理性精神已经决定性地战胜和超越了传统的宗教信仰。

正因为这样，所以在康德稍后开始对理性本身进行深入批判时，法国启蒙哲学尤其是那种剑走偏锋的唯物主义和无神论也就如同英国经验论哲学和欧陆唯理论哲学一样，构成了康德批判哲学的思想背景。对于康德来说，经验论固然是轻视了理性的作用，最终陷入了怀疑论的泥淖；但是法国启蒙哲学却与唯理论一样，过分夸大了理性的作用，乃至于同样走向了独断论，只不过是分别走向了唯心主义独断论和唯物主义独断论罢了。所以在进入康德的批判哲学和德国古典哲学之前，我必须给大家介绍一下18世纪法国启蒙哲学，这种哲学的思辨色彩较淡薄，感性特点较强烈，其中一些观点深深地影响了我们今天的哲学教科书。

18世纪法国启蒙运动的时代背景与精神特征

政治专制与宗教专制沆瀣一气

在具体讲解18世纪法国启蒙思想家的哲学观点之前，我首先给大家简单地介绍一下当时法国的社会背景和文化背景。在14—16世纪优美典雅的文艺复兴运动中，意大利曾经独领风骚，成为"欧洲近代各民族中的长子"。与意大利和南方拉丁文艺圈美轮美奂的文艺复兴相呼应，北方日耳曼语世界也在16世纪开启了宗教改革的汹涌大潮，无意间吹响了资本主义兴起的时代号角。到了17世纪，地处欧洲中部的法兰西开始异军突起，在国家实力方面超越了首个号称"日不落帝国"的西班牙，在文化繁荣方面取代了盛极而衰的意大利，成为近代欧洲文明的标杆和旗手。17世纪的法国人在文学方面开创了崇高典雅的古典主义，在艺术方面引领了雍容华贵的巴洛克风潮，路易十四修建的金碧辉煌的凡尔赛宫成为欧洲所有王室效法的楷模，从法兰西宫廷中流传出来的贵族风度更是成为西方各国上流社会趋奉的典范。

但是另一方面，17世纪的法国在宗教上和政治上也开始进入一种高度集权的专制状态。1685年，法国国王路易十四废除了由他的祖父、波旁王朝奠基者亨利四世在1598年颁布的《南特敕令》（又名《宽容敕令》），宣布在法国只许信仰天主教，不许信仰基督新教。在英国、荷兰等邻国已经实行了宗教宽容的时代背景下，以倡导文明开化而著称的"太阳王"路易十四的这种做法完全是悖逆历史潮流的，然而这种加强宗教专制的做法却是与加强王权或政治集权的时代要求相适应的。

16世纪宗教改革运动中产生的加尔文教信仰曾在法国西南部地区得到了广泛的传播［加尔文教信徒在法国被称为"胡格诺派"（Huguenots），意即"结盟者"］，并被一些地方贵族势力——包括后来掌握法国王权的波旁家族——奉为与中央王权相抗衡的精神武器。在经历了胡格诺战争和王朝更迭的时代变化之后，新登基的波旁王朝开创者亨利四世为了政治统治的需要，不得不放弃此前的胡格诺派信仰，改信了法国主流的天主教。但是出于对胡格诺派贵族控制法国西南地区的既成事实的认可，以及对自己以往所属教派的眷恋之情，亨利四世在1598年颁布了《南特敕令》。该敕令一方面宣布法国的国教是天主教，另一方面却承认法国西南部的一些封建贵族领地中的胡格诺派信仰具有合法性，这些封建领主治下的人民仍然可以信仰胡格诺教或加尔文教。因此,《南特敕令》又叫《宽容敕令》。

但是到了17世纪下半叶,随着法国君主专制的不断加强,路易十四竟然在1685年公然废除了《南特敕令》,宣布在法兰西只许信仰天主教,不许信仰任何其他宗教。对于那些在法国西南部坚持胡格诺派信仰并且以此与中央政府闹分裂、搞独立的封建贵族来说,《南特敕令》的废除意味着他们只能面临两个选择:要么改信天主教,放弃地方的政治权力(却仍然可以保留经济权益),到巴黎来养尊处优、过好日子;要么离开法兰西,流亡到信奉新教的国家和地区。从欧洲当时的文化氛围来看,这种强化宗教专制、废黜宽容精神的做法是极其反动的。

17世纪中叶,在经历了由于信仰冲突而引发的三十年战争之后,对于宗教战争深感厌倦的欧洲各国于1648年共同签署了《威斯特伐利亚和约》,该和约确立了宗教宽容的原则,承认生活在不同国度和封建领地中的人民可以信仰不同的宗教。以《威斯特伐利亚和约》为契机,一个宗教宽容的时代开始逐渐取代宗教专制和宗教冲突的时代,宽容精神成为新兴的时代精神特征。尤其是在英国、荷兰这些率先崛起的资本主义国家,宗教宽容已经成为一个基本常识。你可以信天主教,我可以信新教,我们彼此相安无事,同舟共济,大家都是英国的臣民、荷兰的公民,为了共同的国家利益而超越宗教分歧。在这样的时代背景下,法国统治者却废除《南特敕令》,取消宗教宽容,加强信仰专制,这完全是逆历史潮流而动。

但是这个在思想上极为反动的举措,在政治上却是情有可原的。路易十四之所以要废除《南特敕令》,宣布在法兰西只许信仰天主教,是出于一个现实的政治原因,这就是通过宗教专制来加强政治集权,削弱以胡格诺派信仰为由而与中央政府闹独立的法国封建贵族。从这个现实的政治原因来看，可以说，废除《南特敕令》是有一定的积极意义的。当时路易十四面临一个很重要的现实问题，那就是加强中央集权，反对封建分裂，为此，他必须用强化天主教信仰的方式来加强政治上的集权，消除那些打着胡格诺教信仰旗帜与中央政府相抗衡的封建贵族，迫使他们放弃胡格诺派信仰，同时也放弃在封建领地的政治权力，从而顺利地实现中央集权。当时路易十四修建了一个非常漂亮的宫殿——凡尔赛宫，那里面金碧辉煌、崇高典雅，其政治上的目的就是为了让法国各地的封建贵族们到巴黎来过好日子，养尊处优。但是前提却是，这些封建贵族必须放弃他们的政治独立性，放弃他们不同于天主教的宗教信仰，否则就只能离开法国，流亡他乡。

由此可见，这种废除宗教宽容的做法，在思想上和宗教上是很反动的，但在政治上却具有积极意义。因为只有借助宗教专制来加强中央集权，削弱封建藩镇，才能运用国家的力量来推动资本主义经济的发展。近代欧洲的历史充分证明了这一点：哪个国家率先完成了中央集权，实现了对封建势力的削弱，哪个国家就走上了资本主义的快车道，利用国家的力量来推动资本主义经济发展；相反，哪个国家如果在政治上长期处于分裂之中，它的资本主义经济发展就会陷入积弱不振的状况。前者如法国和英国，后者的典型例证就是德国。

所以，从这种意义上说，法国废除《南特敕令》，一方面完成了政治上的中央集权，加强了国家内部的统一和综合国力的提升；另一方面却导致了宗教上和政治上的反动，造成了天主教信仰的思想专制与君主集权的政治专制沆瀣一气、狼狈为奸的格局。与英国、荷兰这些邻国已经实现的宗教宽容和君主立宪（或联省共和）的现实状况相比，这两种相互勾连的专制制度显得格外触目惊心、令人厌恶，完全是逆历史潮流而动的，这就激起了法国知识精英的极大反感和猛烈批判，推动了法国启蒙运动的蓬勃发展。

文化开化，独领风骚

但是在文化上，法兰西尤其是上流社会又呈现出一种与政治、宗教上的专制局面截然不同的开放景象。法国在 17 世纪已经开始取代意大利的风头，成为整个欧洲文明程度最高的国家，在文化方面堪称典范。在路易十四统治时期，不仅有凡尔赛宫、卢浮宫这些金碧辉煌的宫殿，而且法兰西在文学艺术方面也独领风骚。在文学方面，以高乃依、拉辛、莫里哀为代表的古典主义引领欧洲文学发展的方向，其彰显的理性原则和崇高典雅代表了启蒙时代的精神面貌；在艺术上，巴洛克艺术充分表现了精英显贵的价值取向，那种金碧辉煌、雍容华贵的艺术风格，成为欧洲各国上流社会纷纷效法的楷模。

19 世纪法国著名的艺术史家丹纳（Hippolyte Adolphe Taine）在《艺术哲学》中写道："17—19 世纪的法兰西宫廷教会了欧洲一切开化和半开化民族一套说话、行礼和微笑的方式。"各国的贵族们都时兴说法语、戴假发、佩花剑，见了妇女要脱帽敬礼，言谈举止要高尚典雅。这套上流社会的行为规范，最初都是从法兰西宫廷中流出去的，很快影响了普鲁士、奥地利，甚至偏远之地的俄罗斯。乃至于到了拿破仑时代，当拿破仑带着法国军队入侵俄国时，在俄罗斯的战场上，双方的将领都同样说着法语、戴着假发、佩着花剑，按照法兰西人的作战阵型，敲着战鼓、吹着喇叭进行会战。这就是文明社会的行为方式！这种高雅的文化风格也深深地影响了法兰西的批判精神，所以法国的启蒙思想家们，无论是属于上流社会（如孟德斯鸠、霍尔巴赫等），还是出身于平民阶层（如狄德罗、达朗贝等），往往都是跻身于贵妇人的高雅沙龙中来进行社会批判的。他们的批判思想虽然猛烈、犀利，但是却流露出一股阳春白雪甚至矫揉造作的富贵气息，只有卢梭这个自称为"日内瓦公民"的孤独者表现了强烈的平民主义精神。

从精神实质上来看，如果说宗教改革运动的特点是用信仰的权威来取代罗马教会的权威，那么启蒙运动的特点恰恰就是要用理性的权威来取代信仰的权威。从思想源头上来看，这种新兴的理性精神对传统宗教信仰的突破，是从17世纪已经顺利完成了宗教改革、实现了政治妥协的英国率先发轫的。素来循规蹈矩、不尚偏激的英国人在创立近代实验科学与经验哲学的同时，也开创了一种温良的神学思想，即自然神论（Deism）。这种自然神论力图在浓郁的信仰氛围中弘扬初甦的理性精神，高举宗教的大旗来荫护科学的生长。它把上帝表述为一个理性的创世者，普遍必然性的自然规律就是上帝理性的充分证据；它把道德确立为基督教的基本要义，一个恪守基督美德的人就是一个真正的基督徒，而无在乎他属于哪一个具体的教派。正是在这种温良宽松的宗教氛围中，科学（经典地表现为牛顿开创的机械论世界观）和民主（经典地表现为洛克奠立的宪政法权理论）在英国社会中深深地扎下根来，极大地推动了英国社会的现代转型，并且从英国传播到欧洲其他国家和地区，从而引发了风靡一时的启蒙运动。

如果说温和的现实背景和文化传统铸就了英国启蒙思想的妥协性和建构性——科学思想建构了一个连上帝也必须尊重的自然世界，民主思想建构了一个连国王也必须遵守的法制社会——那么暴戾的宗教-政治专制以及一向喜爱标新立异的文化传统则使得法国启蒙运动走上了一条猛烈偏激的批判之路。思想解放的法国启蒙思想家们高举着理性的大旗，立场鲜明地反对宗教专制和君主专制，提出了一些骇人听闻的激进观点，例如无神论和唯物主义。在18世纪之前，欧洲从来没有人敢于宣称自己是无神论者，毕竟一千多年的基督教信仰根深蒂固，无神论者犹如洪水猛兽一般令人恐惧和厌恶。人们即使对基督教信仰的某种内容或形式感到不满，也仍然不敢放弃上帝这面大旗，充其量只能在宗教信仰内部来进行改革。但是18世纪法国的启蒙思想家们却公开地举起了无神论的旗帜，公然把矛头对准了上帝和整个基督教信仰，从而在当时的欧洲文化环境中产生了振聋发聩的巨大影响。唯物主义也是如此，在欧洲的文化传统中，唯物主义是一个贬义的概念，所谓"唯物主义"，就是指只追求物质享乐，不追求精神境界，就是指声色犬马、奢靡堕落；而"唯心主义"则象征着崇高圣洁，表现了对崇高精神的追求。

总而言之，由于18世纪法国尖锐的社会矛盾——宗教上和政治上的专制与文化上的开化，导致了法国启蒙运动偏激暴烈的批判风格，走向了公开的、战斗的无神论和唯物主义。在文化禀性上，法兰西人与意大利人、西班牙人等拉丁民族一样，都具有情感充沛、思想开放、头脑机敏、作风犀利的特点，而且敢为天下先，虽然远不如德国人那样思想深刻。这就使得法国启蒙运动如同平地惊雷一般在欧洲大地上轰响，掀起了极其猛烈的批判风潮，并且激发出极具破坏性的实践后果——法国大革命。

下面我就给大家具体介绍一下法国启蒙运动的主要人物及其思想。

法国启蒙运动的精神领袖伏尔泰

"即使没有上帝,也必须制造出一个来!"

首先我要讲一位重要人物,这就是伏尔泰(Voltaire,1694—1778)。伏尔泰是法国启蒙运动的精神领袖,也是名满欧洲的法国大文豪,在文学、哲学、史学、政论等方面都卓有建树。他的思想自由、文笔犀利,讥讽嘲弄入木三分,嬉笑怒骂皆成文章,是当时法国乃至整个欧洲知识界人人敬仰的思想巨擘。他不仅思想新潮、著作丰硕,而且生活的时间也比较长,活了80多岁,所以他的影响特别大,尤其是影响了一大批年轻的启蒙思想家,例如狄德罗、霍尔巴赫、卢梭等"百科全书派"的人物。

伏尔泰出生于殷富之家,原名叫弗朗索瓦-马利·阿鲁埃,"伏尔泰"是他后来起的笔名。他从小受过很好的教育,聪明机敏,热爱文学,擅长讽刺。他在年轻时就表现出对法国专制统治和封建等级制度的反叛思想,曾因写诗讽刺权贵而两度锒铛下狱。1726—1728年,伏尔泰流亡到了英国,这次流亡生涯对于他的思想影响很大,因为他在英国接触到了以洛克和牛顿为代表的民主和科学思想,正是这些思想引导他走上了启蒙之路。

伏尔泰(1694—1778)
(图片来源:Nicolas de Largillière,约1725)

从时代精神的角度来看，理性初甦的 17 世纪是由两个英国人来代表的，这就是牛顿和洛克。牛顿开创了一种科学的精神，洛克则开创了一种民主的精神，所以科学和民主这两个新事物，即中国人所说的"赛先生"（science）和"德先生"（democracy），最早在 17 世纪是由这两个英国人来代表的。科学精神建立了一个井然有序、不为尧存不为桀亡的自然世界，这个世界严格遵循自然规律而运行，连上帝也不能破坏它；而民主精神则强调人类社会必须按照法律来运行，即使国王也得守法，君主必须立宪。这样一来，天上有一个尊重自然规律的上帝，人间也有一个遵守社会法律的国王，于是一个充满理性精神的世界就建立起来了。

当伏尔泰来到英国避难时，洛克早已作古，牛顿也在伏尔泰流亡英国期间辞世（1727 年），但是他们的思想却在当时的英国大为盛行。后来伏尔泰宣称自己是洛克和牛顿的学生，指的是他在英国时深受二者的民主和科学思想的熏陶濡染，接受了他们的自然神论观点。在英国的三年流亡期间，伏尔泰完成了一部《哲学通信》。在这些通信中，他向法国人系统地介绍了英国的民主思想和科学精神，此外还包括文学艺术，例如莎士比亚的戏剧、本·琼生的散文等。正是通过伏尔泰的介绍，法国知识子才开始深入了解从英国发轫的新潮思想，由此拉开了法国启蒙运动的帷幕。在对于法国宗教专制和君主专制深恶痛绝的伏尔泰看来，英国无论是在宗教宽容方面还是在君主立宪方面都具有毋庸置疑的优越性，他大力宣扬洛克和牛顿的民主、科学思想，认为英国什么都比法国好，甚至英国的月亮也要比法国的更圆。

从英国回到法国后，伏尔泰仍然不断发表论著，宣扬民主、科学、自然神论乃至唯物主义思想，抨击法国的专制状况。1734 年，《哲学通信》正式发表，旋即就遭到了查禁，伏尔泰本人也因此受到法国当局的通缉。他躲到了夏特莱侯爵夫人的庄园中，在那里隐居了 15 年，撰写了大量的诗歌、戏剧、历史、哲学作品。虽然许多作品都是以匿名的方式发表的，但是上流社会和知识阶层很快就知道这些都是伏尔泰所写，他的声名因此大噪，先后当选为英国皇家学会会员和法兰西学院院士。在 1749 年夏特莱侯爵夫人去世后，伏尔泰已经名满天下，欧洲的显贵名媛对其极尽仰慕，趋之若鹜。1750 年，伏尔泰受到普鲁士国王弗里德里希二世的邀请在柏林宫廷中居住了一段时间，并与欧洲各国权贵精英过往甚密。晚年的伏尔泰长期居住在法国边境的瑞士小镇凡尔纳，积极投身到如火如荼的法国启蒙运动，参与年轻一代启蒙思想家编纂的《百科全书》的撰稿工作（其晚年的《哲学辞典》一书就是为《百科全书》撰写的辞条汇编），并发表了大量富有批判性的哲学和文学作品。1778 年，伏尔泰衣锦还乡，受到巴黎民众的顶礼膜拜，在极尽荣耀的峰巅与世长辞。

伏尔泰启蒙思想的基本内涵可以概括为推崇自由和反对专制，主要表现在他的宗教批判方面。伏尔泰属于法国老一辈的启蒙思想家，与他同时代的还有孟德斯鸠、丰特奈尔、梅叶，以及比他更早一点的培尔等人。老一辈的启蒙思想家在批判法国专制现象时还不敢太过偏激，多少还有点"犹抱琵琶半遮面"的特点，半遮半掩、羞羞答答，不敢公开主张无神论，只能高举起英国的自然神论大旗，借用上帝的名义来针砭现实。

自然神论是 17 世纪从英国产生的一种思想流派，这个思想流派的最大特点就是认为上帝是一个理性的创造者，一个高明的数学家，或者一个伟大的钟表匠。上帝按照理性的法则创造了世界，所以这个世界充满了理性的规律，这样就把自然世界变成了科学研究的对象。同时自然神论又认为，基督耶稣是一个道德楷模，他对我们的救赎主要表现为道德方面的启示，所以我们信仰基督的主要意义就在于提高自己的道德水平。

当伏尔泰和法国老一辈启蒙思想家在批判天主教专制时,他们都是高举着自然神论的大旗。他们从来不敢说自己不信仰上帝,而只是强调,他们信仰的是一个理性的上帝,一个充满了道德色彩的上帝,这是与天主教所宣扬的那个充满了奇迹的、暴戾的上帝完全不同的。在当时的英国和欧洲,许多有教养、有知识的精英人士都像牛顿一样认为,如此一个井然有序的世界,是绝对不可能偶然发展起来的,一定会有一个伟大的设计师,把世界设计出来,所以世界才充满了精美和谐的特点。

伏尔泰在英国时深受自然神论思想的影响,他在后来所写的《形而上学论》一书中,表达了一种关于上帝存在的设计论思想。他根据一个钟表的机械结构,推论出一个钟表匠设计这些机械结构的目的所在;同样,他根据人体的复杂器官,推论出上帝存在的可能性。他的结论是:"有一个理智的存在物安排了这些器官,使之在母腹中得到九个月的孕育和滋养;于是为了看而赋予眼,为了抓而赋予手,如此等等。"通过观察,我们发现,这个世界充满了和谐有序的规律,我们对这些规律研究得越深入,我们就越会相信这个世界一定是一位伟大的设计家设计出来的。自然界充满了设计的痕迹,不然的话,世界为什么会这么精美和谐呢?这种关于上帝存在的设计论证明,是英国自然神论的经典证明,伏尔泰在他的哲学著作中也明确地表述了这种观点。

但是伏尔泰似乎并不太执着于这种形而上学的证明,他的目的只是要说明,这个世界需要一位上帝作为最后的根据。对于他来说,这种根据与其说是思辨的,不如说是道德的更加合适。用他自己的话来说,关于"上帝存在"的各种理论证明都存在着难题,但是在相反的观点(即"上帝不存在")中,却存在着荒谬。也就是说,无论是否能够从理论上证明上帝的存在,我们都必须信仰上帝。因为如果没有上帝,人们的道德实践就缺少了根基,社会正义就缺少了保障,人们就不能理直气壮地谴责罪恶、弘扬善良,就不能坚定不移地相信恶有恶报、善有善报。所以,相对于自然世界的理论依据,上帝更应该是人们道德实践的最后根基。

在信仰基督教的西方文化传统中,上帝实际上已经成为社会正义和法律公正的最后保障。一直到今天,美国总统宣誓就职还要手按着《圣经》,因为在西方人心中,在总统之上还有一个更高的权力赋予者,那就是上帝。总统不仅要对人民负责,还要对上帝负责,所以他要手按《圣经》向上帝和人民宣誓,用他的权力来推行社会正义和保障法律运行。从这种意义上说,上帝存在的最重要的意义不在于自然,而在于社会和人心。伏尔泰深深了解这个文化奥秘,他说过一句名言:"即使没有上帝,也必须制造出一个来!"没有上帝,这个社会就没有了正义;而没有了正义,道德就无法伸张,好人得不到好报,恶人遭不到惩罚,社会岂不就乱套了吗?所以,一个上帝的存在,在实践上是绝对必要的,虽然在理论上不一定是必然的。

"粉碎卑鄙无耻的东西!"

伏尔泰一方面强调上帝存在的必要性,另一方面又对天主教的几乎所有内容都进行了猛烈犀利的批判,从教会体制、神学思想、《圣经》文字、教规礼仪,一直到神职人员,从教皇、主教、修道院长,一直到小神父,其批判笔触之辛辣刻薄,无所不用其极。他把教皇和主教称为"两足禽兽""文明的恶棍",把神职人员贬为"社会败类"和"寄生虫",痛斥修道院长"用苦命人的脂膏把自己养得肥头胖耳"；他揭露宗教裁判所干尽坏事，比拦路抢劫的强盗还要可恶；他认为基督教的教义是"最下流的无赖编造出来的最卑鄙的谎话"。他还尖刻地揭露了《圣经》文字的荒谬性，例如上帝创造亚当、夏娃的说法经不起推敲，童贞女玛利亚生耶稣的故事完全是东方迷信的一派胡言，耶稣的身世暧昧不清、扑朔迷离，耶稣在十字架上的表现懦弱可耻；而关于伊甸园里流出四条河的描述更是荒诞绝伦，其中有两条河流在源头上相距了一千英里，完全是风马牛不相及的胡诌！

虽然伏尔泰不断宣称自己信仰上帝，甚至还装模作样地在凡尔纳的庄园中建造了一个小教堂（伏尔泰晚年一直自称为"凡尔纳教长"），但是他却始终把基督教看作一场精心设计出来的骗局。他诙谐地认为，上帝就是因第一个傻子遇到的第一个骗子而生的，傻子蒙昧无知，骗子居心叵测，于是上帝就应运而生了。而所谓"启蒙"，就是要用科学知识来驱除蒙昧，唤醒人们心中的理性，从而消除宗教的骗局。伏尔泰有一句响彻欧洲的口号："粉碎卑鄙无耻的东西！"（"écrasez l'infâme！"）他在《哲学辞典》中对那些利用宗教之名来满足自己贪欲的修道院长们大声呼喊道："现在你们发抖吧，理性的日子来到了！"

但是另一方面，伏尔泰这个人又典型地表现了法国人的机智圆滑，在当时法国浓郁的天主教氛围中，他深知无神论者将会面临可怕的下场，所以他一边犀利地批判天主教的所有事物，另一边却始终强调自己信仰上帝。他打着上帝的旗帜，干着挖基督教墙脚的事情。他一辈子都在猛烈地抨击天主教会，但是在生命将尽之际却请来了天主教神父为自己举行了临终忏悔仪式，因为他害怕死了以后会被当作无神论者曝尸荒野。

伏尔泰在哲学上接受了洛克的唯物主义本体论和经验主义认识

论，认为一个具有广延性和不可入性的物质世界是不以人的意志为转移的，人们可以通过自己的感觉经验来认识这个世界。但是他却像牛顿和自然神论者一样，为这个充满了"协调性"和"合理性"的物质世界确立了一个作为初始原因的"第一推动"。上帝作为世界的创造者，一劳永逸地为自然界制定了法则，从此不再干预世界的运行。这样一来，人们只须通过感觉经验来认识客观世界，掌握自然万物运动的内在规律，从而驾驭它和利用它为人类造福。

在政治法学方面，伏尔泰大力宣称自由权利思想，反对君主专制。他和那个时代的许多自然法学派思想家一样，认为在上帝颁布的"自然法"中已经包含了平等的自由权利，包含人身自由、言论自由、出版自由、信仰自由，尤其是拥有财产的自由，这是人与生俱来就享有的平等的自然权利。伏尔泰强调，所谓"自由"并非为所欲为的任性，并非"以别人的痛苦使自己快乐"，而是在相互尊重的基础上维护各自的自然权利，而社会的法律和秩序正是建立在这种相互尊重的自由之上的。后世作家托名伏尔泰的那句名言："我坚决反对你的观点，但是我誓死捍卫你表达观点的权利！"精辟地表述了伏尔泰对于自由的理解。在一个缺乏宽容的专制环境中，自由的积极意义就在于对他人和自己的基本权利的尊重和保护。正是出于对自由权利的捍卫，伏尔泰大力推崇英国的宗教宽容和君主立宪制度，抨击法国的天主教专制和君主专制。

伏尔泰强调权利的平等，但是却认可事实的不平等，他认为，由于人的自然天赋的差别和其他因素的影响，财产的平等权利必然会随着贫富分化过程而演变为事实上的不平等。这种情况虽然是不幸的，但却是历史发展的必然，在一个正常的社会中，富人在经济上支配穷人乃是天经地义的事情。正如贵族享有占据土地的自由权利一样，穷人也享有出卖自己劳动力的自由权利，绝对的经济平等和政治平等都是违背人性原则和社会秩序的。伏尔泰反对君主专制，但是却要维护君主制度和贵族特权，他想要的是一个依照法律来进行统治的开明君主（如同英国的立宪君主和自称"国家第一公仆"的普鲁士国王弗里德里希二世），而不是一种把君主和贵族送上断头台的极端民主。在权贵逢迎和优裕环境中进行社会批判的伏尔泰始终强调权利上的自由，而与伏尔泰针锋相对的卢梭却站在人民的立场上大声呼吁事实上的平等。

纵观伏尔泰的一生，除了早年曾遭到法国当局的迫害之外，成名之后基本上是在一种养尊处优的处境中进行启蒙活动的。他借力打力，在法国的君主专制和宗教专制之间纵横捭阖，游刃有余，利用自己在欧洲上流社会的尊崇地位，博取巴黎达官贵妇的欢心，却对天主教会极尽揭露攻讦之能事。他长期居住在法国边境外，把批判的矛头对准"卑鄙无耻"的宗教专制和君主专制，却在生命的最后一年荣归故里，在双重专制统治下的巴黎领受人生之辉煌。当他的最后一部戏剧在巴黎大剧院上演时，成千上万的法国民众跟在他的马车后面欢呼雀跃，法兰西学院的全体院士在巴黎大剧院门口向他列队致敬，那些曾经遭到他嘲讽挖苦的教俗权贵也极力表现出对他的谀媚之情。

然而，正当伏尔泰在巴黎享尽荣耀之时，他的思想对头、另一位法国启蒙思想巨擘卢梭正在巴黎郊区过着贫病交加的日子，在一片凄风苦雨的文化氛围中孤独地坚持着心中的浪漫理想。

"百科全书派"思想家

《百科全书》的编纂与理性法庭的确立

法国老一辈启蒙思想家除了伏尔泰,另一位重要人物是孟德斯鸠(Charles-Louis de Secondat Montesquieu,1689—1755)。这位出身豪门、博学多才的波尔多男爵虽然身居高位,却不断地通过著书立说来揭露法国专制制度的邪恶和上流社会的腐败,宣扬君主立宪和分权制衡的政治理想。

他在早年化名发表的《波斯人信札》中揭露了法国贵族、天主教士的荒淫无耻和傲慢无知,针砭了路易十四的暴戾专制。在《罗马盛衰原因论》一书中,他通过对罗马政体演变的历史考察,表达了对共和制度的赞美和对专制政体的厌恶。而在晚年发表的最重要的著作《论法的精神》中,孟德斯鸠深入细致地探讨了法的精神及其原则,法律与国家制度、自然人文环境、贸易、宗教等的关系,特别是论及法与自由及政体的内在联系,明确表达了追求自由、实行法治的政治主张。

孟德斯鸠强调,所谓"自由"就是"做法律许可的一切事情的权利",他依据法治原则把国家的政体形式分为专制、共和制和君主立宪制三种:专制政体下无法可依,社会秩序只能靠暴力和恐惧来维持;共和政体法度严明,秩序井然,但是很容易被野心家

孟德斯鸠(1689—1755)

篡夺权力而演变为专制;唯有英国式的君主立宪制是最理想的政体形式,它建立在三权分立的法治基础之上。孟德斯鸠把洛克首倡的立法、行政、外交三权进一步完善为立法、行政、司法的三权分立理论,对三种权力的基本内涵和制衡关系进行了深入的探讨。此外,他还认为一个国家采取什么样的政体形式要取决于它的地理环境和其他自然人文背景。这些政治法权思想不仅构成了18世纪法国启蒙运动的重要内容,而且成为西方现代资本主义国家的法理学根基。

相对于伏尔泰、孟德斯鸠等老一辈启蒙发轫者而言,法国新生代启蒙思想家通常被叫作"百科全书派",因为他们都参与了狄德罗、达朗贝主编的一套非常重要的大型辞书《百科全书》的编纂工作。《百科全书》全称为《百科全书,或科学、艺术和手工艺分类辞典》,顾名思义,就是一套包罗万象的新知识体系。这套书的基本宗旨就是要以"理性"为标尺,把一切制度、习俗、观念、技艺都拉到理性的法庭上来接受衡量和批判,用科学的眼光重新审视各种知识,包括文学、哲学、艺术、政治、经济乃至机械工艺等各个领域。狄德罗等人在编纂此书的过程中大力弘扬自由、平等、民主思想,公然宣扬唯物主义和无神论等新潮观点,旗帜鲜明地批判封建制度和宗教神学,会集了一大批志同道合者。其中除了伏尔泰、孟德斯鸠这样的老一辈启蒙人士,更多的是思想激进的年轻才俊,如霍尔巴赫、爱尔维修、卢梭、马布利、孔狄亚克等。在法国政教专制的巨大压力下,狄德罗等人锲而不舍地编纂了20余年时间(1751—1772),先后出版了28卷,后又在1776—1780年增加了补遗和索引7卷。《百科全书》的参与者们虽然背景、观点不尽相同,有些人后来甚至分道扬镳、反目成仇,但是在当时大家都高举理性精神的大旗,反对封建制度和宗教蒙昧,倡导自由、平等、博爱理想,"百科全书派"因此而成为法国启蒙运动的思想大本营。

由于"百科全书派"人数众多，观点各异，在这里我只能概括地论述其中最重要的几位人物的启蒙思想，这就是立场最鲜明、观点最激进的狄德罗（Denis Diderot，1713—1784）、爱尔维修（Claude Adrien Helvétius，1715—1771）、霍尔巴赫（Paul Heinrich Dietrich d'Holbach，1723—1789）等人。下面我从几个方面来对他们的哲学思想进行综述。

唯物主义与无神论

如果说伏尔泰、孟德斯鸠以及卢梭等人的启蒙工作主要是从社会批判（政治、法学、历史等）入手的，那么狄德罗、霍尔巴赫等人的启蒙思想则主要来自他们的自然观。狄德罗认为，自然界是一个独立的物质系统，运动是这个物质系统的固有属性，自然界的运行并不需要一个牛顿式的"第一推动"（上帝）来加以说明。他借鉴莱布尼茨关于单子的能动性和相互联系的思想，认为自然万物都是由最小的物质微粒——分子所构成，这些分子形态各异，它们都遵行其内在规则而运动，相互结合，从而形成了一个从矿物、植物、动物一直到人的井然有序的宇宙大系统。即使是人的感觉活动和思维活动，也是从最迟钝的物质本身所具有的某种微弱感受力中发展出来的。当一种"呆

德尼·狄德罗（1713—1784）
（图片来源：Louis-Michel van Loo, 1767）

板的物质"浸润到另一种"呆板的物质"时,加上适度的"温度和运动",就会产生出"感受性、生命、记忆、意识、欲望、思想",就像一滴精液与鸡蛋的胚胎相结合就会孵出小鸡一样。

狄德罗强调,自然系统中的所有事物都处于相互联系和运动发展的过程中,在这个物质的大系统之中,没有上帝的立锥之地;在这个大系统之外,也同样不需要上帝作为"第一推动"。如果说英国自然神论把上帝高悬于自然之上,用上帝的权威来保证自然界的运行,而斯宾诺莎的泛神论把上帝内化于自然之中,"神即自然",那么狄德罗的上述观点就把上帝同时从自然之中和自然之外清除掉了,从而顺理成章地得出了无神论的哲学结论。

与出身平民的狄德罗一样,有贵族身份的霍尔巴赫也把自然界看作一个物质的大系统。他在代表作《自然的体系》中开宗明义地给"自然"下了一个定义:"自然,从它最广泛的意义来讲,就是由不同的物质、不同的配合以及我们在宇宙中所看到的不同的运动的综合而产生的一个大的整体。"这个自然体系是由以广延性和运动性为其本质属性的物质所构成,处于普遍的因果链条之中,从最简单的物质形态,到人的肉体和精神,再到社会的政治法律制度,都必须从物质运动的角度来加以说明。思维活动不过是物质(大脑)的分子运动,社会现象也可以还原为物质运动的因果关系,一切事物都受到自然必然性的严格制约。

另一位较早去世的法国哲学家拉美特利(Julien Offroy de La Mettrie,1709—1751)也从笛卡尔的"动物是机器"的观点中进一步推出"人是机器"的结论,不仅人的肉体如同机器一样,肌肉如同弹簧,肺如同鼓风机,心脏如同水泵,大脑如同发动机或控制室,而且大脑产生思想就如同胆囊分泌胆汁一样,都不过是机械的运动过程和结果罢了。

这种唯物主义观点虽然充满了机械性的特点，但是却把上帝从自然界中彻底驱逐出去了。我们今天在大学课堂中所学习的唯物主义哲学原理，虽然已经克服了18世纪唯物主义的机械性，但是其基本观点——世界是物质的，运动是物质的固有属性，运动是有规律的，等等——仍然来源于此。

"百科全书派"的思想家们在唯物主义的基础上确立了无神论，相比起伏尔泰等自然神论者，年轻的无神论者们对基督教的批判更加猛烈无情。狄德罗、霍尔巴赫、爱尔维修等人都对传统宗教尤其是天主教进行了揭露和抨击。特别是霍尔巴赫男爵，这位被同伴们戏称为"上帝的私敌"的激进思想家，更是对基督教进行了全方位的清算。他把对教会体制的攻击发展为对基督教思想根源的批判，把对耶稣的嘲讽发展为对上帝本身的诛伐。

在霍尔巴赫看来，一切宗教都是迷信的结果，而迷信的根源就在于人们对于自然力量的无知和恐惧。他写了一本小册子，名叫"袖珍神学"。在这本充满了机智和调侃口吻的书中，他对基督教的教义礼仪、神学思想、历史事件、神职人员等各个方面都进行了辛辣刻薄的讽刺，极尽嬉笑怒骂、挖苦贬损之能事。他把上帝解释为"僧侣的同义语、神学事务的经理、僧侣的老管家"，把天国形容为"僧侣的停尸室"，把赎罪券嘲讽为"教皇和主教为了某种奖赏而发的作恶许可证"，把十字军东征说成是罗马教会组织的一场祸水东引运动，目的是让欧洲的坏蛋们在"上天的宽恕下"肆无忌惮地"到异邦去犯新的罪行"。在《揭穿了的基督教》一书中，霍尔巴赫淋漓尽致地发泄了他对上帝的仇恨和对基督教的厌恶，他把基督教信仰的上帝称为"一个独夫，一个民贼，一个什么都能干得出的暴君"，基督的信徒们把这位上帝奉为完美的道德典范，却在他的名义下干着各种骇人听闻的罪恶勾当；"他借口给人们带来和平，其实只是给他们带来狂暴、仇恨、不和与战争"。

总而言之，在激进的法国启蒙思想家看来，基督教整个就是一场大骗局，就是愚昧加欺骗的产物。伏尔泰曾把上帝的出现说成是"第一个傻子遇到的第一个骗子"，另一位老一辈启蒙思想家梅叶神父认为，一切宗教最初是被狡诈的阴谋家虚构出来，继而被江湖骗子予以渲染，然后被无知的民众加以信仰，最后被国王和权贵加以维护。霍尔巴赫则声称，宗教原来是野蛮人的无知和想象的结果，但是现在仍然支配着最文明的民族。因此必须通过教育，用科学的知识来驱除蒙昧，用理性的光芒来照亮蔽塞的心灵，这样才能从根本上改善人类社会的福祉和道德境界。而这也正是启蒙的意义所在。

狄德罗、霍尔巴赫等"百科全书派"思想家在唯物主义的哲学基础上开创了"公开的、战斗的无神论"，对基督教的内容和形式进行了全面的批判，一时间无神论成为喜欢标新立异的法国知识精英和上流沙龙中的一股时髦思潮。正是由于这些激进的启蒙思想家们首先把天上的上帝赶下了神殿，不久以后的法国人民才能够理直气壮地把人间的国王（路易十六）送上断头台。

法国启蒙思想家的宗教批判以其机智果敢和犀利无情而著称，然而它却如同法国的其他时髦思潮一样缺乏深刻性。无论是伏尔泰、梅叶，还是狄德罗、霍尔巴赫，他们的思想新潮、文笔尖刻，其宗教批判在当时的法国乃至整个欧洲都产生了振聋发聩的影响。但是诚如后来黑格尔所深刻指出的，把人们千百年来虔诚信仰的宗教仅仅说成是一种欺骗的结果，这种观点恰恰表明了批判者理性水平的浅薄。所以法国启蒙运动的宗教批判并没有成为基督教的最终墓茔，而只是作为一个思想中介促成了传统基督教信仰的现代转型。

功利主义道德观和教育万能论

"百科全书派"的另一个重要思想就是倡导功利主义的价值观。在这方面，爱尔维修与稍晚的英国哲学家边沁一样，成为近代功利主义道德观的重要代表。出身于富裕市民阶层的爱尔维修既反对传统基督教宣扬的禁欲主义，也反对封建贵族阶层建立在巧取豪夺基础上的纵欲主义，而主张一种合理的利己主义或功利主义道德观。从洛克的感觉主义认识论出发，爱尔维修认为，人的一切精神活动和实践行为都是建立在肉体感受性之上的，肉体感受性是人的一切需要、情感、意志、认知和行动的根本原因，而趋利避害、趋乐避苦则是肉体感受性的基本原则。追求利益和享受快乐是人之本性，基督教以耶稣为楷模而宣扬的那一套自我牺牲的道德观是与人性相悖逆的。每个人在本性上都是利己的、自私的或者自爱的，"利益"是推动个人活动乃至整个社会运动的主要动力。诚如自然界遵循运动规律一样，人类的精神生活和社会生活遵守利益原则。因此，从人的利己本性出发，利益构成了判断道德的标准，"个人利益支配着个人的判断，公共利益支配着各个国家的判断"。任何人都是爱自己胜过爱别人，利己优先于利他，教会人士和统治阶层奉劝人们放弃物质利益、扑灭欲望，只是为了把财富和权力据为己有。既然追求利益是人之本性，它就是正当的、合理的，一切剥夺个人利益、阻止人们追求现世幸福的说教与行为，无论是打着信仰的幌子，还是依仗专制的权力，都是违反人性的。

这种利己主义或功利主义的道德观是适应于科学进步所导致的乐观主义时代精神的。在18世纪，科学技术的长足发展已经使得人们摆脱了基督教信仰所营造的苦难氛围，对现世功利和福祉充满了信心。人们再也没有必要老是怀着一种莫名其妙的负罪感，向往一个虚无缥缈的天国理想，而应该理直气壮地去建功立业、获取财富、追求幸福、享受快乐。当然，法国启蒙思想家们也对功利主义进行了必要的限制。爱尔维修认为，追求个人利益应当以不损害他人利益和公共利益为前提，无限膨胀的巨富和奢侈并不能增加个人的幸福，反而会造成社会的不平等。只有实现了个人利益与公共利益的协调发展，才能促进共同幸福的美德。霍尔巴赫也主张在利己与利他之间保持平衡，在人际关系的社会中，每个人在追求自己的利益时都应该兼顾他人的利益，要想得到别人的帮助就要去帮助别人，利他是为了更好地利己。所以，一个真正的功利主义者是不会去做损害他人利益的坏事的，损人利己恰恰说明了当事者的愚蠢无知。

那么，如何才能在这个充满了弱肉强食现象的不平等社会中实现共同幸福的功利主义理想呢？"百科全书派"的思想家们认为，只有通过教育。爱尔维修提出了"教育万能"的口号，这个"教育"是广义的，除了学校教育之外还包括制定法律和颁布政策。爱尔维修从唯物主义的哲学立场出发，认为"人是环境和教育的产物"，人的一切才智、道德和性格，都是被后天的环境和教育所决定的。这个环境主要是指社会的政治和法律制度，而教育的主要功能就是通过制定法律和启迪理性来改善社会和促进美德。爱尔维修主张通过"理性立法"和"道德宗教"来教育民众，霍尔巴赫则主张通过"开明君主"的政治改革来建立公序良俗的理想社会，他们都陷入了"环境造人"与"人造环境"的理论悖论中。一方面，芸芸众生都是环境的产物；另一方面，某些"天才"（知识精英或"开明君主"）可以通过理性启蒙和法制建设来创造和改变环境。但是，这些天才的教育者或启蒙者又是何种环境和教育的产物呢？由此可见法国启蒙思想家的浓郁的精英主义色彩，启蒙运动成为一场先知觉后知、精英启群氓的理性"救赎"活动：那些"天才"、先知、精英运用他们的理性来驱除大众的蒙昧，使他们的心灵得见光明（"enlightenment"一词的本义就是"得见光明"）。

然而，这些启蒙者所运用的理性本身却是没有经过批判的，一个未经自我批判的理性是没有资格去批判其他东西的。所以，当法国启蒙思想家们把理性推向了法庭审判者的至高地位，使它成为启蒙时代的新上帝时，理性本身的权威性就开始遭到了质疑。这种对理性本身的质疑或批判是从法国启蒙阵营中的一位思想怪杰卢梭开始的，很快就影响了思辨深邃、富于批判精神的德国哲学家，尤其是康德的理性批判工作，从而在更加深刻的意义上完成了理性的启蒙。

法国启蒙运动的"黑马"——让-雅克·卢梭

孤独而浪漫的心灵漂泊者

最后我要介绍一位法国启蒙运动中的特殊角色，这就是让-雅克·卢梭（Jean-Jacques Rousseau，1712—1778）。

可以说，对后世影响最大的法国启蒙运动代表人物有两位，一位是老一辈的伏尔泰，另一位就是年轻一代的卢梭。伏尔泰比卢梭年长18岁，卢梭年轻时曾深受伏尔泰启蒙思想的影响，后来却由于思想和生活方面的原因与伏尔泰反目成仇。生活优裕的伏尔泰颐养天年，命运多舛的卢梭却天不假年，两个人是在同一年去世的（1778年）。这两位法国启蒙运动最伟大的思想家，代表了两种完全不同的思想潮流，对后世西方社会乃至全人类都产生了深远的影响。

卢梭并不是法国人，他出身在瑞士的日内瓦，当时日内瓦是一个独立的共和国，是加尔文教的重镇，而法兰西是一个信仰天主教的王国。所以卢梭后来在法国生活时，总喜欢宣称自己是"日内瓦公民"，以表示与那些跻身于法国上流社会的启蒙思想家们的区别。卢梭出生于日内瓦的一个平民家庭，母亲早亡，从小缺乏母爱，父亲又经常云游在外，所以养成了一颗敏感的心灵，甚至有点神经质。孑然一身的卢梭曾经寄居在亲戚家中，少年时代就开始到店铺里当学徒，没有受过任何正规教育。但是他却酷爱读

让-雅克·卢梭（1712—1778）
（图片来源：Maurice Quentin de La Tour，18 世纪下半叶）

书，读过许多古典名著和法国老一辈启蒙思想家的作品，早年如饥似渴的广泛阅读在他幼小的心灵中埋下了智慧的种子和正义的情操。

卢梭真正的启蒙教育是在华伦夫人的庄园中完成的，从 1728 年到 1742 年，四处漂泊的少年流浪汉卢梭被居住在法国安讷西的贵族遗孀华伦夫人所收留，在那里与华伦夫人共同生活了十多年。这位贵妇人不仅风韵动人，而且具有高尚的德行和丰富的知识，卢梭从她那里接受了系统的教育，尤其是音乐方面的启蒙教育。后来卢梭在音乐理论和谱曲方面展现的天赋——他曾经接受狄德罗的邀请为《百科全书》撰写音乐分卷——都是得益于华伦夫人的熏陶。从小缺少母爱的卢梭亲切地把华伦夫人叫作"妈妈"，虽然随着年龄的增长，他与华伦夫人之间的关系发生了暧昧的变化，但是在他当时的感受中和日后的回忆中，华伦夫人始终是以一位美丽动人、无

微不至的慈母形象出现的。作为一个天资聪颖、心灵敏感的孤独漂泊者，卢梭在华伦夫人的庄园中不仅接受了文学、艺术、哲学、科学等方面的系统教育，而且这一切知识的教养都是在一种交织着母子和情人的情感氛围中进行的，由此滋润了卢梭的浪漫情怀，注定了他与那些理性主义的启蒙思想家们迥然不同的人生道路和思想倾向。

1742年，而立之年的卢梭告别了华伦夫人，只身来到繁华之都巴黎，开始了人生的奋斗历程。那时法国的巴黎，就如同今天中国的北京一样，聚集了许多胸怀理想闯荡天下的有志青年。卢梭在巴黎很快就结识了与他一样籍籍无名的孔狄亚克、狄德罗、达朗贝等人，并且通过友人的介绍进入了黎世留公爵、丰特奈尔等上流人士的社交圈，由于自己的音乐天赋而得到了巴黎权臣贵妇的赏识，还曾一度受宠若惊地为大文豪伏尔泰的一部剧本修改词曲。从1749年第戎科学院的应征论文《论科学与艺术》开始，卢梭的天才思想如同火山岩浆一般喷发出来，接连发表了多篇影响巨大的论著，从此声名鹊起，成为法国启蒙运动中一颗耀眼的新星。

随着卢梭自己的哲学、宗教思想的逐渐成熟，他开始对身处其中的巴黎上流社会的矫揉造作和虚伪腐败越来越反感，也与当年的志同道合者——狄德罗、霍尔巴赫等人以及他们的精神领袖伏尔泰——渐行渐远，终至分道扬镳。为了表示自己与伪善堕落的巴黎上流社会和惺惺作态的"哲学家"们一刀两断，卢梭索性彻底告别了贵妇沙龙和知识圈子，摘掉假发、解下花剑，回归民间，娶了一位出身低微的女佣瓦瑟为妻（同居二十多年后才正式结婚），并把所生的五个孩子全部送进了育婴堂。卢梭的那些卓尔不群的思想和行为遭到了他昔日朋友们的嘲笑和攻击，他本人则像堂吉诃德一样单枪匹马地对整个主流社会和知识阶层发起了猛攻。他不仅激烈地批判法国的君主专制、天主教专制和封建等级制度，而且与18世纪启蒙运动的几乎所有主流价值背道而驰。最后竟落得个众叛亲离、四面楚歌的下场，成为法国政教当局和启蒙精英共同挞伐的敌人，陷入了极其悲惨的生存处境。

下面我们就来看看卢梭到底表述了哪些与众不同的怪诞思想，以至与几乎所有的法国启蒙精英反目成仇。

法国启蒙阵营中的"叛逆者"

在卢梭最初的成名作《论科学与艺术》一文中，他表述了一种与当时最时尚的观点背道而驰的主张。在18世纪的欧洲，几乎所有的进步人士和知识精英都会大力赞美科学、艺术的发展会推动人类社会的前进，导致道德的完善和福祉的增加。这是当时的主流思想，这种思想一直延续到今天，至今我们仍然认为，科学是第一生产力，科学的发展必将极大地促进社会福祉的增长和人类道德的完善。但是卢梭却提出了一种与此相反的观点，并且因此而获得第戎科学院的征文奖。在这篇论文中，卢梭明确地表示，科学、艺术的每一个进步都导致了人类道德的一次堕落，科学技术越进步，人类的道德就越败坏，"随着科学与艺术的光芒在我们的地平线上升起，德行也就消逝了"。当人们都在热情地讴歌文明的进步时，卢梭却发出了当头棒喝式的警醒：文明是一副奢华而腐蚀人心的枷锁，科学和艺术则是点缀在这副枷锁上的花冠，是一些无聊而虚荣的奢侈品，窒息了人们天生的自由情操和淳朴道德。这位思想领域中的新秀乍一亮相，就表达了不同凡响的观点，也因此而被许多主张科学进步观的人士视为标新立异的弄潮儿。

卢梭的第一篇应征论文一炮打响，几年之后，他再次应第戎科学院的征文公告而撰写了那部著名的经典著作《论人类不平等的起源和基础》。尽管这部著作并没有为他再次赢得奖励,但是却奠定了他对私有制度、社会平等、历史演进等问题的基本观点,在这些重大的理论问题上,卢梭再一次表达了逆时代潮流而行的思想。

18世纪不仅是科学技术迅猛发展的时代,也是资本主义高歌猛进的时代,无论是在英国、荷兰还是法国,资本主义都获得了长足的发展。进步人士都在大力赞扬财产权利和私有制度,私有财产权与人的生命权一样神圣不可侵犯,构成了洛克倡导的"天赋人权"的基本内涵。但是卢梭却在《论人类不平等的起源和基础》中,提出了"私有制是万恶之源"的观点。

他认为,人类最初生活在一种平等、自由的自然状态中,正是由于私有制的出现,使得人类日益走向了不平等的社会状态,自由也随之丧失。最初是贫富之间的不平等即经济不平等,后来又出现了强弱之间的不平等即政治不平等,最后则导致了主人和奴隶之间的不平等,产生了专制制度。在经历了这一系列的社会不平等之后,到了绝对的不平等即专制时代,已经蕴含着推翻专制和各种不平等现象,重新建立一种社会的平等和自由的可能性。在这本书中,卢梭提出了一种关于平等(以及自由)的历史发展三段式,即自然状态的平等—社会的不平等—社会的平等,而导致这种历史演进的根本原因就是私有制。他感叹道,当第一个人把一块公有土地圈起来并且宣称说"这是我的"时,如果人们把他赶走并填平他挖出来的沟壑,那么人类将会免除多少罪恶、战争、杀戮和苦难呀!

这种对私有财产和制度的憎恶之情与当时资本主义发展的主流方向是完全相悖的,再加上此书中进一步阐扬的对原始淳朴的赞美和对文明邪恶的抨击,激起了伏尔泰等进步主义者的极大反感,埋下了这两位伟大的启蒙思想家日后公开决裂的嫌隙。

如果说卢梭在《论科学与艺术》中表述了科学、艺术的发展与人类道德堕落之间的吊诡关系，在《论人类不平等的起源和基础》中揭示了私有制是社会不平等现象的根源，那么在稍后发表的《社会契约论》中，他又公然与当时流行的三权分立的资本主义法权理论唱对台戏，提出了人民主权不可分的政治观点。我在前面已经讲过，洛克、孟德斯鸠等自然法学派的重要思想家都大力提倡三权分立，反对君主专制，为资本主义宪政民主奠定了重要的法理学基础。但是卢梭却在《社会契约论》中以"主权在民"的思想为基础，强调国家的一切权力归人民，人民主权不可分，反对立法、行政、司法的三权分立理论。

在这本书中，卢梭追求的最终目标不是权利的自由，而是社会的平等。他不仅主张废除等级制度来取消政治上的不平等，而且主张取缔货币，从而把经济上的不平等限制在小农经济自给自足的水平。为了保证社会平等的实现，在他所设计的共和国方案中，不可分割的人民主权被表述为一个抽象的形而上学概念"主权者"，而这个"主权者"的意志就是凌驾于所有具体的社会团体和个人意志之上的"公意"。从理论上说，"主权者"和"公意"代表全体人民及其意志，但是实际上，这个抽象的"主权者"和"公意"往往给那些宣称自己代表全体人民的统治者提供了冠冕堂皇的幌子。

所以，黑格尔一针见血地指出，所谓"主权者"不过是君主其人罢了！罗素也认为，卢梭把一些形而上学的抽象概念引进了近代的民主政治理论中，从而成为后世"极权主义国家"和"伪民主独裁的政治哲学的发明人"。卢梭所宣扬的这种社会平等和"人民主权"的政治理想，不久之后就在法国大革命中被推到极端，导致了一种"多数人的暴政"。在后来的政治历史中，以"人民"的名义来实行个人独裁的事例也屡见不鲜。在这方面，卢梭的政治理论难逃其咎。

除了文明观、历史哲学和政治理论之外，在教育学和道德观上，卢梭同样背离时代潮流而另辟蹊径。当欧洲的知识精英们在大力倡导理性启蒙时，卢梭却在《爱弥儿》一书中以爱弥儿的教育实验为例，推行一种去伪存真的自然教育，反对文明社会的矫饰而提倡自由天性的发展。卢梭对爱弥儿的教育，注重的不是灌输科学知识，而是化育天然情感和道德良心。这种教育学思想在今天仍然极具启发性，与我们现在到处泛滥的应试教育、题海战术和形形色色的知识培训班不同，卢梭主张让孩子们回归自然，充分发展自己的自由天性。

在道德观上，卢梭也开创了与爱尔维修等人推崇的功利主义价值观迥然而异的动机主义道德观。他认为，动机良心是比行为效果更加重要的道德标准。当他由于那些乖僻的行为（例如与瓦瑟的同居关系以及弃养孩子的做法）而受到人们的指责时，他始终坚持说明自己的善良动机；当他在四面楚歌的情况下流离漂泊时，唯一给予他信念和勇气的仍然是那内在的良心，以至于在自传体的《忏悔录》中，他一直在为自己的内心纯洁进行辩护，甚至坚信，在末日审判的号角吹响之时，没有一个人敢在上帝面前说他比自己更好！

在文学艺术方面，卢梭也是独树一帜，开创了风靡欧洲的浪漫主义思潮。法国启蒙运动是一场弘扬理性的思想运动，以伏尔泰为精神领袖的启蒙思想家们高举着理性的大旗，要求把一切东西都拉到理性的法庭面前来接受审判。这种推崇理性的时代精神在17、18世纪法国古典主义文艺思潮中得到了充分的表现，古典主义戏剧的基本精神特征就是用理性来压制情感、用崇高来贬抑欲望。

伏尔泰虽然对一切传统的东西都进行了批判，却对古典主义推崇备至；而卢梭则让长期受到信仰和理性压抑的情感喷薄而出，冲毁了古典主义的大堤，开启了浪漫主义的先河。在卢梭的书信体小说

《新爱洛绮丝》中，他让激越的爱情突破了矫饰的理性规范和等级藩篱，第一次让受到传统思想束缚的欧洲人意识到，真正使生命璀璨的不是刻板的理性，而是真挚的情感。这种新觉悟很快就由于社会动荡（法国大革命）的加速作用而演变为一场汹涌澎湃的文艺思潮，席卷了 18 世纪末到 19 世纪上半叶的整个欧洲，衍生出从夏多勃里昂、司汤达到雨果，从华兹华斯、拜伦到雪莱，从歌德、席勒到海涅等一大批浪漫主义大文豪，而他们的开山鼻祖就是让-雅克·卢梭！

这就是卢梭这位思想奇葩的历史意义，他几乎与当时社会的所有主流价值分庭抗礼，同时也开创了对后世西方文化影响至深的各种新思潮。卢梭无疑是法国启蒙运动中的一位重量级人物，但是他却与大多数启蒙思想家格格不入，成为一位特立独行的思想怪杰。

"这只能怨伏尔泰！这也只能怨卢梭！"

与同时代的其他启蒙思想家一样，卢梭也对法国的政治专制和宗教专制进行了猛烈的批判，但是他所追求的理想却是与众不同的。卢梭对政治专制的批判并没有使他像伏尔泰等人一样寄希望于开明的立宪君主，而是提出了更加激进的人民主权的共和理想。同样，卢梭对宗教专制的批判既没有使他接受伏尔泰式的自然神论，更没有走向狄德罗等人的无神论，而是转向了一种奠基于自然良心之上的道德宗教和情感宗教，对后来的康德、施莱尔马赫等人产生了深刻的影响。

卢梭从小生活在加尔文教的大本营日内瓦，接受了加尔文教信仰。后来他到华伦夫人的庄园生活，他也就随华伦夫人改信了天主教。到巴黎之后，受启蒙思想的影响，他开始批判天主教，又一度重新回归加尔文教信仰。再往后，卢梭与整个上流社会和知识精英相对立，他的宗教归属也变得模糊不清，不再参加任何教派的宗教活动，而只侧重于自己内在的宗教感受和良心。卢梭关于宗教问题的基本观点是，宗教生活的根本在于内心的虔诚，宗教信仰的基础是良心而非知识。所以他主张超越各种宗教派别之间的差别和对立，提倡宗教宽容和彼此友爱，将上帝的信仰建立在内在的道德良心之上。一个人寻求上帝法度的地方，不是教会团体，也不是那些神学教义和繁文缛节，而是自己的心灵，"一颗真正的心就是上帝的真正殿堂"。上帝就在我们的心中，从这种意义上说，卢梭开启了西方近代道德神学和情感神学的先河，实现了基督教信仰的内在化转变，把上帝的立足之地从外在世界转向了人的内心。

事实上，从17世纪开始，英国自然神论首先把上帝高悬在自然之上，斯宾诺莎的泛神论又把上帝同化于自然之中，而法国无神论则把上帝彻底从自然中清除了，在18世纪法国启蒙运动的理性法庭面前，上帝已经成为一个无处栖身的畸零儿。心灵敏感而富有浪漫情怀的卢梭却为这个贫无立锥之地的上帝开辟了一块新的安身乐土，这就是人的内心世界，即人的道德情感世界。这块新的处女地很快就被德国的哲学家和神学家们在理论上扎牢了篱笆，从此以后，上帝不再属于受牛顿力学规律支配的自然界，人们不要再指望从外在的自然界中去发现上帝的身影，而应该转向自己的内心世界，从道德良心和情感需要中去领受上帝的深邃启示和救赎恩典。这样一来，一个以宽容和美德为其主要标志的新宗教就被建立起来了。

这种确立在内心虔诚之上的新宗教使得卢梭一方面像伏尔泰等启蒙思想家那样对专制暴戾的天主教会进行了猛烈的批判，另一方面又与"百科全书派"的无神论者分道扬镳，明确地宣称自己是信仰上帝的。卢梭把天主教斥责为一种野蛮残酷的迷信，正是它的专制统治和偏狭教义挑起了无数的仇恨和迫害，造成了人间的罪恶和苦难。以基督作为楷模的宗教原本是一个充满了谦卑宽容精神的宗教，却在历史发展过程中演变成为世界上最狂暴的专制主义宗教。但是另一方面，卢梭又认为无神论同样也是善良心灵的一副毒药，它使人心变得麻木不仁，窒息了一切崇高的情感和神圣的信念，使人们变得唯利是图、寡廉鲜耻。如果说宗教狂热煽动起血腥的杀戮，那么无神论则造成了心灵的冷漠，后者往往比前者更容易摧残人类的良知。正是这种观点致使卢梭最终与"百科全书派"的同伴们各自东西、形同水火。

最后我还要讲一讲卢梭与伏尔泰的关系，这两位伟大人物的渐行渐远乃至反目成仇，意味着法国启蒙运动本身的思想大分裂。尽管卢梭早年对伏尔泰崇敬有加，但是随着卢梭那些叛逆性的思想观点相继问世，他与代表启蒙理性的伏尔泰之间的思想裂痕也日益加深。从某种意义上说，伏尔泰代表着一种崇高典雅的文化风格，引领了启蒙时代的理性潮流；而卢梭则表现了一种颠覆性的反叛躁动，激发了内心深处的情感良心。伏尔泰推崇文明进步，卢梭向往自然淳朴；伏尔泰在养尊处优的处境中批判"卑鄙无耻的东西"，卢梭则在漂泊无定的困窘中呼唤着浪漫的理想。二者同为启蒙运动的时代产儿，但是思想、性情诸方面的差异注定了风流云散的结果，而1755年的里斯本大地震，则成为这两位大思想家彻底决裂的导火索。

1755年11月1日，葡萄牙首都里斯本发生了一场极其剧烈的大地震并引发了火灾和海啸，整个里斯本几乎被夷为平地，无数生灵死于这场飞来横祸。伏尔泰借题发挥，写了一首长诗《里斯本地震》，对德国哲学家莱布尼茨的神正论（即认为上帝是正义的，我们这个世界是一切可能世界中的"最好世界"）和英国大诗人蒲柏的"凡事皆为正义"思想进行冷嘲热讽。伏尔泰写道，当我们面对着那些被突如其来的灾祸夺去生命的无辜者，以及那些正在断壁残垣中苦苦挣扎的人们，我们还有什么理由相信一位公正的上帝，相信这个充满苦难的世界是一个正义的"最好世界"？而当卢梭读到这首长诗时，感到怒不可遏，他拍案而起，给伏尔泰写了一封绝交信。在信中，卢梭写道，拜读了大作，我感到非常恶心，因为你这位养尊处优的哲学家正在往受难者的伤口上撒盐。对于那些被灾祸夺去生命或者正在废墟中痛苦挣扎的受难者来说，这个时候最需要的就是一位能够给予他们以未来希望的上帝，这位救苦救难和来世酬报的上帝是他们心灵的最后慰藉，而你伏尔泰竟然要把他们的最后一点希望都剥夺掉，这种伤口撒盐的行为是多么令人恶心和愤慨啊！

这种关于宗教信仰的分歧恰恰表明了启蒙时代法国不同社会阶层的价值取向，崇尚理性的精英人士利用这场大地震来对上帝存在的合理性进行质疑，而苦难大众却唯有期盼来世的福报来抵消此生的痛苦。希望对于生活优裕者来说是可有可无的点缀，对于受苦受难者却是生命的最后寄托。可见卢梭是站在苦难大众的立场上来对抗精英阶层的，因此不久以后，当法国大革命的平民领袖罗伯斯庇尔建立最高主宰崇拜时就明确宣称：无神论是属于贵族的，而广大的受苦民众却需要一位伸张正义的上帝。

到了二者生命的最后一年（1778年），伏尔泰衣锦还乡，风光无限；卢梭却默默无闻地在巴黎郊区替人誊写乐谱度日，贫病交加。理性主义的伏尔泰是机智圆滑的，这个一生猛烈攻击天主教的启蒙者在临终之际还是请来了天主教的忏悔神父；浪漫主义的卢梭却是一意孤行的，这位始终心怀上帝的"叛教者"最后也是孤独地走向了上帝。当伏尔泰去世的消息传到卢梭耳边时，他没有表现出丝毫的欣喜之情，反而忧郁地说道："我与他的存在是相互连在一起的，他如今已死，我也将不久于人世。"果然一个月以后，卢梭也溘然长逝。

在法国大革命期间，伏尔泰和卢梭的灵柩被法国人民迎进了最神圣的巴黎先贤祠，大家赞扬伏尔泰教导人民"走向自由"，感激卢梭给人民带来了"人权和平等"。巴黎先贤祠是法兰西最伟大的文化英雄的安息之地，里面埋葬着维克多·雨果、左拉、大仲马、居里夫人等大名鼎鼎的大文豪和科学家。在先贤祠地下公墓入口处最引人注目的位置，伏尔泰和卢梭这两位伟大而格格不入的启蒙思想家相对而立，一尊充满睿智神情的伏尔泰雕像矗立在他的灵柩之前，似乎正在对一切"卑鄙无耻的东西"进行冷嘲热讽；而卢梭的灵柩前没有塑像，但是从木制的棺椁中伸出了一只举着火炬的手，似乎在冥冥中仍然高喊着人权和平等的口号……

如果说17世纪欧洲的时代精神（民主和科学）是由两个英国人洛克和牛顿来代表的，那么18世纪的时代精神（自由和平等）就是由两个法国人伏尔泰和卢梭（尽管他出身在日内瓦）来代表的，轰轰烈烈的法国大革命以及后来的一系列社会革命和文化思潮都是由他们开启的。甚至连维克多·雨果在小说《悲惨世界》中描写的那个目不识丁的小流浪汉伽弗洛什，也是高唱着"这只能怨伏尔泰""这也只能怨卢梭"的打油诗，在1832年激烈的巴黎巷战中为起义军捡子弹的。当一颗罪恶的子弹射中了这个小精灵似的孩子时，他一头栽倒在路边的水沟里，嘴里仍然唱道：

我是倒了下来，
这只能怨伏尔泰，
鼻子栽进了小溪，
这也只能怨……

"卢梭"还没有发出来，另一颗子弹就终止了他的生命，他就是这样高唱着"伏尔泰"和"卢梭"的名字而走向了另一个世界。

第十一讲

康德的批判哲学

这节课，我给大家讲康德的批判哲学。

康德的批判哲学是对经验论哲学和唯理论哲学的一种综合与总结，同时也是一种超越；当然也是对18世纪法国启蒙哲学的一种超越。我在前面讲到，当经验论和唯理论各自发展到极端时，就导致了怀疑论和独断论这两种截然相反的观点。

怀疑论不仅对感觉经验之外和背后的物质实体与精神实体以及上帝采取了一种不可知的态度，而且否定了因果关系的客观性和必然性，将其说成是主观的习惯联系。这样一来，就使我们的知识成为了一大堆不知道从哪里来、不知道是什么的杂乱无章的印象和观念，从而使具有客观性和普遍必然性的科学知识成为不可能的。而独断论则走向了另一个极端，它完全否定了感觉经验在认识中的作用，认为只须从天赋的观念和原则出发，遵循严格的形式逻辑推理规则，就可以演绎出具有普遍必然性的科学知识，构建起整个知识论大厦。正如康德所嘲笑的那样，唯理主义独断论就好像是一只鸽子，这只鸽子在空中飞翔，它以为如果没有空气的阻力它就会飞得更高、飞得更快。岂不知如果没有空气的支撑，它根本就飞不起来。

这空气就是经验。

经验论忽略了理性在认识中的作用，一味地强调感觉经验；唯理论则过分地夸大了理性在认识中的作用，完全抹杀了感觉经验的重要性。然而，如果站在一个更高的立场上，我们就会发现，这两派虽然观点相反，但是它们却犯了同样的错误，那就是它们都没有批判地对待理性本身，没有冷静地考察一下，理性在认识中到底能够起什么作用？理性到底有没有界限？如果有，那么这个界限到底在哪里？等等。正是由于没能批判地考察理性本身，所以这两种哲学都各执一端，最终分别走向了怀疑论和独断论的死胡同。

18世纪的法国启蒙哲学也是如此，启蒙思想家们把理性树立为新的上帝，要把一切都拉到理性的法庭上来接受审判，但是理性本身却是未经批判的，因此它变得狂妄无比。

而康德正是在这种情况下，开始了他的哲学批判。康德所要做的工作就是，在进行认识之前，首先批判地考察一下理性本身，弄清楚理性的能力、范围和界限。因此，康德的哲学通常被叫作批判哲学，它的主要内容体现在康德撰写的"三大批判"中，这就是《纯粹理性批判》《实践理性批判》和《判断力批判》。

康德的知识论

康德哲学中的两条线索

伊曼努尔·康德（Immanuel Kant，1724—1804）是德国古典哲学的开创者。康德出生在德国一个名叫哥尼斯堡的小城，从小在这个城市里接受教育、上大学，毕业后在哥尼斯堡当过图书管理员、

伊曼努尔·康德（1724—1804）
（图片来源：Johann Gottlieb Becker, 1768）

做过家庭教师，后来又到哥尼斯堡大学任教，从助教一直晋升到教授，最后在哥尼斯堡逝世。他的一生，除了一次短暂的旅行以外，从来没有离开过哥尼斯堡。但是"秀才不出门，便知天下事"，康德虽然没有行万里路，却读破万卷书，他在哥尼斯堡大学所讲的课程几乎涵盖了当时所有的学科领域，从自然科学到社会科学，再到人文学科，从最具体的地理学到最抽象的形而上学，无所不包。

在康德的时代，学科的分类还没有细化，那个时代的许多思想家都是百科全书式的人物，康德也是如此。他不仅是一个伟大的哲学家，也是一个杰出的自然科学家。尤其是在年轻时，康德对自然科学进行了深入研究，在天体理论和物理学等方面都颇有建树。他在自然科学方面最重要的贡献就是在牛顿机械论世界观的基础上提出了一套关于宇宙起源的假说，这就是星云假说。大家知道，牛顿的机械论世界观是承认运动的，承认物体之间的力学运动，创立了力学运动三定律和万有引力定律，但是牛顿并没有从物理学上解释世界最初的运动是如何发生的。当他需要对运动的初始原因做出解释的时候，他就搬出了上帝——上帝作为第一推动者给了世界最初的动力，于是世界就运动起来。可见牛顿是从世界之外去寻找运动的最初原因的。

康德看出了在牛顿的世界中没有发展的观念，世界最初是怎样的，现在和将来仍然是怎样的，这种机械的观点令康德很不满。因此康德提出了星云假说来解释宇宙最初的起源问题。他认为,最初的宇宙不是我们今天看到的这个样子,而是一种混沌的星云状态。后来在长期的发展过程中,由于宇宙物质自身所具有的重力作用,不同的物质凝聚在一块,逐渐形成了一个个星体,形成了地球以及各种行星、恒星和星系。所以我们今天的宇宙,是自然界长期发展的结果,自然界并不是一开始就是今天这样的。康德的星云假说第一次把发展的思想引进了宇宙,在牛顿一成不变的机械论世界观上打开了一个缺口。一直到今天,星云假说仍然是自然科学界关于宇宙演化的一个很重要的假说。由于康德第一次把发展的观点引进了宇宙,我们已经习惯于把宇宙看作一个从简单到复杂、从低级到高级的发展演化过程。这种宇宙进化论的观点在19世纪又得到了达尔文生物进化论的支持,成为理性时代受过科学教养的人们的基本常识。

当然,这些科学思想并不是我要讲的重点,我要讲的主要是康德晚年的哲学思想,尤其是他的认识论。康德在哲学上可以说是大器晚成,他一直到57岁才发表了第一部重要著作,那就是《纯粹理性批判》。在这以后的十多年里又连续发表了另外两大批判,即《实践理性批判》和《判断力批判》,这"三大批判"构成了康德哲学的主干。正是因为这样,我们也把康德哲学叫作批判哲学。"三大批判"是为了解决不同的问题,《纯粹理性批判》主要解决认识论问题,也就是知识问题;《实践理性批判》主要解决道德哲学问题,也就是意志问题;《判断力批判》主要解决审美问题,当然也包含目的论问题,也就是情感问题。大家知道,我们的整个主观世界,如果要进行划分,从结构上说,无非就是知、意、情三个方面。因此"三大批判"分别接触到了这三个方面。

但是不论哪个部分,实际上都涉及一个广义的理性范围,因为人毕竟是一个理性动物，他的各种主观能力——知、意、情——或多或少都与理性有关。所以康德把前两个批判分别叫作《纯粹理性批判》和《实践理性批判》，它们分别处理理论理性（知识）和实践理性（道德）问题。第三个批判即《判断力批判》虽然没有冠之以"理性"的字眼，但判断力却被康德看作理论理性与实践理性之间的联系环节，是两个理性之间的桥梁，因此仍然属于理性的范围。从这个意义上说，康德的"三大批判"实际上都涉及一种广义的理性批判。康德所要承担的时代使命就是对理性本身进行全面的批判。

刚才我已经说过，康德所要解决的问题正是经验论和唯理论所未能解决的问题。无论是经验论还是唯理论，它们之所以都走进了死胡同，就是因为它们没有能够批判地考察我们的理性能力。所以康德指出，哲学的首要任务，就是要在认识之前首先批判地考察一下我们的理性能力，确定我们理性认识能力的来源、范围和界限。虽然黑格尔后来嘲笑康德的这种做法如同"在学会游泳之前切勿下水"的警告牌一样荒唐，但是康德之所以要提出在认识之前首先批判地考察一下我们的理性能力，正是由于他发现经验论和唯理论这两派共同的错误就在于没有能够正确地认识理性本身。考虑到这种特殊的思想背景，康德的做法仍然是有道理的。

在整个康德哲学里，始终有两对相互矛盾的东西在困扰着他，无论他本人是否明确地意识到这两对矛盾。这两对矛盾也是贯穿于整个德国古典哲学的两条基本线索。在这两条线索中，有一条是比较显明的，是一条明线，也是被大家普遍关注的线索，那就是思维与存在的关系。这条明线在康德那里表现为主体与客体的关系，在康德的思想中，先验自我就是主体，自在之物就是客体。康德的批判哲学就是要说明这二者之间的关系问题，但是批判哲学的最终结果却造成了这二者之间的对立。

这样一条明线从康德开始，一直经过费希特、谢林到黑格尔，最终在唯心主义基础上实现了思维与存在的同一。到了马克思主义哲学，思维与存在的关系问题被提高到了哲学的基本问题。所以大家在上马克思主义哲学课时，老师通常会一上来就给你们讲哲学的基本问题，那就是思维与存在的关系问题。这个问题又可以分为两个方面，一个是思维与存在何者为第一性、谁决定谁的问题；另一个是思维与存在之间有没有同一性，也就是我们的思维能不能正确地认识存在的问题。德国古典哲学主要解决的不是第一个问题，而是第二个问题，即思维与存在的同一性问题，也就是思维能不能认识存在的问题。而这个关于同一性的问题，用一句我们大家都很熟悉的话来说，就是认识论的问题。

我们可以看到，康德之前的两大学派——经验论和唯理论都关注认识论问题，都试图在思维与存在之间建立起同一性，虽然最后它们都没能真正实现这个目标。经验论发展到怀疑论，一味局限于狭隘的经验事实中，完全否认了理性思维的重要意义；唯理论发展到独断论，陷入了抽象的逻辑思维，完全无视经验世界的存在。所以这两者都没有真正实现思维与存在的同一性。

康德在《纯粹理性批判》中试图超越经验论和唯理论的困境，在思维与存在之间建立起桥梁，实现二者的同一性，这是康德认识论要实现的目标。但是最后的结果却事与愿违，康德认识论的最终结论是自在之物不可知，也就是说，思维承认了自己无法达到存在。但是，虽然没有实现这个目标，康德却提出了思维与存在的同一性问题。有时候，提出问题比解决问题更重要。作为德国古典哲学的开创者，康德的重要贡献就在于他第一次明确地提出了这个问题。因此，后来费希特、谢林、黑格尔都力图解决康德所提出的这个问题，一直到黑格尔，才在唯心主义基础上比较合理地解决了这个问题。当然，正是由于黑格尔在唯心主义基础上解决了这个问题，所以后来费尔巴哈和马克思才得以把黑格尔的解决方案颠倒过来，站在唯物主义立场上重新解决这个问题。

思维与存在的关系问题，尤其是思维与存在的同一性问题，是贯穿于康德哲学和整个德国古典哲学的第一条线索，这是一条比较明显的线索。但是在康德哲学中，还有另一条比较隐秘的线索，那就是理性与信仰、科学与宗教的关系问题。如果说第一条线索主要表现在康德的第一批判即《纯粹理性批判》中，那么第二条线索则体现在康德的"三大批判"中。

康德无疑是一个充满理性精神的批判者，他深受英、法启蒙思想家的理性精神的影响；但是康德同时也是一个具有宗教虔诚的人，他从小所受到的虔敬主义教养使他在骨子里对宗教信仰始终有一种难以割舍的情结，虽然他一辈子都不去教堂，不参加教会的形式化活动。而且从理论的角度来说，康德所侧重的实践理性也要求康德不得不设置一种宗教信仰，至少为了让有道德的人能够有希望享受到幸福，就必须设置某种宗教信仰。虽然这种实践理性的宗教在形式和内容方面都完全不同于康德那个时代的宗教，但是它毕竟还是一种宗教信仰。在康德生活的德国，宗教信仰是一个不可回避的问题，另一个不可回避的问题就是科学理性。如果说科学理性是由先进的英国、法国所代表的普世精神，那么宗教信仰就是德意志民族的文化传统。因此，如何处理普世的科学理性与传统的宗教信仰之间的关系，就成为整个康德哲学的核心问题。

但是，这条隐秘的线索一直被中国的研究者们忽略。当我们研究了康德的《纯粹理性批判》后，我们就基本上可以认清康德哲学的第一条线索，了解康德是如何解决思维与存在的关系问题的。但是，只有当我们研究了康德的"三大批判"后，我们才能够认清康德哲学的第二条线索，才能够明白理性与信仰在康德哲学中是一种什么样的关系。可以说，第二条线索是隐藏在第一条线索背后的，只有把康德的整个哲学体系弄清楚了，才能发掘出背后的这条线索。

正是这条隐秘的线索使得康德哲学尤其难读——一方面，康德始终大谈科学，谈我们的科学认识是怎么发生的、怎么发展的，在康德的知识论中完全没有上帝、灵魂这一类东西的立足之地；但是另一方面，康德又明确表示，我必须悬置科学知识，以便为信仰腾出地盘。康德在谈完了知识论之后，就转向了实践理性，转向了道德，从必然的世界转向了自由的世界，并且从道德中引出了宗教信仰。

在康德那里，宗教信仰与科学知识属于两个完全不同的领域，二者泾渭分明，井水不犯河水。他既反对独断论用科学理性来论证宗教信仰的做法，反对古往今来一切关于上帝存在的理性证明（同时也反对用科学理性来论证上帝不存在的无神论），也反对用宗教信仰来压制科学理性的蒙昧主义和信仰主义。康德对待理性与信仰、科学与宗教的基本态度是，二者应该各行其道，并行不悖。正如康德用一种严格划界或二元论的方式来处理思维与存在的关系一样，他也用一种严格划界或二元论的方式来处理理性与信仰的关系。

康德的"三大批判"综合在一起，就是要解决一个基本问题，那就是："人是什么？"这个基本问题是由三个子问题组成的，第一个子问题是《纯粹理性批判》要解答的问题，那就是："我们能够认识什么？"第二个子问题是《实践理性批判》要解答的问题，那就是："我们应当做什么？"第三个子问题是《判断力批判》要解答的问题，那就是："我们可以希望什么？"如果我们了解了人的知、意、情三个部分，了解了人可以认识什么、应当做什么和可以希望什么，那么我们就知道了人是什么。

而康德"三大批判"最后揭示给我们的答案就是：人是自由。因此，自由构成了康德哲学的核心，整个康德哲学始终关注的就是自由的问题。但是，这里只是说康德的整个批判哲学最终揭示了人的本质是自由，这个结论是一步一步达到的。而在《纯粹理性批判》里，我们还看不到任何自由，这里处理的只是受严格必然性所制约的自然世界和科学知识的问题。在康德的自然世界和认识论里，自由是没有任何地位的，但是它却构成了实践理性或道德的根基，因此在第二大批判即《实践理性批判》中，自由的问题就突显出来的。

但是，在康德的前两大批判之间出现了一个分裂，他的认识论与道德学、理论与实践是完全分裂的，认识论主要解决自然界的必然规律，而道德实践则涉及人的自由问题。因此，必然与自由在康德那里也是分裂的。所以在第三大批判即《判断力批判》中，康德试图把这两个分裂的部分统一起来，他想把必然与自由、理论与实践统一起来。但是这个宏愿并没有能够令人满意地实现。因此，虽然这种统一是康德所揭示的"人是自由"这样一个目的所要求的必要前提，但是康德却始终未能超越思维与存在、理性与信仰、理论与实践之间的二元分裂和外在对立。所以黑格尔认为，康德哲学最后的结论是一系列的矛盾，这些矛盾始终未曾达到真正的统一。

康德认识论的核心问题——先天综合判断如何可能？

下面首先来讲康德在《纯粹理性批判》里所表述的认识论观点。我在前面已经讲过，西方近代哲学主要是一种认识论哲学，它关注的主要问题是主体与客体之间的关系问题。当康德开始进行哲学批判时，他所面对的是两大思想体系。

一大思想体系是独断论，独断论又可以分为两种：一种是德国的"莱布尼茨-沃尔夫体系",这是一种唯心主义独断论,它认为只须凭着与生俱来的理性原则,从天赋观念或原则出发,就可以推出所有的知识。另一种则是18世纪法国唯物主义独断论,即法国启蒙运动中出现的一批唯物主义者和无神论者,如拉美特利、狄德罗、霍尔巴赫等。这些唯物主义独断论者的基本观点在于,把一切事物包括复杂的精神现象都还原为物质,甚至认为"人是机器",并以这种唯物主义为根据来否定上帝的存在。18世纪法国唯物主义者有一个基本假定,那就是世界从根本上来说是物质的,这个物质世界是不依我们的意志为转移的。这种朴素的实在论是一种最典型的唯物主义观点,我们很多人也深受这种观点的影响,相信有一个不以人的意志为转移的客观世界及其规律,我们只是通过感觉经验和理性思维才逐渐认识这个世界的。但是这种观点在康德看来也是一种独断论,因为它不仅在认识之前就独断地肯定了不以人的意志为转移的客观世界及其规律,而且独断地认为我们头脑中的知识只不过是对客观规律的一种主观反映。可见,"莱布尼茨-沃尔夫体系"先验地独断了一个主观精神世界,武断地认为仅凭着这个主观精神世界就可以建立起整个知识体系;法国唯物主义者则先验地独断了一个客观物质世界,同样武断地认为我们可以通过对这个世界的认识而建立起整个知识大厦。这是两种针锋相对的独断论,它们的观点相反,但都属于独断论。

康德所面对的另一大思想体系是怀疑论,主要是休谟的怀疑论,它既怀疑独立存在的物质实体,也怀疑独立存在的精神实体和上帝,只承认我们在感觉经验过程中所形成的一大堆观念和印象。更有甚者,它把这些观念之间的联系也说成是一种主观的习惯联想,否定了因果关系的客观性和必然性,从而否定了普遍必然性的科学知识。

当康德面对这两大思想体系和三种观点(两种独断论和一种怀

疑论）时，首先，他先验地假定了两个东西，一个是思维或主体，康德叫作先验自我；另一个是存在或客体，康德叫作自在之物。在这一点上，康德既有点像唯心主义独断论，也有点像唯物主义独断论。不过需要说明的是，康德所假定的思维、主体或先验自我只是一个逻辑主体，并不是一个笛卡尔式的实在主体。同样，他所说的自在之物，也只是一个逻辑上的假定，并不是一个实在的对象。但是，康德毕竟一上来就预设了一个主体和一个客体，这一点是完全不同于休谟的。休谟认为，我们不知道有没有物质实体，也不知道有没有精神实体；康德却认为，至少从逻辑上来说，我们必须首先设定一个先验自我和一个自在之物，否则我们就无法说明由于它们而产生的那些现象。

其次，康德也接受了唯理论关于天赋的思想，他承认我们有一些先天的知识形式，例如先天直观形式、先天思维形式等。在这一点上，康德更接近莱布尼茨而不是笛卡尔，他认为先天的不是现成的观念，而是一些知识的形式。但是要想构成知识，光有知识形式还是不够的，还需要知识的质料或内容。康德像亚里士多德一样认为，任何事物都是形式与质料的统一，知识也不例外。所以光有一套知识形式，比如，只知道形式逻辑的那一套规则，并不能产生任何真正的知识。例如，只知道"A是A"这条逻辑规律（同一律），我们仍然不能获得任何真正的知识。我们必须把"A是A"这条知识形式与经验的质料相结合，才能形成具体的知识。在这个问题上，康德接受了唯理论的基本前提，承认我们有一些先天的知识形式。但是他却认为，知识形式只是构成知识的要素之一，而不是知识本身，仅仅靠这些先天的知识形式并不能建立起整个知识论大厦；要想建立起知识论大厦，还必须依靠经验的帮助。

在这里，康德就由唯理论转向了经验论。康德强调，我们的知识构成必须要有后天的经验成分，那些来自外部的感性刺激为我们的知识提供了必不可少的经验质料。经验的质料是由自在之物提供给我们的，通过我们感觉的中介而获得。因此，从这个方面看，康德好像又站在了经验论的立场上。康德认为，我们的知识必须以经验作为开端，离开了经验，我们不可能产生任何知识。康德的这个观点非常像经验论的基本原则。经验论认为，我们所有的知识无不来自感觉经验。但是康德同时又强调，我们的知识必须以经验作为开端，并不意味着所有的知识都来源于经验，因为知识的形式并不是来源于经验，而是一种先验的东西。所以，我们固然要承认，没有经验就构不成知识；但是我们同时也要强调，光有经验而没有先验的东西，我们同样构不成知识。

由此可见，康德力图把唯理论和经验论调和起来，一方面认为先验自我提供了先天的知识形式，另一方面又认为自在之物提供了经验的知识质料。先天的知识形式与经验的知识质料相结合，才能构成具有普遍必然性的知识。我们的科学知识就是这样获得的。这就是康德认识论的一个基本框架。

为了进一步说明这个基本框架，我们可以把它细化一下。首先，我们来探讨一下康德是如何取舍唯理论与经验论的观点的。

一方面，康德为什么要坚持唯理论的观点，承认我们具有先天的知识形式呢？他为什么要把先天的知识形式当作一切知识成为可能的前提条件？原因很简单，因为只有先天的东西才具有普遍必然性，这一点，我在讲唯理论时已经分析过了。大家知道，无论是经验论还是唯理论，最终都承认通过经验归纳的方式是不可能得出具有普遍必然性的知识的，因此唯理论者就只能另辟蹊径，把普遍必然性的知识归之于天赋的观念。正因为如此，唯理论者无论是笛卡尔、斯宾诺莎还是莱布尼茨，他们都坚持把那些与生俱来的、先天的东西作为知识的起点。这个观点对于康德产生了很大的影响，康德也与唯理论者一样认为，普遍必然性的东西必须是先天的，或者反过来说，只有先天的东西才具有普遍必然性。

另一方面，康德为什么又要承认感觉经验在认识中的重要作用呢？因为康德同样也发现，光有先天的知识形式是不足以形成真正的知识的，那只能是纯粹的同语反复罢了，知识还必须具有不断拓展的新内容，而这一点就必须依靠感觉经验才能做到。举个例子来说，我们原来看到的天鹅都是白色的，后来终于看到了一只黑天鹅，我们才知道天鹅也有黑色的。也许再过一些年，物种发生了变异，我们还会看到一只绿天鹅。这些新知识都必须通过感觉经验来获得，仅仅从抽象的知识形式（逻辑形式）中是推不出来的。所以感觉经验可以为我们提供新的知识内容，而先天的那套知识形式却可以为我们保证知识的普遍必然性。

所以，从这个意义上说，康德认为，唯理论和经验论各执一端，同时又各有值得借鉴的地方。唯理论给康德提供的最重要的启示就是，要想保证普遍必然性，我们必须承认某种先天的东西。这东西在康德那里就表现为先天的知识形式。而经验论给康德提供的最重要的启示就是，为了使我们的知识内容能够不断地扩展，我们必须依赖感觉经验。而这方面的东西在康德那里就表现为经验的知识质料。所以，只有把先天的知识形式和经验的知识质料相结合，才能获得既具有普遍必然性，又具有新内容的科学知识。这就是康德认识论的基本内涵。

正是由于康德是这样来思考问题的，所以他在认识论中提出了一个核心问题，那就是："先天综合判断如何可能？"康德的认识论既然是要解决知识的问题，那么他首先就要说明什么是知识。康德认为，一个单纯的概念并不能叫作知识，一个孤零的感觉印象也不能叫作知识,知识必须是把两个表象或概念联结起来的判断。比如,"玫瑰花"并不是知识,它只是一个单纯的概念,"红的"这样一个感觉印象也不能叫作知识;只有通过一个系动词把这二者联结在一起,表述为"玫瑰花是红的"这样一个判断,才能构成知识。因此,知识的最小单位就是判断,一切知识都是判断。但是,当我们说一切知识都是判断的时候,并不意味着我们可以反过来说一切判断都是知识,因为有些判断只能构成生活常识而非科学知识。真正的科学知识必须是这样一种判断,那就是它必须既具有普遍必然性,又能提供新内容。这种判断在康德那里就被叫作"先天综合判断"。

康德对形式逻辑的判断形式进行了分类,按照一般的观点,判断可以分为先天分析判断和后天(经验)综合判断。先天分析判断的谓语已经内在地包含在主语中,从主语就可以合逻辑地推出谓语,无须借助于任何经验材料,例如"三角形有三个角"就是这样的判断。先天分析判断的特点是,它具有普遍必然性,而且与经验没有任何关系——无论这个世界上有没有三角形存在,它都不会影响到"三角形有三个角"这个判断的正确性。后天综合判断则相反,它是直接依赖经验的,它并不具有普遍必然性,其反面命题是完全可能的。例如"这件衣服是绿色的"这个判断,完全是感觉经验的结果,因为衣服并不必然都是绿色的,不像三角形都必然具有三个角那样。一件衣服是不是绿色的,完全取决于感觉经验,从"衣服"这个主语中是不可能合逻辑地推出它的颜色的。

这两种判断各执一端,互有优劣之处。先天分析判断的优点就是具有普遍必然性,放之四海而皆准;但是它的缺点却在于,谓语已经内在地包含在主语中了,因此并没有扩展知识的内容。后天综合判断的优点则是不断地扩展知识的内容,因为判断的谓语已经超出了主语的内涵之外;但是它却缺乏普遍必然性,主谓语之间的联系并非逻辑必然的，而是要依靠经验的联结。

从历史上看，唯理论过分强调先天分析判断，而经验论则过分强调后天综合判断。康德既然主张真正的科学知识必须既具有普遍必然性，又具有不断扩展的新内容，所以他就在这两种判断的基础之上又提出了第三种判断形式，即"先天综合判断"。在"先天综合判断"这种新的判断形式中，"先天"保证了知识的普遍必然性，"综合"则保证了不断扩展的新内容。所以"先天综合判断"说到底就是"既具有普遍必然性，又具有新内容的科学知识"，而整个知识论的核心问题当然就是追问这种"既具有普遍必然性，又具有新内容的科学知识"是如何可能的。由此可见，康德正是从唯理论和经验论的相互对立中引申出了知识论的核心问题。这就是康德认识论的出发点和总问题。

从逻辑上说，我们要追问"先天综合判断如何可能"，首先就应该问问它"是否可能"，只有弄清了它"是否可能"，才能进一步说明它"如何可能"。对于"是否可能"的问题，康德回答说，先天综合判断在数学和自然科学中是确实存在的。比如，在数学中，"两点之间直线最短"这条几何学定理，就是一个先天综合判断。它具有先天普遍必然性（这条定理在任何地方都同样有效），同时康德又认为，"两点之间"这个主语本身并没有包含"最短"这个谓语，"最短"是综合地加到"两点之间"这个主语之上的，主语和谓语通过经验而联结起来。因此，这条定理不仅具有普遍必然性（先天的），而且包含了经验的成分（综合的），因此是一个毋庸置疑的先天综合判断。再比如，物理学中的一个命题"物体是有重量的"，也是一个先天综合判断。一方面，任何物体都具有重量，这是普遍必然的；另一方面，"重量"这个谓语并不是从"物体"这个主语中分析出来的，而是通过经验观察联结到"物质"之上的，因此二者之间的关系是综合的。同样的道理，牛顿力学的三大定律，如"作用力与反作用力相等"等，也是先天综合判断。一方面，它们放之四海而皆准；另一方面，其谓语都是综合地加到主语之上的，因而扩展了知识的内容。由此可见，几乎所有的数学规律和自然科学规律都是先天综合判断。

这样一来，"先天综合判断是否可能"的问题就解决了，下面要解决的就是"先天综合判断如何可能"这个核心问题。康德将"先天综合判断如何可能"这个核心问题或总问题分解为四个具体问题：第一，纯粹数学如何可能？第二，纯粹自然科学如何可能？第三，作为一种自然倾向的形而上学如何可能？第四，作为科学的形而上学如何可能？

感性

在康德那里，这个"先天综合判断如何可能"的问题说到底就是先天的知识形式与经验的知识质料如何构成知识的过程。刚才已经讲到，康德的先验自我提供了知识的先天形式，从而保证了知识的普遍必然性；他的自在之物则提供了经验的质料，使得我们能够不断地获得新的知识内容。所以，先天综合判断是如何可能的呢？简单地说就是，主观（先验自我）提供知识形式，客观（自在之物）提供知识质料，二者相结合就构成了既具有普遍必然性又具有新内容的经验知识或科学知识。这就是先天综合判断之所以可能的基本原理。康德的整个认识论，就是一步一步地说明这二者是如何结合的。下面我们来具体地讲一讲这个知识的构造过程。

康德把这个知识的构造过程分为三步，第一步是感性，第二步是知性，第三步是理性。

在感性阶段，先验自我为我们的认识提供了一种先天的直观形式，这就是时间和空间，我们正是通过这两种直观形式而形成了对于现象的感性认识。康德认为，时间和空间并不是客观事物本身所具有的存在形式，而是我们感受对象的一种主观认识形式。这种观点与我们大家对于时间和空间的看法是大相径庭的。我们通常认为，时间和空间是客观事物的存在形式，但是康德却把时间和空间说成是我们认识对象的先天直观形式。这种观点猛地听起来，好像是非常荒唐的。但是大家仔细想一想，康德的观点还是有一定道理的。按照相对论的观点，不同参考系中的时间、空间是不一样的。同样地，如果主体的感受能力不同，那么对于不同主体所呈现出来的时间和空间也是不一样的。例如，苍蝇对于空间的感受就和人类不同，这是因为苍蝇的眼睛构造与我们的不同，它是复眼动物，在苍蝇的复眼中呈现出来的事物形象肯定与我们看到的不一样。甚至连眼睛长在脸部两侧的鸟类，它们所看到的事物形状也与我们看到的不同。时间的问题也是如此，庄子在《逍遥游》中谈到"朝菌不知晦朔，蟪蛄不知春秋"，而大椿却以八千岁为春，八千岁为秋。但是对于朝菌来说，朝暮之间或许就是永恒；而对于大椿来说，千秋之际或许也不过是须臾。可见，时间也是依不同主体的感受而异的。

康德认为空间是外感官的形式，即直观一切外部现象的先天形式；时间是内感官的形式，即直观一切内部现象（内心状态）的先天形式。总之，空间和时间不是客观事物本身所具有的存在形式，而是我们感受对象的先天直观条件。也就是说，尽管自在之物是客观存在的，但是我们只要试图去认识它，就必定会把它放在空间和时间中来加以直观。因此，对象在我们的直观中就呈现为具有一定的体积或形状、处在一定的持存或运动过程中的现象。

康德的空间观和时间观来自对牛顿力学的批判。牛顿提出了绝对空间和绝对时间的概念，绝对空间就像是一个无边的大容器，即使你把这个容器中的东西都搬空了，但是这个容器还在那里。当然，每个事物也有自己的相对空间，相对空间就是指它所具有的广延，即事物都有体积或形状，有长宽高。但是每个事物都在一个统一的世界背景中有它固定的位置，这个统一的世界背景就是绝对空间。总而言之，在牛顿那里，空间和空间中的事物是完全不同的两码事。空间只是客观事物得以存在的一个绝对背景，任何事物都必须存在于空间之中。但是就算把空间中的所有东西都搬走了，空间仍然存着在。这种绝对空间观就是我们平时所习惯的空间观，它有一个很显著的特点，那就是我们可以想象没有东西的空间，但是我们决不能想象没有空间的东西。

康德正是从这里发现，这个特点恰恰说明了空间是一种主观的感受形式。正因为空间是我们对对象进行直观的一种主观形式，是我们的认识得以发生的先天条件，我们对一切事物的直观都必须在空间中进行，所以我们才无法想象没有空间的东西是什么样子。换言之，只要我们对外部事物进行直观，就不可能不赋予它以空间的形式，这恰恰说明空间是我们直观事物的一种主观条件。时间的情况也是这样，只是更加复杂一些罢了，时间是我们感知一切内部现象的先天直观条件。

从这个意义上，康德认为，时间、空间这些先天直观形式是自我与生俱来的先天直观形式。总之，只要我们对事物进行感知，我们就必须把它们放在空间和时间中。不是因为事物本身就具有空间和时间，而是当事物成为我们直观的对象时，它被我们的认识赋予了空间和时间，从而在我们的直观中就呈现为具有一定的广延、处于一定的过程中的现象。

康德关于空间和时间的思想对于现代哲学的启发很大，而且与相对论也有某种契合之处。相对论的"钟慢尺缩"效应表明，我们的时间感受是与我们所处的参照系直接相关的。用一句通俗的话来说，就是"天上一日，地上十年"。而现代派的文学艺术更是把相对论的结论向前推进了一步，在它看来，空间和时间完全是因人而异的，与每个人当下的心理状态直接相关。现代精神病学的研究也证明了这一点，精神状态不正常的人，他所感受到的空间、时间与正常人是不一样的。一个人感受世界的主观方式改变了，他所看到的世界也就变了。我们固然可以设置一座时钟，但那只是一个外在标记，是机械记载的时间。实际上，真正的时间是我们内心感受到的过程，这是心理时间，而物理时间在很大程度上是取决于心理时间的。

可见，在感性阶段，作为认识主体的先验自我提供了空间和时间这两种先天直观形式，而作为认识客体或对象的自在之物则提供了感性质料，感性质料被放在空间和时间的直观形式中，从而就形成了感性认识。

在这里，我必须要强调一句，在康德那里，先天的直观形式加上经验的感性质料就构成了作为直观对象的"现象"。这个"现象"很复杂，它不是自在之物，不是纯粹客观的对象本身，而是被放在了空间和时间之中的对象，是被打上了主观烙印的对象。打个比方说，我们的感性认识就像是一个大染缸，里面盛满了染料，那就是空间和时间等先天直观形式。任何东西要被我们所认识、所直观，它就必须掉进这个染缸里。如果不掉进这个染缸里，它就永远只能是作为认识彼岸的自在之物，与我们的认识无关；而一旦掉进这个染缸里，它就被我们所直观，染上了空间和时间的颜色，于是它就不再是纯粹的客观对象或自在之物，而成为带有主观（空间和时间）烙印的现象了。所以，"现象"就是被主观"染了色"的自在之物。

这就意味着，在康德的认识论中，我们认识的并不是纯粹的客观世界本身，而是已经被我们主观的直观形式（空间和时间）"染了色"的现象。作为认识对象，现象本身就是在认识过程中形成的。或者更明确地说，认识过程就是一边形成现象，一边形成对现象的认识。康德的感性论告诉我们，我们能够直观到的东西只能是被主观"染了色"的现象，至于纯粹的自在之物，它永远都停留在我们的直观之外。因为它只要一成为我们直观的对象，就意味着掉进空间和时间的染缸中被"染了色"，这样它就不再是自在之物，而是成为现象了。至于自在之物在被染色之前是什么样子，我们永远也无法知道，我们所能够知道的只是那个已经被染了色的现象。康德明确地表示，一切经验对象都在空间和时间之中，但是决不意味着一切对象都在空间和时间之中。作为经验直观的对象，现象当然处于时间和空间之中。但是自在之物就其尚未被经验直观而言，它只是一种超验的对象，因此不在空间和时间之中。这就有点像物理学中的"测不准定律"——观察手段不可能不对观察对象产生影响，那个绝对纯洁的、一尘不染的客观对象永远都不可能被我们所认识；它只要成为我们认识的对象，就必然要受到我们观察手段的影响，从而就不再是纯粹客观的对象本身了。康德的"现象"也是同样的道理。

自在之物只要一成为我们认识的对象，在经验直观的过程中被空间和时间所染色，它就变成了现象。这就是在感性阶段所进行的认识活动，它使得数学作为一种先天综合判断成为可能。因为几何学是关于空间的科学，而代数则是关于时间的科学，正是先天的空间和时间形式与经验的感性质料相结合，才使得数学成为一门先天综合判断的科学。这样一来，康德认识论的第一个任务——纯粹数学如何可能？——就完成了。

知性

在康德那里，感性、知性和理性构成了知识的三个阶段。刚才我们讲了感性的问题，现在把知性和理性联系在一起来讲解。在感性阶段，我们获得了被空间和时间染了色的现象。在知性阶段，我们就要对现象进行进一步的加工，以便形成具有普遍必然性的自然科学知识。知性不同于感性，感性是比较被动的，有一个对象在你面前，你不得不感觉到它。虽然在直观的过程中你把空间和时间加到对象之上，但是总的来说，感性活动仍然是被动的。然而，知性活动却是主动的。在知性阶段，先验自我积极地运用先天思维形式来对在感性中获得的现象进行综合统一，进行知性加工。

在感性阶段，我们所具有的先天知识形式就是空间和时间这两种直观形式，而在知性阶段，我们同样也具有一些先天的知识形式，那就是先天思维形式，它表现为十二个范畴，即单一性、多数性、全体性（这是三个量的范畴）；实在性、否定性、限制性（这是三个质的范畴）；实体与偶性、原因与结果、主动与受动（这是三个关系范畴）；可能性与不可能性、存在与非存在、必然性与偶然性（这是三个模态范畴）。知性阶段的认识活动就是自我运用这些范畴对已经处于空间和时间之中的现象进行综合统一。例如，把两个具有空间和时间形式的现象放在因果关系中，于是 A 就成为 B 的因，B 就成为 A 的果；或者把它们放在主动和受动关系中，它们就构成了大小相等、方向相反的作用力与反作用力；等等。这样一来，把这十二个范畴加到不同的现象上，就形成了具有普遍必然联系的经验知识或科学知识。

这些范畴由于是先天的思维形式，所以具有普遍性；而现象则包含着经验的内容，因此二者的结合就使得既具有普遍必然性又具有经验内容的自然科学知识成为可能。正如在感性阶段，由于感性质料与直观形式相结合，我们就获得了具有空间和时间特性的现象一样，在知性阶段，现象与范畴的进一步结合就使我们获得了具有普遍必然联系（如因果关系、实体与偶性等特性）的科学知识。到这里为止，我们认识的第二个任务也就基本上完成了，我们已经获得了既具有普遍必然性又具有新内容的自然科学知识。在感性阶段，纯粹数学成为可能；在知性阶段，纯粹自然科学也成为可能。

到这里，康德已经非常精辟地说明了既具有普遍必然性又具有新内容的数学和自然科学知识是如何可能的。他认为自己在知识论上完成了一个"哥白尼式的革命"。在康德看来，以前我们都是要求观念去符合对象，知识被看作主体对客体、人对自然对象的一种反映。但是在他这里，情况恰恰被颠倒过来了，即不是观念必须符合对象，而是对象必须符合观念。因为在康德看来，所有作为认识的对象都是在认识过程中被构造出来的，认识过程具有双重意义——它一方面形成知识的对象，另一方面形成关于这对象的知识。例如，在感性阶段，我们把空间和时间加到自在之物提供的感性质料之上，形成现象，然后产生了关于现象的数学知识。在知性阶段，我们把十二个范畴加到现象之上，然后形成自然科学知识。可见，对象的形式不是对象本身所具有的，而是我们在认识过程中加到对象之上的。这就叫作"人给自然立法"。也就是说，自然界的法则（形式）不是自然界本身具有的，而是我们在认识过程中赋予自然的。

由于这些形式或法则是先天的，而先天的东西都具有普遍必然性，所以每一个人直观到的世界在空间和时间方面都是一样的，每一个人对空间和时间现象所进行的思维也是相同的，他们都会把各种现象放在因果关系等范畴中来加以思考。在强调因果关系的主观性这一点上，康德与休谟有相似之处。但是休谟却把因果关系看作基于经验的习惯联想，是或然性的，而康德却认为因果关系等范畴是一种人同此心、心同此理的先天思维形式，具有普遍必然性。我在第一讲中提到过一些最基本的哲学问题，其中就有"世界的规律性到底是客观固有的，还是人类思维的结果"这样的问题。站在唯物主义反映论的立场，我们无疑会认为世界的规律是客观固有的；然而康德的结论却是，世界的规律是我们在进行认识时赋予世界的。

不是自然给人立法，而是"人给自然立法"，这就是康德在知识论上所完成的"哥白尼式的革命"。康德认为，广义的理性在理论方面的重要作用就是给自然界颁布法律，即"自然律"。稍后我们讲到康德的道德哲学时，还会看到理性在实践方面的运用同样也是给我们的行为颁布法律，即"道德律"。可见，无论是自然律还是道德律，都是理性运用的结果。

讲到这里，我们要对康德的认识论做一个分析。我们发现，康德认识论具有如下几个重要的特点。第一，康德认为我们的知识要成为可能的，首先需要先验自我提供先天的知识形式，如先天直观形式和先天思维形式，没有这些先天的知识形式，就无法保证知识的普遍必然性。所以，先天的知识形式成为知识得以可能的前提条件。第二，康德认为如果没有自在之物提供的经验质料，光有先天的知识形式，仍然构不成科学知识。因此，我们必须以经验作为知识的开端，一切知识都要从经验开始，但是并非一切知识都来自经验，因为知识中还包含着先天的成分（知识形式）。第三，知性的范畴只能运用于空间和时间中的现象上，不能运用于超验的自在之物上，因此我们的知识都是关于现象的知识。而自在之物则永远停留在知识的彼岸，它既不在空间和时间之中，也无法将范畴运用于其上，因此自在之物是不可知的。关于这一点，在狭义的理性阶段得到了进一步的强化。

理性

现在我们再来看看狭义的理性阶段。首先,"理性"这个概念在康德那里具有不同的含义,在《纯粹理性批判》中,从最宽泛的意义上说,康德所探讨的感性、知性和理性这三个部分都属于广义的理性范围;其次,相对于感性而言,知性和理性也可以一并被看作理性;最后,从最狭隘的意义上说,理性则单指与感性、知性不同的认识的第三个阶段。下面我们就来看看这个阶段的情况。

刚才讲到,在感性阶段,我们把先天直观形式(空间和时间)赋予感性质料,形成现象,并产生了数学知识;在知性阶段,我们运用先天思维形式(范畴),对已经在感性中形成的现象进行综合统一,从而产生了自然科学知识。除了感性和知性之外,先验自我还有一个更高的层次,叫作"理性",即狭义的理性。这个理性的工作就是对前面已经在知性中获得的自然科学知识进行更高的综合统一,以实现从知性的具体知识向更完备的绝对知识的过渡。例如,从具体的心理学知识进一步上升到关于"灵魂"本身的知识,从具体的物理学知识进一步上升到关于整体"宇宙"的知识,以及探索一切心理世界和一切物理世界的最后原因(我们把这原因暂且称为"上帝")的知识。

相对于感性的先天直观形式和知性的先天思维形式,理性所具有的是三个"先验的理念",即"灵魂"、"宇宙"和"上帝"。这三个理念的作用就在于把知性中获得的知识进行更高的综合统一,简单地说,就是把所有关于精神现象的知识都归于"灵魂"这个理念,把所有关于物理现象的知识都归于"宇宙"这个理念,然后再把这二者归于"上帝"这个最高的理念。这样就可以建立起最完备、最系统的知识体系了。

康德强调，理性的这三个"先验的理念"在知识论中只应该发挥一种主观的调节或范导作用，即对前面已经获得的知识进行更高的综合统一，而不是直接去认识客观对象甚至建构客观对象。然而，我们的理性天生就具有一种超越的倾向，它总是要把调节性的原则当作一种建构性的原则，从而把"灵魂""宇宙""上帝"这三个主观的理念当作三个客观的对象，当作超验的自在之物，并且试图对这些自在之物进行认识。

康德认为，在经验世界，我们只能认识到一个个具体的、处在空间和时间中的现象，而不可能认识到超验的"灵魂"和整体"宇宙"，当然就更不可能认识到作为"灵魂"和"宇宙"最终原因的"上帝"。"灵魂""宇宙""上帝"原本只是我们的理性用于调节和范导知性知识的主观理念，然而独断论者却把这些理性的理念当作毋庸置疑的实体。例如，关于"灵魂"的问题，康德精辟地指出，"灵魂"或"自我"充其量只是一种逻辑上的假定，在逻辑上我们总是需要假定一个"自我"来作为我们一切精神活动的支撑者。这个"自我"并非一个实在的主体，而只是一个逻辑的主体，但是笛卡尔等唯理论者却把这个逻辑的主体偷换成了一个实在的主体。这就是理性心理学的谬误推理，正是这种谬误推理把"灵魂"或"自我"从一个用于调节知识的理性理念变成了一个具有独立实在性的精神实体。与此相同，历史上各派独断论关于整体"宇宙"性质的理性宇宙论，以及哲学家和神学家关于"上帝"存在证明的理性神学，也都犯了类似的错误，即都把这些主观的理念当作了客观实体或自在之物来加以探讨。

然而，由于我们的理性除了三个先验的理念之外别无工具，所以我们不得不借助于知性的范畴来认识这些自在之物。但是正如我们前面所讲过的，知性的范畴只能运用在空间和时间中的现象上，而不能用于超验的自在之物上。因此，范畴的非法运用必然导致一系列谬误。例如，"实体"和"存在"都属于知性的范畴，把这些范畴用于"灵魂""上帝"这些不在空间和时间中的自在之物上，就如同用磅秤来测度一个人的身高一样，必定会导致谬误推理或自相矛盾，从而造成了理性自身的分裂。

在批判独断论者——包括莱布尼茨-沃尔夫的唯心主义独断论和法国18世纪唯物主义独断论——的理性宇宙论时，康德提出了著名的四个"二律背反"。"二律背反"就是矛盾，这四个矛盾之所以出现，就是由于把知性范畴非法地运用到作为自在之物的整体"宇宙"之上。在康德看来，"二律背反"表现了理性的自我分裂。从逻辑的角度来说，"二律背反"或矛盾中的正题和反题都能够自圆其说，然而它们却又是直接对立的，这样就使理性一分为二、陷入分裂了。比如第一个"二律背反"——（1）正题：世界在时间和空间上是有限的；反题：世界在时间和空间上是无限的。康德为正反双方都做出了逻辑上正确的证明，但是两个相互矛盾的命题不可能同时为真，所以二者都正确恰恰说明了理性自身的分裂。康德认为，错误并不在于哪一方，而在于问题本身，因为"有限""无限"这些概念只能运用于空间和时间中的现象，而将其运用于空间和时间之外的自在之物必然会导致错误的问题。同样，另外三个"二律背反"——（2）正题：世界上的一切都是由单纯的部分复合而成；反题：世界上的一切都是复合的，没有单纯的东西。（3）正题：世界上除了自然因果性外，还有自由因果性；反题：世界上只有自然因果性，没有自由。（4）正题：世界上有绝对必然的存在者作为世界的一部分或世界的原因；反题：世界之中或世界之外都没有绝对必然的存在者。

上面这四个二律背反，正题都是唯心主义的观点，反题都是唯物主义的观点，它们是针锋相对的，但是双方却都表现出了一种独断论立场。而且，它们所犯的错误也是同样的，那就是都把知性的范畴（如限制性、单一性、因果性、必然性等）运用到超验的自在之物之上。所以在康德看来，"二律背反"的出现恰恰说明了理性自身的谬误。理性做了不该做的事情，它混淆了现象与自在之物的区别，将知性的范畴非法地运用于超验的自在之物上。然而，这种僭越和非法运用又是出于理性的自然倾向，理性总是不满足于对知性知识进行综合统一的现状，总是禁不住要把主观的调节性原则当作客观的建构性原则，并且力图通过对自在之物的认识而获得绝对知识。这种错误正是以往各种独断论或形而上学的共同特征，由此就说明了康德认识论核心问题的第三个子问题，即作为一种自然倾向的形而上学是如何可能的。

可见，康德对于以往的各种形而上学都采取了一种批判态度，他认为，要想防止犯"二律背反"这样的错误，唯一的办法就是限制理性的运用范围，将理性严格地限制在"内在运用"即调节知识的范围内，防范一切独断论的倾向。通过对作为一种自然倾向的形而上学的批判，康德就自然而然地引出了第四个问题，即作为一种科学的形而上学如何可能的问题。康德实际上认为，在自然领域，对于形而上学只能做消极的理解，它的任务不是独断地去建构，而是不断地以一种怀疑精神去进行批判。但是在道德领域，实践理性却可以积极地建构起一种科学的形而上学，即道德形而上学。这样就从《纯粹理性批判》转向了《实践理性批判》。

通过上面的讲解，我们可以看到，康德认识论的结论是关于自在之物的不可知论。一方面，康德认为，我们必须假定自在之物的存在，如果没有自在之物提供感性质料，我们的认识就成为无源之水、无本之木；但是另一方面，他又认为，自在之物是不可知的，它永远都处于认识的彼岸。这样一来，康德就为知识设定了一个绝对的界限，真正的客观世界决不是我们认识的对象，我们认识的对象只是被我们主观染了色、加了工的现象。所以，我们说康德认识论的最后结论就是关于自在之物的不可知论，他的认识只能达到现象而不能达到自在之物。正是由于康德对知识进行了这样的限制，所以后来谢林就接着康德的观点说，既然自在之物是我们认识不了的，那么它恰恰就成为了信仰的对象，这样就从康德的不可知论转向了宗教神秘主义。黑格尔则批判道，康德的认识论表现了一种"理性的怯弱"，理性承认自己不能认识到最高的真理，仅仅把自己的眼光局限于现象层面，而无法达到事物的本质。这种"怯懦的理性"根本就不是健全的思维。黑格尔强调说，认识的实质恰恰就在于透过现象去捕捉本质，现象只是联结主体和客体的桥梁，是联结思维与存在的桥梁，但是康德却把现象变成了割裂思维与存在的鸿沟，变成了我们认识的最后界限。

由此可见，虽然思维与存在的同一性问题是由康德首先提出来的，但是他却没有很好地解决这个问题，他的最后结论是主体与客体、思维与存在之间的截然对立。但是，他毕竟为后来的哲学家们敞开了问题域，因此以后的德国古典哲学就围绕着思维与存在的关系问题而展开了激烈的讨论。

康德认识论的另一个重要贡献就是开创了近代辩证法。康德虽然对"二律背反"采取一种消极的态度，称之为"理性的谬误"，但是他却尖锐地指出，产生这种谬误的原因是由于形而上学独断论。按照传统的形式逻辑，两个相互矛盾的观点不可能同时为真，但是"二律背反"却表明，两个相互矛盾的观点在逻辑上都能够自圆其说，这就使传统的形式逻辑陷入了一种尴尬。虽然康德把矛盾的原因归咎于理性的无限制的滥用，但是他毕竟揭示了一个事实，即我们的认识深入到理性阶段必然就会产生矛盾。

黑格尔非常赞赏这一点，但是他同时也批评康德对世界抱有太多的温情主义，仅仅只让矛盾存在于理性或思维之中，而不愿意让矛盾"染污"世界。黑格尔精辟地指出，矛盾不仅是理性或思维的特点，而且是客观世界的特点。矛盾并非"理性的谬误"，而是存在的本质，矛盾充满了世界，又岂止康德所说的四个！而且针对康德面对矛盾时的消极态度，黑格尔认为，解决矛盾的方法恰恰在于认识矛盾和扬弃矛盾，而不是回避矛盾。在康德那里，矛盾只有正题和反题，却没有合题，所以矛盾始终达不到统一。但是到了费希特那里，就产生了合题；到了谢林那里，又有了差异、对立和同一；最后到了黑格尔那里，矛盾就表现为对立统一的自否定过程。矛盾不仅在于二律背反和相互对立，而且在于自我扬弃和对立同一。

康德认识到了我们的认识进入到理性就必然会产生矛盾，这是他了不起的地方。但是康德总认为矛盾是理性的谬误，他主张通过限制理性的运用范围来取消矛盾、避免矛盾。因此，康德对待矛盾的态度进一步强化了他的自在之物不可知论。所以我们说，康德哲学是从先验自我和自在之物的二元论设定出发，二者一个提供形式，一个提供质料，共同构成现象世界并且形成关于现象世界的经验知识，最后则通过"二律背反"得出了自在之物不可知的结论。这就是康德的认识论。

康德的道德哲学

道德律与自由

下面我们再花一点时间简单地讲讲康德的道德哲学。

从康德的认识论可以看到，在作为知识对象的现象世界中，只有理性向自然界颁布的自然律在起着支配地位，而"上帝""灵魂"之类的东西则在自然界中没有立锥之地。在现象世界中，一切都受到自然必然性的制约，没有自由，也没有上帝。但是，康德把上帝从现象界或自然世界中赶了出去，并不意味着上帝就消亡了，他已经在本体界中为上帝预留了地盘。在自在之物的本体界，在那个不受自然必然性制约的知识彼岸，康德把上帝重新树立为实践理性的信仰对象。这个工作是在康德的第二大批判即《实践理性批判》中完成的。

在《纯粹理性批判》中，理性给自然立法，这里涉及的是理论理性或知识的论域；在《实践理性批判》中，理性给自身立法，这里涉及的是实践理性或道德的论域。在康德看来，实践理性不同于理论理性，它超越了现象，深入到本体界或自在之物，它的目的就是对自由的确立。康德强调，正如理性在理论方面的运用就是给自然界颁布自然律一样，理性在实践方面的运用就是给人颁布道德律，这种道德律恰恰体现了人的自由本质。但是二者的不同之处在于，理性给自然界颁布的自然律是自然事物"实际"遵循的，而理性在实践领域颁布的道德律却是人"应该"遵循的。这恰恰说明了尽管存在着道德律，但是却有很多人不遵循它。道德律对于人来说，只是"应该如此"，而不是"实际如此"。正如我们教育一个人要诚实，不要说谎，这只是一种应然状态，即人"应该"诚实。但是这并不意味着我们说人应该诚实，人就果然诚实了。可见，道德律采取的是应然而不是实然的形式。

首先，康德认为，我们的理性对我们的实践活动颁布道德律时，总是采取道德命令的形式，其表达方式为："你应该如此。"命令可以分为两种，一种是有条件的命令，另一种是无条件的命令。举例来说，当我们对一个人说"你应该珍惜别人的生命，否则将会受到法律的惩处"时，这条命令就采取了有条件的形式，你之所以珍惜别人的生命是由于害怕受到法律的惩处，而不是出于你的道德本性。反之，无条件的命令就去掉了后面一个条件句，表述为："你应该珍惜别人的生命。"在这里是没有任何条件可言的，即在任何情况下你都应该珍惜别人的生命。

在康德看来，只有无条件的命令才是道德命令，有条件的命令并不是道德命令，它充其量只是表现了一种合法性。合法和道德是两码事，一个人的行为可能符合道德，但是他做出这个行为不是出于道德命令，而是出于某些功利的考虑，这时我们只能说他是合法的，而不能说他是道德的。因为他的动机并非道德的，他做出道德的行为不是出于对道德律的热爱，而只是出于功利的考虑。因此，道德命令总是以一种绝对命令的方式发布，它只是命令你应该做什么或者不应该做什么，而决不考虑任何条件。

其次，理性在我们的实践活动中所颁布的道德命令，只是一种形式性的东西，而不包括任何具体的质料。康德并没有告诉我们什么样的具体行为是道德的，什么样的具体行为是不道德的，他的道德律并不包含质料的东西。道德律总是以纯形式的方式来表述，其表达方式为："你应该如此行动，要使你行动的准则同时也能够成为一条普遍的立法原则。"也就是说，你的行为是否道德，并不在于这行为本身，而在于它能否同时成为一条普遍法则来加以推广。比如，你想随意地占有别人的财产，虽然这样做对你是有利的，但是这却不能成为一条普遍的法则。因为如果你可以随意地占有别人的财产，别人也就可以随意地占有你的财产，其结果是谁也没有财产给别人占有。反之，私有财产神圣不可侵犯，这倒是可以成为一条普遍的法则来加以推广。

在这里，康德的道德律只谈形式，不谈内容。他并不直接说你不应该杀人，不应该偷盗，等等。他只是说，不论你做什么，你都要看看这种行为的准则能不能同时成为一条普遍的立法原则。如果普遍性的形式能够成立，它的内容或质料当然也就没有问题了。这条道德律可以分为三个层次来表述：其一，它应该像自然律一样具有普遍性；其二，它应该始终把人——自己和他人——当作目的，而不仅仅当作手段；其三，它应该表述为一条"自己立法，自己遵守"的意志自律原则。由于道德律像自然律一样具有普遍性，而且始终把人当作目的来加以尊重，因此每个人按照自己理性所颁布的行为准则同时也就成为一条普遍的立法原则，自己立法也就是普遍立法。

这样一来，意志自律就充分显示出了自由。这种自由不是随心所欲的任意，而是对某种必然性——普遍立法的道德律——的遵循。由于意志所遵循的道德律并非外在的法则，而是它自己对自己颁布的法则，因此自由与必然性就得到了统一，自由就表现为对道德律的遵循。所以康德认为，道德律是自由的认识理由，自由则是道德律的存在理由。也就是说，自由本身虽然是无法认识的，但是自由却可以通过道德律彰显出来。我们之所以会遵循道德律，只是因为我们是自由的。可见，自由并不是无律可循、无法可依的，自由恰恰就体现在"自己立法，自己遵守"的意志自律之中。

我们来总结一下，康德的"自己立法，自己遵守"的自由和人们通常所理解的自由有什么不同。到现在为止，我们看到了三种自由，第一种是最浅薄的自由，那就是想干什么就干什么。比如，在课堂上，你想唱歌就唱歌，想骂人就骂人，你可以大言不惭地说，这是我的自由。但是大家很快就会发现，这是一种根本就不可能加以推广的自由，或者说，它根本就不是自由。因为在一个社会中，如果每个人都想干什么就干什么，其结果将是谁也干不了什么。第二种是斯宾诺莎所理解的自由，即自由是对必然性的认识和顺应。按照这种自由观，一个人对自然必然性认识得越清楚、越深刻，他在自然界面前就表现得越自由。这种自由观也是唯物主义所赞同的。但是在康德看来，这种自然必然性却是一种外在的必然性，它对于我们来说是他律的，而不是自律的，因此我们在它面前完全是被动的，这种被动的状态还谈不上自由。真正的自由与知识无关，它也不表现在人与自然的关系之中，而是表现在人的道德行为中。另外就是第三种自由，即康德所说的"自己立法，自己遵守"的自由，或者意志自律的自由。意志自律已经内在地包含了另外两个条件，即自己立法同时也是普遍立法，以及始终把人当作目的来加以尊重。在这种情况下，意志自律当然就充分体现了自由的真正内涵。

康德的道德思想无疑带有形式主义的浓重印迹，但是它同时也展示了一种极高的精神境界。在道德观上，康德深受卢梭的影响。在他看来，决定一个行为是否道德的主要因素不在于效果，而在于动机。用他的话来说，一种道德的行为不仅要在客观上符合道德律，而且要在主观上是出于对道德律的敬重和热爱。如果仅仅只是在客观上被动地遵循道德法则，那么这只能叫作合法，而不能叫作道德。所以道德要比守法高得多。可见道德主要体现在动机方面，只有那种本身是出于对道德律的敬重和热爱的行为，才是道德的行为。因此，康德与卢梭一样，都是近代动机主义道德观的创立者。他们与18世纪法国的爱尔维修、英国的边沁等功利主义者的立场不同，这些人认为，只要你的行为能够产生有利的效果，而且不违背公共道德准则，就是道德的。然而，卢梭与康德却认为，仅仅在效果上有利和合法，但是内心却怀着邪恶的意念，仍然不能称得上是道德的。只有当你怀着真正纯洁的念头，出于善良动机而做出合法行为，才是真正道德的。在 18 世纪的启蒙时代，爱尔维修、边沁等人的功利主义和效果论的道德观比较容易被人们接受；而卢梭、康德的理想主义和动机论的道德观却带有明显的阳春白雪色彩，显得与当时的社会有点格格不入。

纯粹实践理性的信仰

在这种情况下，康德不可能不考虑功利主义的影响，他不得不使那种过分理想化的道德观变得稍微世俗一点，于是他提出了"至善"的理想，以作为实践理性的最终目的。他指出，如果一个人活在世界上完全遵循道德法则行事，排除了任何感性因素的影响，那么这个人就具有了德性。德性是最高的善，但还不是"至善"，即最完满的善，"至善"必须包含幸福的成分在内，是道德与幸福的统一。

康德认为，人是由两个部分构成的，人的精神固然可以遵循道德律，但是人的肉体却要受自然律的制约。在这种情况下，我们就会面临着两个东西之间的矛盾：一个是道德，另一个是幸福，二者之间的矛盾构成了德福关系问题。幸福是一件很简单的事情，说到底就是遵循自然律、满足肉体的要求，比如，肚子饿了就要吃饭，身体困了就要睡觉，这就是幸福。相比起来，道德却是一件困难得多的事情，它要求一个人的行为必须严格遵循道德律（而且在动机上还是出于对道德律的敬重）。由于我们在肉体上必须服从自然必然性，在精神上却是自由的，因此在追求幸福和实现道德之间就往往会出现矛盾，从而使我们陷入一种"实践理性的二律背反"。

所谓"实践理性的二律背反"，就是指我们到底是从幸福引出道德，还是从道德引出幸福。前一种观点以伊壁鸠鲁主义为代表，后一种观点以斯多葛主义为代表。伊壁鸠鲁主义认为，幸福就是道德，这种观点在近代的代表就是爱尔维修和边沁的功利主义。功利主义在当时具有反对虚伪的宗教禁欲主义、伸张人性权利的积极意义，它公开主张人应该满足自己的各种欲望和需要，追求此生此世的幸福，这就是道德。而斯多葛主义的观点则恰恰相反，它认为道德就是幸福。斯多葛主义的观点在中世纪基督教修道运动和禁欲主义中得以传承，基督教的一些圣徒，如奥古斯丁等人，为了一种宗教-道德理想而宁愿放弃肉体享受，并且将这种纯净的道德生活当作幸福。

总之，这两种观点一者认为幸福即道德，另一者认为道德即幸福。但是在康德看来，伊壁鸠鲁主义和斯多葛主义都犯了同样的错误，即把德福之间的关系当作一种分析关系，试图从幸福中分析出道德，或者从道德中分析出幸福，因此二者都是错误的。康德认为，实际上，德福之间充其量只具有一种综合关系，也就是说，我们固然不能把道德与幸福相等同，但是如果我们把道德当作原因，把幸福当作结果，倒是可以在二者之间建立起某种联系。从这种综合关系来看，伊壁鸠鲁主义的观点是绝对错误的，因为幸福无论如何也不可能成为道德的原因；斯多葛主义的观点则是相对错误的，因为道德虽然也不能等同于幸福，但是它却有可能成为幸福的原因。我们完全可以设想这样一种理想状况，一个人的道德水平越高，他就应该享受到越多的幸福。这种理想状况无疑是合乎理性的，然而现实状况却并非如此。在我们生活的现实社会中，道德与幸福往往是相对立的，我们常常会看到，有道德的人往往过着不幸的生活，而幸福的人却往往是不讲道德的。这种状态无疑是令人沮丧的，而且会极大地动摇我们坚持道德的信心和勇气。

面对这种令人尴尬的状况，康德就由道德转向了宗教，把从自然界中赶出去的上帝又重新搬回到道德领域。在《实践理性批判》

的最后部分，康德提出了一种关于上帝存在的道德论证明（尽管他本人一再强调这不是一种理论证明，而只是实践理性的一个悬设）。这个证明是这样的：第一，如果我们相信德福之间具有某种因果关系，即道德是原因，幸福是结果，那么我们首先就应该致力于完成道德、实现德性。而我们要成为一个有德性的人，就必须假定我们的意志是自由的，正是这自由意志保证了我们可以摆脱感性的束缚、完全遵循道德律而行事。自由意志虽然是不可认识的，但是如果没有它，我们就不可能完成道德、实现德性。第二，实现德性的过程是极其艰难漫长的，一个人做一件道德的事并不难，难就难在一言一行都严格地遵循道德律，这种道德的努力甚至是我们一生一世都无法完成的。试想如果我们在追求德性的过程中突然死去，那么此前的一切努力岂不是付之东流了？所以我们必须假定灵魂不死，这样我们未竟的道德事业就可以在下辈子接着努力。第三，通过假定自由意志和灵魂不死，我们终于完成了道德，但是如何从道德中引出幸福来呢？毕竟道德是属于自由世界的事情，幸福却是属于自然世界的事情，二者之间的因果关系还必须由一个第三者来保障。这个第三者必须既是某种"至上的自然原因"，又符合道德意向，而且具有全知（对我们的行为和动机有着清晰的认识）、全能（能够为我们的德行分配相应的幸福）和全在（始终伴随着我们的道德实践和配享幸福的过程）的特点。这样一个德福果报的保障者就只能是人们通常所说的上帝，正是他保证了一个理想世界中的德福相配，即根据一个人的德行来分配相应的幸福。这就是康德关于上帝存在的悬设。

康德之所以要对灵魂不死和上帝存在进行悬设，只是为了保证一个纯粹实践理性的理想，这个理想就是，在一个未来世界中，一个人越有道德，就会享受越多的幸福。有德人享福，无德人遭罪，这就是一个理想社会的德福状况。这个美好的理想同样也有助于加强现实世界中的人们坚持道德的信心和勇气。在实践领域，出于道德的需要，康德对"上帝存在"和"灵魂不死"进行了论证，但是他却强调这不是理论证明，而只是出于实践理性的需要，出于"以福配德"的需要，出于鼓励现世道德的需要，所以我们必须做出这种假设。

以往人们总是把信仰当作道德的根基，现在康德却反过来，把道德当作信仰的根基，从德福相配的至善理想中引出了关于上帝的信仰。需要强调的是，在康德那里，关于上帝的信仰并不是我们坚持道德的根据，道德的根据是自由意志而不是宗教信仰；关于上帝的信仰充其量只是德福相配的根据。而我们首先必须（依靠自由意志）成为一个有德性的人，然后才有权利要求德福相配，上帝也只有在我们完成了道德的情况下，才能帮助我们配享相应的幸福。因此，康德并不是从宗教中引出道德，而是从道德中引出宗教。正是在这种意义上，我们说，康德在道德领域中也进行了一场哥白尼式的革命。

对于像康德这样的动机主义者来说，他完全可以只凭着道德而生活，他实际上和斯多葛主义者一样把道德当作幸福。大家知道，成年以后的康德过着时钟一样准确单调的生活，他一辈子几乎都没有离开过哥尼斯堡，每天下午准时在哥尼斯堡的大街上散步，几点钟出门，往前走多远，到哪个地方掉头，都是雷打不动的。据说哥尼斯堡的居民们以他出来散步的时间来校对钟表。康德一辈子孑然一身，没有结婚，没有家庭，物质生活非常简单，整天沉浸在学问里，却自得其乐。可见，对于康德来说，道德实际上就是幸福。但是，康德毕竟是一个伟大的哲学家，他必须考虑时代的特点和大众的要求。他本人固然可以仅凭着道德就自足了，但是一般民众却需要一个上帝；他本人可以把道德当作幸福，一般民众却需要上帝以福配德的承诺来作为坚持道德的根据。对于不懂得哲学的老百姓来说，此生的道德努力会在来世得到好报，上帝会根据一个人的德行来分配幸福，这样一种信念是在此生坚持道德的重要根据，否则人们就没有理由践行道德，直接去追求幸福就行了。

从这种意义上说，康德关于上帝的悬设，更多不是出于自身的宗教信仰，而是为了适应启蒙运动和功利主义的时代要求。但是这种建立在道德基础之上的上帝信仰，对于后来的西方社会却产生了重要的心理支撑作用。自从康德进行了上帝存在的道德论证之后，上帝的立足之地就从外在的自然世界转向了内在的道德世界。从此以后，上帝的存在不再是客观必然的，而是主观必要的；上帝存在的根据不再是理论的逻辑论证，而是实践的道德要求。在西方现代社会中，这样一种内在化和道德化的宗教信仰，与探寻外在世界奥秘的科学理性形成了一种良性的互补关系，从而有效地保证了西方社会的和谐发展。

康德哲学小结

我们在前面讲了康德的认识论和道德哲学，康德哲学的内容还有很多，比如美学、宗教学、历史哲学、法哲学等，但是由于时间关系，我们不可能一一涉猎。由于康德开创了德国古典哲学，19世纪德国的一些伟大思想家都是沿着康德开辟的道路前进的，所以我们有必要对康德哲学进行一个简单的总结。

康德在西方哲学史上的重要意义就在于，他构成了近代哲学与现代哲学之间的重要枢纽。当他开始自己的哲学批判时，他面对着两个相互对立的学派，一个是唯理论，一个是经验论，这二者各自发展到独断论和怀疑论的极端。康德应运而生，他试图用自己的方式来调和二者。他的调和一方面是卓有成效的，他确确实实看出了独断论和怀疑论各自的弊病，而且试图寻找一种超越、克服这些弊病的途径。但是从另一方面来说，任何一个哲学家都有自己的问题和弱点，康德也不例外。

所以，当我们讲完了康德哲学以后，再回过头从总体上考察康德哲学，我们发现，康德实际上并没有真正地超越这两种哲学。

就怀疑论来说，康德哲学最后给我们的结论是自在之物不可知，所以仍然未能真正地超越怀疑论。康德只是把知识限制在现象世界中，而在现象世界之外，自在之物或本体世界对于康德来说仍然是不可知的。因此从根本上说，康德仍然没有摆脱怀疑论或不可知论的藩篱。

在独断论方面也是如此，我们可以看到，康德认识论是从两个独断的起点开始的，这就是先验自我和超验的自在之物，整个康德认识论正是以这两者为基础而构建出来的一个知识论系统。但是我们却不禁要追问：这两个东西是从哪里来的？为什么在认识发生之前就预先设定了先验的自我和超验的自在之物？对此康德从来不做解释，这就恰恰表明康德也是一个独断论者。他像唯心主义者一样独断了自我（尽管他强调这自我只是一个逻辑的主体，而非实在的主体），也像唯物主义者一样独断了自在之物。后来的哲学家，比如费希特，他对康德的批判首先就是指向了康德这两个预设中的一个，指向了自在之物。费希特是一个主观唯心主义者，他赞同康德的先验自我，但是却不接受康德的自在之物。相反，后来的唯物主义者在批判康德时恰恰接受了康德对自在之物的预设，但是却反对康德的先验自我。可见，康德的这两个预设——先验的自我和超验的自在之物，后来分别遭到了不同人的反对。这也恰恰说明他并没有能够真正地摆脱独断论的窠臼。

因此，虽然康德力图超越怀疑论和独断论，但是他最后却陷入了更加深刻的怀疑论和独断论之中。

另外，作为德国古典哲学的开端，康德最重要的意义在于提出了一系列根本性和方向性的问题。事实上，康德提出的问题比他解决的问题要多得多。当然，能够提出问题也是很了不起的，有时候提出问题甚至比解决问题更重要，特别是在哲学领域，情况更是如此。从这一点来说，康德最重要的贡献在于提出问题，而不在于解决问题。

正因为如此，一直到今天，康德仍然是各派哲学共同回溯的一个出发点。为什么呢？因为从康德提出的问题中可以引出各种不同的解决方案。我在第一讲中就已经讲过，哲学问题是没有终极性答案的。康德提出了许多开放性的问题，从而使得20世纪的很多哲学流派都要回到康德那里去。为什么在现代哲学中很少有人会提出回到黑格尔去呢？原因很简单，因为黑格尔的主要任务不是提出问题，而是解决康德提出的那些问题，当然是以一种黑格尔式的独断方式来解决。沿着黑格尔式的解决方案往前走，没有人能够超过他，所以很少有人愿意回到黑格尔去。这就是在现代哲学中康德一直吃香而黑格尔却像死狗一样被人抛弃的重要原因。康德提出的问题主要包括如下方面。

首先，康德明确地提出了思维与存在的同一性问题。康德的知识论就是要实现思维与存在的统一，以说明主体与客体、自我与自在之物是如何通过一种相互作用而统一起来，如何使科学知识成为可能的。但是，康德虽然提出了问题，却未能解决问题。大家可以看到，康德哲学最后的结论是：思维与存在是截然对立的。在康德那里，现象不是沟通思维与存在的桥梁，而是隔绝思维与存在的鸿沟。我们的认识只能到现象为止，现象背后的自在之物始终处于认识的彼岸。这就是康德认识论的最终结论。

其次，康德不仅在思维与存在之间造成了隔绝，而且在理论与实践、知识与道德之间造成了分裂。在认识论领域，康德讨论了理论理性是如何通过给自然立法来形成科学知识的；在道德哲学中，他又讲了实践理性是如何通过给人自身立法以实现意志自律的，并且最后还从至善理想中引出了灵魂不死和上帝存在。但是在康德那里，这两个部分是完全脱节的，理论与实践、知识与道德是互不相干的。理论并不能指导实践，一个人对客观世界的知识水平与他的道德实践是没有任何关系的。

在这一点上，康德比较类似于卢梭而不同于苏格拉底。大家知道，苏格拉底有一个基本命题：知识即美德。也就是说，一个人的知识越丰富，他的道德行为也就越高尚。当然，苏格拉底所说的知识是关于善的知识，而不是关于自然的知识。但是苏格拉底的观点后来却被斯宾诺莎进一步发挥了，斯宾诺莎认为，自由就是对必然性的认识，人对自然必然性认识得越深刻，在实践方面就越自由。可见，苏格拉底-斯宾诺莎这一条线是把理论与实践、知识与道德看作一种正比关系的。但是在西方思想史上还有一种相反的观点，那就是中世纪基督教的观点，以及近代卢梭、康德等人的观点，他们认为知识与道德是没有关系的，理论是理论，实践是实践；知识是知识，道德是道德，二者是风马牛不相及的。卢梭的观点甚至更偏激，他认为一个人的知识越多，他的道德状况就可能越堕落，知识与道德成反比。康德虽然没有像卢梭那样剑走偏锋，但是在他那里，理论与实践也是相互分裂的，知识的量与道德的质之间没有什么必然的联系。在康德的道德哲学中，意志自律是自由的事情，与一个人对世界的认识没有任何关系。尽管康德在《判断力批判》里试图通过判断力把理论与实践联系起来，但是他的努力并不是很成功，并没有能够真正弥补理论与实践之间的裂缝。

　　因此，康德哲学不仅造成了思维与存在的对立，而且造成了理论与实践的分裂。除此之外，在理性与信仰的关系上，康德哲学最后的结论也是一种井水不犯河水的划界，这种划界的做法并没有真正解决二者之间的矛盾，虽然它对后世产生了非常重要的影响。当康德在《纯粹理性批判》中解决知识论问题时，他把一切超出经验之外的东西、非理性的东西、虚无缥缈的东西，比如灵魂、上帝等，都从知识论里驱逐出去了。在《纯粹理性批判》中，康德根本就不讨论信仰的问题，这时的康德俨然是一个充分被理性武装起来的科学家。但是在《实践理性批判》中，他又出于实践理性的需要而引出了灵魂不朽和上帝存在，在道德世界里为上帝留下了立足之地。这样一来，在科学理性和宗教信仰之间就划了一条井水不犯河水的界限。科学理性解决自然界的问题，宗教信仰则关涉到道德实践的问题。一个处理外在世界，另一个针对内在世界，二者是互相不搭界的。由此可见，康德哲学给人们留下了一系列的分裂，而后世的哲学家们都试图以这样或那样的方式来弥合这些分裂。

　　当然，除了思维与存在、理论与实践、理性与信仰的分裂之外，在康德那里还有一个问题，那就是关于"矛盾"的问题。在康德之前，几乎所有的哲学家，尤其是唯理论哲学家，都力图在思想中避免矛盾。在他们看来，矛盾无疑是一个坏东西，如果在思想中出现了矛盾，那就说明思想本身有问题。所以唯理论哲学家在进行推理时，都严格地遵循同一律、矛盾律（或不矛盾律）和排中律，坚持杜绝思想过程中的矛盾。但是康德却告诉我们，当我们的认识经过感性和知性，进一步提升到理性的时候，矛盾就会产生，其典型形式就表现为四个"二律背反"。这四个"二律背反"无非告诉我们，理性在自然倾向的引导下，不可避免地会出现自我分裂。在"二律背反"中，正题和反题都可以言之成理，但是二者却是针锋相对的。两个相互对立的思想怎么可能都正确呢？这岂不是违反了矛盾律（"两个相互矛盾的思想不可同真，必有一假"）吗？

这看似荒唐的地方，恰恰是康德的功绩所在。康德了不起的地方就在于，他发现矛盾乃是理性的本质属性，只要理性企图去认识那个不可认识的自在之物，就必然会导致矛盾。但是他的局限之处却在于，他仍然像过去的哲学家一样，把这种必然出现的矛盾看作一种不好的东西，看作"理性的谬误"，是理性硬要去认识那个不可认识的东西（自在之物）而陷入的困境。他只看到了矛盾是思维的本质属性，却没有看到矛盾同时也是存在的本质属性。康德仅仅把矛盾局限在主观世界，不让矛盾去"染污"客观世界。正因为康德否认了客观世界本身的矛盾，把矛盾仅仅归于理性或思维，所以他仍然把矛盾看作一种谬误，一种思想的谬误。尽管他看到了矛盾产生的必然性，却没有看到矛盾产生的客观根据。所以，康德在矛盾问题上的功绩与缺憾是联系在一起的，就像在其他方面一样，他提出了问题，但是却没有解决问题。这些问题的解决，看来就只能留给后来的哲学家们了。

第十二讲

从费希特到黑格尔

康德开创了德国古典哲学，同时也留下了许多未解决的问题。紧接着他之后出现了三位重要的德国哲学家，那就是费希特、谢林和黑格尔。他们把康德开创的德国古典哲学向前推进，围绕着思维与存在的关系问题以及理性与信仰的关系问题展开了自己的思考，表现了一种一脉相承的关系。在黑格尔以后，德国古典哲学又经历了从青年黑格尔派尤其是费尔巴哈向马克思的转变。这一讲是我们的最后一次课，我先给大家讲一讲费希特和谢林，然后再简单地介绍一下黑格尔哲学以及德国古典哲学的终结。

费希特的"绝对自我"

对康德哲学的批判

　　费希特（Johann Gottlieb Fichte，1762—1814）早年曾是康德哲学的追随者，但在1794年出任耶拿大学教授后，开始与康德分道扬镳，建立了自己的哲学体系。1799年，费希特因思想激进而受到宣传"无神论"的指责，被解除了教职。1809年，他出任新成立的柏林大学的教授，并被推选为该校第一任校长。费希特的主要著作有《全部知识学的基础》《论学者的使命》《人的使命》等。

作为紧接着康德之后出现的一位伟大的哲学家，与沉静稳健的康德相比，费希特的最大特点就在于激烈而狂妄。费希特生活在一个风起云涌的时代，法国先

费希特（1762—1814）
（图片来源：Friedrich Bury, 1801）

后经历了大革命和拿破仑统治，英国开始了工业革命，费希特所在的德国也出现了张扬个性、讴歌天才、弘扬民族精神的狂飙突进运动。作为时代精神的代言人，费希特是一个特别强调实践、注重行动的人。他生就一身英雄胆，具有强烈的批判意识，什么禁忌都敢于突破。当法国人在政治领域中闹革命的时候，费希特就像拿破仑一样，在德国的思想领域中开展了一场伟大的革命。海涅曾在《论德国宗教和哲学的历史》一书中把德国的思想家和法国的政治家做了比较。他把康德比作罗伯斯庇尔，认为罗伯斯庇尔在政治上杀死了一个国王（路易十六），康德则在思想中杀死了一个上帝。他把费希特比作拿破仑，拿破仑创建了一个政治的帝国，费希特则缔造了一个思想的王国。费希特像拿破仑一样，敢于实践、勇于创建，费希特的名言就是"行动，行动，除此之外还是行动！"。当然，在19世纪下半叶以前，德国人的行动始终是停留在思想领域中的，它充

第十二讲　从费希特到黑格尔

其量只是思想的行动，而不是身体的行动。所以，费希特所强调的"行动"也只能理解为一种关于实践的理论。费希特通过对康德批判哲学的批判，在具有鲜明实践特点的自我的基础上，建立了一种主观唯心主义哲学。

如果我们给康德哲学贴上一个标签，用"××主义"来指称它，我们会发现这个标签很难贴。康德既承认不依我们意志为转移的自在之物，似乎是一个唯物主义者；同时他又设定了先验自我和一套先天的知识形式，好像又是一个唯心主义者。就他预设了先验自我与自在之物这两个出发点而言，他可以被称为二元论者；但是当他断定我们的知识只能达到现象、不能达到自在之物时，他又是一个不可知论者。当然，康德把自己的哲学称为"批判哲学"。这个称谓具有综合性，它表明康德哲学是包罗万象的，涵盖了各种不同的流派和观点。其中既有唯物主义成分，又有唯心主义成分；既有独断论，又有怀疑论。但是费希特的哲学就不同了，费希特哲学和费希特本人一样个性突出、旗帜鲜明，他明确地宣称自己的哲学是唯心主义，是以绝对自我作为基础的唯心主义，因此是一种主观唯心主义。这种主观唯心主义正是从对康德哲学的批判开始的。

在康德那里，先验自我和自在之物一个提供形式，一个提供质料，这样就构成了现象世界，然后形成了对现象世界的知识。费希特就此而指责康德头脑不健全，只是一个半途而废的批判者。费希特对康德哲学的最大不满在于，康德保留了一个自在之物。在费希特看来，这恰恰是康德的批判不彻底的地方。费希特敏锐地指出，对于这样一个自在之物，康德从来就没有告诉过我们它到底是什么，他一方面说自在之物不可知，另一方面却固执地坚持它的存在。但是，对于这样一个从头到尾都一无所知的东西，我们凭什么说它是存在的？因此这个自在之物实际上就等于无，它只是一个抽象的虚构物，因为它缺乏任何具体的内容。在这里，可以说费希特一针见血地揭露了康德哲学的破绽。

在关于自在之物的问题上，休谟表现得比康德更加明智。休谟既不肯定也不否定自在之物的存在，而是采取一种不可知的态度，表示自己无从断定是否有所谓实体或自在之物存在。这样做比较聪明，不会露马脚，当然也可以说是比较滑头。康德之所以要承认自在之物，就是因为在他的时代不仅有经验论、唯理论，而且有法国唯物主义哲学，而唯物主义基于人们的常识，总是预先承认有一个不依我们的意志为转移的客观世界。这种承认一个客观世界独立存在的常识，使得康德不得不设一个自在之物，而且这个自在之物至少可以解释感性质料的来源。但是，由于康德一再强调自在之物是不可知的，这样就被费希特抓住了破绽——既然我们对自在之物一无所知，我们又凭什么断定它的存在呢？可见这个自在之物只是一个抽象的虚构物，是我们思想的产物，它并非与"自我"一样是哲学的原始项，而是从"自我"里派生出来的。

康德的自在之物在唯物主义那里被叫作客观世界，费希特则把它叫作"非我"，以作为"自我"的对立面。这个"非我"是从哪里来的？它是从"自我"中产生出来的。因此"非我"并不是从一开始就与"自我"对立存在的（像康德所说的那样），它只是"自我"的派生物。在费希特看来，所谓自在之物根本就不是什么"自在之物"，它实际上是"为我之物"，只不过康德本人没有意识到这一点罢了。所以，这里的问题并不在于自在之物到底是什么，而在于你是否具有了清晰的自我意识，是否意识到自在之物或"非我"只不过是"自我"的派生物而已。所以，费希特嘲笑康德只有四分之三的健全头脑，他主张把康德的批判哲学贯彻到底，把康德哲学中残留的唯物主义成分彻底消除干净。

费希特对康德哲学的批判可以概括为如下几点：第一，康德关于知性的十二个范畴都是从判断表里分析出来的，他从质、量、关系、模态等四种不同的判断形式中，静态地分析出了十二个范畴。费希特却认为，这些范畴不是我们从现成的判断中分析出来的，而是从自我意识中合逻辑地演变出来的。第二，康德认为，知识的形式来自先验自我，知识的质料却来自自在之物。费希特则主张，自我不仅具有先天的知识形式，而且可以从先天的形式中创造出经验的质料。正如同自在之物本身就是从自我中产生出来的一样，质料也是从形式中合逻辑地生长出来的。因此，我们的认识并不需要外界提供任何东西，形式和质料都是来自主观自我，这样就彻底摧毁了唯物主义的最后避难所。第三，康德把认识与实践相分裂，费希特则认为，"自我"在创造"非我"的实践过程中，同时也在对它的实践创造物——"非我"进行认识，因此认识的过程和实践的过程是同一个过程，二者是不可分割的。因为"非我"本身就是"自我"创造的，这是一个实践过程，这个过程同时也伴随着"自我"对自己创造"非我"的过程的自我认识。

　　费希特深刻地指出，康德哲学之所以充满了破绽，关键就在于康德始终在不同的思想观点之间动摇、妥协。康德试图把唯物主义和唯心主义这样相互对立的思想观点汇集在一起，形成一个包罗万象的哲学体系，但是他没有意识到唯物主义与唯心主义是截然对立的。费希特明确地表示，唯物主义与唯心主义是不可调和的，它们之间的分歧并不是一个理论问题，而是一个气质或人格问题。当一个人的自我意识和个体人格还没有达到一定的水平，当他还没有认识到那个所谓的自在之物、客观世界或"非我"不过是"自我"的产物时，他就容易对外在世界产生一种依赖感，这时他就会相信唯物主义。但是当他的自我意识开始觉悟、他的个体人格逐渐独立，他就会发现，那个所谓的自在之物、那个独立存在的客观世界只不过是"自我"的创造物而已，这时他就会转而相信唯心主义。可见，在费希特那里，唯物主义和唯心主义的区别在于自我意识和个体人格的自觉、独立程度，二者分别代表了两个不同的层次。唯物主义是比较低的层次，一般百姓都是唯物主义者；而像费希特这样的先知先觉者、大彻大悟者，自然就是唯心主义者了。这就是费希特的自觉的唯心主义观点。

当然，我们可以批判费希特的观点，这种观点确实很狂妄，属于典型的费希特式观点。费希特哲学的显著特点就是狂妄，他认为一切外界事物都是"自我"创造出来的。但是在这种狂妄精神的背后，隐藏着一种极大的现实苦恼，这种现实苦恼的根源在于，德意志民族的贫穷、落后、分裂的现实状况与英、法等先进国家在实践领域所取得的杰出成就之间的巨大反差。这种深重的现实苦恼很容易以一种逆反的方式转化为一种精神上的狂妄，换句话说，一种目空一切的狂妄精神往往是在一种极度贫乏的现实土壤中培育出来的。正是由于现实生活极度不如意，才造成了德意志思想家特有的狂妄精神。这种狂妄精神在18、19世纪的德国表现为一种登峰造极的唯心主义。大家知道，唯心主义的一个基本特点就是过分地夸大人的主观能动性。由于受到保守而落后的政治、经济条件的限制，德国人的汹涌澎湃的主观能动性不可能在实践领域施展，因此它只能在思想领域来展现，这样就导致了德国唯心主义哲学的蓬勃发展。而费希特的狂妄的主观唯心主义，就是在这种情况下产生的。

面对着法国大革命和拿破仑帝国，费希特的德国同胞们却处于一种极其沉闷的政治状况中。在拿破仑占领德国期间，费希特曾发表了一系列"对德意志民族的讲演"，极力想振作起德国人的民族精神。但是他本人毕竟不是一个政治人物，他只能把那种要求变革的愿望表现在自己的哲学中，因此他的哲学就表达出一种要求行动的激昂情绪。

我们可以说康德哲学是比较谦虚的，虽然海涅认为康德哲学比罗伯斯庇尔专政更加恐怖（主要是就康德在知识论里杀死了上帝而言）。康德承认有一些东西是我们无法认识的，要求限制理性的运用范围，提出了许多问题但是却并没有独断地给出答案，这些都表明了康德是比较谦虚和审慎的。但是从费希特开始，德国哲学就沾染上了一种狂妄精神，这种狂妄精神愈演愈烈，到了黑格尔那里可谓登峰造极。但是这种狂妄精神一直被限制在思想领域，在现实生活中，这些哲学家通常都与当局保持着一种妥协关系。所以马克思在评价那个时代的德国思想家（如歌德、黑格尔等）时，把他们称为"思想上的巨人，行动上的侏儒"。

那个时代的德国人在思想上是顶天立地、气度恢宏的，但是在现实中却始终是谨小慎微的。康德就是一个典型的例子，谢林、黑格尔以及歌德等人也是如此。他们的思想中包含着极其强烈的革命色彩，但是在现实生活中他们却始终是一些循规蹈矩的好臣民。他们在青年时还有几分叛逆精神，然而一旦成年就把批判的锋芒收敛在纯粹的思想领域，再也不敢染指现实了。当然，费希特可以算是一个例外，他是一个喜欢行动的人，但是他的行动说到底仍然也只是思想中的行动罢了，他的狂妄精神仍然局限在哲学中。他公开宣扬精神的万能，认为整个世界都是"自我"创造的。虽然为了避免贝克莱唯我论的尴尬，他一再表示这个"自我"并不是费希特的自我，而是作为世界精神的绝对自我。但是仍然有人嘲笑费希特，他们画了一只鹅，这只鹅有一个很大的肝，这个肝大得可以把这只鹅都包进去。这幅画就是在嘲笑费希特的"自我"，这个"自我"狂妄地认为整个世界都是从它里面产生出来的，就好像一只鹅的肝大得可以把整只鹅都装进去一样。下面我们就来看看费希特的主观唯心主义学说。

正题、反题、合题

费希特通过对康德哲学的批判，把自在之物的本体地位取消了。作为"非我"，自在之物是从"自我"中产生的。他通过一个正题、反题、合题的三段式来表述自己的哲学。

费希特哲学的正题是："自我设定自身"。作为唯一的本体或原始项，"自我"在设定和确立世界之前，首先要设定和确立自己，这是完全符合逻辑的。那么，这个"自我设定自身"到底是什么意思呢？它包含了非常丰富的哲学内容，它首先表明，"自我"是自由的，不受任何东西的限制；同时"自我"也是自因的，自己决定自己，不再需要别的原因。这就充分表明，"自我"相当于古希腊哲学所探讨的本原，相当于基督教所信仰的上帝，它构成了世界的原始项。

费希特哲学的反题是："自我设定非我"。"自我"不仅要设定自身，还要设定一个与自己不同的东西，那就是"非我"。"非我"是什么？它就是"自我"的对立面，就是康德所说的自在之物、唯物主义所说的客观世界，就是与思维相对立的存在。从这个反题中，我们可以很明显地看出费希特哲学的唯心主义特点——思维产生存在，主体产生客体，自我产生自在之物。这是典型的唯心主义，而且是主观唯心主义。对此，费希特丝毫不隐讳，他公开地表述自己的唯心主义立场，因为在那个时代，唯心主义是一个很崇高的名称。他宣称，"非我"是与"自我"不同的东西，是"自我"的对立物。"自我"设定一个"非我"，设定一个与自己不同的东西，就是为了与自己相对立。"自我"必须设定一个东西来限制自己，才能真正地成为"自我"。但是"自我"这时仍然对此缺乏意识，它不知道"非我"是自己所设定的，反而以为这个"非我"是"自在之物"，以为它一直就客观地存在着。因此"自我"在"非我"面前还感到很被动，因为它还没有实现自我意识。这种状况，正好就是康德哲学所展现的自我与自在之物相互对立的情景。可见，康德哲学还停留在费希特哲学的反题水平，尚未进入到合题阶段。

费希特哲学的合题是："自我设定自身和非我"。这个合题从表面上看好像是正题和反题的简单合取，但是它却包含着很深刻的内容。在合题中，"自我"已经意识到它不仅设定了自身，而且设定了"非我"。既然"自我"和"非我"都是被"自我"设定的，因此它们在被设定的过程中就会产生一种相互限制的作用——当"自我"限制"非我"的时候，也就是主观作用于客观、思维作用于存在、观念作用于对象的时候，这就是实践活动。大家想一想，主观决定客观、思维决定存在、精神决定物质，这不就是实践活动吗？我们的实践活动不就是主观见之于客观、思想作用于对象的活动吗？反过来，当"非我"限制"自我"的时候，也就是客观作用于主观、存在作用于思维、对象作用于观念的时候，这就是认识活动。所以，"自我"和"非我"相互限制的过程就是实践活动和认识活动的过程，可见实践和认识是不可分割地联系在一起的。而且由于这个相互限制过程都是在"自我"的设定下进行的，因此"自我"与"非我"、实践与认识既是对立的，又是同一的。正是在这个相互限制的过程中，作为设定者的"自我"把自身从一个无意识的"自我"提升到一个具有自我意识的"绝对自我"，从而超越了自身与非我之间的对立而实现了二者的同一。这个实现了自我意识的"绝对自我"不是哪一个人的自我，而是全人类的自我。在这个"绝对自我"中，主观与客观、思维与存在、实践与认识,这一切对立的东西全部都达到了同一。因此合题阶段乃是费希特哲学完成的终点。

这就是费希特哲学的基本内容,在这里,所有的东西都是由"自我"来说明的,"自我"构成了整个哲学的起点和终点。但是,"自我"设定自身和设定对象的过程是一个非常复杂的过程,这个过程既是一个实践的过程,也是一个认识的过程,"自我"正是在这个过程中实现了对对象和对自身的认识,发展成为"绝对自我"。这个过程就好像一个演员在舞台上演戏,他变换了不同的面具,扮演了很多角色,沉浸在不同的角色意识里,直到剧情结束时,他才终于意识到这些角色其实都是自己扮演的,这些角色就是他自己。他之所以要扮演这么多角色,无非是为了通过对这些角色的体验来实现他的自我意识。

从费希特开始,德国哲学就具有了一种晦涩而神秘的特点,那就是精神一定要经过一个艰苦而漫长的磨炼过程,才能最终达到真理。正是这种自编自演的精神苦肉计,克服了康德在思维与存在、认识与实践之间所造成的对立。现在,一切对立的东西都实现了同一。思维与存在同一了,因为存在本身就是从思维中作为对立面产生出来的;认识与实践也同一了,因为认识和实践说到底无非是"自我"与自己的影子"非我"之间所玩的一场障眼术而已。

费希特克服了康德哲学的一系列对立,实现了对立面的同一,但是这种同一却是在"自我"的基础上实现的。所以我们说费希特哲学是主观唯心主义,它从"自我"中产生出整个世界。从"自我"到"非我"的转化过程,就是整个世界的创造过程。自我设定自身,这是一个很简单的同一律,即 A=A;然而当"自我"设定"非我"时,整个世界就从"自我"中流溢出来。

你们完全可以把这个过程看成是上帝创世的过程。上帝创世不也是这样吗？上帝首先要在一种自我同一性中确立自身，然后再创造那些与他不同的东西。上帝根据什么东西来进行创造呢？就是根据自己的精神、思想或观念来进行创造！上帝从自己的观念中创造出整个世界，世界作为"非我"是从上帝的"自我"中产生出来的。当上帝创造了世界之后，他就与世界发生相互作用，并通过对世界的认识而实现一种更高的自我认识。这一套可以从基督教中找到原型的上帝创世观，后来也成为黑格尔的绝对精神演进史。而这种通过概念自身的演进来展示自然历史和社会历史的做法，最初就是从费希特的"自我"演化的三段式开始的。费希特在这里决不是单纯地玩弄概念游戏，他实际上以精神的方式讲述了整个世界是怎么产生、怎么发展的。这就是费希特关于"绝对自我"的唯心主义哲学。

费希特不仅以主观唯心主义的方式克服了康德在思维与存在、认识与实践等方面所造成的对立，而且在矛盾问题上也有很大的进展。在康德那里，矛盾或者二律背反仅仅表现为正题和反题，却没有合题。这就意味着矛盾只有绝对的对立，而没有同一。费希特的伟大之处在于，他不仅提出了正题和反题，而且提出了合题，合题恰恰就是对正题和反题的综合与统一。费希特的正题相当于康德的自我，反题相当于康德的自在之物。如果仅仅停留在正题和反题之中，那么就只有自我与自在之物的二元对立，自我和自在之物谁也无法成为谁的前提，这样就陷入了一种二元论。正是由于反题阶段的"自我"还缺乏自我意识，所以它把自己设定的"非我"看作"自在之物"。所谓"自在之物"，就是其本身就自在地存在的东西。当"自我"还没有达到自我意识的时候，"非我"就是"自在之物"；而当它达到自我意识的时候，它就会发现原来"非我"不过就是"为我之物"而已。"非我"是离不开"自我"的，没有"自我"怎么可能会有"非我"呢？由于康德只停留在正题和反题的对立中,所以他无法意识到这一点,然而合题的提出正是费希特超越康德的地方。合题不仅是简单地把正题和反题合在一块,也意味着"自我"实现了自我意识,达到了自觉,从而在实践和认识两个方面都把"自在之物"作为"非我"统一到自身之中,使矛盾本身得到了化解。

如果说正题和反题表现了对立,那么合题就表现了对立的同一。因此,正题、反题、合题这个三段式恰恰表现了对立同一的逻辑形式。大家知道,辩证法讲的就是对立面的同一,而这个对立同一的逻辑形式最初就出现在费希特的哲学中。这是一个重要的发展,它意味着矛盾从单纯的对立走向了对对立的扬弃,走向了对立面的同一,两个相对立的东西在一个第三者那里得到了同一。正是在费希特创立的正题、反题、合题的基础上,黑格尔后来才发展出肯定、否定和否定之否定的辩证逻辑三段式。

当然,在赞赏费希特的辩证法思想的同时,我们也不能忽略了费希特哲学存的问题。他的问题太大了,他把整个世界都说成是从"自我"中产生出来的,尽管他解释说这不是他费希特的自我,而是"绝对自我",即"全人类的自我意识",但这只不过是一个遁词而已。哪里有什么"全人类的自我意识"?说到底是费希特把自己的自我意识当作了全人类的自我意识罢了。从这种意义上说,费希特的全部问题就像那幅漫画所画的,那个巨大的鹅肝把整只鹅都包进去了。或者换一个比喻,费希特的问题就好像一个人以为他可以抓住自己的头发把自己拽起来一样,那只是一种主观的狂妄而已。

谢林的"绝对同一"

对康德、费希特的批判

如果说继康德之后,德国哲学界中独领风骚的人物是费希特,那么不久之后,谢林则取而代之。当然,康德在德国思想界一直都具有持久性的影响力,成为后来的德国哲学家们共同批判的对象。费希特因为批判康德而一举成名,谢林也因为批判康德和费希特而名声大噪。

谢林(Friedrich Wilhelm Joseph von Schelling,1775—1854)是一个少年聪颖的天才人物,15岁进大学读书,23岁时即由于歌德的举荐而成为耶拿大学的哲学教授,并且与德国浪漫派诗人施莱格尔兄弟等人过往甚密,其哲学思想被看作德国浪漫派的理论表达,谢林本人也因此而成为德国浪漫派的精神领袖。

早在20多岁时,谢林就因为批判费希特而出名,并且发表了《自然哲学体系初稿》《先验唯心论体系》等重要著作。谢林与黑格尔是同学,两人早年都在图宾根大学神学院学习神学,但是黑格尔却比谢林年长5岁。他们在图宾根大学神学院读书时,正好赶上法国大革命爆发,二人当时都深受法国大革命和启蒙思想的影响,而谢林尤其激进。当时德

谢林(1775—1854)
(图片来源:Joseph Karl Stieler, 1835)

国具有自由思想的青年知识分子，基本上都为法国大革命而欢呼。谢林在这些人中俨然是一个领袖式的人物，他与黑格尔等人一起种植了自由树，据说他还把法国大革命的歌曲《马赛曲》翻译为德文。黑格尔虽然比谢林年长，但是与谢林相比，黑格尔只能说是大器晚成。图宾根大学时期的黑格尔很崇拜比自己年轻的谢林，他曾与谢林一起发表文章、创办刊物，从黑格尔后来的思想中也可以看出谢林影响的痕迹。

谢林的思想体系非常复杂，而且充满变数，早年谢林的思想与晚年谢林的思想之间存在着很大差异。早年谢林的哲学思想主要表现为自然哲学、先验哲学以及二者结合而成的同一哲学，而后又开始热衷于艺术哲学，晚年则转向了基督教的神话哲学和启示哲学。1803年，谢林与德国浪漫派领袖施莱格尔的前妻、"浪漫女性的典范"卡罗琳娜结婚，1804年，他发表了《哲学与宗教》一书。这本书意味着谢林与早年的理性主义哲学分道扬镳，开始转向非理性主义和基督教神学。海涅挖苦说，自从1804年谢林开始婚姻生活的时候起，他的哲学生涯也就结束了。

大概是由于对德国浪漫派反感的原因——海涅曾认为德国浪漫派是在歌德和席勒播下龙种的文坛上长出来的一群跳蚤——海涅对谢林的评价也极其糟糕。在《论德国宗教和哲学的历史》这本书中，海涅把康德比作思想界的罗伯斯庇尔，把费希特比作思想界的拿破仑，但是却对继费希特之后崛起的谢林极尽讽刺挖苦之能事，把他贬得分文不值。海涅对谢林的评价当然有偏颇之处，但是晚年的谢林确实越来越转向保守和神秘主义，最后竟成为普鲁士专制制度和天主教神学的卫道士。当谢林转向宗教神秘主义时，黑格尔的思辨哲学开始在德国崛起，并且很快就取代了谢林昔日的风光。在黑格尔的强大思想光环照耀下，谢林哲学日益被边缘化，他本人也长期在巴伐利亚的一些大学执教。直到黑格尔去世10年之后，谢林才受到普鲁士国王的邀请来到柏林大学讲授神话哲学和启示哲学。但是晚年谢林的保守主义思想很快就受到了激进的青年黑格尔派的强烈反对，不得不草草结束了在柏林大学的教职。

在谢林生活的时代，德国理论界仍然深受启蒙思想的影响，哲学的主流无疑是理性主义。康德哲学和黑格尔哲学代表了这种一脉相承的理性主义传统，而谢林的非理性主义和宗教神秘主义则与时代潮流格格不入，这就是他在哲学界被边缘化的重要原因。然而，到了19世纪下半叶以后，谢林晚年的哲学思想却受到克尔凯郭尔、尼采、狄尔泰、海德格尔等人的大力传扬，逐渐成为显学。而谢林把艺术看作哲学的拱顶石，认为艺术比哲学更高、艺术直观比逻辑推理更接近真理的观点，也在20世纪受到越来越多的现代派艺术家和诗人的推崇。

我们在这里只是把谢林当作从康德、费希特到黑格尔的整个德国古典哲学思想发展过程中的一个重要环节，因此只介绍他早年的哲学思想。

谢林哲学是从对费希特的批判开始的。他认为，费希特从"自我"出发，这是有问题的。为什么呢？因为费希特虽然最终把"自我"提升为绝对的自我意识，但是在费希特的正题和反题中，"自我"却是缺乏自我意识的。那时候的"自我"还不知道自己在设定着自身和"非我"，以至它把"非我"当作了自在之物，这说明最初的"自我"还是无意识的"自我"。谢林批判道，一个无意识的"自我"怎么能够被叫作"自我"呢？"自我"必须有自我意识，缺乏自我意识，那就根本不是"自我"。而且他认为费希特把"绝对自我"说成是一种普遍的自我意识或全人类的自我意识，这种说法本身就是难以接受的。

此外，谢林还指出，费希特的"绝对自我"本身并不是绝对的，因为它要受到一个对立物即"非我"的限制。然而，既然它是绝对的，怎么可能还会受到其他东西的限制呢？绝对的东西就是无限的东西，这一点我们早在阿那克西曼德的阿派朗那里就知道了。如果"自我"是绝对的，那么它为什么还要设定一个"非我"呢？"非我"是什么？"非我"就是对"自我"的限制。费希特本人也承认"非我"和"自我"是相互限制的。他一方面说，"非我"是被"自我"所设定、所创造的；另一方面却又认为，这个被"自我"创造的"非我"构成了"自我"的限制物，这不是自相矛盾吗？

因此，谢林认为，费希特从"自我"出发来解决思维与存在的关系问题是不能令人满意的。那么怎么办呢？在这里，谢林就借助了斯宾诺莎的泛神论，他把斯宾诺莎的"实体"概念神秘化，称之为"绝对"或"绝对同一"，将其作为唯一的原始项，并且从中产生出精神与物质、思维与存在、观念与对象的差别和对立。谢林强调，我们哲学的任务就是要说明思维与存在、自我与自在之物之间的关系。他把这种关系称为表象与对象之间的关系，并且把它分解为两个任务：第一任务就是要说明我们的表象是如何依对象而变化的，即对客体的认识问题；第二任务就是要说明对象是如何依表象而变化的，即主体的实践问题。谢林认为，费希特解决了哲学的第二任务，说明了对象（"非我"）是如何依表象（"自我"）而变化的，但是他却没有解决第一任务。另一方面，唯物主义倒是说明了表象（精神）是如何依对象（物质）而变化的，因为唯物主义的基本观点就是物质决定精神、存在决定思维，但是它却不能解决哲学的第二任务。可见，唯物主义与费希特各执一端，费希特执着于实践的确定性（即对象依表象而变化），唯物主义则执着于理论的确定性（即表象依对象而变化），双方都陷入了一种片面性之中。

至于康德的情况，那就更糟糕了。谢林认为，康德既没有说明表象是如何依对象而变化的，也没有说明对象是如何依表象而变化的。康德的自我和自在之物谁也决定不了谁，自在之物既不依自我而变化，自我也不依自在之物而变化，二者处于直接的对立中。因此康德的二元论既没有解决哲学的第一任务，也没有解决哲学的第二任务。

现在我们用大家比较熟悉的概念来总结一下。在谢林看来，像费希特那样把精神（自我）作为第一性的，这样固然说明了精神是如何决定物质的，解决了实践的问题，但是却无法说明物质是如何影响精神的。而像唯物主义那样把物质当作第一性的，这样固然说明了物质是如何决定精神的，解决了认识的问题，但是却又无法说明精神是如何影响物质的。而康德更是既无法说明物质是如何影响精神的，也无法说明精神是如何影响物质的，因为康德那里有两个第一性的东西，即自我和自在之物。费希特哲学（即唯心主义）、唯物主义和康德哲学（即二元论）是解决精神与物质、思维与存在关系问题的三种不同途径。大家想想，现在这三种途径都被谢林否定了，那么是否还会有第四种可能性呢？谢林既然已经否定了精神决定物质、物质决定精神以及精神与物质谁也不决定谁，那么他该从哪里出发呢？这显然是一个棘手的问题。

但是谢林毕竟是一个高明的哲学家，如果他不能超越前三种途径而另辟蹊径，他就不会在哲学史上留名了。谢林借助于斯宾诺莎泛神论的"实体"思想而提出了第四种可能性，他选择了一个既不是思维（精神、自我、表象等）也不是存在（物质、自在之物、对象等），但是同时包含着这些相互对立因素在内的东西作为出发点。这个东西是什么呢？他把它叫作"绝对"或者"绝对同一"，有时候也把它叫作"绝对理性"或"宇宙精神"（谢林后来指责黑格尔的基本概念"绝对精神"是从他那里剽窃来的)。这就是谢林高明的地方,他既不从思维出发,也不从存在出发,更不从两个相互独立的本原(思维与存在)出发,而是从这两个对立面的原始统一体出发。就这一点而言,他确实开创了处理思维与存在关系的第四种可能性。

谢林把这个原始统一体称为"绝对"。在他看来,彼此对立的主体和客体都是相对的,而二者的同一才是绝对的。这个"绝对"或"绝对同一"既不是主体,也不是客体,而是二者的绝对无差别的同一。在"绝对同一"中,思维与存在、精神与物质、自我与自在之物尚未分离,彼此之间没有任何差别,这就是最初的东西。费希特从"自我"出发,因此是主观唯心主义;法国百科全书派哲学家从自在之物出发,因此是唯物主义;康德从自我和自在之物这两个对立面出发,因此是二元论。谢林则从自我与自在之物的原始统一体"绝对同一"出发,因此他认为自己的哲学体系是客观唯心主义。

谢林的客观唯心主义认为,世界最初就处于一种绝对无差别的同一状态。在这个原始同一状态中,思维与存在是毫无差别地共存的,它们只是在后来的发展过程中才相互分离,产生出差别和对立。从这种意义上说,思维也好,存在也好,都是第二性的东西,都是从"绝对同一"里派生出来的,而且最终还要在一种更高的状态下复归于"绝对同一"。在谢林看来,只有在"绝对同一"本身的发展过程——这个过程表现为从同一走向差别、对立,而后又复归同一的过程——中,我们才能解释表象是如何依对象而变化以及对象是如何依表象而变化的。大家看看,这是不是第四条道路呢?我认为这确实是的。仅就思维与存在的关系来说,谢林确实开创了一条既不同于费希特和唯物主义,也不同于康德的道路,那就是从一个第三者即思维与存在的原始统一体出发来说明二者的关系。

就这一点来说,我们不得不承认谢林比我们都聪明,我们大家可能想不到第四种可能性。我们所受的哲学教养告诉我们，在思维与存在的关系问题上只有三条道路，一条是主张思维决定存在的唯心主义，一条是主张存在决定思维的唯物主义，另一条是主张思维与存在谁也不决定谁的二元论。但是谢林却为我们指出了第四条道路，这就是谢林的高明之处。当然，从思想实质上看，谢林的哲学观点仍然属于唯心主义，他自己也认为他的哲学体系是客观唯心主义，因此从根本上仍然未能超出思维决定存在的藩篱。但是，至少就出发点而言，他试图寻找一个既不同于思维又不同于存在的东西，因此我认为他确实是展现了第四种可能性。

同一哲学

谢林的早期哲学就是要说明"绝对同一"的发展过程，即说明思维与存在、主体与客体是如何从同一中产生并最终复归于同一的。这种说明同一自身发展演变的哲学就是同一哲学。它又可以分为自然哲学和先验哲学，前者通过自然界的演化以说明精神是如何从潜能走向现实的，后者通过世界历史的演进以说明自我意识是如何创造客观世界的。作为同一哲学的两个有机组成部分，自然哲学和先验哲学解释了从自然界到人类社会的整个发展历程。下面，我们就来简单地讲解一下这个过程。

谢林认为，在世界最初的"绝对"状态中，思维与存在是毫无差别地融为一体的。但是，作为一种有着内在目的性的宇宙精神，"绝对"产生了一种无意识的欲望。正是这种无意识的欲望要求打破同一状态，从原始的无差别性走向了最初的差别、对立、矛盾，这样就从"绝对"中产生出了自然界。后来黑格尔在批判谢林时质疑道，这种无意识的欲望是从何而来的？它为什么要打破原始的无差别状态而走向差别、对立、矛盾呢？显然，对于这个问题，谢林没有给出答案。谢林只是说"绝对"有这种欲望，它非"要"走出自身不可，于是它就从原始的同一状态中走出来了。这种解释显然是一种诗意的解释，然而黑格尔追问的却是一种逻辑根据。正因为如此，谢林的理由在黑格尔看来是非理性的。

"绝对"在无意识的欲望驱使下，走出了无差别的同一状态后，首先就产生了自然界。关于自然界的学说在谢林的哲学体系里就构成了自然哲学，自然哲学描述的就是从同一中产生出差别、对立、矛盾的过程，这个差别、对立、矛盾当然就表现在客体与主体、存在与思维之间。最初产生的自然界当然主要体现为客体或存在，但是其中已经开始隐蔽地包含着主体或思维的因素了。整个自然界从低级向高级的发展演化过程，就是客体与主体、存在与思维的相互关系发生动态变化的过程，同时也是隐藏在自然界中的目的从不自觉到自觉的觉醒过程。

最初产生的自然界是一个纯粹的机械性世界，那时候物质占了绝大一部分，而精神或意识的因素还非常微弱，完全缺乏自觉性，处于一种朦胧状态。这样的世界就是一个由最低级的存在物如石头、土壤、矿石等组成的世界，在这个世界里只有机械运动。然后，自然界逐渐从纯粹的机械论世界向更加高级的形态发展，从无机界到有机界，从无生命物到生命物，而潜藏在物质中的精神或意识的因素也随之一点点地增长。到了生命物产生之后，就开始有了最微弱的意识，借用莱布尼茨的话来说，有了"微知觉"。然后从微弱的意识再向更高级的意识状态发展，从最低级的生物如三叶虫、蓝藻等到植物、动物，再到高级的灵长类动物，最后发展到人类。到了人类这里，意识就达到了充分的自觉，主体或思维的成分就超过了客体或存在的成分而成为主要成分。这时，主体与客体、思维与存在之间的差别、对立、矛盾关系就发生了根本性的逆转，精神取代物质成为矛盾的主要方面，因此自然哲学也就结束了。

谢林把"二元对立"或者"两极性"当作自然界的一个基本原则，在自然发展进化的过程中，每一个阶段都体现了这种"两极性"。例如，在机械世界中体现为引力与斥力，在物理世界中体现为阴电与阳电，在化学世界中体现为酸与碱，在生物世界中体现为感受性与反应性，在人身上体现为主观与客观。低级世界中的"两极"在较高级世界中达到了合题，得到了同一，但是新的"两极"又产生出来，构成了新的差别、对立、矛盾。如此层层递进，就形成了自然界发展的一般公式，即同一—差别、对立、矛盾—同一。这个公式恰恰揭示了自然界从低级到高级的有目的的发展演化过程。在这里，我们可以看到，谢林的这个自然发展公式已经内在地包含了费希特的正题、反题、合题，而且将正、反、合三段式变成了一个不断出现、不断提高的动态过程。这一点对黑格尔的否定之否定思想也产生了重要的影响。

自然哲学结束后，就过渡到先验哲学。在自然哲学中，物质占据主要地位，精神只是潜在的，整个自然哲学就反映了精神从潜能到现实、从朦胧到清晰的发展过程，反映了物质与精神的力量对比逐渐发生逆转的过程。到了人那里，精神开始占据主动地位，自然哲学也就让位于先验哲学了。如果说自然哲学说明了表象是如何依对象而变化的，那么先验哲学就接着来说明对象是如何依表象而变化的。这样，先验哲学就转向了实践的方面，侧重于人的精神活动领域，即人类的社会历史进程。

自然哲学与先验哲学的前后相继表明了谢林的强烈的历史感，这也是谢林的了不起之处——他把历史感引进了哲学，这种历史感一直贯穿于从自然界到人类社会的整个发展过程中。谢林不像费希特那样，只是静态地说明"自我"与"非我"、主体与客体之间的相互作用和相互限制，而是把这种相互作用、相互限制当作一个漫长的历史过程，伴随着自然界和人类社会的全部发展历程。在这方面，黑格尔显然也受了谢林的影响，黑格尔把从自然界到人类社会的全部历史看作"绝对精神"自我实现和自我认识的场所，正如谢林把从自然界到人类社会的全部历史看作"绝对"实现自身的过程一样。所以后来谢林老是唠唠叨叨地说黑格尔剽窃了他的思想，也不是完全没有道理的。

如果说自然哲学说明了从客观的物质世界中是如何发展出主观精神的，那么先验哲学就要说明，从主观的精神或自我意识中是如何创造出客观世界的。这个自我意识的创造过程可以分为三个阶段：第一阶段是认识。在这里，谢林和康德、费希特一样，认为先验的自我意识通过给自然立法，从而使作为人的认识对象的客观世界不再是一个与自我意识无关的自在之物，而是一个被自我意识所赋形的为我之物。第二阶段是实践。谢林在这里论述了人的自由是如何在漫长的世界历史中与必然性相协调的过程。在古代社会，自由处于与必然性相分裂的"任意性"状态，而命运（即必然性）则成为高悬在人类头顶的达摩克利斯之剑；在中世纪，自由屈从于自然必然性，封建关系使得自由成为少数人的特权，并体现为一种扼杀他人自由的专制暴政；到了谢林生活的时代，随着人类对自然必然性的认识和驾驭，自由才真正成为一种与必然性相协调的东西，成为一种自由的必然性，整个世界历史也就处于一种理性的法制时代了。

自我意识创造客观性的第三阶段是艺术，这也是思维与存在、主体与客体在更高水平上复归"绝对同一"的阶段。在实践哲学中，人在理性的法制时代虽然实现了自由与必然性的统一，但是这种统一还不是主体与客体之间的真正同一。因为在历史活动中，人的自由与历史的必然性之间始终存在着差别。虽然我们可以通过理性的中介来实现二者的协调一致,但是它们毕竟是两个东西。为了实现主体与客体的无差别的同一,谢林提出了一种"理智直观"的状态。"理智直观"的概念在康德那里就曾经提到过,它是指对自在之物的认识能力。康德认为,人只有感性直观能力,而缺乏理智直观能力。谢林却认为,人可以在理智直观活动中创造出直观对象,并且使自己与这个对象相同一。这种理智直观能力并不是所有人都具有的,它只属于少数的哲学天才,它使哲学家在哲学中超越了现实历史,从而能够不受外在条件的限制而自由地创造客观现实。大家可以看到,谢林所说的这种理智直观实际上已经超出了理性思维的范围,成为一种非理性的神秘直观。然而,即使是在哲学的理智直观中,主体与被它创造的客体之间仍然存在着差别,同一仍然还不是无差别的绝对同一。因此,理智直观还必须向着更高的境界发展,那就是艺术直观。

如果说哲学超越了历史,那么艺术则超越了哲学。在哲学的理智直观中,精神虽然创造了自己的客观对象,但是它仍然固执于自我意识与对象意识之间的差别。也就是说,仍然把自我当作自我,把对象当作对象。然而在艺术直观即艺术创造活动中,人不仅现实地创造了客观对象(艺术品),而且在创造活动中达到一种物我两忘、主客不分的至高境界。这时,自我与对象、自由与必然、意识与无意识等一切差别、对立和矛盾都水乳交融地融为一体,主体与客体实现了真正的无差别的同一。自从最初的原始同一产生出差别、对立、矛盾之后,在自然的发展过程和精神的实践过程中,差别、对立、矛盾的内容虽然不断地变化、不断地发展,但是差别、对立、矛盾的形式却一直存在着。然而到了艺术直观中,差别、对立、矛盾本身却彻底地消失在绝对同一之中。因此,谢林把艺术直观称为全部哲学的"拱顶石"。

谢林的说法有一定的道理，你们中肯定有喜欢艺术创作的，有艺术系的学生，你们在从事艺术创作时，是不是经常会达到一种如痴如醉、物我两忘的精神境界？是不是感觉到你已经完全融入自己的作品中，甚至已经分不清何者是庄周，何者是蝴蝶了？然而，这种艺术直观的至高境界固然美妙，它毕竟无法取代哲学的逻辑思维，因此谢林将其置于哲学之上的做法仍然是有待商榷的，正如后来黑格尔把哲学置于艺术之上的做法也是有待商榷的一样。艺术和哲学是两种完全不同的精神活动，一个是形象思维，一个是抽象思维，二者很难比较孰高孰低，过分褒扬或贬抑任何一者都可能走向偏执。

谢林认为，在艺术直观中，主体与客观、思维与存在又重新实现了无差别的绝对同一。至此，自然界和人类历史的漫长路途已经走完了，"绝对"或"宇宙精神"的自我实现过程也就完成了。更为重要的是，我们在艺术直观中意识到整个宇宙就是上帝或"绝对"的艺术作品，因此对上帝作品的认识就自然而然地上升到对上帝或"绝对"本身的认识，从而从艺术直观中产生了一种建立"新神话"的要求。这样就从艺术哲学转向了神话哲学和启示哲学，从非理性的艺术直观转向了宗教神秘主义。

对谢林哲学的评价

关于谢林的同一哲学，我想简单地总结一下，以便说明谢林在德国古典哲学中的承前启后作用。

首先是思维与存在的关系问题。可以看到，在谢林那里，正如在费希特那里一样，思维与存在之间实现了同一。谢林从原始的无差别的同一出发，然后引出了思维与存在之间的差别、对立和矛盾。

这种差别、对立和矛盾在自然界和人类社会的不同发展阶段表现出不同的内容和态势，从而使同一——差别、对立、矛盾—同一这一公式不断地以新形式呈现出来。大家可以看到，主客体之间的差别、对立、矛盾在自然界和人类社会的任何一个发展阶段都存在，只不过二者的轻重比例有所不同罢了。越是往后发展，主体或精神的分量就越重，客体或物质的分量就越轻。例如，在自然界最简单的物质形式如矿物或石头中，精神只是以极其微弱的形式存在，完全不具有意识性。然后到有机物、植物、动物，最后到人，精神的分量越来越重，越来越自觉。到了人类历史的实践活动中，更是开始了精神创造客观对象的过程。在实践中，客体逐渐从自在之物变成了为我之物，在主体面前变得越来越被动、越来越不重要了。因此，整个同一哲学（包括自然哲学和先验哲学）所描述的就是一部精神的发展史。最后到了艺术直观中，主客体之间的一切差别、对立、矛盾终于彻底复归于绝对同一。

这就是谢林的观点，从绝对无差别的同一出发，最后又回到了绝对无差别的同一。如果说康德过分地执着于对立，那么谢林却恰恰相反，过分地执着于同一。对于谢林的这个既是起点又是终点的绝对无差别的同一，黑格尔特别反感。黑格尔反驳道，世界上哪有什么绝对无差别的同一？任何同一都是具体的同一、辩证的同一，即包含着矛盾的同一。黑格尔嘲笑谢林的无差别的同一是一种抽象的同一，这种抽象的同一就好像是"黑夜观牛"，把一切牛都看成是黑色的了。黑格尔既反对康德的抽象对立，也反对谢林的抽象同一，他主张具体的同一，即包含着差别、对立、矛盾的同一。在黑格尔看来，任何同一里面都内在地包含了自己的对立面，因为矛盾就是存在的本质。

黑格尔把康德的抽象对立和谢林的抽象同一都斥为一种形而上

学，在这里，形而上学就具有了我们熟悉的那种含义，即指孤立地、静止地、片面地看问题的思想方法。我在前面讲到康德哲学时曾经指出，康德认为以往的形而上学是一种作为自然倾向的形而上学，这种形而上学由于未能批判地对待理性能力而走向了独断论，因此康德要求对形而上学采取一种消极的态度，即对人类理性的范围和界限保持一种批判意识。到了黑格尔那里，"形而上学"这个概念已经明显地具有了贬义，它与"抽象的思想""独断论"等词语具有相同的意义，从而成为思辨理性或者辩证法的对立面。

康德以抽象的对立——自我与自在之物的抽象对立——作为整个哲学的出发点，谢林则把绝对无差别的同一作为哲学的出发点，而黑格尔则对二者进行了辩证的综合。那么黑格尔是从哪里开始的呢？黑格尔从最简单的概念开始，一个简单得不能再简单的概念，那就是"存在"。但是"存在"并不是绝对无差别的同一，它已经内在地包含着它的对立面，即"非存在"，因此"存在"与"非存在"之间的对立是合逻辑地从"存在"中发展出来的。关于这一点，稍后我们在介绍黑格尔哲学的时候再讲。但是黑格尔非常明确地表示，从"存在"到"非存在"的过渡是合逻辑的、必然的，而不是像谢林所说的那样，是出于一种非理性的冲动。大家想一想，谢林当初走出绝对同一靠的是什么？是一种非理性的欲望，这种欲望"要"冲破同一走向差别，于是"绝对"就超出了自身。这种说法完全是非理性的、无逻辑的，充其量只是一种诗意的描述。但是哲学毕竟不是诗歌，哲学更多的是逻辑，因此在黑格尔看来，谢林的这种动力是非常荒唐的。

出于同样的理由，黑格尔也反对谢林把艺术直观当作"绝对同一"最后实现的场所。黑格尔认为，理性的认识才是最高的认识，概念的内容必须在概念的形式中才能真正被把握。因此绝对精神自我实现和自我认识的最后场所一定不可能是艺术，而是哲学，尤其是黑格尔哲学。艺术的直观和宗教的意象最后都必须在哲学的概念中达到自己的真理。从这里，我们可以看出谢林与黑格尔之间的区别，当然也可以看出他们两人之间的联系。

其次是矛盾问题。我们看到，谢林与费希特一样，在康德的正题和反题之外增加了合题，谢林把这个正、反、合三段式表述为同一——差别、对立、矛盾—同一。从形式上看，谢林比费希特又更进了一步。在他那里，合题不仅是对正题和反题的综合，而且在形式上也是向着出发点的无限返回，但是在内容上却包含了更多的东西，因此是一种更高水平上的返回。谢林从同一出发，通过差别、对立、矛盾的中介，一次又一次地回到同一，然后再一次又一次地超出同一，走向新的差别、对立、矛盾。这种对立同一的过程贯穿于整个自然发展过程中，而且在人类社会中仍然在持续，直到最后在艺术直观中达到绝对无差别的同一。在这里我们已经可以看出，差别、对立、矛盾是对前一个同一的否定，而后一个同一则又是对差别、对立、矛盾的否定，因此是否定之否定。可见，在谢林的这个自然公式中已经暗含着后来黑格尔所表述的绝对精神发展的三段式，即"肯定—否定—否定之否定"。

这样一来，两个相互对立的东西就变成了同一个东西的自否定过程，一切对立面——思维与存在、主体与客观、自我与自在之物以及理论与实践——说到底都不过是同一个既是主体又是实体的东西的自我否定、自我发展和自我认识的不同阶段而已。这个东西在黑格尔那里就被叫作"精神"，在"精神"之外，并不需要设置外在的对立面。因为"精神"会通过自否定运动而发展出自己的对立面，它会不断地走出自己、否定自己、产生出自己的对立面；然后再扬弃对立面而重返自己，在否定之否定的过程中实现与自己对立面的同一。所以黑格尔非常豪迈地说，整个世界就只有一个概念，即"精神"的概念。整个世界也就只是这一个概念的自否定运动，是它不断地走出自身又不断地在更高水平上重返自身的过程。因此就这一点来说，这个"精神"既是开端，又是过程，也是全体，它就是"绝对精神"。在这里，根本就不需要外在性的相互限制，也不需要"无意识的欲望"来作为走出自身的动力，因为每一个肯定同时就是一个否定，肯定已经内在地包含了自己的否定，所以它走出自身的过程是一个必然的、合逻辑的过程。

由此可见，就矛盾问题而言，从康德的正题与反题的截然对立，到费希特的正题、反题、合题的三段式，再到谢林的同一、对立、同一，最后演化为黑格尔的肯定、否定、否定之否定，这个思想发展过程是一脉相承的。在这个发展过程中，谢林构成了一个必不可少的重要中介，他的"同一—差别、对立、矛盾—同一"要比费希特的"正题、反题、合题"高明得多。因为"正题、反题、合题"纯粹是一个形式的东西，它缺乏具体的内容。而谢林则告诉我们，正题的内容就是同一，反题的内容就是对立、差别、矛盾，而合题的内容就是在更高的基础上实现的新的同一。现在内容与形式相统一了，这当然代表着更高的水平。这就是谢林的重要贡献。

黑格尔的"绝对精神"

"密涅瓦的猫头鹰"

最后我们来讲一讲黑格尔哲学。黑格尔（Georg Wilhelm Friedrich Hegel，1770—1831）是德国古典哲学发展的最高峰，也是

黑格尔（1770—1831）
（图片来源：Jakob Schlesinger, 1831）

前面几位哲学家思想的集大成者。黑格尔早年和谢林一起在图宾根大学神学院学习神学，表现平平，没有什么惊人之处。当谢林声名大噪时，黑格尔还是一个名不见经传的平庸之辈。从图宾根大学神学院毕业后，黑格尔先后当过家庭教师、报社编辑和中学校长，其间也曾一度以编外讲师的身份在耶拿大学讲授哲学，直到1816年才被海德堡大学聘为教授。两年以后，黑格尔又被普鲁士国王任命为柏林大学教授，此后一直在柏林大学执教，直到去世。

1807年，黑格尔发表了《精神现象学》，这本书的出版标志着黑格尔哲学的奠立。而这个时候谢林刚好开始淡出哲学界，转向了自我体悟的宗教神秘主义。继《精神现象学》发表之后，黑格尔就一发不可收，接连出版了《逻辑学》《哲学全书》《法哲学原理》等巨著，黑格尔在柏林大学关于历史哲学、美学、哲学史和宗教哲学的讲演也被他的弟子们整理成为各种讲演录，陆续出版。如此一来，黑格尔名声大振。从1818年任柏林大学教授起，一直到1831年因病去世，黑格尔一跃而成为德国哲学论坛上的宙斯，他的哲学也被确立为普鲁士官方哲学。

黑格尔晚年可谓名满天下、极尽风光。当时德国思想界有两个最伟大的人物，一个是黑格尔，另一个是比黑格尔年长21岁的歌德（生于1749年）。1830年，当黑格尔60岁、歌德81岁时，普鲁士为这两位伟大思想家举行了一个极其隆重的庆贺活动。在这前一年，黑格尔还一度出任了柏林大学校长，并且由于治校有方而获得普鲁士政府颁发的荣誉奖章。奖章的两面分别雕着黑格尔的侧面头像和肩头站着一只猫头鹰的智慧女神密涅瓦。大家知道，黑格尔有一句名言："密涅瓦的猫头鹰只有在黄昏时分才起飞。"也就是说，哲学这种人类智慧的最高成就，往往是在一个人的晚年或者一个时代的精神成熟之时，才会大放异彩。黑格尔的这个观点，显然是与谢林针锋相对的。谢林认为艺术是最高的，黑格尔则认为哲学是高于艺术的。事实站在了黑格尔一边，哲学的猫头鹰在黑格尔人生的黄昏时分高高地飞翔起来。

从康德开始，经过费希特和谢林，到了黑格尔这里，德国古典哲学已经对思维与存在的关系问题以及矛盾问题形成了一种比较合理的见解。在这些重要的问题上，我们已经很难再挑出什么毛病了。如果说还能挑出什么毛病，那么我们就只能说黑格尔是在唯心主义的基础上解决这些问题的。当然，这与其说是一个毛病，不如说是一种态度而已。我在第一讲中就已经说到，唯物主义与唯心主义只是观察世界的不同立场，很难直接与正确和错误联系在一起。所以，这个问题不是一个学术水平的问题，而是一个文化环境或人生经验的问题。当然，后来费尔巴哈和马克思在唯物主义的立场上颠覆了黑格尔，自然也有他们的道理。这就正如马克思本人所说的，对哲学和宗教的批判结束以后，就要开始对政治和法的批判了；对天国的批判结束以后，就要对人间王国进行批判了。从康德一直到黑格尔，他们都把全部精力放在思想的批判上，而思想批判的武器当然只能是思想本身，所以他们都自觉地站在唯心主义立场上。而到了马克思的时代，批判的焦点已经从理论转向了实践，从抽象思想转向了现实政治，因此马克思的立场就从唯心主义转向了唯物主义，这也是顺理成章的转变。

黑格尔与康德是完全不同的两种人。面对着启蒙运动把理性提升到至高无上地位的做法，康德要求对理性本身进行批判，限制理性运用的范围；而面对康德哲学的"理性的怯懦"，黑格尔则把理性能力发挥到了极致。我个人很喜爱康德，同样也很推崇黑格尔，我的博士论文研究的就是黑格尔的宗教哲学。我喜欢康德是因为康德把很多问题都分析得非常细致，条分缕析，逻辑严谨，表现了一种英国式（或休谟式）的审慎和明晰。我喜欢黑格尔则是由于黑格尔表现出了一种真正的德意志气派的东西，表现了一种博大的胸怀和磅礴的气势，一种高屋建瓴的眼光和舍我其谁的自信。说实话，一个哲学家就应该具有黑格尔那种气概，觉得自己是最好的，觉得天生我材必有用，我就是为了放飞密涅瓦的那只猫头鹰才来到这个世上的。我始终觉得，黑格尔的狂妄是一种很有魅力的狂妄，他不像康德那么谦虚，他把什么问题都说完了、说尽了。但是，只要你耐心深入到他的哲学体系中，了解到他的思想是如何深邃、他的视野是如何开阔，你就会觉得他有理由这样自信、有权利这样狂妄，因为他的哲学确实是非常高明的。

如果从德国古典哲学发展的角度来说，黑格尔确实以一种黑格尔的方式解决了康德所提出的各种问题。但是，这种"黑格尔的方式"却招致了现代人的极大反感。为什么呢？因为黑格尔把话都说绝了，与谦虚的康德相比，黑格尔显得太霸道！如果沿着黑格尔的路线走，你永远也不可能超越他。正是由于这样，所以现代哲学都喜欢回到康德去，而把黑格尔绕开。其实早在黑格尔刚刚去世不久，青年黑格尔派就提出要把"黑格尔像死狗一样抛弃"。现代的大多数人也都像青年黑格尔派一样，要把黑格尔像死狗一样抛弃。一个重要原因就是黑格尔确实太霸道了，他几乎把所有的事情都说完了、说透了，后面的人已经没有办法接着说了。此外，还有一个时代精神方面的原因，即黑格尔哲学所表现出来的精神，代表着一种英雄主义和宏大叙事主题的时代精神，这种崇高典雅、雄浑悲壮的精神已经不适合我们今天这个平民化、市场化的时代了，尤其不适合反实体主义、反基础主义的后现代。晚年的海德格尔在评价黑格尔时说道："我们这个时代之所以不喜欢黑格尔，就是因为黑格尔太伟大，远非我们这个渺小的时代所能理解的。"我觉得这话说得很有道理。一个生活在麦当劳和好莱坞的时代、满脑子解构主义和恶搞意识的现代人，怎么会喜欢黑格尔式的英雄主义和浪漫情怀呢？

可以说，黑格尔哲学就像贝多芬的《命运交响乐》《英雄交响乐》一样，一个人老是听这种宏大叙事主题的音乐，就会感觉有点疲倦。这时候，就应该来点轻音乐、来点娱乐之类的东西调剂一下。但是我们却不得不承认，那种宏大叙事主题的音乐有它无与伦比的地方，在某些方面，它是不可超越的。黑格尔哲学也是这样，它就像一堵高大的古城墙一样挡在现代人的面前。如果你不欣赏它的博大宏伟，你可以从旁边绕过去，但是你却无法从正面将它摧毁。黑格尔哲学就像希腊传说中的大英雄阿喀琉斯，你从正面是永远无法打倒他的。除非你像那个花花公子帕里斯一样，从背后偷袭这位大英雄的脚踵。

黑格尔哲学是建立在对康德以来的德国古典哲学的批判之上的，他对康德、费希特和谢林的思想都进行了深刻的批判。黑格尔赞同康德批判地考察人的认识能力的主张，却反对在认识之前进行这种考察，他讥讽这种做法就像告诫人们在学会游泳之前切勿下水一样可笑。黑格尔批判了康德的不可知论，认为这种不可知论是由于康德对待矛盾的消极态度以及"理性的怯懦"导致的。虽然康德把知性与理性分开是一个伟大的建树，而且康德看到了当知性上升到理性时必然会出现矛盾，但是康德却把矛盾看作"理性的谬误"，没有看到理性是世界的本质，万事万物都包含着矛盾。黑格尔嘲讽康德有着太多的温情主义，只承认四个矛盾，而且不愿意让矛盾去"染污"世界，仅仅把矛盾限制在主观范围内。更有甚者，康德试图通过限制理性的运用范围，放弃理性认识自在之物、认识真理的权利来回避矛盾，这就导致了自在之物不可知的结论。

黑格尔嘲笑康德哲学中的怯懦的理性甚至还比不上动物的常识，当动物面对着一个对象时，比如，当老虎面对着一只山羊时，它都知道应该扑上去，抓住它，把它吃掉，这样就由现象深入到本质了。而康德却一直停留在现象与本质（自在之物）的对立上面，为了回避矛盾，始终不敢越过现象去把握本质。黑格尔认为，当我们面临矛盾的时候，恰恰应该积极地去克服矛盾、扬弃矛盾，从矛盾走向新的同一。理性正是通过自身的矛盾运动而不断地走出自身和重返自身，从而超越了思维与存在、自我与自在之物、理论与实践、知识与信仰之间的巨大鸿沟，实现了对立双方的辩证同一。

黑格尔认为，费希特的功劳在于把实践的能动性赋予了思维本身，从思维中引出了逻辑范畴，并且力图通过自我把理论与实践统一起来。但是黑格尔却像谢林一样认为，费希特选择"自我"作为出发点，这是有问题的。"自我"并非由于自己内在的矛盾而否定自身，走向"非我"，而只是为了限制自己才强行地设定了一个"非我"，这个"非我"仍然带有自在之物的明显痕迹。可见，费希特并没有真正认识到"自我"的本质，他的"自我"是虚构的。

黑格尔非常赞赏谢林在思维与存在、主体与客体、自我与非我等对立物之上设置了一个更高的东西，即"绝对"，并从"绝对"中引出一系列的差别、对立、矛盾。黑格尔认为，谢林从同一出发，力图在对立中寻求同一，这是值得嘉许的。但是黑格尔却指出，同一并不是绝对无差别的同一,而是包含着差别的同一、具体的同一。而且,从同一走向差别、对立、矛盾的动力不在于谢林所说的那种无意识的欲望,而在于同一本身已经内在地包含着矛盾。此外,黑格尔对谢林倍加推崇的理智直观和艺术直观也毫无兴趣,他认为绝对精神把握真理、实现自身的最后场所是哲学,而不是艺术。

正是在批判和扬弃前人哲学思想的基础上,黑格尔哲学这只密涅瓦的猫头鹰才高高地飞翔起来。

黑格尔哲学概观

黑格尔哲学的内容非常丰富,可以说是包罗万象。但是它有一个最基本的东西,一切对立面都是从这个东西里发展出来的,这就是"精神"。在这一点上,黑格尔显然深受谢林的启发。黑格尔既不像费希特那样从思维(自我)出发,也不像唯物主义者那样从存在(物质)出发,更不像康德那样从相互对立的思维(自我)与存在(自在之物)出发,而是像谢林那样找出一个更高的东西,即思维与存在的统一体,把它作为整个哲学的起点和终点。谢林把这个更高的统一体叫作"绝对"或"绝对同一",黑格尔则把它叫作"精神",就其自我实现、自我认识的全过程而言,又可以把它叫作"绝对精神"。这个"精神"之所以是绝对的,就在于它既不是单纯的主观精神,也不是单纯的客观精神,而是在自否定的运动过程中将主观和客观辩证地同一起来的精神。从这种意义上说,"绝对精神"可以说是对天上地下的东西都一网打尽了。

由于绝对精神既包括主观的方面,也包括客观的方面,所以它是思维与存在的同一。在绝对精神里,思维与存在既是有差别的,又是同一的。思维不是存在,但是从另一方面说,思维就是存在。

思维之所以不是存在，是因为思维与存在毕竟是有差别的，它们是绝对精神发展的两个不同阶段；而思维之所以就是存在，则是因为无论是作为思维还是作为存在，都是同一个精神。这就好像是一条蚕和一只蛾，蛾显然不是蚕，但是如果把它们放在一个发展的过程中，它们就是处于两种发展形态中的同一个东西。所以我们说，蛾不是蚕，但是它也是蚕。这就是一种辩证的表述，但这种辩证的表述一定要放在运动的过程中，从发展的角度来理解，这样才不是自相矛盾的。

辩证法的诀窍就在于历史感，在于发展的眼光。说 A 就是 A，这当然没有问题；但是用发展的眼光来看，A 也不是 A，A 正在向着非 A 转化。同时说 A 既是 A 又不是 A，这句话当然是自相矛盾的、违背矛盾律的。但是如果把它放在一个发展变化的历史过程中，这句自相矛盾的话就成为真理了。因为任何事情都是从 A 变为非 A 的，或者从非 A 变为 A 的。比如，20 年以前你是什么？100 年以后你又是什么？你还是现在的你吗？黑格尔的绝对精神就是这样一个在自否定过程中不断走出自身又重返自身的东西。

绝对精神还有一个特点，那就是它既是实体，又是主体。所谓实体，借助自亚里士多德以来的西方哲学的定义，就是指独立实在的或不依赖其他事物而存在的东西；所谓主体，则是指它具有能动的特点，是自由的、自因的，可以自己决定自己。这样一来，绝对精神就不需要任何东西（包括上帝）来作为自己的前提或者动因，它自己就是创造万物的上帝。它是独立存在的、自己运动的，世间一切事物都是它自己运动、自己发展的结果，整个世界历史就是它实现自身和认识自身的场所——偌大一个宇宙之间就只有这一个概念，宇宙间所发生的一切事情都是由它来自编、自导和自演的。这样一来，就把思维与存在、精神与物质、主体与客体、理论与实践全部囊括于其中了。因此，黑格尔哲学也就变得非常简单，它给我们描述的无非就是一个概念如何从抽象到具体、从简单到复杂，以至演变出整个大千世界的故事。

这种情况就好像今天世界上所有的鸡最初都是从一个鸡蛋里孵出来的一样；或者说，世间所有的参天大树最初都是从一颗种子中生长出来的。毕竟按照生物进化论的观点，世界上最初既没有鸡，也没有树。而黑格尔的绝对精神，就是最初的这个蛋或这颗种子，或者说，它就是世界上最简单的第一个生命形态，甚至是宇宙大爆炸发生时的那个高密度、高质量的原始物质。整个宇宙、整个生物系统都是从它里面分化、生长出来的，同时它也是全部的过程和所有的结果。它既是起点，又是终点；既是过程，又是结果。正是在这种意义上，黑格尔说真理就是过程和全体，就是被"理解了的生命"。

绝对精神不断地走出自身又不断地返回自身的过程，同时也是它从简单到复杂、从抽象到具体的发展过程。绝对精神不仅在不断否定和扬弃——扬弃就是有保留地抛弃、辩证地抛弃——的过程中使自己变得越来越丰富，而且在这个过程中实现了对自己的认识。因此，绝对精神的自我实现和自我认识乃是同一个过程。形象地说，绝对精神不仅是唯一的编剧、导演和演员，而且是唯一的观众；它不仅在自编、自导和自演，而且在自我观赏。它一边演，一边看自己怎么演，随着它的演艺越来越精彩，它的自我意识也日益提高。一个好演员是什么样的？就是能够不断地融入角色意识，同时又能够冷静地反思自己是如何表演的演员。一个进入不了角色的演员当然不是好演员，然而一个完全融入角色却缺乏反思意识的演员也不是一个高明的演员。一个高明的演员就是能够一边演一边反思自己怎么演的演员，而绝对精神就是这样的一个好演员。

绝对精神自我实现、自我认识的过程表现为一系列的正题、反题、合题或者肯定—否定—否定之否定的三段式，这些大大小小的三段式充斥于黑格尔哲学体系中，构成了它的全部内容。在黑格尔哲学中，最大的一个三段式就是逻辑学、自然哲学和精神哲学的三段式。绝对精神经历的第一个阶段是逻辑阶段，那时候既没有自然界，也没有人类社会，只有概念本身的纯粹演绎，这就是逻辑学的内容。这个先于自然界和人类社会的逻辑学就有点像创世之前的上帝计划。大家知道，按照基督教的信仰，上帝在六天之内创造了世间万物。但是我们有没有想过一个问题，那就是在创世之前上帝在干什么？我们宁愿相信，那个时候上帝正在思考如何创造世界。上帝既然是全智的，他就不可能糊里糊涂地创造世界，他一定是事先考虑好了一套创世方案，然后才在六天之内付诸实施的。从这种意义上说，黑格尔的逻辑阶段就相当于上帝创世之前的状况，而他的逻辑学表述的就是上帝头脑中的那套创世方案。要创造世界，就必须首先规定世界的本质，本质先于存在。所以黑格尔的逻辑学就是关于世界本质的学说。这套学说之于后来的自然世界和人类社会的关系，就好比设计蓝图之于房屋、剧本之于戏剧的关系一样。可见，逻辑学构成了黑格尔哲学的总纲和剧本，自然哲学和精神哲学则是对这个总纲和剧本的实施和彩排，因此可以称之为"实用逻辑学"。由此可见，逻辑学构成了黑格尔哲学的实质与核心，后来在自然界和人类社会的舞台上展现出来的内容，都已经在逻辑学中以概念的形式规划好和预演过了。

当概念在逻辑学中发展到极其丰富、极其具体的圆满程度，达到了它的最高形态"绝对理念"时，逻辑阶段就结束了。而逻辑阶段的终点就是自然阶段的起点，绝对理念开始"外化"或"异化"为自然界。于是演员就开始按照剧本的要求上场了，这个演员还是精神本身，但是它在自然界中采取物质的形态，并且首先从最原始的物质演起。自然界从最简单的无机物开始，从力学运动依次经历了物理运动、化学运动、生物运动，最后到了人。以人作为一个枢纽，自然哲学就开始向精神哲学转化。人类社会的事情都属于精神哲学的范围，精神哲学表现了绝对精神在扬弃了自然界之后向自身的无限返回。在精神哲学中，又依次经历了主观精神、客观精神和绝对精神三个阶段，最后终于达到了绝对精神的最高形态——哲学。哲学又经历了从中国古代哲学出发的从东向西、从古到今、从抽象到具体的漫长发展历程，最后终止于黑格尔哲学。到了黑格尔哲学这里，一切发展就停止了，绝对精神的故事就讲完了！

这就是黑格尔哲学给我们讲述的一段绝对精神历险记。

逻辑学

下面我先简单地讲一讲黑格尔的逻辑学。由于本课程是一门通识课，受授课时间和大家知识背景的限制，我们不可能面面俱到地讲解黑格尔逻辑学的所有环节。而且黑格尔哲学的精髓主要在于他的方法，不在于每个细节。事实上，在许多细节方面，黑格尔经常表现出以偏概全、强词夺理的霸道特点。因此，在这里，我只能简单地把黑格尔逻辑学发展的基本线索给大家展示出来。当然，关于逻辑学的开端问题，我会讲得稍微细致一点，主要是为了让大家了解黑格尔是如何从一个概念中引出它的对立面的。

在黑格尔这里，逻辑学又分为三个阶段：存在论、本质论和概念论。首先是存在，然后从存在深入本质，最后则进入概念。概念作为合题，就是对前两个环节的扬弃和同一，概念就是在存在中把握本质。可见这三者是必然联系着的。因此，我们先从存在论讲起。

任何东西都有开端，绝对精神也不例外，那么在存在论中，这个开端是什么呢？黑格尔认为，精神应该从"开始的地方"开始，而这个"开始的地方"就只能是那个最简单、最抽象的概念。什么叫作最抽象的概念？最抽象的概念就是最空洞无物的概念，这个概念缺乏任何具体的内容。这个最简单、最抽象、最空洞无物的概念就是"纯存在"或"纯有"（Sein）。这个"纯存在"缺乏具体的规定性，它除了表示了一个"去存在"的决心之外，并没有任何其他内容。对于这个开端，谁也提不出异议，因为我们再也找不到比这个概念更空洞、更贫乏的概念了。因此，我们只能把这个没有任何具体内容的"纯存在"作为绝对精神或整个世界的开端。

"纯存在"构成了黑格尔哲学的绝对开端或第一个环节。现在我们要进一步追问，这个"纯存在"是什么呢？它除了表示了一个"去存在"的决心之外，什么内容也没有。按照日常的语言习惯，当我们说"存在什么"或"有什么"的时候，一定要把这个"什么"表达出来。否则，如果我们仅仅说"存在"或"有"，而不告诉别人存在"什么"或有"什么"，那么我们等于什么也没有说。因此"纯存在"实际上就等于什么也不存在，即"非存在"；"纯有"就等于什么也没有，即"无"。这样一来，就从"纯存在"或"纯有"中合逻辑地演绎出了它的对立面"非存在"或"无"。如果"纯存在"是第一个肯定的话，那么"非存在"就是第一个否定，这个否定是从"纯存在"中合逻辑地推演出来的，因为纯粹的光明就是纯粹的黑暗。这里并没有谢林的"无意识的欲望"，一切都是严格地按照理性的逻辑演绎出来的。

所以，从绝对精神的第一个环节开始，"纯存在"就通过自否定而引出了它的对立面"非存在"。现在，"存在"与"非存在"构成了第一个对立，它们之间也有着必然的联系，从"存在"到"非存在"就是消亡,从"非存在"到"存在"就是产生,而消亡和产生都是变易。于是第三个概念就产生出来了,那就是"变易"。"变易"构成了"存在"和"非存在"的合题,成为这二者的真理。"存在"与"非存在"的差别、对立、矛盾在"变易"中被扬弃了,"变易"把"存在"与"非存在"变成了自己内部的两个环节("存在"、"非存在"和"变易"构成了绝对精神自否定运动的第一个三段式)。这样一来,"变易"就成为一个有着真实内容的"具体概念",具有了"质"的规定性。所谓"质",就是使一物成为该物的那种内在规定性。"质"的规定性又是通过"量"的规定性而表现出来的,"质"与"量"的统一就是"度"。在质、量、度的三段式中,黑格尔表述了质量互变的规律。至此,绝对精神在存在论中的历程就结束了,开始转向本质论。

从存在论向本质论的转化实际上是存在向自己的根据的深入,存在还停留在表面现象上,本质则深入到了事物的内部。正是由于本质是事物内部的根据,无法用直观的方式来把握,所以必须通过反思即间接性的方式来认识,这种反思的方式就是在对立面中建立起同一。在本质论中,经历了"本质自身"、"现象"和"现实"等三个阶段。在"本质自身"中,黑格尔辩证地论述了从同一到差别、对立、矛盾的发展过程。在他看来,同一是包含着差别的同一,差别也经历了从抽象的差别(即缺乏同一性的差别)到本质的差别(即包含同一性的差别,也就是对立),再到对立面的同一(即自己与自己的对立,也就是矛盾)的发展过程。矛盾是对立同一的合题,是同一个事物的自我否定和自相矛盾,而这恰恰构成了该事物运动发展的"根据"。在论述"本质自身"这一部分时,黑格尔精辟地表述了关于矛盾或对立同一的辩证思想。

矛盾就是万物的"充分根据"或"充足理由",就是万物的本质,而非"理性的谬误"。在这里,我们可以看到黑格尔在矛盾问题上与康德的差别。由"本质自身"再进展到"现象",现象是本质的表现形态,是本质的实存方式。本质(自在之物)与现象并不是像康德所说的那样是截然对立的,而是相互联系、相互反映的,是绝对精神所经历的两个不同发展阶段。而内在本质与外在现象的统一就构成了"现实"。在"现实"中,又先后经历了可能性、偶然性和必然性的三段式,最终完成了本质并使本质与存在相同一。这样,本质论就过渡到了概念论。

概念是存在与本质的真理,是在存在中揭示出来的本质,或者有本质的存在。概念论包括"主观性"、"客观性"和"理念"等三个发展阶段。主观性阶段经历了从概念到判断再到推理的发展,客观性阶段经历了机械性、化学性和目的性的发展,而"理念"则是"主观性"与"客观性"的统一,它本身又经历了生命、认识和绝对理念等三个发展环节。"绝对理念"就是绝对主体和绝对客体在认识与实践活动中的最终同一。在这里,精神终于认识到那个绝对客体不过就是外化了的主体,而那个绝对主体不过就是实现了自我认识的客体。于是在"绝对理念"中,那个作为绝对主体和绝对客体的同一体的精神就最终实现了自我认识。

在概念论中,不仅包含了概念、判断、推理的逻辑演进,而且包含了从机械性、化学性到目的性的自然演化,甚至也包含了从人的生命到认识和实践的精神发展。这样一来,概念论就不仅仅只是逻辑学,而且是本体论和认识论。概念论已经以抽象的方式表现了逻辑学、本体论和认识论的"三统一",后来整个黑格尔哲学(包括逻辑学、自然哲学和精神哲学)又以现实的方式重演了这个"三统一"。

精神虽然在"绝对理念"中实现了自我认识,但是这个实现了自我认识的精神目前还仅仅局限于逻辑学中，或者形象地说，它还仅限于剧本之中。局限于逻辑学中的精神还不是"绝对精神"，而只是"绝对理念"。现在的问题是要把这个已经完成了的剧本搬到现实的舞台上去上演——精神必须跳出逻辑学，走向广阔的自然界和人类历史，才能真正实现主体与客体、思维与存在的同一，从而成为"绝对精神"。因此，黑格尔宣称，绝对精神在逻辑阶段的道路已经走完了，现在它要走出自身、走向世界了。这个"走出自身"的历程就是精神的外化过程，而最初的外化就是完成了的"绝对理念"向自然界的"堕落"。这就有点像上帝头脑中完成了的创世方案开始在一片混沌中付诸实施一样。于是，逻辑学就转化为自然哲学。

自然哲学和精神哲学

黑格尔的自然哲学构成了他的哲学全书"三部曲"中的一部，另外两部分别是此前的逻辑学和此后的精神哲学。《自然哲学》是一部巨著，厚厚的一大本，但是与黑格尔的另外两部著作《逻辑学》和《精神哲学》相比，这本书的内容是最混乱、最粗制滥造的。这首先是由于黑格尔本人对自然科学远远不如康德那样精通，他对待自然界不是一种客观的科学研究，而是一种主观的哲学强制，即强行地要求自然界的发展过程符合他的哲学理念和逻辑形式。此外，黑格尔始终对自然界抱着一种鄙夷的态度，认为"阳光下面没有什么新东西"，自然界的物质是惰性的、没有发展的。在自然界中，物质构成了绝对精神的坚硬外壳，构成了束缚精神的沉重枷锁。自然界的历程就是一部精神的苦难史，而自然界的"命运"就是要自己毁灭自己，以便让精神最终冲破那坚硬的外壳而走向自由。

自然界从最粗陋的物质形态开始，那就是无机界。自然界所经历的三段式是机械论、物理论和有机论,它们的内容涉及当时几乎所有的自然科学门类,从力学、光学、热学、地学、天文学、电磁学、化学一直到生物学、生理学。自然界发展的顶点就是人,当人出现以后,自然界就像一堆燃尽的废料一样被抛弃了。由于人的本质就是精神,因此自然哲学也就过渡到了精神哲学。

精神哲学由"主观精神"、"客观精神"和"绝对精神"这个三段式组成,它们描述了精神是如何从自我意识走向广阔的世界历史,并最终在人类的精神生活(艺术、宗教、哲学)中得以自我实现和自我认识的。"主观精神"包含人类学、精神现象学和心理学三个阶段,在这里,黑格尔主要讲述了自我意识的发展历程。自我意识经过漫长艰难的发展,最终在理性中成为自由意识,并开始向"客观精神"转化。"客观精神"就是"自由意识的定在",即自由意识的客观存在形式,它体现在法哲学中。法哲学讨论了自由的外部规定,依次考察了抽象法(权利)、道德和伦理。伦理作为自由的外在权利和内心道德的统一体,又体现为三个不同层次的"伦理实体",即家庭、市民社会和国家。在论述到国家与个人的关系时,黑格尔表现出一种整体主义的倾向。他用国家来规定个人,认为国家是个人的最高义务和目的所在;他用君主来限制人民,把卢梭当作全体人民至上权力的"主权"等同于君主其人。有人认为,黑格尔的这种整体主义思想为 20 世纪德国的极权主义政治埋下了伏笔。

通过考察国家与国家之间的关系,黑格尔就进入了世界历史,而关于这一部分的论述,就是历史哲学。黑格尔展现了绝对精神在世界历史中所走过的路线,那是一条从东方到西方、从古代到现代、从自由意识水平较低的民族到自由意识水平较高的民族的发展路线。无论是在历史哲学中,还是在美学、宗教哲学和哲学史讲演录中,黑格尔总是从东方开始、从古代开始、从最抽象的东西开始,东方永远都是与古代和抽象的东西联系在一起的，永远都代表着绝对精神发展的低级阶段；而西方却总是与现代和具体的东西相联系，代表着绝对精神发展的高级阶段。我们常常说黑格尔表现了一种历史与逻辑相一致的方法，实际上在他那里，不仅是历史与逻辑相一致，而且是地理与逻辑相一致，地理、历史与逻辑也构成了一个"三统一"。在人类精神活动的任何领域，绝对精神永远都是从东方、古代和抽象一路走向西方、现代和具体的，而这条路线在价值上也被看作一个从低级到高级的发展历程。黑格尔浓重的"西方中心论"思想，由此可见一斑。

黑格尔认为，世界历史的发展在本质上是自由意识的发展，绝对精神在历史发展的每一个时代只选择一个民族作为自己的代表。由于"绝对精神"绝不会走回头路，所以这个民族一旦完成了绝对精神的特殊使命，就自然而然地退出了历史舞台。在这个自由意识发展的时间表上，中国、印度、波斯、埃及等成为最早被选择的一些民族，在这些民族那里，自由仅仅体现为"一个人的自由"，即专制君主的自由。然后被选择的是希腊和罗马，在那里，自由体现为"一部分人的自由"，即少数特权阶层的自由。绝对精神最后选择的代表是日耳曼民族（近代的英国、荷兰、法国和鲁普士等），在那里，自由已经表现为"一切人的自由"了。尤其是在新教信仰与王权相结合的普鲁士君主立宪国家中，"人人自由"的原则已经得到落实和体现，绝对精神在客观世界中实现了终极目的，世界历史也就到此终结了。当然，黑格尔也不得不考虑更西边的情况，因此他把大洋彼岸的美国看作"明天的希望"。

在黑格尔所处的 19 世纪上半叶，美国还没有明显地崛起，但是普鲁士德国已经开始崭露头角了。尽管当时最强大的国家仍然是英国和法国，但是德国已经表现出强大的发展势头。所以黑格尔认为德意志民族就是绝对精神最后的代表，普鲁士国家制度就是最好的政治制度。在这里，我们可以看到黑格尔为普鲁士国家制度歌功颂德的媚俗色彩，后来的青年黑格尔派尤其是马克思正是从这里对黑格尔哲学展开了猛烈的批判。

绝对精神在普鲁士国家制度中实现了自己在客观精神领域中的最终目的，然后开始返回自身中进行自我认识。这样，精神哲学就进入到最后的阶段，即"绝对精神"阶段。"绝对精神"阶段是绝对精神实现自我认识的场所，它经历了艺术、宗教和哲学三个环节。

第一个环节是艺术，关于艺术的表述就是艺术哲学或者美学。艺术在谢林那里被当作"绝对同一"的最高场所，在黑格尔的"绝对精神"领域中却处于最低的层次。黑格尔认为，艺术是绝对精神在感性层面上的自我复归阶段，"美是理念的感性显现"。绝对精神就其实质而言就是"绝对理念"，在艺术中所反映的内容已经是"绝对理念"了，但是其形式却仍然未能脱离感性自然的外衣。因此，绝对精神还要进一步从艺术提高到宗教。宗教以象征和隐喻的形式取代了艺术的感性直观形式，但是它仍然还没有达到用概念的形式来认识概念内容（"绝对理念"）的高度，这个最后的高度必须在哲学中才能达到。在美学和宗教哲学中，黑格尔又一次表现了地理、历史与逻辑相一致的思想。艺术史发展的三阶段"象征型艺术""古典型艺术""浪漫型艺术"和宗教形态发展的三阶段"自然宗教""精神个性宗教""绝对宗教"，同样再现了从东方、古代、抽象形态向西方、现代、具体形态发展的基本路线。

哲学是绝对精神自我实现的最后场所，黑格尔关于哲学史的讲演录编纂成书有四大本。在《哲学史讲演录》中，黑格尔仍然是从最东方的中国古代哲学开始讲起，从中国哲学、印度哲学、波斯哲学一路讲来，讲到古希腊哲学，终于回到了自己的精神家园。然后再从西方"哲学之父"泰勒斯开始，沿着我们在这门课中所讲的线索讲下来，从希腊哲学到罗马哲学、中世纪哲学，最后进入近代哲学。再从近代的经验论和唯理论，讲到康德哲学、费希特哲学、谢林哲学，最后终于到了黑格尔自己的哲学。在《哲学史讲演录》的最后一部分，黑格尔踌躇满志地宣称，自从泰勒斯以来，西方哲学2500年艰苦的精神劳作都是朝着一个目标的。这个目标是什么？当然就是黑格尔哲学！黑格尔虽然没有这样明说，但是话说到此，意思已经很明白了。这样一来，绝对精神在客观世界的普鲁士国家制度中达到了终点，在精神世界的黑格尔哲学中也达到了终点。黑格尔哲学与普鲁士国家制度相互响应，黑格尔哲学也因此而成为普鲁士的国家哲学。

绝对精神从最简单的"纯存在"开始，经历了逻辑演进、自然演化和精神发展的漫长历程，绕了这么一大圈，终于在普鲁士国家制度和黑格尔哲学中走完了自己全部的路程。现在，绝对精神已经由一粒微不足道的种子长成了包罗万象的宇宙。在这个生长的过程中，绝对精神不断地否定着自己，又不断地扬弃着对自己的否定。扬弃就是既抛弃又保留，即取其精华，弃其糟粕，把一切好的东西都保留下来。黑格尔有一句名言："精神在前进的过程中并没有丢失任何东西。"一切精华的东西都被绝对精神挟带着往前走，最终成就了这个丰富多彩的大千世界。正是在这种意义上，黑格尔强调起点就是终点，真理就是过程，真理就是全体。所有的事物、所有的对立，都不过是那同一个精神、同一个概念的不同发展阶段而已。黑格尔哲学的内容虽然极其繁杂，他的基本思路和基本方法却是十分简明的。整个黑格尔哲学都是由大大小小的三段式组成，所讲的内容无非就是那个唯一的编剧、导演、演员兼观众——"绝对精神"——是如何通过自否定运动而不断地走出自身和重返自身，如何在自编、自导和自演的过程中实现自我认识的故事。

黑格尔正是通过绝对精神的自否定运动,实现了思维与存在的辩证同一。现在思维与存在已经不是两个相互外在的东西,而是同一个绝对精神的不同发展阶段。因此对立就是自己与自己的对立,同一当然也是自己与自己的同一。从这个意义上说,黑格尔所实现的思维与存在的同一确实是具有很高水平的,他完全是辩证地、历史地、具体地实现了思维与存在的同一。在他那里,并不存在任何外在的对立,所有的对立都是自己否定自己、自己反对自己,而后又自己回归自己。这个不断走出自身、又不断重返自身的过程就被表述为"肯定—否定—否定之否定"的三段式。

所以黑格尔特别强调自否定,这是一种最深刻的否定,不是别人否定你,而是你自己对自己的否定。正是在自否定的过程中,思维与存在、主体与客体、物质与精神、自我与自在之物,总而言之,一切对立的东西都最终实现了同一。这一套充满了辩证特点或思辨色彩的哲学就是黑格尔的思辨哲学,黑格尔本人也把它叫作"绝对唯心主义"。这个名称本身就表现了一种狂妄。什么叫作"绝对唯心主义"?它既不是偏执于自我的主观唯心主义,也不是乞灵于上帝的客观唯心主义,而是把主观与客观、主体与实体、理论与实践、天上与地下一网打尽的"绝对"唯心主义。

黑格尔的思辨哲学显示了极其深刻的辩证法思想,马克思对黑格尔辩证法的评价非常高,同时也指出了黑格尔辩证法的要害之处。这个要害就在于,黑格尔的辩证法是建立在唯心主义基础之上的,它是头足倒置的,即头朝下、脚朝上,倒过来看世界。因此,需要把黑格尔的辩证法整个颠倒过来,把它建立在唯物主义的基础之上。此外,黑格尔的辩证法与他的哲学体系之间存在着不可克服的矛盾——辩证法是开放的,黑格尔的哲学体系却是封闭的;辩证法的精髓在于强调矛盾运动的不断发展，但是黑格尔却出于建立体系的需要，让绝对精神停留在普鲁士国家制度和黑格尔哲学中不再发展。所以我们经常说，黑格尔哲学的最深刻的矛盾，就是他的革命的方法（即辩证法）与保守的体系之间的矛盾。而这个矛盾的最后结果则是，黑格尔的体系把他的辩证法给"闷死了"。

对黑格尔哲学的超越——从费尔巴哈到马克思

黑格尔哲学已经把天上地下的一切都说尽了，而且构造了一个看起来似乎是滴水不漏的严密体系。那么，后来者要想超越黑格尔，应该从哪里打开缺口呢？理性显然是没有办法了，因为黑格尔已经把理性用尽了。但是黑格尔忽略了一个地方，那就是感性。因此，作为青年黑格尔派的费尔巴哈和马克思就从这里找到了一个可以突破黑格尔哲学的缺口。费尔巴哈从感性的人开始，马克思则从感性的活动开始。感性的活动是什么？那就是人的实践活动。感性的东西，恰恰是黑格尔所忽略的地方。黑格尔所说的人实际上只不过是精神，是思辨理性的化身，而不是活生生的、有血有肉的人。因此，这个被黑格尔所忽略的地方，后来恰恰成为人们突破黑格尔哲学体系的一个缺口，这是黑格尔哲学体系的软肋，是它的"阿喀琉斯之踵"。费尔巴哈和马克思都看到了这一点，于是他们就从这里开始来超越黑格尔。

大家仔细想一想，黑格尔的整个哲学实际上是用思辨理性的语言，重新述说了基督教关于上帝创世、亚当失乐园、基督救赎，以及人类在圣灵（即精神）感召之下重返乐园的故事。费尔巴哈（Ludwig Andreas Feuerbach，1804—1872）敏锐地看到了这一点，他把黑格尔的思辨哲学称为"思辨神学"，认为黑格尔以一系列三段式

费尔巴哈（1804—1872）
（图片来源：*Die Gartenlaube*，1872）

所表述的思辨哲学无非就是"转化为一种逻辑过程的神学史"而已。黑格尔哲学的奥秘就在于对主词和宾词关系的颠倒，即对思维与存在、主体与客体、精神与物质关系的颠倒，尤其是对上帝与人的关系的颠倒。因此，对黑格尔哲学的"改造性的批判"就是要把这种被颠倒了的关系重新颠倒过来。在黑格尔那里，神就是精神，上帝就是绝对精神，只要把黑格尔的"绝对精神"改变为"上帝"，黑格尔哲学就与基督教所讲的故事没有差别了。但是，费尔巴哈尖锐地追问道：精神又是什么？他的回答是：精神说到底就是人。因此，如果说在黑格尔那里上帝的实质就是精神，那么在费尔巴哈这里，精神的实质就是人。在费尔巴哈看来，哪里有什么脱离人而存在的绝对精神？精神从来都是人的精神，它离不开人。不是上帝或精神创造了人，而是人创造了上帝或精神。人首先就是一个感性动物，人正是在感性的基础上把思维与存在统一了起来。说到底，人就是灵与肉的统一，就是人与自然的统一，就是你与我的统一。人的本性就是他的自然属性，人就是处在两性关系之中的一个感性动物。这样一来，费尔巴哈就把黑格尔的绝对唯心主义转化为人本主义的唯物主义了。

西方人长期以来一直在基督教信仰的影响下生活，而黑格尔则第一次明确地表示，基督教所信仰的那个神不过就是精神而已。但是，黑格尔的精神却是一种脱离人的、抽象的绝对精神。后来费尔巴哈又进一步发现，精神说到底不过就是人而已。但是费尔巴哈的人却仅仅只是一个感性的动物，是一个脱离了人的社会关系的、抽象的人。而马克思（Karl Heinrich Marx，1818—1883）的伟大发现则在于，人是具体的人、历史的人，是处在特定的社会条件之中的人，受到各种生产关系和生活关系的制约。人就是人的世界，就是他的国家、他的社会，总而言之，人是一切社会关系的总和。人的实质就在于他的实践活动，而实践则是一种在一定社会关系中所进行的自由自觉的感性活动。正是在这种自由自觉的感性活动中，人创造了人化的自然，创造了世界的历史。

卡尔·马克思（1818—1883）
（图片来源：John Jabez Edwin Mayall，1875）

这样一来，马克思就把目光从基督教的神话、黑格尔的抽象精神和费尔巴哈的抽象的人转向了活生生的社会生活，转向了人的实践活动，即生产活动和历史活动。黑格尔认为，人是绝对精神或上帝的异化形态；费尔巴哈反过来，认为绝对精神或上帝实际上是人的异化形态。马克思则接着说，人的异化是由于他所在的那种现实生活的异化、劳动的异化。要想彻底扬弃人的异化，首先应该改造那个异化的现实生活。因此，马克思就从对天国的批判转向了对人间的批判，从宗教批判转向了政治批判，从理论批判转向了实践活动，从而实现了从无神论向共产主义的转化。

在马克思之前，西方已经出现了一些无神论者，例如法国18世纪唯物主义者狄德罗、霍尔巴赫,以及青年黑格尔派的布鲁诺·鲍威尔、费尔巴哈等人。马克思的贡献并不在于创立了无神论,而在于把无神论引向了共产主义。以往的无神论者都把批判的锋芒指向上帝和天国,把人间的苦难归咎于宗教的欺骗。马克思则认为,宗教作为一种虚幻的蜃景,作为一种颠倒的意识形态,是建立在一个颠倒的现实社会之上的。因此,对宗教的批判、对天国的批判必须以对现实社会的批判为前提——只有首先摧毁了颠倒的意识形态赖以确立的现实基础,才能最终消除颠倒的意识形态。以往的哲学家们,包括黑格尔和费尔巴哈,所从事的都是精神的批判、理论的批判。然而在马克思看来,最关键的批判却是现实的批判,即实践活动。对精神的批判结束以后,就要对物质进行批判。"批判的武器"(即理论)一定要变成"武器的批判"(即实践),理论一旦被广大群众所掌握,就会变成改造世界的巨大力量。因此,马克思就从以往哲学家们"解释世界"的活动转向了"改造世界"的活动,从无神论对天国的批判转向了共产主义对现实社会的批判。

我们的这门"西方哲学史"课,是对非哲学专业的学生讲授的通识课程,按照课程大纲的计划,我就讲到这里为止。掌握了从古希腊哲学一直到黑格尔哲学的思想发展脉络,大家以后就可以继续学习现代西方哲学了。现代西方哲学虽然五花八门,令人眼花缭乱,但是万变不离其宗,许多思想在西方哲学史中就初现端倪了。哲学思想的发展就如同一个生命体的生长,是有机的、连续的、具有内在同一性的。有些人耐不住性子,一上来就去钻研现代西方哲学,一头扎进了海德格尔、伽达默尔的哲学中难以自拔。殊不知,海德格尔等人对于西方的哲学传统是有着深刻理解的,而你却没有。这就像金庸小说中的"易筋经"等上乘武功一样,学习者必须从最基本的功夫练起。如果一上来就练这些上乘武功,其结果必定会走火入魔,不仅学不成武功,反而害了卿卿性命。哲学也是一样,要想进入海德格尔,必须首先回到泰勒斯。不了解以往的西方哲学,就不可能真正地了解今天的西方哲学。

修订版后记

这部《西方哲学史讲演录》自 2009 年在高等教育出版社出版以来，不觉已过去十余年，其间此书曾多次重印，反响甚佳。由此可见，这种遵循"历史与逻辑相一致"的原则来讲述西方哲学发展历程（且省去了引经据典之繁）的讲演录，还是颇受广大读者欢迎的。

早在此书初版之时，我心里就有一个遗憾：此书原是在武汉大学和东南大学讲授西方哲学史通识课程的录音基础上整理而成，由于当时的课时所限，授课内容中省略了 18 世纪法国哲学这一部分。待此书正式出版后，我总觉得这是一个缺憾，希望能在日后的修订版中予以弥补。但是一晃十多年，由于案头上总是积压了还不清的文债，始终无暇顾及此书的修订。恰逢此次"理想国"热心相邀，促使我终于把夙愿转化为行动，腾出手来完成了此书的修订稿。

此次修订，主要是在全书中增加了"18 世纪法国启蒙哲学"一讲。从西方哲学史的发展历程来看，18 世纪法国启蒙哲学不仅是西方近代高涨的理性精神和经验原则的历史结果，也与经验论、唯理论一样构成了康德批判哲学的思想背景。因此，无论是从思想演化的逻辑线索，还是从学派兴替的历史脉络来看，增补这一部分内容都是非常必要的。尽管18世纪法国启蒙哲学更多地具有文化学意义，而非狭义的哲学意义，但是它在思想史和社会史上的重要转承作用却是不容忽略的。

对于我这个年龄的人，过去有一种很流行的说法，叫作"生在红旗下，长在红旗下"，即中华人民共和国成立以后出生和成长起来的人。我们这代人至少经历了两个不同的大时代：突出政治的时代和发展经济的时代。在这两个时代里，人们都像着魔似的卷入到外在性的政治表现和利益角逐的活动中，人生的全部意义似乎就在于政治理想的实现和经济目标的达成。但是，在这两个时代之间还曾出现过一个短暂的文化复兴的小插曲（1978—1989），那个时候的年轻人一见面倒是喜欢谈论文学和哲学，而不是政治和经济。只不过这个浪漫而反思的历史插曲转瞬即逝，全国人民很快又投入到发财致富的时代大潮中。

前些年，当人们普遍处于亢奋的发展和拼搏状态时，哲学完全是一种累赘的文化奢侈品；但是近年来，当人们开始转向"内卷"和"躺平"状态时，哲学或许就开始成为人们寄托无奈和无聊的一种精神慰藉。身体躺平了，灵魂就开始躁动；物质的喧嚣趋于平息，精神的反思却悄然萌动，一个哲学的时代似乎正静悄悄地跟随着一个经济的时代来临。当然，一个全民都"活学活用"哲学的时代一定是一个疯狂的时代，这种哲学的疯狂甚至比哲学的冷寂更加有害于社会。但是，当越来越多的年轻人开始从片面追求外在的成功而转向内在的反思时，一种"哲学的"（即"热爱智慧的"）生活就成为一个理性启蒙时代的必要前提，只有在这样的情况下，一个内外兼修、精神与物质并驾齐驱的新纪元才会真正来临。

他山之石，可以攻玉，但愿这本修订版的《西方哲学史讲演录》能够帮助渴求智慧的年轻读者更加深刻地认识世界、认识自己。

赵林
2021 年 8 月于上海衡园